Georg Langenhorst

Literarische Texte im Religionsunterricht

Georg Langenhorst

Literarische Texte im Religionsunterricht

Ein Handbuch für die Praxis

HERDER

FREIBURG · BASEL · WIEN

www.herder.de

Umschlaggestaltung: Finken & Bumiller, Stuttgart
Satz: dtp studio mainz | Jörg Eckart
Herstellung: fgb · freiburger graphische betriebe
www.fgb.de
Gedruckt auf umweltfreundlichem, chlorfrei gebleichtem Papier
Printed in Germany

ISBN 978-3-451-31727-9

Inhalt

Hinführung: Literarische Texte im Religionsunterricht?

Hermeneutik – Didaktik – Methodik

Soll man literarische Texte im Religionsunterricht einsetzen? Sind Erzählung, Roman, Drama und Lyrik Gattungen, die in Ausschnitten oder als Ganzes in Prozesse religiösen Lernens integriert werden können und dürfen? Gegner wie Befürworter können auf gute Argumente zurückgreifen.

- *Gegner* werden darauf verweisen, dass der schulische Ort der Behandlung literarischer Texte der *Deutschunterricht*, später dann zusätzlich der Fremdsprachenunterricht ist, in dem spezifisch ausgebildete KollegInnen mit fachwissenschaftlich wie fachdidaktisch bewährten Verfahren die SchülerInnen altersangemessen in die literarische Welt einführen. Religionslehrkräfte – so kann man hören – verderben durch ihren dilettantischen Umgang mit von ihnen oft nicht sachgemäß verwendeten Texten eher das literarische Lernen. Zudem – so der zweite Vorwurf – funktionalisieren sie autonome Kunstwerke durch fremde, in diesem Fall religionsdidaktisch motivierte Zwecke. Literarische Texte dienen so allzu oft doch nur als „Trittbrett für die Verkündigung“[1]. *Dilettantismus* und *Funktionalisierung* – zwei ernst zu nehmende Vorwürfe!
- *Befürworter* werden darauf verweisen, dass literarische Texte seit gut 40 Jahren zum festen Bestandteil des Religionsunterrichtes geworden sind als durchgängig vorzufindende Elemente von Lehrplänen, Lehrbüchern, fachdidaktischer Reflexion. Faktisch sind sie also Teil des Religionsunterrichts, Einwände hin, Vorwürfe her. Zudem bilden sie in Form- und Aussagevielfalt Zugänge zu Wirklichkeit und Möglichkeit, die einerseits den Religionsunterricht existentiell bereichern, die den Texten andererseits eine Bedeutungsentfaltung einräumen, die im Deutschunterricht oft eingeschränkt wird. Denn auch dort findet Funktionalisierung statt, vor allem, wenn Texte primär als Repräsentanten fungieren, als prinzipiell austauschbares Material, an dem literarische Deuteverfahren eingeübt werden.

Dieses Buch ist nicht aus einer neutralen Position heraus verfasst. Wie schon in der gerade vorgelegten Charakterisierung von potentiellen Gegnern und Befürwortern deutlich wurde, versteht es sich als nachdrücklicher Appell zur Nutzung literarischer Texte im Religionsunterricht – im Spiegel möglicher Anfragen, im Wissen um die Gefahren von Verzweckung und Funktionalisierung, in Konfrontation mit dem Dilettantismusvorwurf. Es geht um den Aufweis der *Chancen* literarischer Texte, ohne dabei die *Grenzen* aus den Augen zu verlieren. Literarische Texte können und sollen *kein Leitmedium* des Religionsunterrichts sein. Sehr wohl aber erweitern sie das Spektrum der dort mit Gewinn einsetzbaren Medien. Sie dürfen demnach nicht zu oft, gar inflationär verwendet werden. In didaktisch und methodisch begründeten Einzelfällen können sie hingegen ganz eigenartige Lernprozesse eröffnen und gestalten.

Wenn man aber im Religionsunterricht zu literarischen Texten greift, so sollten sie als *Zentralmedium* im Mittelpunkt des Lernprozesses stehen, nicht bloß als ‚Aufhänger' oder ‚Einstieg' verzweckt werden. Und noch ein Weiteres: Sie sollen nicht genauso wie im Deutschunterricht eingesetzt werden, sondern in einem transparent begründeten und bewusst gestalteten Gesamtzusammenhang religiösen Lernens.

Der Zugang zur hier erstmals umfassend beleuchteten Thematik erfolgt in mehreren aufeinander aufbauenden Schritten.

- Zunächst wird in einem *Rückblick* nachgezeichnet, seit wann, wie und warum literarische Texte überhaupt im Religionsunterricht eingesetzt wurden. Dass sie heute zum festen Bestandteil von Lehrplänen und Lehrwerken gehören, wurde schon erwähnt. Aber: Seit wann ist das so? Welche praktischen Entwürfe liegen vor? Wie sind sie eingebettet in die grundsätzlichen Konzeptionen des Religionsunterrichts? Und welche Entwicklungen und Stationen didaktischer Reflexion werden deutlich?
- Aufbauend auf dem Reichtum der entfalteten Praxis und theoretischen Besinnung wird im zweiten Schritt eine *hermeneutisch-didaktische Reflexion* grundlegende Prinzipien, entwicklungspsychologische, soziologische sowie institutionelle Rahmenbedingungen, Ziele, Chancen und Methoden des Einsatzes literarischer Texte im Religionsunterricht benennen. Diese Bündelung und Zwischenbilanz soll die spezifischen Kompetenzen herausstellen, welche die SchülerInnen des Religionsunterrichts durch die Integration literarischer Texte erwerben können.
- Im Hauptteil des Buches werden konkrete *Beispiele* zeigen, wie derartige Lehr- und Lernprozesse gestaltet werden können. Dabei wer-

den nicht nur unterschiedliche literarische Gattungen fruchtbar gemacht (Erzählung, Kurzgeschichte, Romanauszug, Gedicht), sondern auch mehrere für den Religionsunterricht relevante Lernbereiche beleuchtet (biblisches Lernen, ethisches Lernen, systematisch-theologisches Lernen, erinnerungsgeleitetes Lernen) und Themenfelder reflektiert (Schöpfung, Menschenbild, Gott, Jesus, biblische Gestalten, Moral). Kinder- und Jugendliteratur wird dabei genauso berücksichtigt wie Erwachsenenliteratur.

– Konkret betrachtet und didaktisch reflektiert werden vor allem noch eher wenig bekannte Texte aus der *deutschsprachigen Gegenwartsliteratur der letzten 15 Jahre*. Warum? Zum einen sind die ‚klassischen' relevanten Texte der literarischen Moderne von Dürrenmatt und Bachmann bis Celan, von Frisch bis Grass bereits umfassend gesichtet, gedeutet und erschlossen. Und eine bloße Wiederholung von Gutbekanntem wäre langweilig. Zum anderen bieten diese neuen Texte den Reiz, sich zum großen Teil in *neuer Unbefangenheit* dem Thema Religion anzunähern. Sie „gönnen sich das Wort Gott"[2] – und dieser neue Umgang mit Religion, Konfession und Gottesfrage wurde bislang noch kaum didaktisch reflektiert.

Angesichts dieser neuen Ausrichtung ändert sich auch der grundsätzliche didaktische Einsatz dieser Texte. Es geht – anders als noch in den 70er und 80er Jahren des 20. Jahrhunderts – nicht mehr primär um eine kritisierende, herausfordernde und provokative Problematisierung und Infragestellung, sondern zumindest auch um *affirmative Begleitung und Anregung zu sprachlicher wie inhaltlicher Gottessuche*. Das Ziel des Buches liegt darin, zu einem hermeneutisch durchdachten, didaktisch begründeten und methodisch reizvollen Einsatz literarischer Texte im Religionsunterricht anzuregen. Sein Wert wird sich vor allem an der Frage der Anregungskraft für die Praxis messen lassen.

I. Stationen der didaktischen Reflexion

Der Blick in die ferne Geschichte vergangener Jahrhunderte ist nicht leicht. So viel lässt sich zu unserer Fragestellung im Blick auf das Christentum aber mit hoher Wahrscheinlichkeit feststellen: Literarische Texte werden ‚immer schon' in religiösen Lehr- und Lernprozessen eine Rolle gespielt haben. In vormodernen Gesellschaften mit einem relativ geschlossenen christlichen Weltbild war es ganz normal, Gedichte, Hymnen, literarische Gebete, Lieder oder aus christlicher Gedankenwelt stammende Prosatexte auch liturgisch, katechetisch und pädagogisch zu nutzen. Da keine durchgängige Trennung von autonomer Kultur und Kirche vorlag, war ein solcher Gebrauch selbstverständlich.

1. Christliche Literatur als katechetische Verlängerung

Zum Hintergrund muss man sich klar machen: Die Rede von zwei eigenständigen, klar voneinander abgegrenzten Bereichen von ‚Religion' auf der einen, ‚Literatur' auf der anderen Seite ist im europäischen Kontext alles andere als selbstverständlich. In aller Vorsicht und im Bewusstsein von notwendiger Binnendifferenzierung lässt sich festhalten, dass diese Größen im Kontext der Vormoderne zusammengehörten. Die Loslösung und herauswachsende Eigenständigkeit der Kultur aus dem Bereich des Christentums vollzog sich in fortschreitenden Entwicklungsschüben seit dem 17. Jahrhundert. Mehr und mehr kam es erst jetzt zu einem ‚autonomen' Kunst- und Literaturverständnis, das sich mit der Säkularisierung zu Beginn des 19. Jahrhunderts endgültig durchsetzte.

Autonomie bedeutet freilich keineswegs Beziehungslosigkeit. Im Gegenteil, erst seitdem die Einheit von Volksreligion(en) und literarischem Schaffen zerbrochen ist, werden eigenständige, produktive und herausfordernde Auseinandersetzungen mit der christlichen Tradition im Bereich von Literatur möglich. Ging es zuvor vor allem um Ausschmückung, ästhetische Gestaltung, Bebilderung und Be-

stätigung der religiösen Vorgaben, so besteht nun ein Spannungsverhältnis, das für beide Seiten fruchtbar ist: für die Theologie als wissenschaftliche Reflexion von Religion, weil sie sich immer wieder überprüfen und weiterentwickeln kann durch die Spiegelungen und Provokationen der Literatur; für die Literatur, weil sie Auseinandersetzungen mit den traditionellen Religionen, mit religiösen Erfahrungen und theologischen Reflexionen über existentiell bedeutsame Themenfelder immer wieder künstlerisch fruchtbar machen kann.
Die Frage nach einem spezifischen Einsatz literarischer Texte im Religionsunterricht stellt sich also erst seit der Säkularisation. Doch auch diese Zeitbestimmung greift noch zu weit zurück. Die kirchlichen Milieus erwiesen sich gegenüber Säkularisierung, Aufklärung und Moderne als überaus resistent. Bis in die Mitte des 20. Jahrhunderts hinein herrschte auch religionspädagogisch die primäre Konzentration auf eine christliche Binnenwelt vor. So konnte die materialkerygmatische Konzeption des Religionsunterrichts auf katholischer Seite genauso wie die evangelische Unterweisung auf Seiten der evangelischen Kirche bis in die 1950er Jahre hinein an der Vision festhalten, am Lernort Schule gläubige SchülerInnen als integralen Bestandteil der regionalen Kirchengemeinden zu erziehen.
Dazu dienten auch literarische Texte – aber ausschließlich solche, welche die christliche oder sogar konfessionelle Binnensicht auf ihre Art noch einmal bestätigten. „Christliche Literatur“[3] war Teil des Lernens: Texte von *Friedrich Spee von Langenfeld, Christoph von Schmid, Reinhold Schneider* oder *Gertrud von le Fort* wurden als Bestätigung katholischen Lebens und Glaubens auf katholischer Seite eingesetzt, literarische Texte von *Martin Luther, Paul Gerhard, Ludwig Graf von Zinzendorf* oder *Jochen Klepper* gehörten zum festen Bestandteil evangelischer Glaubensunterweisung. Eine eigene didaktisch-hermeneutische Begründung war nicht erforderlich, schließlich wurden diese Texte doch als zum Kanon der konfessionellen Binnenwelt zugehörig betrachtet.
Die eigenständige Geschichte der didaktisch reflektierten Verwendung literarischer Texte im Religionsunterricht beginnt deshalb erst mit dem kulturellen Bruch der 60er und frühen 70er Jahre des 20. Jahrhunderts. Erst jetzt, in der Zeit der sich gesamtgesellschaftlich mehr und mehr durchsetzenden Moderne, finden sich erste Ansätze des Einsatzes literarischer Texte, die mehr sind als bloße Bestätigung des dogmatisch oder biblisch sowieso bereits Gewussten. Nun geht es gerade darum, autonome Texte aus dem Kontext der Moderne

mit Grundzeugnissen des christlichen Glaubens zu konfrontieren. Nicht Ergänzung und Bestätigung standen dabei im Mittelpunkt des didaktischen Geschehens, sondern Prozesse von Herausforderung, Provokation und Neubesinnung.

Zum theologisch-geistigen Vater dieser ersten Ansätze wird der evangelische Religionsphilosoph *Paul Tillich* (1886–1965). Um den ersten Aufbruch der Theoriebildung des Einsatzes literarischer Texte im Religionsunterricht verstehen zu können, bedarf es des skizzenhaften Nachzeichnens zumindest von Grundlinien der Kulturtheologie Tillichs. Sie begründet zugleich ein bis heute produktives Grundparadigma der Verhältnisbestimmung des wissenschaftlichen Dialogfeldes von Theologie und Literatur.

2. Paul Tillich: Aufbruch zur Theologie der Kultur

In dem frühen Aufsatz „Über die Idee einer Theologie der Kultur" (1919) hatte Paul Tillich grundlegend das Verhältnis von Theologie und Kultur im Kontext der aufbrechenden Moderne neu zu definieren versucht. Jenseits der bislang üblichen Verhältnisbestimmungen in den Begriffen von Autonomie oder Heteronomie der Kultur deutet er diese Beziehung nun im Begriff der *Theonomie*. Diesem Konzept zur Folge könne man sagen, dass „das höhere Gesetz zur gleichen Zeit das innere Gesetz des Menschen selbst ist"[4]. Als Konsequenz dieses Zusammendenkens von göttlicher und weltlicher Sphäre kann Tillich zugespitzt folgende „präziseste Formulierung der Theonomie" liefern: „Religion ist die Substanz der Kultur und Kultur die Form der Religion." (ebd.)

Entscheidend für unsere Fragestellung: Im Konzept der *Korrelation* gelingt es Tillich, diese Beziehung von Kultur und Religion weniger harmonisch-integrativ als relational verbunden zu verstehen. Korrelation definiert er dabei wie folgt: „Die Methode der Korrelation erklärt die Inhalte des christlichen Glaubens durch existentielles Fragen und theologisches Antworten in wechselseitiger Abhängigkeit."[5] Das zieht einen methodischen Doppelschritt für Theologietreibende nach sich: „Die Theologie formuliert die in der menschlichen Existenz beschlossenen Fragen", und sie formuliert zugleich „die in der göttlichen Selbstbekundung liegenden Antworten in Richtung der Fragen, die in der menschlichen Existenz liegen." (S. 75) Das Problem: Wie gelangt man zu einer Ausformulierung dieser „Fragen, die in der menschlichen Existenz liegen"? Für Tillich war klar, dass auch „Bilder, Gedichte und Musik" in diesem Sinne genuine Gegenstände von Theologie sein können, aber explizit „nicht unter dem Gesichtspunkt ihrer ästhetischen Form, sondern im Hinblick auf ihre Fähigkeit, durch ihre ästhetische Form gewisse Aspekte dessen auszudrücken, was uns unbedingt angeht" (S. 21).

Noch einmal positiv gewendet: „Die Analyse der menschlichen Situation bedient sich des Materials, das die menschliche Selbstinterpretation auf allen Kulturgebieten verfügbar gemacht hat. Die Philosophie trägt dazu bei" – und nun explizit genannt – „ebenso die Dichtkunst, die dramatische und epische Literatur" (S. 77). Literatur ist also als „etwas Vorläufiges" (S. 20) Teil dieser menschlichen Selbstinterpretation. Sie wird zum theologischen Analysegegenstand, weil sie hilft, das menschliche Leben als existentielle Fragesituation zu beleuchten, auf welche die christliche Botschaft die verlässlichen Antworten gibt. Dieser Grundansatz wurde in den Folgejahren von Tillich-Schülern immer wieder neu aufgegriffen, an vielen Beispielen plastisch und fruchtbar gemacht und gilt bis heute als produktives Grundmodell der Verhältnisbestimmung von „Theologie und Literatur". Ohne dass Tillich selbst wirklich systematische Literaturdeutungen vollzogen hätte[6], wurde sein Ansatz zur zentralen Grundlage für die späteren theologisch-literarischen Forschungsansätze, die sich weitgehend unabhängig voneinander gleichzeitig in Deutschland, in England und in den USA entwickelten.

- *Hans Jürgen Baden, Friedrich Hahn, Dorothee Sölle, Henning Schröer* und andere – allesamt evangelische TheologInnen – bauten in unterschiedlicher Schwerpunktsetzung ihre eigenständigen theologisch-literarischen Deutungssysteme in Anknüpfung an die Arbeiten von Tillich aus.
- *Amos Niven Wilder, Nathan Scott* oder *Robert Detweiler*, die seit den 50er Jahren des 20. Jahrhunderts in den USA eigenständige Studiengänge in Theologie und Literatur konzipierten, beriefen sich explizit auf Tillich.
- Auch für *David Jasper* und *Terry Wright*, zentrale Gründergestalten der akademischen Dialogdisziplin von Theologie und Literatur in Großbritannien, bildete Tillichs Ansatz die später ganz eigenständig weiter entfaltete Grundlage.

Kennzeichen theologisch-literarischer Studien im Gefolge von *Paul Tillich*

- Die Basis dieses Ansatzes ist die vorbehaltlose *Anerkennung der Moderne* als Gegebenheit. In diesem neuen gesamtkulturellen Paradigma muss sich auch die Theologie neu formieren.
- Diese Neuformierung vollzieht sich im Modus der *Korrelation*. In Anerkennung der Autonomie der Kultur (darin auch der Literatur) gilt es, die Zeugnisse vor allem der Gegenwartskultur wahrzunehmen und in ein Spannungsverhältnis zu Grundzeugnissen der Theologie zu setzen. Die Literatur liefert die *Fragen*, die Theologie muss sich um neu formulierte *Antworten* auf die aktuellen Herausforderungen bemühen.
- Für die *Textauswahl* legt es sich nahe, Zeugnisse der ‚christlichen Literatur' zu vernachlässigen, weil sie eher zur Bestätigung von bereits Bekanntem neigen. Dialog und Herausforderung sind eher möglich im Blick auf weltanschaulich wie ästhetisch völlig eigenständige Kunstwerke.
- Da es vor allem um Herausforderung, Anregung und Dialog geht, legt sich als *Interpretationsmodus* eine inhaltliche Ausrichtung nahe. Sie orientiert sich an den folgenden Grundfragen: Wo benennt moderne Literatur in eigenständiger Weise Grundprobleme, die sich in ähnlichen, aber eben doch eigenen Formen auch in christlichen Traditionen finden? Wo „realisiert"[7] (*Dorothee Sölle*) Literatur in eigener Sprache und eigener Ausrichtung Grundfragen, die in anderer sprachlicher Form und anderer inhaltlicher Zuspitzung im Christentum benannt werden? Wie muss schließlich christliche Theologie umformuliert und inhaltlich umkonzipiert werden, damit sie diese Herausforderungen produktiv bewältigen kann?
- Die in diesem Schema deutlich werdenden Vorgaben für das wissenschaftliche Dialogfeld von Theologie und Literatur ziehen grundlegende Konsequenzen für religionsdidaktische Konzeptionen im Blick auf den Einsatz literarischer Texte im Religionsunterricht nach sich.

3. Literarische Texte im Frage-Antwort-Schema

Interessant zu sehen: Unabhängig voneinander entwarfen sowohl die evangelische als auch die katholische Religionspädagogik in den 60er Jahren eigenständige didaktische Entwürfe innerhalb der Konzeption eines hermeneutischen Religionsunterrichts, die an den Vorgaben

Tillichs anknüpften. Ihr grundlegendes Ziel lag in einem existentiellen Verstehen von Texten zur Förderung der persönlichen Orientierung und Identitätsfindung. Einige zentrale Ansätze und Stationen seien knapp charakterisiert.

Friedrich Hahn

Dem evangelischen Religionspädagogen *Friedrich Hahn* ging es um die grundsätzliche Auslotung der Möglichkeiten mit Hilfe literarischer Texte religionspädagogisch zu arbeiten. 1963 erschien sein Buch „Moderne Literatur im kirchlichen Unterricht". Drei Antworten skizziert Hahn auf die Frage, warum es sinnvoll sein kann, sich im Rahmen religiöser Bildung mit moderner Literatur zu beschäftigen: Sie „kann zur Klärung der eigenen Position und der meiner Zeitgenossen beitragen"; sie kann „zur Begegnung und Auseinandersetzung mit dem Geist der Zeit (...) zurüsten"; schließlich können die „Stimmen moderner Dichter den Menschen der Gegenwart in seiner Sprache zum Evangelium rufen", wenn sie „zur Dolmetscherin der biblischen Botschaft"[8] werden. Im Kern zielt Hahn in seinen vielfach eingesetzten Veröffentlichungen darauf, „große Lebensfragen im Textvergleich" zu erschließen – so der Untertitel seines wohl wirkmächtigsten Buches „Bibel und moderne Literatur" von 1966. Biblische und theologische Existenzdeutungen werden nebeneinander gestellt, um sich so gegenseitig neu zu beleuchten. Angesichts der Fragen und Probleme, die aus den aktuellen Texten herausdestilliert werden, muss sich die biblische Botschaft neu bewähren.

Hubertus Halbfas

Eine frühe religionspädagogische Besinnung auf den Wert von Dichtung für religionspädagogische Prozesse von katholischer Seite stammt von *Hubertus Halbfas*. Schon in seiner programmatischen Frühschrift „Fundamentalkatechetik" (1968) findet sich der Abschnitt „Die Sprache der Dichtung". „Dichtung" – so Halbfas hier – „ist jene Sprache, die uns das Sein des Seienden offenbar macht und ein Leben in der Mitte der Wirklichkeit ermöglicht."[9] Weil es dem Religionsunterricht wesentlich um „eine fundamentale Sprachlehre" geht, muss die Betrachtung von Bibel und christlicher Tradition in ihm „in einen Wechselbezug zum dichterischen Wort gestellt" werden, der „freilich nicht als vorübergehendes Propädeutikum missverstanden werden darf, sondern als ein eigenständiges, sorgfältiges

Hinhören auf die Sprache des Menschen" (S. 219) gesehen werden soll. „Primär dichterische Texte" gehören – so der nachdrückliche Appell – „an die Seite der biblischen Vorlage" und zwar „bestätigend, erläuternd oder kontrastiv" (S. 227). In dem zusammen mit seiner Frau *Ursula Halbfas* 1972 herausgegebenen, programmatisch benannten „Lesebuch für den Religionsunterricht" mit dem Haupttitel „Das Menschenhaus" finden so selbstverständlich zahlreiche literarische Texte ihren konstitutiven Platz.

Magda Motté

In den Folgejahren begann sowohl in evangelischer wie in katholischer Tradition die Publikation einer Folge erstaunlich ähnlich konzipierter Werke für die religionspädagogische Praxis. Der reflektierteste didaktische Ansatz aus dieser Zeit stammt von der Germanistin *Magda Motté*. In ihrem Buch „Religiöse Erfahrung in modernen Gedichten" rückt sie die Kategorie der *Erfahrung* ins Zentrum. „Das Wort des Lyrikers ist vor allem deshalb von Bedeutung, weil er im poetischen Bild eine zwar unmittelbare, aber dennoch gleichsam gefilterte Erfahrung wiedergibt"[10]. ‚Erfahrung' – verwendet als umfassender Begriff für Reflexion von Erlebtem, sich darin realisierendem Entwurf von Identität und vorwärtsgewandter Lebensvision – wird im literarischen Werk zum Angebot, zur Herausforderung an die Leser, ist doch „vor allem der Dichter als der besonders wache, hellhörige und sensible Mensch (...) offen für solcherart tiefgreifende, daseinsbereichernde Erfahrung" (S. 37). Die in den Texten kondensierten Erfahrungen der Dichter werden zu Anregungen, über die eigenen Erfahrungen zu reflektieren und sie mit den bisherigen – gegebenenfalls religiösen – Wirklichkeitsdeutungen zu konfrontieren.
Weil die Literatur diesen unersetzbaren Eigenwert hat, schließen sich für Motté zwei zentrale methodische Grundforderungen an:

> „1. Es verbietet sich, die Dichtung als ‚Hilfsobjekt', z.B. zur Einstimmung, als Anknüpfungspunkt oder als literarisches Beispiel zur Veranschaulichung eines theologischen Sachverhaltes zu benutzen, ohne das literarische Werk als solches in seinem Wert zu würdigen.
> 2. Das literarische Kunstwerk darf andererseits auch nicht die Stelle des Wortes Gottes, der Heiligen Schrift, einnehmen, sodass Dichtung und Bibel auf eine Stufe gestellt werden. Die Bibel muss als Wort Gottes deutlich von der Dichtung unterschieden werden." (S. 40)

Diese beiden *Vorbehalte* gegen *vorschnelle* und *einseitige Funktionalisierung* auf der einen, und *gleichmacherische Einebnung der Unterschiede von profan und sakral* auf der anderen Seite, sollten fortan zum Grundbekenntnis sämtlicher Auseinandersetzungen um ‚Theologie und Literatur' und um ihre didaktisch-methodischen Anwendungen gehören.

Henning Schröer

Während Mottés Studie sich explizit auf den Religionsunterricht konzentriert, weitet das im gleichen Jahr erschienene Buch „Moderne deutsche Literatur in Predigt und Religionsunterricht" des evangelischen Pastoraltheologen *Henning Schröer* den Blick zusätzlich auf den Bereich der Homiletik. Ganz offen gesteht er dabei ein: „Die Religionspädagogen sind den Homiletikern in dieser Frage (...) ein Stück voraus."[11] An vier thematischen Feldern untersucht er diesen Spannungsbereich: im Blick auf die „Gottesfrage", die „Gegenwart und Zukunft des Menschen", das „Todesproblem" und schließlich „Jesus". Im Rückblick bestimmt Schröer die theologische Relevanz literarischer Texte wie folgt: Es handelt sich um eine „Herausforderung, die weder auf absolute Konfrontation noch auf Religionsersatz zielt, sondern auf die Kritik am theologischen Missbrauch der Sprache und auf die Frage nach der Wahrheit und Kraft religiöser Sprache als notwendigem Überschuss für humane Hoffnung" (S. 178).

Anthologien

Neben diesen konzeptionell ausgerichteten Studien tauchten mit Beginn der 70er Jahre des 20. Jahrhunderts plötzlich Anthologien auf, zum Teil kommentiert und didaktisch reflektiert, die den weiten Bereich der Gegenwartsliteratur für den Religionsunterricht erschließen sollten.

- 1971 erschien so ein erstes „Text- und Arbeitsbuch" über „Moderne Literatur"[12], abzielend gleichzeitig auf den Religions- und den Deutschunterricht.
- Im gleichen Jahr gab die evangelische Religionspädagogin *Sigrid Berg* zwei Bände mit Hinweisen zu „kurzen literarischen Texten für den Religionsunterricht"[13] heraus.
- Ein Jahr später veröffentlichte *Wilhelm Höck* Beispiele für „weltliches Erzählen von Gott in der modernen Weltliteratur"[14]. In einem didaktischen Begleitheft warnte *Gert Otto* explizit vor einer möglichen „falschen Inanspruchnahme literarischer Werke durch die

Theologie" (S. 23), die er etwa in Friedrich Hahns Ansatz gegeben sah.

- 1973 erschien eine Loseblattsammlung der Trierer ReligionspädagogInnen *Adelheid Hardt, Elisabeth Schmitz* und *Alfons Thomé*, in der „Dichter und Propheten" vorgestellt werden. „Moderne Dichtung im Religionsunterricht" sei unverzichtbar, weil diese „in hervorragender Weise eine ‚Chiffre' unserer Zeit ist". Literatur vermag „sehend zu machen, zu beunruhigen, zu befreien, vielleicht zu erschüttern und dadurch zum Selbst- und Weltverständnis beizutragen"[15], so die VerfasserInnen in der sorgsamen Hinführung.
- Ein Jahr später stellte *Alfons Thomé* seine weiterführende Monographie unter das Thema „Moderne Problemliteratur im Religionsunterricht". Literarische Texte können – so der Verfasser im Geist seiner Zeit – „einen starken Antrieb zur Problemverarbeitung leisten". Schüler sollen „künstlerische Reifungs- und Klärungsprozesse" nachvollziehen, in ihnen sollen sie „gleichsam ständig hin- und hergeschüttelt werden", sollen sie „prüfen, verwerfen und sich entscheiden lernen"[16]. In solchen Sätzen spürt man den idealistischen Schwung des Aufbruchs und das große Vertrauen in die didaktischen Chancen des neuen Ansatzes.
- Ebenfalls 1974 stellte schließlich *Franz W. Niehl*, gleichfalls Religionspädagoge in Trier, eine Sammlung über „Moderne Literatur und Texte der Bibel"[17] zusammen, 1973 und 1976 der Münsteraner Philologe *Karl-Heinz Bloching* „Texte moderner Schriftsteller zur Meditation" und literarische „Texte über Gott"[18].

In all diesen neuartigen Studien und Anthologien zeigte sich einerseits ein klares Bewusstsein für die Herausforderungen, die die Moderne für die Religionspädagogik stellte. Andererseits wird die Erwartung deutlich, die man mit dem Einsatz von literarischen Texten im Religionsunterricht verband. Gleichzeitig zeigt sich das dringende Desiderat einer neuen umfassenden hermeneutischen Reflexion des Verhältnisses von Kultur und Religion, spezifischer: von Literatur und Theologie. Diese sollte freilich nicht im Feld der Religionspädagogik erfolgen.

4. Theologie und Literatur im Zeichen des Dialog-Paradigmas

Dass literarische Texte einen eigenen Erkenntniswert für Theologie und Kirche haben können, hatte für die katholische Kirche erstmals das Zweite Vatikanische Konzil explizit erklärt. In der Pastoralkonstitution „Gaudium et Spes" findet sich im 62. Kapitel unter der Überschrift „Das rechte Verhältnis der menschlichen und mitmenschlichen Kultur zur christlichen Bildung" folgende Passage:

> „Auf ihre Weise sind auch Literatur und Kunst für das Leben der Kirche von großer Bedeutung. Denn sie bemühen sich um das Verständnis des eigentümlichen Wesens des Menschen, seiner Probleme und seiner Erfahrungen bei dem Versuch, sich selbst und die Welt zu erkennen und zu vollenden; sie gehen darauf aus, die Situation des Menschen in Geschichte und Universum zu erhellen, sein Elend und seine Freude, seine Not und seine Kraft zu schildern und ein besseres Los des Menschen vorausahnen zu lassen. So dienen sie der Erhebung des Menschen in seinem Leben in vielfältigen Formen je nach Zeit und Land, das sie darstellen."[19]

Der Literatur wird hier zugesprochen:
- sich um das *Wesen* des Menschen zu bemühen;
- dabei vor allem seine *Probleme* und *Erfahrungen* in den Blick zu nehmen;
- sich vor allem dem Versuch der *Selbst-* und *Welterkenntnis* zu widmen, aber auch deren *Vollendung*;
- die *Situation* von Mensch und Universum (auffallend: nicht ‚Schöpfung'!) zu *erhellen*;
- sich auf die *Schilderung* von *Elend* und *Freude, Not* und *Kraft* zu konzentrieren;
- dadurch eine *Vorausahnung* eines „besseren Loses des Menschen" zu ermöglichen;
- und so zur „*Erhebung* des Menschen" beizutragen.

Dieses außergewöhnlich umfassend formulierte Bündel an positiven Charakterisierungen und Funktionsbeschreibungen wirkte wie eine Ermutigung für die systematisch-theologische Betrachtung von Literatur. Ohne falsche Vereinnahmung, ohne jegliche Engführung auf spezifisch christliche Literatur wird einerseits eine Wertschätzung deutlich, andererseits aber auch ein hermeneutisches Interesse sichtbar, das in dieser Klarheit zuvor nirgends formuliert worden war.

Hier bahnt sich erstmals ein wirklich dialogisches Verständnis den Weg. Mit Verzögerungen wurden diese Vorgaben auch für das Selbstverständnis der Theologie rezipiert. So findet sich etwa in Arbeitshilfe 115 der Deutschen Katholischen Bischofskonferenz aus dem Jahre 1993 über „Kunst und Kultur in der theologischen Aus- und Fortbildung" der Appell: „Die Künste sollen integrierte Bestandteile des Theologiestudiums darstellen." Dies gelte „insbesondere" auch für „die Literatur". Als Ziel wird formuliert: „Theologen, Katecheten und Religionslehrer müssen in die Lage versetzt werden, verantwortungsbewusst mit künstlerischen Fragestellungen und Entscheidungen umzugehen."

Im Zuge derartiger Entwicklungen etablierte sich seit Mitte der 70er Jahre des 20. Jahrhunderts eine eigenständige wissenschaftliche Betrachtung von Theologie und Literatur, sicherlich maßgeblich vorangetrieben vom vorgängigen religionspädagogischen Interesse an diesem Bereich. Die ProtagonistInnen – *Dorothee Sölle, Dietmar Mieth, Karl-Josef Kuschel* und andere – arbeiteten jedoch primär in systematisch-theologischer Perspektive. Ihre Arbeiten veränderten aber auch den religionspädagogischen Umgang mit literarischen Texten.

Dietmar Mieth

Der erste entscheidende hermeneutische Neuansatz wurde im Jahr 1976 gesetzt, als *Dietmar Mieth* (*1940) seine moraltheologische Habilitationsschrift vorlegte, die wegen ihres Umfangs in zwei separaten Teilen erschien: „Dichtung, Glaube und Moral. Studien zur Begründung einer narrativen Ethik" sowie „Epik und Ethik. Eine theologisch-ethische Interpretation der Josephsromane Thomas Manns". Neu für Mieth stellt sich die Frage nach der Verhältnisbestimmung von Theologie und Literatur im spezifisch *ethischen Feld.* Er wendet sich dem „Problem der Analogie zwischen Dichtung und Glaubensinterpretation"[20] zu und entwickelt für sein Vorgehen ein eigenes hermeneutisches Modell: Es gibt „strukturelle Entsprechung und Analogie" (S. 94) zwischen Dichtung und Glaube, die als „Beziehungsgefüge eigener Ordnung füreinander transparent gemacht" (S. 96) werden können.

Karl-Josef Kuschel

Mit der breit rezipierten Dissertation „Jesus in der deutschsprachigen Gegenwartsliteratur" betritt 1978 ein maßgeblicher Protagonist des Dialogs von Theologie und Literatur das Feld: *Karl-Josef Ku-*

schel (*1948). Der dialogische Charakter des Ansatzes wird gleich zu Beginn betont: Das Interesse dieser Arbeit? „Es ist literaturwissenschaftlich und theologisch zugleich."[21] Einige zentrale Grundzüge des produktiven Schaffens Kuschels bis heute treten in dieser Arbeit bereits klar hervor. Sie gelten nicht nur für ihn selbst, sondern auch für zahlreiche weitere theologisch-literarische Studien, die seine Anregungen übernehmen.

Im Kern geht es Kuschel um „eine gegenseitige Herausforderung", und zwar „dort, wo man sich vielfach überschneidet: in der Darstellung der Wirklichkeit des Menschen und seiner Welt" (S. 4). Wie ist das damit skizzierte Paradigma der inhaltlichen gegenseitigen Herausforderung genau zu bestimmen? Beide Bereiche können einander zum „kritischen Korrektiv" werden: Literatur als kritisches Korrektiv „gegenüber einer theologischen Sprache, die die Wirklichkeit des Menschen oft durch hohle, abgegriffene, Unantastbarkeit und Unveränderlichkeit beanspruchende Formeln verstellte, statt sie zu erhellen" (ebd.); Theologie als Korrektiv, weil sie die Literatur herausfordert, „die Frage nach dem Menschen, die Frage nach dem Zustand der Welt, wie sie ist, (...) die Frage also nach dem Ganzen von Mensch und Welt in Raum und Zeit, in den vielfältigen Dimensionen der Wirklichkeit offen zu halten" (S. 5). Kuschel greift auf Tillichs die Moderne eröffnendes Modell zurück, in dem es noch weitgehend einseitig um ein Schema von Frage (Literatur) und Antwort (Theologie) geht. Er entwickelt es jedoch in einem dialogisch geprägten Kontext der 1970er Jahre weiter, indem er nun ein *gegenseitiges* Anfragen und Anregen anzielt.

Diese herausfordernde Dimension bezeichnet aber nur die eine Seite der Beziehung, die andere ist von Gemeinsamkeiten zwischen Theologie und Literaturwissenschaft geprägt. Sie sollten sich besinnen auf die Bundesgenossenschaft „im Kampf um eine Sprache, die sich dem Einverständnis der Mächtigen entzieht, die der gelenkten, verkauften und abgerichteten Sprache mit Misstrauen begegnet und sich der perfekt funktionierenden Gesellschaft verweigert"[22].

Kennzeichen theologisch-literarischer Studien im Gefolge von Karl-Josef Kuschel

1. Vorbehaltlose Anerkennung der *Moderne* und der Versuch, eine moderne Theologie im Gefolge des *Zweiten Vatikanischen Konzils* zu entwerfen.
2. Orientierung an den Grundmustern von Anerkennung der *Autonomie* der Literatur, *Herausforderung* an die Theologie und *Dialog* zwischen allen beteiligten Partnern.
3. Konzentration auf *konkrete Textdeutungen*, also Auseinandersetzung mit den Primärtexten unter gründlicher Hinzuziehung der relevanten *Sekundärliteratur.* Ziel ist ein Austausch mit den Arbeiten der Literaturwissenschaft auf Augenhöhe.
4. *Motivisch-theologische* Literatursichtungen, orientiert an theologischen Strukturen wie Stoffen, Themen, Figuren mit dem Ziel systematisch-theologischer Ertragssicherung. Daneben treten Werkporträts von SchriftstellerInnen, in deren Werk religiöse Spuren besonderes Profil gewinnen. Diese Nachzeichnungen verzichten auf alle idealisierenden Stilisierungen und Typisierungen.
5. Konzentration auf *zeitgenössische deutschsprachige Literatur* (erweitert um große zeitüberdauernde Entwürfe der Weltliteratur) unter weitgehender Ausblendung explizit christlicher Literatur zugunsten von Literatur der Krise, des Einbruchs der Moderne. Die Werke der deutsch-jüdischen Literatur bieten dazu besonders wertvolle Texte.
6. Nur in zweiter Linie *theoretisch-hermeneutische Reflexionen* auf der Metaebene des wissenschaftlichen Diskurses.
7. Als *Methoden* dienen explizit und gegen ausschließlich textimmanent arbeitende Ansätze alle Verfahren, die eine möglichst umfassende Deutung bereichern: exemplarische Textdeutung unter Nutzung literaturwissenschaftlicher Verfahren, gesellschaftlich-zeitgeschichtliche Einbettung, biographische Nachzeichnung, Themenvergleich, Motivgeschichte – ein *Methodenpluralismus.*

In den Folgejahren legte Kuschel ein umfangreiches und breit ausdifferenziertes Werk vor: motivgeschichtliche Studien und Textbände, an systematischen Fragestellungen orientierte Untersuchungen, Autorengespräche. Die hermeneutischen Klärungen erfolgten vor allem in dem 1991 veröffentlichten Band „Vielleicht hält Gott sich einige Dichter“. Hier entwirft Kuschel zunächst zehn „literarisch-theologische Porträts“, um dann in einem ausführlichen programmatischen Schlusskapitel die Beobachtungen zu bündeln und zu kommentie-

ren: „Auf dem Weg zu einer Theopoetik“. Diese Ausführungen sind das Herzstück der expliziten hermeneutischen Reflexion Kuschels zum Feld von „Theologie und Literatur“.
Er zeichnet zunächst zwei Grundmodelle nach, mit denen bislang das Verhältnis von „Theologie und Literatur“ beschrieben wurde. Im „Konfrontationsmodell“ geht es darum, sich ausgehend von einer „Position einer antithetischen Offenbarungstheologie“ von „der Religiosität der Schriftsteller und ihrer Produkte abzusetzen“[23]. Dieses Modell findet sich in allen kulturkritischen und fundamentalistischen Ansätzen von Theologie. Im „Korrelationsmodell“ im Gefolge Paul Tillichs und des Zweiten Vatikanischen Konzils hingegen werde zwar Literatur „als Ausdruck authentischer, zeitgenössischer Erfahrung von Menschen“ ernst genommen. Durchaus könne man sich so „durch die Vision einer anderen Religiosität nicht bedroht, sondern bereichert fühlen, das eigene christliche Erbe selbstkritisch befragen und in einen Dialog“ eintreten, um die Literatur letztlich aber doch lediglich als Hinweis, als Spur, oder als Ansatz zur volleren Wahrheit zu kennzeichnen, die eine „richtig praktizierte christliche Theologie freilich als ganze zu kennen beansprucht“ (S. 382f.).
Zur Differenzierung und Klärung der Begriffe zentral: Das Tillichsche Verständnis von „Korrelation“ lässt sich tatsächlich als Frage-Antwort-Schema begreifen und umsetzen. Es entspricht so *gerade nicht* dem spezifisch religionspädagogischen Verständnis von „Korrelation“ als „kritische produktive Wechselbeziehung“ zwischen „dem Geschehen, dem sich der überlieferte Glaube verdankt und dem Geschehen, in dem Menschen heute (...) ihre Erfahrungen machen“[24]. Korrelation als „Prozess der wechselseitigen Durchdringung zwischen Glaubensüberzeugungen und Lebenserfahrungen“ (S. 243) ist vielmehr eine religionspädagogische Entsprechung zum hermeneutischen Ansatz Kuschels im Feld von Theologie und Literatur.
Das Grundanliegen Kuschels ist die Profilierung eines eigenen Ansatzes, der „Methode der strukturellen Analogie“. Was ist darunter zu verstehen? Der Doppelblick auf „Entsprechungen und Entfremdungen“: „Entsprechungen suchen heißt nicht vereinnahmen. In strukturellen Analogien denken heißt gerade nicht vereinnahmen. (...) Wer strukturell-analog denkt, kann Entsprechungen des Eigenen im Fremden wahrnehmen.“ (S. 385) Umgekehrt gilt: „Auch das Widersprüchliche zur christlichen Wirklichkeitsdeutung“ muss klar erkannt und benannt werden, denn „nur so wird ja das Verhältnis

von Theologie und Literatur ein Verhältnis von Spannung, Dialog und Ringen um die Wahrheit“ (ebd.). Worin liege das Spezifische, die neue Qualität dieses Modells für den angestrebten und beständig praktizierten Dialog? Im Ernstnehmen der literarischen Werke als „autonome Selbstzeugnisse der Dichter“ dürfe sich christliche Theologie eben gerade nicht „als Antwortgeberin auf alle existentiellen Fragen“ (S. 385f.) präsentieren. „Ziel ist eine Theologie mit einem anderen Stil“ (ebd.). Damit benennt Kuschel eine – aus der Auseinandersetzung mit der als Herausforderung verstandenen Literatur erwachsende – Bringschuld der Theologie, die bislang nur in Ansätzen eingelöst ist.
In all den hermeneutischen Vorgaben verbleibt Kuschel im Kontext des Paradigmas der Moderne: Der ungebrochene Glaube an ‚Bedeutung‘; an sinnhafte Interpretation, die Erkenntnis fördert; an die Existenz von objektiven Wertmaßstäben; an einen literarischen Kanon, der besonders wertvolle und bleibend bedeutsame Literatur umfasst; an die Möglichkeit einer dialogischen Theologie, die die Herausforderungen der Moderne aufnimmt und überzeugend beantwortet – all das deutet auf die geistesgeschichtliche Beheimatung seines Ansatzes, die von einem Großteil der in den letzten 30 Jahren entstandenen theologisch-literarischen Arbeiten – meistens unreflektiert – mitgetragen wird.

5. Literarische Texte im korrelativen Unterricht

Begleitend zu diesem Neuansatz im theologisch-literarischen Feld entwickelte sich auch auf religionsdidaktischer Ebene eine vergleichbare hermeneutische Reflexion. Zum Teil in direkter Auseinandersetzung mit Sölle, Mieth und Kuschel, zum Teil aber auch völlig eigenständig entfaltete sich ein von der unterrichtlichen Praxis angeregter und auf sie direkt zurückwirkender Diskurs. Dieser Diskurs geht Hand in Hand mit einem Bedeutungsaufschwung von literarischen Texten in der religionsdidaktischen Praxis. Bis „weit in die 70er Jahre“ hatte die Behandlung literarischer Texte im Religionsunterricht „allenfalls subsidiären Charakter“[25]. Im Rahmen der nun systematisch konzipierten Korrelationsdidaktik wird sie zu einem konstitutiven Element.

Ralph P. Crimmann
1978 legte der evangelische Religionspädagoge *Ralph P. Crimmann* eine Studie vor, die nicht nur den neuen – bis heute umstrittenen – Begriff der „Literaturtheologie" zu begründen und zu füllen versucht. Vielmehr mündet die Studie in ein leidenschaftliches Plädoyer für den Einsatz moderner literarischer Texte im Religionsunterricht vor allem in der Kollegstufe. Fünf zentrale didaktische Chancen räumt Crimmann der Dichtung im Rahmen eines solchen Unterrichtseinsatzes ein:
Zunächst erhofft er sich, dass SchülerInnen „die gesellschaftliche und religiöse Wirklichkeit durch das Medium dichterischer Gestaltung" in besonderer Weise erleben können und sich so begeistern „für eine Form der Daseinsbewältigung, die heute selten geworden ist: die musisch-ästhetische". Zweitens biete zeitgenössische und säkulare Dichtung die seltene Chance, „dem Schüler so zu begegnen, wie es seiner Lebens- und Welterfahrung entspricht". Drittens könne Literatur „unter Umständen" durch „ihre provokativen Inhalte" die SchülerInnen „zu einem tieferen Fragen führen", die sie dann „offen sein lässt für eine Antwort, die der christliche Glaube geben kann". Viertens – eine im Kontext der sozialkritisch sensiblen 70er Jahre verankerte Grundthese – komme der Dichtung die Aufgabe zu, „dass sie unsere gesellschaftliche, politische, traditionelle und religiöse Wirklichkeit analysiert und auch neue Impulse" gebe. Schließlich – nun wird der vereinnahmende Grundzug dieses Ansatzes vollends deutlich – „mag es bisweilen der Dichtung auch gegeben sein, die biblische Botschaft von der Versöhnung Gottes mit den Menschen mittelbar oder direkt in das dichterische Wort umzusetzen"[26].

Martin Hussong/Bernhard Wolf
Bereits 1975 war ein Themenheft über „Religionsunterricht, Literatur und Sprache" der religionspädagogischen Zeitschrift „Der Evangelische Erzieher" erschienen, in dem gleich zwei Aufsätze kritisch den bis dahin üblichen Einsatz literarischer Texte im religionspädagogischen Kontext beleuchteten. Ein erster Vorwurf betrifft das grundsätzliche Verständnis von Literatur: Vorherrschend sei dort eine „Literaturauffassung typisch für die der fünfziger und frühen sechziger Jahre", ausgezeichnet dadurch, dass sie die zeitgenössische „rationalistische, strukturalistische und linguistische Wende in der Literaturwissenschaft noch nicht verarbeitet"[27] habe.
Vier Hauptvorwürfe werden erhoben, die sich auch allgemein auf

die theologische Literaturrezeption nach 1975 beziehen lassen: „Eine unpräzise Auffassung vom Verhältnis Literatur – Wirklichkeit“; die „Neigung zu mystifizierender Betrachtung von Literatur“; die „Missachtung der ideologischen Komponente der Literatur“ durch eine „im Grunde ahistorische Auffassung von ‚Wahrheit‘“; schließlich das „Außerachtlassen der Bedingungen des Rezeptionsprozesses“[28]. So lasse sich ein „theoretisches Defizit“ konstatieren, im Verbund mit einer „problematischen Praxis“ – so der Titel des einen Aufsatzes. Hier gehe es angesichts der enormen „Diskrepanz zwischen Anspruch und Wirklichkeit“[29] im Umgang mit moderner Literatur im Religionsunterricht um „domestizierte Texte“, so der Titel des anderen. Bei aller scharfsichtigen Analyse, bei aller bleibend berechtigten Beachtung dieser Beiträge als Warnstimmen gegen allzu leicht funktionalisierten Missbrauch literarischer Texte wird aus heutiger Sicht deutlich, dass diese Beiträge ihrerseits selbst einem einseitig politisierten Literaturverständnis ihrer Zeit verpflichtet sind.

Rolf Sistermann

Eine erste umfassende kritische Sichtung des theologisch-literarischen Feldes aus religionspädagogischer Perspektive legte 1979 der evangelische Theologe *Rolf Sistermann* vor. In seiner Dissertation „Literatur und Ideologie im Religionsunterricht“ konzentriert er die Fragestellung – erneut dem Geist seiner Zeit entsprechend – vor allem auf die „ideologiekritische Behandlung literarischer Texte“, so der Untertitel. Zwar gebe es eine „Vielzahl“ an bis zu diesem Zeitpunkt bereits „vorliegenden Unterrichtsvorschlägen, Textsammlungen und Monographien zur Behandlung von Literatur im RU“, so seine Ausgangsbeobachtung, dennoch sei „die Funktion von Literatur im bisherigen RU wenig untersucht worden“[30]. Er entwirft, charakterisiert und belegt sechs Kategorien, um das Spektrum auszuleuchten, wie „literarische Texte bisher im RU behandelt worden sind“: als „Zeugnisse des Unglaubens“, als „Hilfen zum Verständnis biblischer Texte“, als „Dokumente religiöser Sprache“, als „Fragen an den christlichen Glauben“, als „Beiträge zur Aufarbeitung aktueller Probleme“, schließlich als „Antworten auf die religiöse Frage“ (S. 16). Allgemein könne man sagen, dass das auf Tillich zurückgehende „Frage-Antwort-Schema sich (...) neben dem hermeneutischen Schema der Zuordnung von Parallel-, Kontrast-, und Beispieltexten noch immer größter Beliebtheit erfreut“ (S. 29).

Sistermanns Gegenentwurf: Eine „theologische Interpretationsmethode“ müsse „Texte auf die in ihnen verborgenen oder offen dargestellten Mythen hin untersuchen und diese in Relation zu den Mythen“ stellen, „in denen der christliche Glaube Ausdruck findet“ (S. 152). Dazu können sowohl werkimmanent-formalistische, als auch dialektisch-materialistische oder weltanschaulich-existentielle Methoden angewendet werden. Das Interesse richtet sich also nicht auf den „Text an sich“, sondern auf den „Glaube, der in ihm zum Ausdruck kommt“ (S. 153). Es gelte, die gegenwärtig wirkmächtigen Mythen zu entziffern, zu durchschauen und kritisch mit der christlichen Vision von Heil zu konfrontieren. Das Ziel derartiger Arbeit mit literarischen Texten im Religionsunterricht liege so in der „eigenständigen theologischen Ideologiekritik“ (S. 180).

Ursula Baltz-Otto

1983 veröffentlichte die evangelische Theologin und Germanistin *Ursula Baltz* ihre Dissertation unter dem Titel „Theologie und Poesie. Annäherungen an einen komplexen Problemzusammenhang“. Neben einer grundlegenden Verhältnisbestimmung dieser beiden Größen versucht sie eine neue didaktische Verortung unter dem Stichwort der „Erzählung“. In scharfer Zurückweisung der bisherigen Konzepte einer „narrativen Theologie“ – der Begriff sei „in sich nicht tragfähig“ – fordert sie die Erweiterung dieser Ansätze um Reflexionen auf die Poetizität: „Es wäre also zu fragen, ob Narrative Theologie – wenn man den Begriff zu Recht gebraucht – für ihre Konzeption nicht zwangsläufig und konstitutiv den Dialog mit Dichtung voraussetzt“[31]. In einer kritischen Untersuchung der Konzepte zum Einsatz der Gattung ‚Erzählung‘ im Religionsunterricht kommt sie zu einem vernichtenden Urteil: „Erzählung als literarische Aufgabe, als Poesie steht kaum zur Debatte. Das theologisch-pädagogische Problem der Nacherzählung biblischer Geschichten dominiert so stark in der neueren Diskussion, dass alles andere dagegen in den Hintergrund tritt.“ (S. 240) Zu einer gründlichen Entfaltung des eigenen religionspädagogischen Gegenprogramms gelangt die Verfasserin bei aller Kritik und Ablehnung anderer Konzepte hier jedoch kaum.
Wenige Jahre später legt sie im vierten Band des „Jahrbuch für Religionspädagogik“ einen grundlegenden Ansatz zur Frage nach ‚Religion und Literatur‘ unter spezifisch religionsdidaktischer Perspektive vor. Er mündet in das überraschende Plädoyer, „Deutsch,

Religion(en), unter Einschluss des neuen Faches Ethik, und Philosophie zu einem Lernbereich zusammenzufassen"[32]. Nur so ließen sich die grundlegenden Gemeinsamkeiten und Zusammengehörigkeiten im Bereich des Ästhetischen ohne künstliche Trennungen stimmig didaktisch erschließen. Warum? „Die Unterscheidung zwischen ‚literarischen' und ‚religiösen' Texten erweist sich unter der Kategorie des Ästhetischen in wissenschaftsmethodischer wie in didaktisch-unterrichtsmethodischer Hinsicht auf weite Strecken hin als irreführend" (S. 36). Die „‚Methoden' der Untersuchung ‚literarischer' und ‚religiöser' Texte sind dieselben" – so die These – lediglich „die Kontexte ‚literarischer' und ‚religiöser' Texte sind unterschiedlich" (S. 40). Diese Thesen und Vorschläge fanden nur wenig Anschluss in Folgestudien oder auf Lehrplan- und Unterrichtsebene. Die Einebnung der Texttypen und der Methodik ihrer didaktischen Erschließung fand ebenso wenig Zustimmung wie die Reduktion der Unterschiede allein auf die Kontexte der Betrachtungen.

Überraschend: Mit diesen Studien verstummte die Reflexion um ‚Religionspädagogik und Literatur' im evangelischen Raum. Sie wird dort bis heute – von wenigen Ausnahmen abgesehen[33] – kaum mehr geführt. Zehn Jahre nach den Positionsklärungen von Ursula Baltz-Otto wurde die systematisierende Diskussion im katholischen Bereich jedoch wieder neu aufgenommen[34], nicht zuletzt durch den Verfasser des vorliegenden Buches. Aber auch andere Entwürfe sind zu nennen, die den Dialogansatz von „Theologie und Literatur" in einen nun im oben benannten religionspädagogischen Sinne korrelativ konzipierten Religionsunterricht umzusetzen versuchen. Literarische Texte dienen nun der „Verwirklichung einer ästhetisch orientierten Religionspädagogik"[35], so *Kurt Zisler.*

Clauß Peter Sajak

1998 erschien *Clauß Peter Sajaks* Untersuchung „Exil als Krisis", die sich als Beitrag zu der „noch ausstehenden Integration von Exilliteratur in eine narrative Religionsdidaktik"[36] versteht. Im Anschluss an Johann Baptist Metz' Konzeption von Narrativität verortet sich diese Studie als Plädoyer „für eine neue politische, der konkreten gesellschaftlichen Wirklichkeit verpflichtete Glaubensreflexion" (S. 12). Exilliteratur wie Holocaust-Literatur werden hier als „Gedächtnisliteratur" bestimmt, „in der Menschen von Verfolgung und Flucht, von Vertreibung und Exil, von seelischer und wirtschaftlicher Not, von

Existenzsicherung und Existenzkrise erzählen“ (S. 13). Die Arbeit schließt mit dem Ausblick auf konkrete Möglichkeiten des Einsatzes von Texten aus der Exilliteratur in unterschiedlichen unterrichtlichen Kontexten des Religions- und fächerverbindenden Unterrichts.
Über diesen spezifischen Rahmen hinaus formuliert Sajak jedoch allgemeine „Perspektiven einer narrativen Religionsdidaktik“. Welche Chancen und Schwierigkeiten bieten sich beim Einsatz literarischer Texte im Religionsunterricht, welchen Stellenwert können sie dort einnehmen?

- Erstes Stichwort – *„Fragen“*: „Literatur formuliert, konzentriert, tradiert und reflektiert existentielle Fragen, die gerade mit den elementaren Fragen junger Menschen heute korrespondieren, in einer den ganzen Menschen ansprechenden Form.“
- Zweites Stichwort – *„Hilfe zur Identitätsfindung“*: „Die in der Literatur zum Ausdruck kommenden Probleme (...) entsprechen den entwicklungspsychologischen Grunddispositionen junger Menschen, sie entsprechen der Frage nach Identität und nach dem eigenen Platz in der Wirklichkeit dieser Welt“.
- Drittes Stichwort – *„Deutung der Wirklichkeit“*: „Literarische Wirklichkeitsdeutung kann zur Reflexion der eigenen Wirklichkeitserfahrung anregen und zu ehrlicher Selbstkundgabe im Rahmen eines erfahrungsorientierten, personalen Vermittlungsgeschehens einladen.“
- Letztes Stichwort – *„Lehrplanbezug“*: „Die Themen der Curricula für den Religionsunterricht finden sich sowohl als religiöse wie auch als existentielle Fragestellungen in der Literatur wieder.“ (S. 207f.)

Stefan Heil

Auch *Stefan Heils* 1999 veröffentlichte Studie „Die Rede von Gott im Werk Ödön von Horváths“ ist religionspädagogisch konzipiert, handelt es sich hierbei doch laut Untertitel um „eine erfahrungstheologische und pragmatische Autobiographie- und Literaturinterpretation – mit einer religionsdidaktischen Reflexion“[37]. Im Schlussteil der Arbeit stellt Heil didaktische Grundsatzüberlegungen und methodische Vorschläge für die Arbeit mit Horváths Texten im Religionsunterricht der gymnasialen Oberstufe vor – gegebenenfalls in Kooperation mit dem Deutschunterricht. Welche spezifisch religionsdidaktischen Dimensionen können im Blick auf diese Texte aktiviert werden?

Heil gliedert seine Hinweise in fünf jeweils näher ausgeführten Schlagworten: *„Paradigma“* – in Horváths Texten wird das „Sich-Verfügen-Lassen durch Gott“ (S. 321) deutlich; *„Perspektivität“* – die Perspektivität auf Wirklichkeit ist hier „vor allem durch Sprache, Gesellschaft und Gewissen determiniert“ (S. 322); *„Kontextualität“* – im Blick auf „Jugend ohne Gott“ kann etwa „der literarisch-historische Kontext von 1937 (...) über modellhafte Identifikationsmöglichkeiten und der Textanalyse mit dem Kontext“ (S. 323) unserer Zeit verbunden werden; *„Handeln“* – „Wandlung zu neuem Menschsein und damit Handlungskompetenz resultiert bei Horváth aus der Erfahrung Gottes“ (S. 324); schließlich *„Mitteilbarkeit“* als „Vergleich unterschiedlicher Wirklichkeitsbestimmungen“ (S. 325) zwischen Lüge und Wahrhaftigkeit.

Neue Anthologien

Wie schon zuvor wurde die in diesen Studien geführte religionsdidaktische Diskussion begleitet von der Publikation von Anthologien literarischer Texte speziell für den Religionsunterricht. Ein breit ausgefächertes, hier nicht erschöpfend zu benennendes Spektrum liegt vor. Vor allem die literarische *Rezeption biblischer Themen und Stoffe* ist umfassend dokumentiert und zugänglich:

- Von 1986 bis 1990 gaben *Sigrid* und *Horst Berg* zwölf thematisch von „Apokalypse“ bis „Wunder“ ausdifferenzierte Bände unter der Sammelüberschrift „Biblische Texte verfremdet“[38] heraus, in denen zahlreiche literarische Texte unter der hermeneutischen Kategorie der „Verfremdung“ Aufnahme fanden.
- Andere Anthologien erschließen allgemein Stoffe[39] oder Gattungen wie Erzählungen[40] oder Gedichte[41] zur Bibel, konzentrieren sich auf Figuren wie Hiob[42], Jona[43], Jesus[44] oder Judas[45], erschließen thematische Zusammenhänge wie Passion und Auferstehung[46] oder konzentrieren sich auf biblische Gattungen wie die Psalmen[47].
- Neben diesen spezifisch biblisch ausgerichteten Anthologien finden sich weitere zur Gottesfrage[48], zum Themenfeld von Schuld, Sünde und Vergebung[49], über das Gewissen[50] oder zum Komplex von Leiden, Sterben und Tod[51].

Schon die Vielzahl und Komplexität all dieser Anthologien weist darauf hin, wie wichtig die Beachtung literarischer Texte im Religionsunterricht, aber darüber hinaus auch in der Gemeindearbeit und kirchlichen Erwachsenenbildung in den letzten Jahrzehnten geworden ist.

6. Sonderfall Kinder- und Jugendliteratur

Die spezifische Auseinandersetzung mit Kinder- und Jugendliteratur findet fast ausschließlich außerhalb des breiten wissenschaftlichen Diskurses um Theologie und Literatur statt. Die entsprechenden Forschungen führen bis heute ein Eigenleben mit nur gelegentlicher Verknüpfung zu den sonstigen hermeneutischen wie didaktischen Entwicklungen. Zudem bleibt der spezifische Blick auf Religion und die Gottesfrage in der Kinder- und Jugendliteratur ein „in der Religionspädagogik vernachlässigtes Thema“[52], das freilich in den letzten Jahren eine neue Aufmerksamkeit findet, die nicht zufällig im Kontext einer allgemeinen „Aufwertung der Kinder- und Jugendliteratur“[53] anzusiedeln ist. Trotzdem lässt sich als Ergebnis einer ersten Sichtung festhalten: Weder im wissenschaftlichen Diskurs über Theologie und Literatur noch in den Studien der Religionspädagogik spielt die Kinder- und Jugendliteratur eine wesentliche Rolle. Und noch weitaus zurückhaltender zeigt sich die literaturwissenschaftliche Beschäftigung mit der spezifisch religiösen Dimension der Kinder- und Jugendliteratur. Über Jahrzehnte hinweg wurde diese Thematik fast vollständig ausgeklammert, sei es, weil sich die LiteraturwissenschaftlerInnen hier für nicht zuständig hielten, sei es, weil dieser Bereich schlicht übersehen wurde.

Erste Sichtungen und Systematisierungen

Angesichts dieser Marginalisierung lohnt sich umso mehr ein Blick auf die wenigen vorliegenden Wegmarken der Erforschung von Kinder- und Jugendliteratur unter religiöser Perspektive. Bei genauem Hinsehen fällt auf, dass sich zwischen den Forschungen zum Themenfeld von Religion im Kinder- und Jugendbuch und den allgemeinen Forschungen zu „Theologie und Literatur“ durchaus Parallellinien und strukturelle wie personale Überschneidungen finden.

Friedrich Hahn – oben benannt als einer der Pioniere der systematischen Betrachtung von Literatur auf evangelischer Seite im Gefolge *Paul Tillichs* – widmete sich in seiner 1968 verfassten Schrift „Zwischen Verkündigung und Kitsch“ explizit auch dem Themenkomplex

der religiösen Kinder- und Jugendliteratur. Sein Resümee ist freilich ernüchternd: Religiöse „Probleme und spezifisch christliche Fragestellungen“ spielten in dem von ihm überschauten Zeitraum vor allem der 50er und 60er Jahre „nur eine untergeordnete Rolle“. Und wenn, dann geschehe die Auseinandersetzung „in einer diese Probleme verharmlosenden, ja verflachenden Weise“[54]. Man hat diesen Beitrag Hahns als „schonungslose Kritik an der herkömmlichen Kinder- und Jugendliteratur“ bezeichnet, welche „die Wende in der Geschichte dieses Genres markiert“[55]. Bei näherer Betrachtung wird freilich eine höchst einseitige theologische Wertungsbrille deutlich: Hahn vermisst Belege dafür, „die paulinische Rechtfertigungslehre in einer kindgemäßen Gestalt auszudrücken“, und angesichts dieser Erwartung scheint ihm „das Religiöse, das Christliche (...) häufig auf ethische Kategorien reduziert“[56]. Offensichtlich wird also vor allem eine sehr spezifische theologisch bestimmte Erwartung nicht erfüllt. Ähnliche Wertungen und Abqualifizierungen finden sich immer wieder in den Untersuchungen über den Stellenwert von Religion in der Kinder- und Jugendliteratur. *Magda Motté* – zuvor als katholische Wegbereiterin der religionspädagogischen Beachtung moderner Literatur charakterisiert – kann so 1989 monieren, dass „der Bereich christlicher Glaube und Gott in der Lyrik für Kinder fast völlig ausgeklammert“ werde, die „Ausbeute an religiösen und christlichen Texten“ sei „äußerst mager“[57]. 1998 bestätigt sie noch einmal dieselben Suchprinzipien und Wertungsmuster, nun spricht sie von einem „nicht sehr erfreulichen Ertrag religiöser Literatur für junge Leser auf dem überbordenden Büchermarkt“[58]. Aus heutiger Sicht verraten solche Wertungen mehr über die an bestimmte theologisch-inhaltliche Erwartungen gebundene Suchperspektive als über den tatsächlichen Befund. Erst in einem ausführlichen Beitrag aus dem Jahre 2003 deutet Motté selbst den Übergang zu einem differenzierteren Wahrnehmungsraster über die „Möglichkeiten (...), die belletristische Literatur für den Religionsunterricht bieten kann“[59], an.
Andere Studien weiten zunächst den zeitlichen Horizont des Untersuchungsspektrums aus. 1991 veröffentlichte *Sybille Peter-Perret* eine vor allem historisch ausgerichtete Studie über die religiöse Kinder- und Jugendliteratur des 18. Jahrhunderts als „Zeitalter des Um- und Aufbruchs“[60], in dem eine eigenständige Kinder- und Jugendliteratur überhaupt erst entstand. *Hans Mendl* nimmt in seiner 1995 erschienenen katholisch-religionspädagogischen Dissertation diesen Faden

auf, knüpft aber stärkere Verbindungen in die Gegenwart. Er untersucht in „Literatur als Spiegel christlichen Lebens" die „religiösen Kinder- und Jugenderzählungen katholischer Autoren 1750–1850". Zunächst zeichnet er die Wege nach, wie sich „in der zweiten Hälfte des 18. Jahrhunderts schrittweise und inspiriert von vielfältigen theologischen, pädagogischen und literarischen Einflüssen eine eigenständige katholische Kinder- und Jugendliteratur ausformte", die sich durchaus bereits an die aufkommende „philanthropische Pädagogik mit den Postulaten Kindgemäßheit und Anschaulichkeit"[61] anschloss. Im Blick auf das 19. Jahrhundert „überrascht die Zahl von katholischen Autoren, die vor allem zwischen 1830 und 1850 religiöse Erzählungen für Kinder und Jugendliche verfassten und bis zur Jahrhundertmitte hin den Sektor der religiösen Kinder- und Jugendliteratur des ganzen deutschsprachigen Raumes beherrschten" (S. 363). Bei aller Differenzierung lassen sich einige Grundtendenzen ausmachen: die „zunehmende Entschulung und Literarisierung" (S. 370) dieser Bücher, die „Entpädagogisierung des Vorsehungsmodells" (S. 374) sowie eine zunehmende „Konfessionalisierung" (S. 376) im Kontext des langfristig politisch spürbaren Kulturkampfes. Mendl legt mit dieser Studie den historischen und systematischen Grundstein der Betrachtung von Religion im Kinder- und Jugendbuch.

Die meisten anderen Beiträge zu diesem Fragekomplex konzentrieren sich auf zeitgenössische und heute einsetzbare Kinder- und Jugendromane. Dazu liegen vor allem Aufsatzbände vor, die fast immer auf themenbezogene kirchlich organisierte Akademietagungen zurückgehen und jeweils ein breites Panorama erschließen. Als Grundbaustein gilt die 1979 von *Reinhold Jacobi* herausgegebene Sammlung über „Kinderbuch und Religion", in der „zum ersten Mal (...) seit längerer Zeit das Bezugsfeld Kinderbuch und Religion in verhältnismäßig vielseitiger Sicht angegangen"[62] wird. Nicht zufällig wird der Katholische Kinder- und Jugendbuchpreis auch seit diesem einschneidenden Jahr 1979 verliehen. Ebenfalls seit 1979 wird der „Evangelische Buchpreis" verliehen, erst seit 1998 jedoch unter Einbeziehung des Kinder- und Jugendbuches. Seitdem wechselt die Auszeichnung jährlich alternierend zwischen Prosa für Erwachsene und Prosa für Kinder und Jugendliche.

Ausgangspunkt für Jacobis Sammelband ist die zur Frage erhobene Beobachtung, woran es liege, „dass es das religiöse Kinder- und Jugendbuch erzählenden Inhalts nahezu überhaupt nicht mehr" (S. 7) gebe. Die vorgelegten Beiträge konvergieren in dem durchgängigen „Plädoyer für Vorsicht und Zurückhaltung in der expliziten Verwendung christlicher Elemente im Kinder- und Jugendbuch“ (S. 10), verständlich als Gegenbewegung zu einer zu stark missionierenden, manipulierenden, ästhetisch fragwürdigen Tradition der religiösen Kinderliteratur. Weil das „zeitgenössische Kinder- und Jugendbuch (...) weithin säkularisiert“ (S. 71) ist, brauche die wissenschaftliche Auseinandersetzung um Religion im zeitgenössischen Kinder- und Jugendbuch neue grundlegende Wahrnehmungsraster und Wertungskriterien.

Den wichtigsten Beitrag zur Erarbeitung eines solchen neuen Zugangs bietet der 1982 von *Anneliese Werner* herausgegebene Sammelband „Es müssen nicht Engel mit Flügeln sein“ über „Religion und Christentum in der Kinder- und Jugendliteratur“. Hier werden erstmals systematische Zugänge zum Themenbereich erarbeitet. So wird ein differenzierter Katalog von Merkmalen religiöser Kinder- und Jugendliteratur seit der Aufklärung vorgelegt. Hilfreich und prägend ist insbesondere die Unterscheidung von drei grundlegend verschiedenen Typen zur Betrachtung von Religion im Kinder- und Jugendbuch: Die Herausgeberin des Bandes definiert zunächst den Typus der „unter ethischen Aspekten relevanten, nichtintentional religiösen Jugendliteratur“ als Literatur, „welche die Notwendigkeit von Normorientierungen für gesellschaftliches und partnerschaftliches Verhalten bewusst macht“. Davon zu unterscheiden wäre die „religiöse Jugendliteratur“, die „konkreten Anlass gibt, über existentielle Probleme des Menschen (...) nachzudenken und sie in einem transzendenten Bezug zur Entscheidung stellt“. Eigens zu benennen bleibt schließlich die explizit „christliche Jugendliteratur“, welche „die Elemente der christlichen Botschaft (...) und christliche Glaubensinhalte (...) thematisiert und problematisiert und (...) bezeugt“ [63].

Diese Grundunterteilung in „nicht intentional religiös“, „religiös“ und „christlich“ findet sich in leichten Variationen und mit wechselnder Begrifflichkeit fortan immer wieder in der Diskussion. Magda Motté prägte später die fortan oft wiederholten Kategorien von der „ethisch-existentiellen Ebene“, der „transzendental-religiösen Dimension“ und der explizit „christlichen Botschaft“[64]. Die Orientierung an dieser Unterscheidung ist viel sinnvoller als Zugänge wie die von Jürgen Heumann, der in einem neueren Sammelband zum Thema explizit angibt, „weniger vom Religiösen in Kinder- und Jugendbüchern reden“ zu wollen, als vielmehr „vom Existentiellen in dem sich das im engeren Sinne zu den Religionen gehörende Transzendente immer auch ausspricht“[65].

Kinder- und Jugendliteratur, die religiös relevant ist und für den Religionsunterricht fruchtbar gemacht werden kann, lässt sich gruppieren in

- Werke der *„nicht intentional religiösen Literatur“*, die in erster Linie die „ethisch-existentielle Ebene“ betrifft;
- Werke der *„religiösen Literatur“*, die eine allgemeine, nicht spezifisch konfessionell oder auf eine bestimmte Religion festgelegte „transzendental-religiöse Dimension“ aufruft;
- Werke der explizit *„christlichen Jugendliteratur“*, in denen die „christliche Botschaft“ direkt und unmittelbar erkennbar im Mittelpunkt steht.

Deutlich wird dabei, dass der dritte Typus – die bewusst „christliche Kinder- und Jugendliteratur“ – seit den 70er Jahren immer weniger wichtig wurde, ganz analog zu der Entwicklung in der ‚Erwachsenenliteratur‘. Sie wanderte aus in direkt christlich orientierte Verlage, führt dort zwar ein reges Eigenleben, wurde jedoch im Kontext allgemeiner Forschungen zum Kinder- und Jugendbuch kaum noch wahrgenommen. Auch die (wenigen) religionspädagogischen Untersuchungen konzentrieren sich mehr und mehr auf die ersten beiden Typen.

Eine erste religionspädagogische Dissertation zu diesem Themenbereich wurde 1982 von *Josef Rabl* veröffentlicht, der sich zuvor bereits mehrfach publizistisch in den Diskurs eingeschaltet hatte. In „Religion im Kinderbuch“ bietet er einen thematisch weit gespannten Überblick über die Primärliteratur und den Forschungsstand. Er plädiert nachdrücklich für eine Beachtung der impliziten ethischen Dimensionen der Kinder- und Jugendliteratur: „Der Leser wird sensibilisiert für den Mitmenschen, für die Kreatur, er wird aufgefordert und angeleitet, sich in die Rolle des Nächsten, des Mitmenschen zu versetzen und die Wirklichkeit aus anderer Perspektive zu sehen“. Deshalb – so Rabl in Anlehnung an die Rahnersche Theologie – könnten „viele soziale Verhaltensmuster und Wertvorstellungen“ dieser Literatur „als anonymes christliches Ethos bezeichnet werden“[66]. Durchgesetzt hat sich dieser hermeneutische Zugang aufgrund seiner fehlenden Präzision und pragmatischen Folgenlosigkeit nicht.

Den besten Überblick über die Diskussion zur Frage der Rolle von Religion im Kinder- und Jugendbuch in den letzten Jahren[67] bietet die von 1989 bis 2007 erschienene sechzehnbändige Reihe „Spurensuche", herausgegeben von einem in der Besetzung wechselnden Team unter der Federführung von *Marlies Göcking, Willi Fährmann, Vera Steinkamp* und *Michael Schlagheck*. Diese Bände dokumentieren jeweils die Beiträge zu den seit 1989 jährlich veranstalteten Tagungen zu diesem Themenfeld, ausgerichtet von der Katholischen Akademie im Bistum Essen „Die Wolfsburg". Das bisher behandelte Themenspektrum spannt sich aus von Grundsatzklärungen über spezifische Themen wie „Schuld, Sünde, Vergebung", „Leid – Tod – Hoffnung" bis hin zu „Ja zur Schöpfung – Ja zum Leben". Die Bände schließen an die nüchterne Bilanz an, die den Beitrag von *Hubertus Halbfas* zum „Handbuch der Kinder- und Jugendliteratur" von 1984 abrundet, dass nämlich „die Lage des religiösen Kinder- und Jugendbuches noch ohne Anzeichen für einen neuen Aufschwung"[68] sei.
Der Befund lässt sich insgesamt so zusammenfassen: Bei all der Suche nach Religion im Kinder- und Jugendbuch zeigt sich zwar immer wieder, „dass die Spuren des Religiösen (...) unübersehbar sind". Deutlich wird jedoch gleichzeitig, dass „die Spuren von Freude am Glauben oft nur mühsam erkennbar sind"[69]. Religiöse Fragen, Motive und Strukturen finden sich also in großer Zahl, vor allem angesichts menschlicher Grenzsituationen, explizit christliche Motive oder Grundausrichtungen bleiben jedoch die Ausnahme. Nicht grundlos steht Band 10 der Reihe aus dem Jahre 1997 unter dem Thema „Verwehte Spuren".

„Christliche Jugendliteratur"

Zu der gezeigten Tendenz findet sich jedoch ein von der Forschung bislang weitgehend ignorierter Gegenzug: In den Verlagen, die bewusst ein explizit christliches Publikum ansprechen, findet sich seit Jahren eine große Bandbreite von religionspädagogisch ausgerichteten Kinder- und Jugendbüchern, die durchaus als Roman oder Erzählung konzipiert sind, primär aber katechetisch wirken und Erfahrung mit oder Wissen über gelebtes und erlebtes Christentum vermitteln wollen. Gewiss, solche Bücher können eher aufdringlich und gut gemeint sein als wirklich den Anspruch auf literarische Form einnehmen zu wollen oder zu können. Aber trifft das auf *alle* derartigen Bücher zu? Nach welchen Kriterien lassen sie sich ausgrenzen und qualifizieren? Zweifellos gibt es in diesem Marktsegment *auch* Bücher, denen es gelingt, gut und spannend zu erzählen und dabei „die Lebenswelt von Kindern und ihre Interessen anzusprechen, ohne ihr Thema, den christlichen Gott, aus den Augen zu verlieren“[70]. Tatsächlich lassen sich – analog zur bleibend herausfordernden „christlichen Literatur“ im Bereich der Erwachsenenliteratur – zahlreiche Beispiele für eine herausragende „christliche Kinder- und Jugendliteratur“ finden, die sich etwa in Werken von *Willi Fährmann, Arnulf Zitelmann, Renate Günzel-Horatz* oder *Lene Mayer-Skumanz* zeigt. Genau so wie in der Erwachsenenliteratur ist es auch hier ganz selbstverständlich, dass nicht alle Werke dieser AutorInnen einen expliziten Bezug zum Christentum aufweisen. Das „Christliche“ bestimmt sich nicht durch die AutorInnen und gegebenenfalls ihre ‚Gläubigkeit‘, sondern allein aus den Werken selbst. Analog zur Klärung des Begriffs der „christlichen Literatur“[71] allgemein kann man so als Kriterien zur Zuordnung bestimmen:

„Christliche Kinder- und Jugendliteratur“ umfasst

- *Texte, die aus einem zumindest christlich mitgeprägten Kontext stammen.* In diesem Kriterium wird das alte Motiv des ‚christlichen Autors‘ aufgegriffen und modifiziert. Unerheblich ist es, ob eine Schriftstellerin oder ein Schriftsteller sich selbst als Christ versteht. Zentral jedoch ist die Verwurzelung in oder Berührung mit christlich geprägter Lebenswelt. Die Frage, wie und warum die Autorin oder der Autor in seinem Leben Erfahrungen mit Erscheinungsformen des Christentums gemacht hat, kann deshalb zur Deutung eines Textes Entscheidendes beitragen. Wo gerinnt Erfahrung? Wie werden Auseinandersetzungen mit unmittelbar Erfahrenem oder Angelesenem geführt und gestaltet?
- *Texte, die erkennbar anknüpfend Inhalts-, Motiv- und Sprachimpulse aus dem christlichen Kontext schöpfen.* In diesem Kriterium werden die alten Motive von ‚Stoff‘ und ‚Geist‘ aufgenommen. Es ist nur dann sinnvoll, im eigentlichen Sinne von ‚christlicher Literatur‘ zu sprechen, wenn im Text selbst Spuren der Prägung durch das oder Auseinandersetzung mit dem Christentum (sei es im Blick auf die Bibel, die Kirchen- oder Frömmigkeitsgeschichte, auf Liturgie oder Theologie) zu finden sind. Die Art der transformativen Anknüpfung an die christliche Tradition sollte – bei aller möglichen Kritik, Distanz, Umdeutung – nicht in völliger Verwerfung oder satirischer Bloßstellung liegen. Anknüpfung in Form völliger Zurückweisung führt aus dem Bereich der ‚christlichen Literatur‘

hinaus. Bei alldem gilt es, die Gefahr der vorschnellen Vereinnahmung zu vermeiden. Auch jeglicher Versuch, eine Art ‚anonyme christliche Literatur' zu konstruieren, ist abzulehnen.

– *Texte, die vom christlichen Kontext her verstanden und interpretiert werden sollten.* In dieses Kriterium werden rezeptionsästhetische Überlegungen in den Kontext der Bestimmung von ‚christlicher Literatur' mit aufgenommen. Wenn Kontext und Textbezüge das ‚Christliche' der so benannten Texte konstituieren oder die Beziehung zum ‚Christlichen' entscheidend prägen, ist eine angemessene Rezeption der fraglichen Texte nur möglich, wenn diese Verbindungen und Bezüge in den Deutungsvorgang einbezogen werden. Religionskundliche und theologische Kompetenzen sind deshalb unverzichtbares Handwerkszeug jeglicher literarischer Interpretation.

Aktuelle Tendenzen und Studien

Gegenwärtig treffen zwei Trends zusammen: Auf der einen Seite boomt der Bereich der Kinder- und Jugendliteratur im Gefolge des großen Erfolgs der Harry-Potter-Bücher. Auf der anderen Seite zeigt sich im Bereich der Erwachsenenliteratur ein neues Interesse, eine neue Unbefangenheit im Umgang mit Religion und der Gottesfrage. Im Gefolge oder begleitend zu diesen Entwicklungen zeigt sich auch in der Kinder- und Jugendliteratur ein neuer Trend. Auch dort finden sich ganz neue Wahrnehmungen und Gestaltungen von Religion.[72] Tatsächlich, mit „G. Ott" – eine Anspielung auf *Jutta Richters* Roman „Der Hund mit dem gelben Herzen" (1996) – betritt „ein neuer Protagonist" die Kinder- und Jugendliteratur, ja man kann geradezu von einem regelrechten „Boom der Religion in der Kinder- und Jugendliteratur"[73] sprechen.

Auffällig sind dabei zwei Tendenzen. Zum einen fällt die bleibende Aktualität von biblischen Themen ins Auge. Hier können die AutorInnen offensichtlich darauf setzen, dass die von ihnen präsentierten Inhalte eben noch nicht bis zum Überdruss bekannt sind. So erzählt *Alois Prinz* in „Der erste Christ" (2007) seine Version der „Lebensgeschichte des Apostels Paulus". *Arnulf Zitelmann* lässt mit „Ich, Tobit, erzähle diese Geschichte" 2009 einen „Roman aus der Zeit Jesu" folgen, in dem dieser selbst im Zentrum steht. Neben diese biblischen Romane treten Bücher, die sich der interreligiösen Perspektive öffnen, die im Bereich des Kinderbuchs etwa in *Marie Desplechins* „Ich, Gott und Onkel Frederic" (1994), im Bereich des Jugendbuchs in *Ca-*

therine Cléments Welterfolg „Theos Reise. Roman über die Religionen der Welt" (1997) deutlich vor Augen tritt.

Dabei widmen sich nur wenige Bücher direkt und in ganzer Ausrichtung der Religion. Meistens sind religiöse Elemente eingeflochten in die ganz normale Alltagswelt der handelnden Personen. Gerade so spiegelt sich die veränderte Präsenz von Religion in unserer Gesellschaft und im alltäglichen Leben: sie ist eine Dimension *neben* anderen – nicht mehr bestimmend, aber auch nicht unwichtig. Als solche kann man sie jedoch auch literarisch integrieren, muss sie weder bekämpfen noch lächerlich machen oder ignorieren. Im Gegenteil: Religion kann jetzt auch „im sehr positiven Sinne einer Lebenshilfe"[74] beschrieben werden. Auch Kinder- und Jugendliteratur kann in neuer Unbefangenheit „Spiritualität und die Erfahrung von Transzendenz"[75] thematisieren oder anbieten.

Als Folge wurde das Thema Religion in der Kinder- und Jugendliteratur auch von der Forschung neu entdeckt. Nach der ersten großen Wahrnehmungs- und Darstellungswelle um das Jahr 1980 herum war das Thema kaum präsent, hatte eine „umfassende Auseinandersetzung (...) nicht mehr stattgefunden"[76]. Seit den 1960er Jahren war vor allem das konfessionelle Element, war jegliche affirmativ ausgerichtete christliche Botschaft in der Kinder- und Jugendliteratur mehr und mehr in den Hintergrund getreten. Sobald auch nur leichte Anzeichen eines ‚Missionierungsverdachts' geäußert wurden, geriet ein solcherart etikettiertes Buch auf den inoffiziellen Index der Nichtbeachtung. Unter dem Label ‚Religion' wurden stattdessen primär allgemein menschliche Lebensprobleme behandelt. Dieser Trend gilt so nicht mehr. Heute stellt sich die „Frage nach dem ausdrücklich und bewusst gemachten Transzendenzbezug und nach der Wahrnehmung eigentlich christlicher Elemente in der Literatur"[77] neu.

Im Jahr 2001 wurde eine philologische Studie veröffentlicht, welche die religionspädagogische Auseinandersetzung um eine wesentliche Dimension bereicherte. *Siegfried Schröer* untersucht in „Jugendliteratur und christliche Erlösungshoffnung" viel gelesene „Klassiker" der Jugendliteratur wie „Krabat" (*Otfried Preußler* 1971) oder „Ronja Räubertochter" (*Astrid Lindgren* 1981), aber auch neuere Werke wie *Gudrun Pausewangs* „Die Verräterin" (1995) oder *Renate Günzel-Horatz'* „Hannah" (1997). Der Verfasser will nachweisen, „dass und wie Jugendbuchautoren selbst in Zeiten des Transzendenzverlusts und der Traditionsvergessenheit, der Infragestellung der überkommenen Religionen und des Bedeutungsschwundes des christlichen Glaubens (...) christliche Motive aufgreifen, zur Tradierung christlichen Glaubens beitragen und damit jungen Menschen bei der Weltorientierung und der Lebensbewältigung helfen". Sein konkreter Zugang: „Dies soll an der ‚Darstellung des Bösen und seiner Überwindung' in den genannten Büchern exemplifiziert werden"[78]. Der Verfasser gelangt zu dem Ergebnis, dass es sich bei solchen Romanen sicherlich nicht um „christliche Literatur" im traditionellen Verständnis handele, wohl aber könne man sie „in einem tieferen Sinne als ‚christlich' bezeichnen", weil sie „erzählend darstellen, ‚was Christum treibet', welches Sein und welches Handeln sein Erlösungsprogramm voranbringen". Zumindest von „Jugendliteratur aus christlichem Geist" (S. 255) könne man bei dieser Literatur sprechen, deren Bedeutung für (religions-)pädagogische Prozesse neu wahrzunehmen und zu fördern sei.

Im Jahr 2004 erschien eine weitere germanistische Dissertation, die den bisherigen Stand der Forschungen zum religiösen Kinder- und Jugendbuch bündelt und die Entwicklungen der sich ändernden Wahrnehmungen und Wertungen anhand der Vergabe des seit 1979 verliehenen Katholischen Kinder- und Jugendbuchpreises nachzeichnet. Die Verfasserin, *Gabriele Dreßing*, erkennt, dass es kaum möglich ist, „von ‚religiöser Kinder und Jugendliteratur' als eindeutig abgrenzbarem Genre zu sprechen", da mit diesem Begriff „zu viele heterogene Konnotationen"[79] verbunden sind. Diese Unschärfe durchdringt zwar in der Tat das Forschungsfeld, lässt sich jedoch mit der oben ausdifferenzierten dreifachen Unterscheidung in die Kategorien der „ethisch-existentiellen Ebene", der „transzendental-religiösen Dimension" und der explizit „christlichen Botschaft" zumindest ansatzweise beheben. In dieser Arbeit wird der Nachweis geführt, dass und wie sich die Literaturförderung der Katholischen Kirche im Zeitraum der Verleihung des Preises verändert hat. Ging es zunächst einerseits explizit um eine katechetische und „pastorale Funktion" (S. 75) der Kinder- und Jugendbücher sowie andererseits um eine strategische Förderung und Impulsgebung im Blick auf literarisch zu gestaltende religiöse Thematik, so weitet sich das Verständnis gleich mehrfach: hin zu einer allgemeinen Lebensorientierung, hin zu einer grundlegenden Leseförderung im Kontext allgemeiner Tendenzen der Bildungsdiskussion, schließlich in der zunehmend deutlicher werdenden „Aufnahme interreligiöser und interkultureller Aspekte" (S. 86).

Was sich bei dieser Arbeit zeigt, gilt auch auf breiter Ebene: Es findet sich derzeit ein *neues Interesse an der spezifischen Frage nach Religion in der Kinder- und Jugendliteratur* gerade von philologischer Seite. Kaum zufällig: In seinem sechzigsten Erscheinungsjahr widmet die (vielfach umbenannte und umkonzipierte) Zeitschrift „Kinder- und Jugendliteratur & Medien“ erstmals (!) ein Themenheft dem Bereich von Religion[80]. Bereits im Jahr 2006 war das Thema im neunten Band der Reihe „Kinder- und Jugendliteraturforschung in Österreich“[81] intensiv bearbeitet worden. In den letzten Jahren finden sich außerdem neben zahlreichen Einzelaufsätzen gleich mehrere auf Forschungskolloquien basierende Aufsätzbände[82] und Themenhefte von Fachzeitschriften[83]. Kaum verwunderlich, das nun auch ein erstes Praxisbuch erscheint zum Themenfeld von „Religionsunterricht mit Jugendliteratur“[84] (2006).
Ebenfalls nicht erstaunlich, dass sich immer wieder renommierte Religionspädagogen und Theologen an der Gattung des fiktionalen Kinder- und Jugendbuches versuchen in der Hoffnung, auf andere Weise ein anderes Lesepublikum zu erreichen: der Bogen spannt sich aus über *Horst Klaus Berg*[85], *Rainer Oberthür*[86], *Josef Quadflieg*[87], *Wolfgang Klausnitzer*[88], *Johann Hinrich Claussen*[89], *Eckhard Nordhofen*[90] bis zum Verfasser dieses Buches[91]. Diese Bücher erscheinen freilich fast durchgehend – wie so viele andere Kinder- und Jugendbücher mit explizit christlicher Thematik und Botschaft – in stark religiös geprägten Verlagen und erreichen so fast ausschließlich ein einerseits binnenkirchliches und andererseits kleines Lesepublikum, werden so auch in der Forschungserfassung weitgehend ignoriert. Beobachter sprechen im Blick auf die Tendenzen der letzten Jahre davon, dass die „Kluft zwischen der explizit religiösen und der allgemeinen Kinderliteratur größer geworden“[92] ist. Die Zunahme dieser informierenden religiösen Erzählliteratur ist andererseits jedoch ein Indiz dafür, „dass das unmittelbare Vorkommen von Religion im Leben des Kindes abgenommen hat“ und „dass Kenntnis über Religion durch Wissen vermittelt werden muss“[93] – eben auch über die Form religiös-literarischer Narration.

II. Konsequenzen für den Religionsunterricht

Welchen Ertrag hat die reiche religionspädagogische und -didaktische Auseinandersetzung mit literarischen Texten – sei es mit ‚Erwachsenenliteratur', sei es mit Kinder- und Jugendliteratur – erbracht? Welche Rahmenbedingungen sollten beachtet werden, welche Chancen und Grenzen, welche Aufgabenfelder ergeben sich für den Religionsunterricht?

1. Einwände: Funktionalisierung, Engführung, Dilettantismus?

Zunächst steht die Frage im Raum, die ganz zu Anfang des Buches bereits benannt wurde: Werden beim Einsatz literarischer Texte im Religionsunterricht – bei aller möglichen Behutsamkeit und Sorgfalt in Planung und methodischer Durchführung – nicht letztlich doch Kunstwerke zweckentfremdet, funktionalisiert, in den Dienst eines ihnen fremden Anliegens gepresst? Dass diese Gefahr besteht, muss schlicht eingeräumt werden. Man kann sich ihr aber stellen und sich bemühen, die Versuchungen von missbräuchlicher Funktionalisierung zu verringern. Denn gewiss: Zunächst hat das Lesen von Literatur stets den verwertungsfreien Selbstzweck, ‚zu bilden', ‚interesselosen Wohlgefallen' zu erzeugen. So sehr in der pädagogischen Vermittlung arbeitende PraktikerInnen immer gleich versucht sind, mögliche Einsatzchancen von neuen ‚Materialien' zu überlegen, so sehr sollte doch immer der Freiraum bleiben, gerade Literatur um ihrer selbst willen zu lesen. Literatur darf nicht einfach zum „Hilfsobjekt"[94] verkommen.
Trotzdem ist es in einem zweiten Schritt legitim zu überlegen, ob man mit derartigem ‚Material', mit derartigen ‚Medien' auch didaktisch ‚arbeiten' kann. Die Frage ist: Wie? Die *erste Grundregel* für einen angemessenen Umgang mit literarischen Texten im Religionsunterricht liegt darin, sie vorbehaltlos als eigenständige Kunstwerke zu akzeptieren. Gerade *Dorothee Sölle* hat in ihrer literaturtheologischen Basisstudie „Realisation" von 1973 mehrfach auf diesen Punkt

verwiesen, wenn sie die Anerkennung der prinzipiellen „Autonomie der Dichtung“[95] einfordert. Daraus folgt als didaktisch-methodische Vorgabe für den Umgang mit literarischen Texten: Sie dürfen weder als Steinbruch, noch als reiner Stichwortfundus missbraucht werden. Dieser Vorgabe schließt sich auch der Grundlagenplan für den katholischen Religionsunterricht an, wenn er dazu auffordert, „die Autonomie der Kunst und die Differenz von religiöser und ästhetischer Erfahrung“ auch „im Unterricht zu beachten“, weil nur so „die religionsdidaktische Erschließung eines Kunstwerkes neue Erkenntnispotenziale freilegen“[96] kann.

Didaktisch verfehlt wäre also ein Umgang mit literarischen Texten, wenn diese ausschließlich als Interesse heischende Aufhänger verwendet werden, an der sich eine religiöse Deutung profilieren kann, die sowieso schon von vornherein feststeht. Das Schema von Frage (literarischer Text) und Antwort (Theologie) verbietet sich genauso wie das Schema von Problem (literarischer Text) und Lösung (Theologie). Beide Verfahren verstoßen gegen das didaktische Prinzip der Korrelation als *wechselseitigem, produktivem* und *kritischen* Prozess. Noch einmal deutlich benannt: Literarische Texte dürfen weder dazu herangezogen werden, das Eigene nur noch einmal in anderer Form zu bestätigen, noch um das von vornherein feststehende Eigene als Antwort oder Problemlösung zu präsentieren. Sie sollten in der Regel nicht als ‚Aufhänger‘ oder ‚Einstieg‘ herhalten, der dann zum Hauptmedium des Unterrichts überleitet, sondern selbst als *Leit- und Zentralmedium* dienen, das im Zentrum des Unterrichts steht. Daraus folgt, dass literarische Texte nicht zu oft, wenn dann aber genau reflektiert und methodisch sinnvoll genutzt eingesetzt werden sollten.

Wenn also im Folgenden vom ‚Einsatz‘ literarischer Texte im Religionsunterricht gesprochen wird, dann in dem Sinne, diese nicht vorschnell zu verzwecken und in ein enges religiöses Deuteschema hineinzupressen. Umgekehrt geht es aber auch nicht darum, sie mit den Grundtexten der Offenbarung einfach auf eine Stufe mit gleichem Verbindlichkeitscharakter zu stellen. Vielmehr sollen sie zwar ernst genommen, für sich und als solche gewürdigt werden. Gleichwohl werden sie jedoch – ganz transparent – in einem bestimmten Kontext (Religionsunterricht) und unter einer bestimmten, erneut offen angegebenen Perspektive betrachtet. Ist das *Funktionalisierung*? Gewiss! Aber grundsätzlich gibt es keine Beschäftigung mit Literatur, die nicht in irgendeiner Weise Funktionalisierung betreibt. Funktionalisierung von Literatur liegt auch dann vor, wenn in den Literaturwissenschaften bestimmte hermeneutische Deutungsverfahren mit Texten betrieben werden – je nach Mode strukturalistisch, poststrukturalistisch, dekonstruktivistisch oder wie immer. Funktionalisierung von Literatur wird aber auch im Deutschunterricht betrieben, wenn an einzelnen, oft austauschbaren und kaum auf ihren Eigenwert oder konkreten Inhalt befragten Texten die Methoden von Gedichtinterpretation, Romandeutung oder Dramentheorien eingeübt werden.

Einen interessenfreien Umgang mit Literatur gibt es also nicht. Funktionalisierung ist deshalb kein Einwand, sondern ein Warnschild: Erstens gilt es, sich selbst und anderen Rechenschaft darüber abzulegen, warum, in welchem Rahmen und mit welchen Interessen der Umgang mit Literatur erfolgt. Gefordert sind also *Transparenz* und *kritische Selbstüberprüfung*. Zweitens gilt es im Rahmen derartiger Selbstreflexionen die Gefahren von Engführung, Schiefdeutung, Verkürzung oder Verfälschung zu vermeiden. Die Textdeutung muss stringent und in sich stimmig bleiben.

Doch ein weiterer möglicher Einwand: *Verlängert* man mit solchen Verfahren nicht letztlich den *Deutschunterricht* in den Religionsunterricht hinein? Oder umgekehrt: Sollte man den Umgang mit literarischen Texten nicht den dazu ausgebildeten Spezialisten überlassen? – Man muss nicht Literaturwissenschaft studiert haben, um Gedichte und Erzählungen im Unterricht sinnvoll und angemessen einsetzen zu können. Realistisch betrachtet ist ein „ernsthaftes Dilettieren“[97] ein durchgängiges Grundprinzip schulischen Lehrens und Lernens. Es gilt einerseits, sich dessen bewusst zu sein und andererseits, die Lehr- und Lernprozesse im Rahmen des Möglichen so reflektiert und gut wie möglich zu gestalten. Aber schon der exklusive Anspruch auf Fachkompetenz lässt sich hinterfragen: Die (schnelllebigen Moden ausgesetzten) Methoden der Literaturwissenschaft können in sich bereits Verengungen, Festlegungen, Eingrenzungen darstellen – und nicht immer fühlen SchriftstellerInnen sich von den LiteraturwissenschaftlerInnen am besten verstanden. Ist etwa das Prinzip der Konzentration auf werkimmanente Deutungen ein ‚Dogma‘, nur weil es von einer literaturwissenschaftlichen Majorität gegenwärtig zur Norm erklärt wird? Muss man sich den Vorgaben dekonstruktivistischer Hermeneutik anschließen, nach der es keinen Sinn, keine Bedeutung, keine Wertung im Blick auf Texte gibt, nur weil ein postmoderner Zeitgeist derartige hermeneutische Vorgaben präferiert?

Diesen Vorgaben hat sich zumindest ein Großteil der Forschungen im Bereich von „Theologie und Literatur" im deutschsprachigen Bereich bewusst verweigert. Als *Methoden* dienen dort explizit – gegen ausschließlich textimmanent oder dekonstruktivistisch arbeitende Ansätze – alle Verfahren, die eine möglichst umfassende Deutung bereichern: gesellschaftlich-zeitgeschichtliche Einbettung, biographische Nachzeichnung zum Zwecke der Durchdringung von Texten und ihren Entstehungsbedingungen, exemplarische Textdeutung unter Nutzung literaturwissenschaftlicher Verfahren, Themenvergleich, Motivgeschichte. Dieser *Methodenpluralismus* kann analog für den Einsatz literarischer Texte im Religionsunterricht gelten.
Dabei soll sich die Art der Behandlung dieser Texte vom Zugang im Deutschunterricht unterscheiden. Auch den SchülerInnen soll klar sein, warum und wie literarische Texte ihren Platz im Religionsunterricht haben. Nicht um die lückenlose Analyse eines solchen Textes nach einem bestimmten Formschema muss es im Religionsunterricht gehen, hier ist ein freierer Zugang möglich, in dem Einzelaspekte des Textes – sei es formaler, sei es inhaltlicher Art – im Vordergrund stehen dürfen.
Stimmt also der Vorwurf, den *Gabriele Dreßing* formuliert: Bei der „Gewichtung der pastoralen und pädagogischen Zielsetzung sind literaturästhetische Aspekte im Vergleich zu den inhaltlich-didaktischen Intentionen nachrangig", so dass der didaktische Einsatz literarischer Texte im Religionsunterricht „in der Regel so angelegt" sei, dass „eingebettet in einen theologischen Diskurs überwiegend funktionale und inhaltliche Aspekte im Vordergrund stehen"[98]? Neben den bereits reflektierten Vorwurf der Funktionalisierung tritt hier also der Vorwurf des ‚*Inhaltismus*'. Die religionspädagogische Beschäftigung mit literarischen Texten rücke demnach vor allem die Inhalte ins Zentrum – und zwar auf Kosten der Beachtung der ästhetischen und formalen Aspekte, die Literatur gerade auszeichnet.
Auch hier lässt sich leicht zugeben, dass es solche Tendenzen gibt, obwohl sie das Gesamtbild gerade nicht bestimmen. Erneut lässt sich jedoch die Fragerichtung umdrehen hin zu der Vermutung, dass im Deutschunterricht und in der Literaturdidaktik Ästhetik und Form so sehr im Vordergrund stehen, dass der Inhalt dabei völlig beliebig oder austauschbar bleibt und entsprechend vernachlässigt wird. Fruchtbarer ist die berechtigt angemahnte Beachtung, dass literarische Texte eben durch ihre Form, durch ihre ästhetische Gestaltung ihre Beson-

derheit finden, die sie von Sachtexten unterscheiden. Deshalb muss auch im Religionsunterricht der Blick auf die *Verbindung von Inhalt und Form*, von Ästhetik und Semantik im Zentrum stehen. Literarische Texte auf ihren Inhalt oder auf eine ‚Aussage' zu reduzieren, verschenkt alle besonderen didaktischen Chancen, die im Folgenden entfaltet werden.

2. Alters- und schulartspezifische Rahmenbedingungen

Doch zuvor zu einer letzten grundsätzlichen didaktischen Überlegung im Blick auf den Einsatz literarischer Texte im Religionsunterricht: Eignen sie sich für alle Altersstufen und für alle Schularten? Die Vermutung liegt nahe, es handele sich hierbei primär um ein Medienfeld, das vor allem in der gymnasialen Oberstufe oder Kollegstufe zum Einsatz kommen könne. Dieses Buch soll im Gegensatz dazu zeigen, dass und wie literarische Texte in allen Altersstufen und allen Schularten eingesetzt werden können – selbstverständlich altersspezifisch und hinsichtlich des Komplexitätsgrades gestuft.
Dass schon *Grundschulkinder* nicht nur bereit, sondern in besonderem Maße fähig sind, ihnen gemäße Literatur aufzunehmen, zu ‚verstehen', ja: zur Herausbildung ihres Weltbildes geradezu benötigen, wird von vielen Praktikern immer wieder nachdrücklich bestätigt. Das betrifft zum einen den gesamten Bereich der Erzählung, an dem sie „von Anfang an" die „Magie der Sprache"[99] spüren – so *Hans-Joachim Gelberg*, Mitbegründer des renommierten Kinderbuchverlags Beltz & Gelberg und selbst Autor. Zum anderen sind Kinder aber auch offen für Gedichte, zeigt sich bei ihnen doch „die ursprüngliche Bereitschaft", auf „poetische Sprache, auf Klang und Form zu antworten"[100], die Jugendlichen und Erwachsenen leicht verloren geht, so *Ute Andresen*, Herausgeberin einer äußerst erfolgreichen und prägnant kommentierten Anthologie von Gedichten für Kinder[101].
Ganz konsequent finden sich Hinweise auf den Einsatz literarischer Texte im Religionsunterricht in den neueren Grundlagenplänen und Lehrplänen zu allen Schularten. Dazu nur zwei Belege: Der 1998 vorgelegte „Grundlagenplan für den katholischen Religionsunterricht in der Grundschule" spricht davon, dass „christlich inspirierte Kunst, Musik und Literatur beredte Zeugen des Glaubens sein"[102] können – eine Formulierung, die man sicherlich noch präzi-

sieren könnte. Offener und konkreter zugleich sind die Ausführungen des 2003 veröffentlichten „Grundlagenplan für den katholischen Religionsunterricht in der gymnasialen Oberstufe/Sekundarstufe II". Hier wird direkt gesagt: „Die Auseinandersetzung mit dem christlichen Glauben findet nicht nur diskursiv, sondern auch im Medium der Kunst statt." Gerade Literatur bietet „einen eigenständigen, durch Wissenschaft, Philosophie und Theologie nicht ersetzbaren Beitrag zum Verständnis des Menschen und seiner Welt."[103] Literarische Texte werden so auch in fast allen Schulbüchern konsequent – neben anderen Medien – eingesetzt. Die evangelische Religionspädagogin *Mirjam Zimmermann* gab etwa 2006 ein eigenes Arbeitsbuch „Religionsunterricht mit Jugendliteratur" heraus, das sich explizit an die Sekundarstufe I wendet. Andere Unterrichtsmodelle rücken eher die Oberstufe (Kollegstufe, Sekundarstufe II) ins Zentrum. Literarische Texte lassen sich also tatsächlich in allen Altersstufen einsetzen!

Die damit benannten Eindrücke und Beobachtungen lassen sich wissenschaftlich untermauern. Eine der wichtigsten Bezugswissenschaften der Religionspädagogik ist ohne Frage die Entwicklungspsychologie. Bei aller kritischen Einschätzung hinsichtlich Methode und Reichweite von einzelnen Untersuchungen und Modellsystemen haben entwicklungspsychologische Theorien[104] doch einige konsensfähige und überprüfbare Ergebnisse hervorgebracht. Für unsere Fragestellung zentral ist vor allem das Modell des Amerikaners *James Fowler* (*1940). Seine 1981 veröffentlichte Theorie greift das auf *Jean Piaget* zurückgehende kognitionspsychologische Stufenschema auf, versucht nun aber einen Brückenschlag zu psychoanalytischen Erkenntnissen, vor allem zu Forschungen zum menschlichen Lebenszyklus des amerikanischen Psychoanalytikers *Erik H. Erikson*. Fowlers Fragestellung: Wie entwickelt sich der religiöse Glaube im Menschen vom Kleinkind bis zum Greis? Ihm geht es bei der Darstellung der „Stufen des Glaubens"[105] nicht um Inhalte, um konkrete Glaubensüberzeugungen, die er explizit unter das englische Wort „belief" fasst. Ihm geht es allein um „faith", die in allen Menschen angelegten formalen Voraussetzungen für Glaubensakte. „Glaube" bezieht sich in seinen Untersuchungen also nicht auf das Für-Wahr-Halten bestimmter Aussagen (=*belief*), sondern allein auf die Anlage für ein sinnstiftendes Vertrauen auf vorgängige Wahrheit und letztgültige Werte (=*faith*). Beide Dimensionen zusammen bilden in jedem Menschen den jeweils individuellen Glauben.

Wie also entwickelt sich der als „faith“ verstandene Glaube im Menschen? Fowler zeichnet ein sechsstufiges Modell auf, dem die mit den gewählten Untersuchungsmethoden unerschließbare Kleinstkindphase vorausgeht. Für Kindergarten und frühe Grundschule postuliert er die Phase eines *„intuitiv-projektiven Glaubens“*, in dem Kinder eigene Gefühle wie Schwäche, Angst oder Geborgenheit unreflektiert auf ein höheres Wesen übertragen. Für das Erwachsenenalter setzt Fowler dann drei in sich unterschiedene Phasen an, die zu einer immer komplexeren Integration von Gegensätzen und zu einer letzten Universalisierbarkeit von Glaubensüberzeugungen führen. Vor allem diese Stufen im Erwachsenenalter sind zu Recht umstritten, basieren sie doch nicht auf physiologischen Entwicklungsgrundlagen. Von grundlegender Bedeutung ist jedoch die Unterscheidung der zweiten und dritten Stufe. Auf ihre Darstellung wollen wir uns hier beschränken.

In der Grundschule befinden sich die meisten Kinder in der Phase des *„mythisch-wörtlichen Glaubens“*, eine Form der Wirklichkeitsdeutung, die sich auch bei vielen Jugendlichen hält und selbst noch eine nicht geringe Zahl von Erwachsenen dauerhaft prägt. „Mythisch“ verweist dabei darauf, dass die Wirklichkeit über „stories“, über runde und in sich geschlossene und stimmige Erzählungen erfasst und gedeutet wird. In solchen Deuteerzählungen – etwa dem biblischen Sieben-Tage-Werk der Schöpfung – erfolgt eine „lineare, narrative Konstruktion von Kohärenz und Sinn“ (S. 166), aber auch die Verarbeitung oder der Ausdruck von Angst, Trauer, Wunsch oder Sehnsucht. Waren zuvor episodische Einzelfragmente, konkrete Einzelszenen oder Bilder prägend, so werden diese nun zu Erzählzusammenhängen verbunden. Durch die erst jetzt herausgebildete „Konvergenz der Umkehrbarkeit des Denkens mit der Übernahme der Perspektive eines anderen“, aber auch durch die „verbesserte Erfassung der Beziehung Ursache – Wirkung“ (S. 152) wächst nun das Bedürfnis nach schlüssigen Erzählkränzen. Zentrale Einsichten:

1. Kinder erschließen sich über solche bruchfreien Erzählungen ihre Welt. Kinder brauchen „stories“, Geschichten, Erzählungen, Märchen, Mythen, Abenteuergeschichten; sie brauchen auch religiöse Urerzählungen.
2. Kinder verstehen diese Geschichten „wörtlich“. Die Erzählungen müssen auf der Erzählebene selbst stimmig sein, ohne die Notwendigkeit von distanzierend-analysierender Deutung oder sym-

bolischer Mehrdeutigkeit. Denn gerade Symbole werden „in ihrer Bedeutung eindimensional und wörtlich verstanden" (ebd.).

Pädagogisch fatal wäre somit zweierlei: Erstens Kindern solche Erzählungen – religiöse Urerzählungen wie literarisch-fiktionale Geschichten – vorzuenthalten. Zweitens aber darf man Kindern die wortwörtliche Stimmigkeit dieser Erzählungen nicht zerstören, etwa durch wohlmeinende, aber verfrühte Interpretation, auflösende Deutung, distanzierende Analyse, symbolische Mehrdeutigkeit. Kinder haben ein Recht darauf, sich in „stories" die Welt zu erklären, in runden, geschlossenen, wunderbaren und auch magischen Erzählungen, die in der Realität verwurzelt sind, aber übergangslos in das Reich der unbegrenzten Phantasie hineinreichen. Im religiösen Bereich eignen sich dazu all jene Erzählungen, die ohne innere Brüche den Reichtum menschlicher Erfahrungen miteinander, mit der Welt und mit Gott entfalten.

Laut Fowler – der jedoch mit nur wenigen Probanden gearbeitet hat und dessen empirisches Zahlenmaterial grundsätzlich nur wenig repräsentative Aussagekraft besitzt – befinden sich 81,2% der Jungen und 61,5% der Mädchen zwischen sieben und zwölf Jahren auf dieser Stufe (S. 340). Für fast alle Menschen verliert diese Art der Erklärung und Erschließung der Welt durch „stories" freilich im Laufe der weiteren Lebensentwicklung ihre Schlüssigkeit. Mit und in der Pubertät zerbricht oder zerbröckelt der Glaube an die Stimmigkeit der so gedeuteten Welt. Es gibt mehrere potentielle „Einbruchstellen für den Verlust des Gottesglaubens"[106]. Angesichts naturwissenschaftlicher Einsichten in die Entstehung der Welt erscheint vielen etwa die Schöpfungserzählung der Genesis nun plötzlich als abzulegender ‚Kinderkram', ‚Aberglaube', ‚Lügengeschichte'.

Nicht selten wird von Heranwachsenden dabei der rückwärtsgewandte Vorwurf an die sie Erziehenden und Lehrenden erhoben: ‚Ihr habt uns ja nur Lügengeschichten erzählt!' Dieses Zerbrechen, häufig eher ein unmerkliches Zerbröckeln des Kinderglaubens könnte zu dem Trugschluss führen, man sollte Kindern doch gar nicht erst diese Geschichten erzählen, die ja dann doch nicht der späteren kritischen Überprüfung standhalten. Ganz falsch: Kinder brauchen diese Geschichten! Jugendliche ihrerseits brauchen den Prozess des Herauswachsens aus diesen Geschichten hin zu einem eigenen Glauben, der später vielleicht einmal in einer Art ‚zweiter Naivität' zu den abgelegten Erzählungen in dann neuem Verständnis zurückführen kann.

Dieser Prozess des Zerbrechens oder Zerbröckelns des Kinderglaubens kann mit einer Tonfigur verglichen werden. Über Jahre entstand sie für sich selbst, unhinterfragt, risslos, in sich stimmig. Einmal zerbröckelt oder zerbrochen wird sie nie wieder so sein wie zuvor, und für viele ist das Zerbrochene endgültig zerstört. Es wird entsorgt, bleibt unbedeutend, Erinnerung ohne Gegenwart. Für andere wird aus diesem Kinderglauben etwas Anderes, Neues. Aus den Splittern und Fragmenten fügen sie etwas Eigenes zusammen. Die Begleitung genau dieses Prozesses macht religiöse Lehr- und Lernprozesse in der Sekundarstufe einerseits so spannend, andererseits so mühsam. Wo es in der Primarstufe um den Aufbau und die Formung der ‚Tonfigur' des Glaubens geht, geht es nun um die Begleitung des Prozesses der Zerstörung oder Verwitterung, um die Anregung zu neuem Umgang mit Fragmenten. Dieser Prozess hat eine andere Dynamik, andere Stimmungen, eine andere Reichweite als der Prozess des ersten Aufbaus.

Fowler nennt die den „mythisch-wörtlichen Glauben" ablösende Phase den *„synthetisch-konventionellen Glauben"*. Fast alle Erwachsenen erreichen ihn in ihrer Lebensgeschichte, viele bleiben als Erwachsene lebenslang in diesem Stadium. Für Jugendliche ist er die zentrale Glaubensstufe. 53,8% der männlichen und 46,7% der weiblichen Jugendlichen (im Alter von 13 bis 20 Jahren) sind dieser Stufe zuzuordnen.[107] „Synthetisch" verweist dabei auf die Notwendigkeit, nun „eine kohärente Orientierung inmitten" einer „komplexeren und vielfältigen Reihe von Bindungen" (S. 191) zu entwickeln. Die Heranwachsenden müssen eine Synthese bilden aus vertrauten, zunehmend jedoch brüchig gewordenen „stories" und neuen Erfahrungen, die immer weitere Lebensbereiche umfassen.

Diese Synthese ist aber noch keine wirklich kreative, eigen verantwortete, aus Distanz und Reflexion gewonnene Überzeugung. Entscheidend wird in dieser Stufe vielmehr die Orientierung an den Vorgaben der ‚Wichtigen-Anderen', der Bezugsgruppen, häufig vor allem die gleichaltrige peer-group. Entscheidend werden die „hypothetischen Bilder" (S. 169), die vom Heranwachsenden im Blick auf ‚signifikante Andere' wahrgenommenen oder eingebildeten Vorgaben. Das Ergebnis bleibt so auch in dieser Hinsicht „synthetisch": künstlich, zum Teil wenig überzeugend zusammengefügt. Deshalb bleibt dieser Glauben weitgehend „konventionell", auch wenn sich die Individuen selbst in ihrer Glaubensentwicklung und -gestaltung sehr eigenständig wähnen mögen. Die Vorstellungen sind „genau auf die Erwartungen und Urteile bedeutender anderer abgestimmt", weil sich der Einzelne auf dieser Stufe der „eigenen Identität" und des „eigenständigen Urteils noch nicht sicher genug ist" (ebd.).

Wachsen Jugendliche in einem Kontext auf, in dem Glaube und Religiosität entweder stark negativ konnotiert oder völlig gleichgültig sind, drängt sie die Konvention nun tendenziell in eine areligiöse Richtung. Religionslehrende haben in dieser Phase so eine schwierige Position. Sicherlich ist es möglich, für manche Jugendliche selbst zu einem ‚signifikanten Anderen' zu werden, der eine möglicherweise orientierungsgebende religiöse Konvention vorlebt. Grundsätzlich gilt es nun jedoch, andere „stories", andere Muster von Lebensdeutung anzubieten. Heranwachsende sind nun dabei, eine „‚story' unserer ‚stories'" (S. 169) zu entwerfen, einen hypothetischen Entwurf von sich selbst in Reflexion, Distanz, im Spiegel von anderen. Anregend dazu sind nun Geschichten, die gerade nicht rund, stimmig und abgeschlossen sind, sondern Brüche aufweisen, Sprünge, bleibende Spannung und Offenheit: Die biblische Hiobserzählung etwa, ein Blick auf Judas, die Lebensgeschichte des Franziskus. Diese Erzählungen provozieren zu Distanz und Reflexion, sind aber Geschichten *innerhalb* der religiösen Tradition, nicht Wege aus ihr heraus. Jetzt, erst jetzt wird es unausweichlich und chancenreich, die Mehrperspektivität von Erzählung und Deutung, Text und Analyse, symbolischer und materialer Ebene zu unterscheiden.

Welche Konsequenzen lassen sich aus den Erkenntnissen Fowlers für den Einsatz von literarischen Werken im Religionsunterricht ziehen? Für die altersspezifische Literaturauswahl, die Konzeption der didaktischen Einheiten und die Methoden des Unterrichtseinsatzes ist die Beachtung der folgenden Leitlinien unerlässlich.

Leitlinien zum Einsatz von „stories" nach James Fowler

- Kinder wie Jugendliche brauchen „stories", Erzählungen und Geschichten, mit deren Hilfe sie ihre Lebenswelt deuten, ausdrücken und gestalten, in denen sie Sehnsüchte, Ängste, Identitätssuche, Empathie, Hoffnungen oder Leiderfahrungen fiktional durchspielen können. Literatur – aber auch Mythen, Märchen, biblische Erzählungen und zunehmend elektronische Medien unterschiedlichster Art – bietet derartige „stories".
- Die meisten Kinder verstehen solche „stories" wörtlich, können und wollen nicht symbolische Deutungen an diese Geschichten

herantragen, brauchen gerundete und abgeschlossene Erzählungen ohne Bruch und doppelte Realitätsebene. Sie lieben Phantasie, Wunderbares, Magisches, das seinen Zauber gerade dadurch behält, dass es nicht erklärt, rationalisiert, aufgelöst wird.

- Die meisten Jugendlichen verlieren zunehmend den Glauben daran, in runden Deutegeschichten die Welt erklären oder erschließen zu können. Sie brauchen Geschichten der Krise, des Bruchs, der Entwicklung. Sie sind offen für symbolische Bedeutungsebenen, die nie ganz geklärt werden können. Sie entwickeln nach und nach die Fähigkeit mit Leerstellen und einem offenen Ende umgehen zu können. Erst jetzt sie sind fähig, Mehrperspektivität durchzuspielen und historische Zusammenhänge einzuordnen.

Wenn sich literarische Texte also in allen Altersstufen des Religionsunterrichts einsetzen lassen, wie verhält es sich dann mit der Frage, ob sie auch in allen *Schultypen* eingesetzt werden können? Erneut drängt sich die Einschätzung auf, diese Medien eigneten sich doch primär für gymnasiale Unterrichtsgestaltung. Eindeutig ist festzuhalten, dass eine im Blick auf die gesellschaftliche Sprachnorm defizitäre Sprachbeherrschung einen zentralen Grund für den mangelnden Schulerfolg und überhaupt für Zuweisung zu Hauptschule oder Realschule darstellt. Ganz offensichtlich ist dies nach PISA im Blick auf Kinder mit nicht-deutschsprachigem Hintergrund.
Der Erziehungswissenschaftler *Thorsten Bohl* stellt nachdrücklich heraus, dass die „entscheidende Einflussgröße zur Erhöhung der Bildungsbeteiligung von Kindern und Jugendlichen mit Migrationshintergrund" in der „Beherrschung der deutschen Sprache"[108] liegt. Aber auch bei Kindern mit deutschsprachigem Hintergrund ist die restringierte Sprachbeherrschung ein zentrales Bildungshindernis. Sprachbezogene Unterrichtsprozesse sind so in der Hauptschule einerseits schwer zu führen, andererseits als Kompensation unerlässlich. Damit ist nicht allein ein methodisches Umsetzungsproblem benannt, vielmehr gilt mit den Worten *Dietlind Fischers*: „Das Sprach- und Vermittlungsproblem" ist gerade bei HauptschülerInnen „nicht als sekundäres Methodenproblem zu begreifen, sondern muss Teil eines didaktischen Gefüges von Ziel-, Inhalts-, Methoden- und Medienentscheidung sein"[109]. Sicherlich verlangen also unterschiedliche Typen im Sekundarschulbereich einen jeweils angepassten Komplexitätsgrad der ausgewählten literarischen Texte. Die Grundaufgabe einer Förderung der auch religiösen und literarischen sprachlichen Wahrnehmungs-, Aus-

drucks- und Urteilsfähigkeit stellt sich jedoch allen Schularten gleichermaßen. Deshalb ist es nur folgerichtig, dass sich auch in den Religionsbüchern für Haupt- und Realschulen literarische Texte finden. Bei der konkreten Darstellung von Beispielen und Methoden werden wir auf die entwicklungspsychologischen wie schulartspezifischen Bedingungen des Einsatzes literarischer Texte im Religionsunterricht zurückkommen. Zuvor aber stellen sich jedoch die Fragen, welche Chancen sich denn tatsächlich dem Religionsunterricht durch die Aufnahme derartiger Texte öffnen; welche Kompetenzen SchülerInnen erwerben können, die sich nicht gleicher Art oder genauso gut durch andere Medien erschließen lassen.

3. Chancen und Kompetenzen

Welche didaktischen *Funktionen* können literarischen Texten im Religionsunterricht zukommen? *Rudi Ott* nennt und erläutert 1989 sechs Leitbegriffe: „Konkretion", „Identifikation", „Diagnose", „Provokation", „Konfrontation" und „Analyse der geistigen Erfahrungen"[110]. Der Blick auf solche ‚Funktionen' ist durchaus sinnvoll. In der heutigen religionspädagogischen Diskussion werden freilich Kategorien verwendet, die nicht primär von der Struktur des Lernprozesses ausgehen, sondern aus der Perspektive der Lernenden formuliert werden, etwa ‚Chancen' und ‚Kompetenzen'.

Die im Folgenden benannten didaktischen *Chancen*, die sich für den Religionsunterricht durch die Aufnahme literarischer Texte ergeben können, wurden im Laufe mehrerer Jahre formuliert, überprüft und modifiziert. Es geht dabei weniger um fest gefügte Kategorien als um Perspektiven, die den Einsatz literarischer Texte begründen und mögliche Zielrichtungen abstecken sollen. Die Darstellung dieser Chancen wird hier ergänzt um den Blick auf die von den SchülerInnen zu erwerbenden Kompetenzen, da der Kompetenzbegriff in der jüngsten (religions-)pädagogischen Diskussion eine zentrale Bedeutung einnimmt. Zu beachten ist dabei die von *Dietrich Benner* benannte Differenzierung. Spezifisch „schulische Kompetenzförderung" unterscheidet sich demnach von „kirchlicher Kompetenzförderung" vor allem dadurch, „dass sie weder unmittelbar im Medium eines Glaubens stattfindet noch unmittelbar in Glaubenspraxis einmündet"[111]. Gerade der Umgang mit literarischen Texten entspricht diesen Vorgaben, weil er einen Glauben weder voraussetzt noch direkt bewirken will. Was aber dann?

Textspiegelung

Von Textspiegelung lohnt es sich dann zu sprechen, wenn in einem literarischen Text ein Bezug auf – aus dem religiösen Bereich entlehnte – ‚Prätexte' deutlich wird, wenn also in Zitat, Anspielung, Motiv, Stoff oder Handlungsgefüge auf vorhergehende Texte Bezug genommen wird. Das breit ausdifferenzierte Begriffsrepertoire der Intertextualitätstheorien stellt hier genaue, freilich je nach Ansatz unterschiedliche Kategorien bereit. Ein erstes Feld von Lernchancen liegt hierbei darin, zunächst einmal überhaupt zu erkennen und zu analysieren, welche religiösen oder theologischen Traditionen aufgenommen wurden, gegebenenfalls der Frage nachzuspüren, warum und wie diese Bezüge eingebaut wurden. Die Gegenwartsliteratur ist reich an stofflichen und motivischen Bezügen auf die Bibel, auf die literarischen Grundschriften anderer Religionen, auf religiöse Praxis in Gebet, Gottesdienst, ethischem und kultischem Handeln, gegebenenfalls auch in Form von religions- und institutionskritischen Ausführungen. Zum Verständnis dieser literarischen Traditionen liefert die Theologie in Verbindung mit den Religionswissenschaften unverzichtbares Grund- und Detailwissen. Die Hauptrichtung dieser Betrachtung geht dabei meistens vom Gegenwartstext aus zurück in die Prätexte, die zum Verständnis des Ausgangstextes ausgewertet werden.
Für den Religionsunterricht wird so ein methodisches und begriffliches Spektrum zur Verfügung gestellt, um die Text-zu-Text Bezüge strukturiert erfassen zu können. Einerseits kann der Ursprungstext zum Ausgangspunkt der Lernwege werden, dessen spätere Entfaltung dann auf ihn zurückbezogen werden (etwa im Fall der Untersuchung von literarischer Bibelrezeption). Andererseits ist aber auch die umgekehrte Perspektive möglich (etwa im Fall der Untersuchung von religiösen Spuren im literarischen Gesamtwerk eines Autors unserer Zeit). In jedem Fall werden in der Textspiegelung zwei Dimensionen einander gegenübergestellt: Der literarische Text und die mit verschärftem Blick betrachteten Texttraditionen, die in ihm aufgegriffen werden. Die SchülerInnen können in dieser Hinsicht ihre *Wahrnehmungskompetenzen* im Umgang mit vernetzten Textbezügen ausbauen. Sie lernen die Besonderheit religiöser und literarischer Texte kennen und verstehen, wie sie aufeinander aufbauen und in Beziehung zueinander stehen.

Sprachsensibilisierung

SchriftstellerInnen reflektieren intensiv über die zeitgemäßen Potentiale und Grenzen von Sprache. In der Auseinandersetzung mit literarischen Texten ergibt sich im Nachspüren derartiger Sprachsensibilisierung die Chance, das produktive Erbe gerade religiöser Sprache zu erkennen und für eigenes Schreiben oder eigene Analysen zu nutzen. Nicht nur die stofflichen Anregungen aus dem Bereich des Religiösen prägen die Literatur, sondern auf verborgener Ebene gerade die sprachlichen Erbspuren. Die Sprache der Psalmen in Bitte und Gebet, die Sprache der Liturgie, der Predigt, der Gebote und Gesetze, des Gebetes – in Fortschreibung und Parodie, in Satire oder als Chiffre prägen sie stilbildend ganze Gattungen der Literatur. Nur in der Auseinandersetzung mit den historischen und philologischen Forschungen der Theologie sind diese sprachlichen Prägespuren erkennbar und deutbar.

Eine weitere Dimension tritt hinzu: Gelungene literarische Werke sind Produkte feinfühliger Gegenwartserspürung, die sich kaum festlegen lässt, eher in Fragerichtungen formuliert werden kann: Wo sagt – gerade in der Annäherung an Gott – die verstummende Pause in Gedichten mehr als der ausführliche Bericht; wann bedarf es der symbolisch verschlüsselten Andeutung mehr als der einlinigen Definition; wie öffnen sich für Lesende Tiefendimensionen unterhalb der Textoberfläche? In der Beachtung solcher Fragen spüren SchriftstellerInnen wie feinfühlige Seismographen sehr genau, was Sprache kann und darf. Sicherlich sind literarischer Stil und Ausdruck – manchmal hermetisch, elitär, nur SpezialistInnen über differenzierte literaturwissenschaftliche Deuteprozesse zugänglich – von ReligionspädagogInnen in ihrem Sprechen von Gott nicht einfach zu übernehmen. Das Nachspüren der sprachlichen Besonderheiten zeitgenössischer Literatur kann jedoch zur unverzichtbaren Reflexion über den eigenen sorgsamen Sprachgebrauch in Theologie und Religionspädagogik anregen.

Auch hier wird also die *Wahrnehmungskompetenz* der SchülerInnen gefördert, hier konkret im Blick auf die Eigenheiten und Besonderheiten, die strukturellen Parallelen und Unterschiede von literarischer und religiöser Sprache. Zusätzlich geht es jedoch um die Anregung der *Ausdruckskompetenz*. Die literarisch-ästhetische Ebene drängt danach, eigene Möglichkeiten der religiösen Sprache auszuprobieren und zu vertiefen. Dieser Aspekt zieht – wie später zu zeigen sein wird – ganz konkrete methodische Konsequenzen nach sich.

Erfahrungserweiterung

Mit dem Stichwort der Erfahrungserweiterung wird ein doppelter Betrachtungszugang erfasst: SchriftstellerInnen stehen in individuellen Erfahrungszusammenhängen mit sich selbst und anderen Menschen in ihrer Zeit und in ihrer Gesellschaft und lassen diese Erfahrungen in ihren Sprachwerken gerinnen. Zu beachten bleibt freilich, dass Lesende niemals einen direkten Zugriff auf Erfahrungen, Erlebnisse und Gedanken anderer haben können, handelt es sich doch stets um gestaltete, gedeutete, geformte Erfahrung. Über den doppelten Filter der schriftstellerischen Gestaltung einerseits und einer stets individuellen Deutung andererseits ist hier aber zumindest ein indirekter Zugang zu Erfahrungen anderer möglich.

Zunächst kann man so den zu erschließenden Erfahrungen hinter und in den literarischen Werken speziell im religiösen Bereich nachspüren: Welche religiösen Sozialisationsspuren lassen sich in Texten nachweisen? Welche religiöse Lektüre oder Praxis wirkt produktiv auf das schriftstellerische Schaffen ein? Welche im religiösen Feld beheimateten Rezeptionsprozesse prägen AutorIn und Werk? Mit dieser letzten Frage wird schon deutlich, dass literarische Texte nicht nur die Erfahrung der AutorInnen spiegeln, sie ermöglichen darüber hinaus für die Lesenden selbst neue Erfahrungen im Umgang mit diesen Texten, die vor allem durch rezeptionsästhetische Forschungen beleuchtet werden können.

Die beiden aufgerufenen Erfahrungsdimensionen können im Religionsunterricht fruchtbar werden: In der Auseinandersetzung mit in Texten verschlüsselten religiösen Erfahrungen anderer werden eigene Erfahrungen aufgerufen, aktiviert, zur Überprüfung herausgefordert. Gegen jeglichen Versuch der wissenschaftlichen Objektivität gerade in Bezug auf religiöse Fragen können literarische Texte als „Anwalt der Subjektivität“ fungieren, leuchten sie doch die „‚Innenseite‘ von Problemfeldern“[112] aus. Vor allem diese bewusste Subjektivität bündelt menschliche Erfahrungen und bietet so die Möglichkeiten des Anknüpfens und der Identifikation oder der Ablehnung und Bestimmung der eigenen Position. *Clauß Peter Sajak* spricht hier von der zentralen Funktion literarischer Texte als „Erfahrungsverdichtung, Erfahrungsdeutung und Erfahrungsweitergabe“[113]. Die Auseinandersetzung mit den Erfahrungsdimensionen von Literatur fördert so das Wachsen allgemeiner wie spezifisch religiöser Identität.

Der Aspekt der Erfahrungserweiterung konkretisiert so eine Dimension der *Deutungskompetenz*. Über den medialen und indirekten Zugang zu Erfahrungen anderer, aber auch über die im Prozess des Lesens und Deutens selbst gemachten Erfahrungen erschließen sich neue Bereiche des Lebens. Lernende gewinnen so für ihre Weltdeutung unverzichtbare Erweiterungen, von denen aus Wertungen und Orientierungen möglich werden.

Wirklichkeitserschließung

Der didaktische Gewinn für den Religionsunterricht im Blick auf die Deutungskompetenz erschöpft sich aber nicht in der Erfahrungsdimension. Mit der Kategorie der Wirklichkeitserschließung wird noch einmal eine neue Perspektive eröffnet. Während die Erfahrungserweiterung eher ‚zurück' schaut, auf die hinter den Texten liegende Erfahrung der SchriftstellerInnen, blickt diese Perspektive eher nach ‚vorn', auf die mit dem Text für die LeserInnen neu möglichen Auseinandersetzungen. Auch hier gilt es zu beachten, dass „Realität in poetischen Texten nicht vermittelt werden kann, stellt sie doch selbst nur einen Reflex auf Realitätserfahrung dar". Und gewiss gilt es darauf zu achten, dass jeweils die „geschichtlich-gesellschaftliche Abhängigkeit und der ideologische Gehalt der Texte berücksichtigt" [114] werden, so mahnende Einwürfe im Blick auf einen allzu unreflektierten möglichen Zugang zu den in literarischen Texten entworfenen Dimensionen der Wirklichkeit. Literatur ist nur ein „Spiegel der Wirklichkeit"[115], dessen Spiegelungstechniken, Verzerrungen und Lichtbrechungen nicht außer Acht gelassen werden dürfen.
Jenseits dieser berechtigten Mahnungen zu einem erneut stets nur gebrochenen, gefilterten und bewusst gestalteten Zugang zu der Wirklichkeit hinter den Texten, stehen jedoch die Texte selbst als Wirklichkeit. Literarische Texte – und ihre Deutungen – erschließen eigene Realitätsebenen. Hier werden oft genug Bereiche des menschlichen Daseins angesprochen, die innerhalb der Kirche kaum Gehör finden. Hier kommen andere Stimmen und Wirklichkeitsdeutungen zu Wort, die ungewohnt, provokativ, im positiven Sinne herausfordernd sein können, ja: in denen sich möglicherweise auch an Religion Interessierte eher wieder finden als in den traditionellen Sprachformen von Dogmatik, Katechese und Liturgie. Literatur kann vor allem die Fähigkeit fördern, die Mehrdimensionalität von Wirklichkeit wahrzunehmen und so ein Mittel gegen den häufig beklagten Wirklichkeitsverlust theologischen Sprechens und Denkens werden. Die Theolo-

gie zieht sich in unserer Gesellschaft immer mehr in ein *„Theotop“*[116] *(Friedrich Wilhelm Graf)* zurück – oder wird sie (zumindest auch) dorthin zurückgedrängt? –, einen engen geschützten Bereich theologischer Selbstverständigung. Dieses Theotop hat seine Notwendigkeit und Berechtigung, keine Frage, aber immer deutlicher werden seine doppelten Grenzen. Zum einen leben in diesem Theotop selbst immer weniger Menschen; zum anderen wird es immer schwerer, Sprache und Inhalte nach außen zu vermitteln, zu übersetzen. Hier sind Sprache, Erfahrung und Wirklichkeit von Literatur ein unverzichtbares Korrektiv.

Möglichkeitsandeutung

Literatur lebt schließlich nicht nur von erfahrener, erschriebener und erschlossener Wirklichkeit, sondern vor allem – wie es *Robert Musil* in seinem epochalen Roman „Der Mann ohne Eigenschaften“ (1930) benannt hat – vom „Möglichkeitssinn“. „Möglichkeitssinn“, das sei die zentrale Fähigkeit, „alles, was ebensogut sein könnte, zu denken, und das, was ist, nicht wichtiger zu nehmen als das, was nicht ist“. Das so benannte, fiktiv erahnte Mögliche könne man, so Musil weiter in erstaunlich theologisch geprägter Terminologie, sogar „die noch nicht erwachten Absichten Gottes“ nennen, denn es habe „etwas sehr Göttliches in sich, ein Feuer, einen Flug, einen Bauwillen und bewussten Utopismus, der die Wirklichkeit nicht scheut, wohl aber als Aufgabe und Erfindung behandelt“[117]. Gerade die Kraft der Visionen dessen, was sein *könnte*, zeichnet die besondere Faszination literarischer Texte aus. In einer damit vergleichbaren ‚Grammatik der Sehnsucht‘ sind auch theologisch alle Aussagen über Gott letztlich beheimatet.

Wichtig: Es darf nicht zu einer Verwischung der Sprachebenen kommen. Sicherlich weisen religiöse und literarische Sprache große Gemeinsamkeiten auf. Beide verdichten Wirklichkeit und weisen über sich selbst hinaus, ‚transzendieren‘ also Wirklichkeit. Dennoch gibt es vom Selbstanspruch her einen zentralen Unterschied, den der evangelische Religionspädagoge *Peter Biehl* in Bezugnahme auf Paul Ricœur deutlich benennt: Zunächst geht Biehl so weit zu behaupten: „Dichterische wie religiöse Sprache haben offenbarenden Charakter, sie eröffnen nämlich von sich her das Angebot einer Welt, in die hinein ich meine eigensten Möglichkeiten entwerfen kann.“ Sein Offenbarungsbegriff entspricht hier also nicht dem gängigen theolo-

gischen Sprachgebrauch. Entscheidend dann jedoch die Differenzierung: „Religiöse Sprache modifiziert diesen offenbarenden Charakter dichterischer Sprache dadurch, dass sie den allgemeinen Charakteristika der Dichtung die Verbindung eines Ur-Bezugspunktes – ‚Gott' – hinzufügt und damit zu einer Sinnverwandlung dichterischer Sprache führt."[118]
Zunächst teilen literarische und religiöse Texte also einen allgemeinen Transzendenzanspruch im Sinne eines Sich-Selbst-Überschreitens, ohne dass es eine jenseitige Macht geben müsse, welche diesen Prozess ermöglicht. Diese Dimension ist auch in literaturwissenschaftlichen Verfahren erschließbar. Im Selbstanspruch der Theologie ist der Transzendenzbezug religiöser Sprache freilich keineswegs ausschließlich ein menschliches Sich-Selbst-Überschreiten, sondern ein von Gott gewährter Prozess des Sich-Öffnens auf Gott hin. Im Religionsunterricht kann es so möglich werden, von LiteratInnen und LiteraturwissenschaftlerInnen ein nicht-religiöses Verständnis von Transzendenz zu lernen und es mit dem religiösen Transzendenzanspruch zu vergleichen. So geht es auch im Blick auf die Chancen der Möglichkeitsandeutung um die Förderung der *Deutungskompetenz* der SchülerInnen im Verbund mit einer Sensibilisierung im Bereich der *Wahrnehmungskompetenz* und einer Schulung der *Ausdruckskompetenz*. Vor allem aber geht es hier um die sehr spezifische, sicherlich nur selten und in ersten Ansätzen mögliche Anbahnung einer *Transzendierungskompetenz*, der Fähigkeit, eine die empirische Wirklichkeit übersteigende und sie umfasssende Realität zu spüren, zu akzeptieren und von ihr aus das Weltbild zu bestimmen.

Gewinndimensionen
in der Beachtung literarischer Texte für religiöse Lernprozesse
1. Textspiegelung
2. Sprachsensibilisierung
3. Erfahrungserweiterung
4. Wirklichkeitserschließung
5. Möglichkeitsandeutung

Im Spektrum dieser fünf Gewinndimensionen lassen sich die spezifischen Chancen des Einsatzes literarischer Texte ausloten. Auf je eigene Weise fördern sie die *Wahrnehmungs-*, die *Ausdrucks-*, die *Deutungs-* und die *Transzendierungskompetenz* der SchülerInnen im Kon-

text eines korrelativ verstandenen Religionsunterrichts. Als Idealtypen formuliert werden sie im Alltagsgeschäft Schule viele Abschleifungen, Vermischungen und Nivellierungen erfahren. Ihr Wert kann nur darin liegen, die grundsätzlichen didaktischen Möglichkeiten und Chancen anzudeuten. Je nachdem, welche spezifische Chance in den Mittelpunkt eines konkreten Unterrichtsschrittes gerückt wird, wird der Einsatz anders gestaltet sein. Ein Unterricht mit dem Hauptziel der Sprachsensibilisierung wird anders aussehen als einer, der die Wirklichkeitserschließung ins Zentrum stellt. Reichweite und Sinn dieser didaktischen Leitbegriffe werden sich so allein daran messen lassen, ob sie – aus Sicht der Lehrenden – dazu beitragen, Unterricht sinnvoll und erfolgreich zu gestalten, ob sie – aus Sicht der Lernenden – die benannten Kompetenzen tatsächlich fördern.
Im Blick auf diese didaktischen Chancen und die von den SchülerInnen zu erwerbenden Kompetenzen legt sich nun abschließend zu dieser Hinführung ein Blick darauf nahe, welche Methoden sich für den Einsatz literarischer Texte besonders eignen.

4. Methoden

An Praxisbüchern über Methoden im Religionsunterricht herrscht kein Mangel, im Gegenteil. Die ständigen Neuerscheinungen in diesem Marktsegment verweisen auf die Unsicherheit, die viele Auszubildende und Lehrende im Umgang mit Methoden spüren. Gerade im Religionsunterricht ist ein Methodenreichtum möglich, den es in vergleichbarer Vielfalt in keinem anderen Schulfach gibt. Im Blick auf die Arbeit mit (literarischen) Texten sind drei Bücher in je unterschiedlicher Weise hilfreich.

- *Gerhard Röckel* – 2003 verstorbener langjähriger Fachleiter für Katholischen Religionsunterricht am Gymnasium und Redaktionsmitglied der Zeitschrift „Religionsunterricht an Höheren Schulen" – hat seine lebenslange Arbeit zur Frage, wie man „Texte erschließen"[119] kann, in einem posthum erschienenen Buch zusammengestellt. In diesem Buch wird praxisnah, beispielreich, überschaubar und überaus gründlich nachgezeichnet, wie und warum Textarbeit in der Schule möglich und fruchtbar wird.
- Die Unterscheidung der literarischen Gattungen und der Aufweis ihres je eigenen didaktischen Orts stehen im Zentrum des aus der

Praxis gewachsenen und auf die Praxis hinzielenden Buchs, das *Josef Epping* – ebenfalls Fachleiter für Katholische Religionslehre an Gymnasien – 2009 veröffentlicht hat: „Von Anekdote bis Wundergeschichte. Textsorten verstehen“[120]. Exemplarische Verdeutlichungen zeigen auf, warum, woraufhin und wie unterschiedliche Textgattungen den Religionsunterricht strukturieren können. Beide Bücher fungieren so als umfassender Leitfaden, in denen auch der Zugang zu literarischen Texten gattungsspezifisch dargestellt wird.

- Ganz anders arbeiten *Franz W. Niehl* und *Arthur Thömmes* in ihrem nach wie vor unentbehrlichen Bestseller „212 Methoden für den Religionsunterricht“[121], in dem mehr als 50 Methoden allein für den Bereich des Schreibens und der Textarbeit genannt werden. Ein Großteil davon lässt sich auch auf literarische Texte anwenden. Knapp und präzise wird hier die jeweilige Methode skizziert und im Blick auf Altersgruppe, Rahmenbedingungen und Einsatzdauer charakterisiert. Für den direkten Einsatz findet man hier zahlreiche fruchtbare Anregungen.

All das ist in diesen Büchern so gut beschrieben, dass es hier nicht noch einmal wiederholt oder zusammengefasst werden soll. In den im Hauptteil dieses Buches folgenden Vorschlägen zum methodischen Umgang mit den einzelnen Texten werden sich zudem verschiedenartige ganz konkret ausbuchstabierte praktische Anwendungen finden. Hier reicht es aus, wenige Leitlinien zu skizzieren und an einigen ausgesuchten und erprobten Beispielen zu verdeutlichen.

Leitlinien für den methodischen Einsatz literarischer Texte:

- Literarische Texte sollten im Religionsunterricht nicht zu oft, aber didaktisch *genau überlegt*, methodisch herausfordernd und abwechselungsreich eingesetzt werden.
- Der Einsatz legt sich vor allem dann nahe, wenn reine Sachtexte oder andere Medien den gewünschten *Lernprozess* im Blick auf die genannten Lernchancen nicht in gleicher Weise ermöglichen.
- Wenn literarische Texte in den Religionsunterricht integriert werden, sollten sie nicht als Aufhänger oder Einstieg dienen, sondern als *Leitmedium* einer Unterrichtsstunde dienen können.
- Die Art des methodischen Zugangs sollte immer den literarischen Charakter betonen, also *Form und Inhalt*, Ästhetik und Gehalt aufeinander beziehen.
- Die klassische, vor allem im Deutschunterricht einzuübende ‚Text-

analyse' sollte im Religionsunterricht bestenfalls die Ausnahme bleiben. Wann immer möglich sollten literarische Texte im Sinne von *handlungs- und produktionsorientierten Verfahren* eingesetzt werden.

Die zeitgenössische Deutschdidaktik hat schon seit geraumer Zeit neben den Verfahren der klassischen Textanalyse freie, kreative Zugänge zu literarischen Texten entdeckt, die in besonderem Maße als Vorbild für den Einsatz im Religionsunterricht gelten können. Je mehr die SchülerInnen mit einem Text handelnd umgehen, je kreativer sie sich mit ihm auseinandersetzen können, umso größer sind die Chancen eines wirklichen Lernprozesses. Angesichts der gesamtschulischen Überschwemmung mit Texten, welche die SchülerInnen zur Kenntnis zu nehmen haben, ist ein langfristiger und nachhaltiger Lernprozess vor allem dann möglich, wenn sie sich handelnd mit einem Text auseinandersetzen. Dieser Appell zu „Handlungsorientierung – Produktionsorientierung – Texttransformation"[122] wurde längst in ein „umfassendes pädagogisches und didaktisches, die ganze Schulwirklichkeit mitbestimmendes"[123] Gesamtkonzept integriert und geht gerade nicht – so ein gängiges Vorurteil vor allem von manchen GymnasiallehrerInnen – zu Lasten von kognitiven Lernprozessen, sondern ermöglicht sie erst. Gewiss wird mit zunehmendem Alter der SchülerInnen auch der Anteil der analytischen Beschäftigung mit Texten steigen, er sollte aber nie den handlungs- und produktionsorientierten Anteil ganz verdrängen.
Die unterrichtliche Arbeit mit einem Text lässt sich in drei für Planungsschritte unbedingt zu beachtende große Abschnitte unterteilen: *Textpräsentation, Textanalyse, Textvariation.* Alle drei bieten in sich Chancen und Möglichkeiten, die man in der Praxis nie allesamt gleichberechtigt an einem Medium ausprobieren wird. Für jeden Text sollte man sich aber – so eine hilfreiche Faustregel – nach sinnvoller didaktischer Prüfung einen der drei Bereiche herausgreifen und ausgestalten. Das kann nach den folgenden, hier erneut idealtypisch aufgezeigten Kriterien geschehen:

1) Textpräsentation

Häufig beginnt die Begegnung von SchülerInnen mit einem Text schlicht mit dem nun einmal fertigen Textgebilde nach dem – zur Kenntlichmachung überspitzt formulierten – Motto: „Hier teile ich

euch einen Text aus, lest ihn durch, dann sprechen wir darüber", oder: „Schlagt bitte euer Buch auf und lest den Text auf Seite x". Dieses Verfahren kann sicherlich in vielen Fällen durchaus sinnvoll sein, sofern transparent angegeben wird, warum ein solcher Text zu lesen ist, woraufhin seine Deutung abzielt, welches Problem oder Thema dadurch näher beleuchtet wird. Gerade bei Kindern in der mythisch-wörtlichen Phase ist auch ein Erzählen oder Vorlesen – nur von LeserInnen, die den Text gut kennen und ihn gut, Verständnis erleichternd und spannend lesen können – als Variante sinnvoll.
Mit dieser klassischen Art der Textpräsentation wird jedoch allzu oft die für die Motivation wichtigste Phase der Dramaturgie des Unterrichtens ausgeblendet. Zwar ist die Einschätzung ehrenhaft, dass zu „guten Hauptmedien" im Unterricht „nicht gesondert motiviert werden" müsse, da sie „ihre Motivationskraft in sich"[124] tragen – diese in Einzelerfahrungen mögliche Einschätzung hält jedoch leider der breiten Alltagsüberprüfung nicht stand. Gelingender Unterricht hängt zentral von der gelingenden Motivierung ab, und diese *muss* geplant und methodisch reflektiert sein. Die gerade skizzierten Formen des Stundeneinstiegs verschieben nämlich in der Regel die Textanalyse auf das so schwierige, so monotone, so unbeliebte Frage-Antwortspiel zwischen LehrerInnen und SchülerInnen. Was also wären die nicht zu oft, nicht als Masche, aber immer wieder bewusst genutzten Chancen einer didaktisch-methodisch wirklich genutzten Textpräsentation?
Die zentrale Grundidee der kreativen und handlungsorientierten Textpräsentation beruht auf der didaktischen Erkenntnis, dass im Prozess einer *verlangsamten Texterschließung*[125] ein wesentlicher Teil der Textanalyse bereits implizit und motivationsgestützt erfolgen kann. Erster Grundsatz dieser Methode ist deshalb: Die SchülerInnen erhalten nicht gleich den vollständigen Text, sondern konstruieren ihn unter thematisch und methodisch bestimmten Vorgaben. Um ihn aber zusammenbauen zu können, müssen sie sich intensiv mit ihm auseinandersetzen. Dadurch kann der immer wieder zu beobachtenden Tendenz entgegengesteuert werden, dass Lernende einen Text einmal oberflächlich lesen und davon ausgehen, ihn dann bereits verstanden zu haben, so dass jede weitere Texterschließung und Nachfrage als lästige, eher den Lehrenden zuliebe erbrachte Pflicht erfolgt und eigentlich nicht mehr als innere Notwendigkeit angesehen wird. Zudem werden die SchülerInnen als Mitproduzenten an einem Text „hellhöriger und sprachlich sensibler, weil sie, um zum

Erfolg zu kommen, in zunehmendem Maße auf das Erkennen von Sprach- und Gestaltungseigentümlichkeiten angewiesen“[126] sind. Drei derartige Methoden seien kurz beispielhaft vorgestellt und in aller Kürze verdeutlicht: der beliebte „Lückentext“, das „Textpuzzle“, sowie der „abgebrochene Text“.

Lückentext

Den SchülerInnen wird ein Textblatt ausgeteilt, in dem an a) wenigen und b) zentralen Stellen Textbausteine fehlen, die von ihnen mit *ihrer Meinung nach* stimmigen Bausteinen gefüllt werden sollen. Es geht hier also nicht um ein Ratespiel, bei dem Zufallstreffer einen Gewinner gegenüber anderen Verlierern herausstellen sollen. Die SchülerInnen sollen den Text so genau lesen, dass sie das nach ihrem Vorwissen und ihrem Gefühl Stimmige eintragen können. Bei Gedichttexten bieten Reim, Rhythmus und Metrum zudem Hilfsstrukturen, die ein Sich-Einfühlen in den Text erleichtern. Nicht alle von den SchülerInnen gewählten Bausteine werden hier passen, aber viele Möglichkeiten können ein breites Deutungspanorama abstecken. Als vereinfachende Variante kann der Lehrer auch jeweils drei mögliche Lösungsvorschläge anbieten, aus denen die SchülerInnen das ihrer Meinung nach am besten passende heraussuchen können.
Vor dem Panorama der Schülerlösungen wird der Blick auf den Originaltext umso spannender, nicht, weil er nun die richtige ‚Lösung‘ brächte, sondern weil er anzeigt, was – und in Erarbeitung zu klären: warum – der Autor des Textes als seine Version vorgibt. Die Beachtung einiger Grundregeln erhöht die Chancen der erfolgreichen Umsetzung. Erstens: Nicht zu viele Lücken – das verwirrt nur, artet leicht zu einem Ratespiel aus und fördert das Textverständnis gerade nicht. Zweitens: Der Ort der Lücken muss didaktisch wohlgeplant sein. Zentralbegriffe, Hauptzielpunkte des jeweiligen Textes eignen sich besonders. Im Kontext muss den SchülerInnen aber ein sinnvolles Füllen möglich sein. Mit diesem Verfahren werden vor allem die Fähigkeiten des Sich-Einfühlens und Hineindenkens in fremde Sprach- und Gedankenwelten gefördert, gleichzeitig aber auch die eigene literarische wie religiöse Ausdrucksfähigkeit geschult. Da es um sehr subjektive Zugänge geht, legt sich zunächst die Einzelarbeit nahe, die dann in der Phase des Vergleichens und Wertens zu Partner- oder Gruppenarbeit erweitert werden kann.

Textpuzzle

Das zweite Verfahren beruht auf der Idee des ‚Zerschneidens und wieder Zusammensetzens'. Ein Text wird in Einzelbausteine aufgeteilt (zugegeben: das erfordert eine etwas intensivere Vorarbeit), die den SchülerInnen als gemischtes Bündel ausgeteilt werden. In Partnerarbeit – diese Arbeitsform bietet sich angesichts der Möglichkeiten des gemeinsamen Erschließens, des sich Korrigierens und auf Beobachtungen Hinweisens an – werden die einzelnen Bausteine zunächst gelesen und dann möglichst zum Originaltext wieder zusammengesetzt. Das Auseinanderschneiden muss dabei so sorgsam erfolgen, dass nicht ein Zusammensetzen nach Randmuster und Form möglich ist, schließlich geht es nicht um ein Puzzlespiel. Auch bei diesem Verfahren kann es mehrere sinnvolle Ergebnisse geben, im Normalfall zielt diese Methode aber auf eine originalgetreue Rekonstruktion.

Der didaktische Ort dieser Methode ist deshalb ein anderer als bei den Lückentexten: Ging es dort um eine mögliche Deutungs*vielfalt* und um eine von dort ausgespannte Konzentration auf die Deutungsvariante des Autors selbst, so geht es hier um ein verstehendes Erfassen eines vorgegebenen Textes. Gerade das Gespür für die Besonderheiten der poetischen Form und für die sprachliche Gestalt kann so geschärft werden. Dabei empfiehlt es sich, das Verfahren selbst vorher auszuprobieren, um nicht zu schwere – und dann frustrierende – Aufgaben zu stellen. Im Reimschema freie Texte sollten in nicht mehr als sechs bis acht Bausteine zerlegt werden. Sonette oder andere in Reim oder sonstiger Form eindeutig gegliederte Texte können auch in mehrere Textteile zerlegt werden.

Eine Variante dieser Methode gerade mit in der Form freien lyrischen Texten ist die Entflechtung von ineinander geschobenen motivisch verwandten Gedichten. Die Verse von zwei Ausgangstexten werden dabei so ineinander verzahnt, dass sie einen neuen Gesamttext ergeben. Die Reihenfolge der Verse sollte nicht geändert werden. Mal ein, mal zwei oder drei Verse der Ursprungstexte bleiben zusammen und werden verschoben. Das Ziel liegt dann darin, aus dem so entstandenen ‚künstlichen' Gesamttext die beiden Originaltexte herauszulösen.

Abgebrochener Text

Im vertrauten Verfahren der abgebrochenen Textpräsentation wird ein Text bis zu einem genau bedachten Punkt präsentiert – etwa bis

zum Spannungshöhepunkt, der Wende zur tragenden Aussage oder dem prägenden Schlussbild. Die Aufgabe der SchülerInnen besteht darin, ein mögliches eigenes Ende innerhalb der jeweiligen Textgattung selbst zu entwerfen. Da es dabei um Prozesse kreativen Schreibens (oder andere Formen des Gestaltens) geht, legt sich hier wieder die Form der Einzelarbeit nahe. Im Vergleich mehrerer Lösungen kann man diskutieren und begründen, welche Version am besten gelungen ist. In diesen Begründungen wird eine implizite Deutung des zuvor gelesenen Textes vorgenommen, die eine klassische Textanalyse entweder ganz unnötig macht oder perspektivisch auf wenige Punkte begrenzt. Erneut wird der Vergleich mit der Originalversion die Neugier auf die literarische Gestaltung erhöhen.
In all diesen Verfahren der Textpräsentation wird das Prinzip der rein aufnehmenden Texterfassung verlangsamend und intensivierend durchbrochen im Hinblick auf ein Hineinnehmen der SchülerInnen in die Möglichkeiten der unmittelbaren Textproduktion. Die besondere Aufgabe der Lehrenden liegt dabei im Bewahren der rechten Balance zwischen der ‚Würde' des Originaltextes, dem Recht auf eigenständige Deutung und dem Ausschluss der völligen Beliebigkeit.

b) Textanalyse

Wie gesehen kann eine wohl gewählte Textpräsentation bereits große Teile der Textanalyse übernehmen. Wo immer möglich, sollte man diese Chancen nutzen. Das ‚Erarbeiten' des Textes kann dann stimmig aus der gewählten Präsentation erwachsen als Vergleich, Vertiefung oder Strukturierung des schon davor Erarbeiteten oder Benannten. Das ganz eng dem klassischen Deutschunterricht entlehnte systematisch-analytische Erarbeiten eines Textes, das „intensive textverarbeitende Lesen"[127] mit vierfarbiger Unterstreichung – wie es vor allem *Röckel* empfiehlt – wird sicherlich als Texterschließungsmethode seine Bedeutung behalten, ist aber in der Einübung vor allem Aufgabe des Deutschunterrichts. Eine schwerpunktmäßige Betonung derartiger Textarbeit führt – auch in der Oberstufe – nicht selten zu einer einseitigen Intellektualisierung des RU, zudem zu einem Profilverlust im Vergleich zu anderen, gerade so arbeitenden Fächern.
Hier sind motivationssteigernde Verfahren als Ergänzung wichtig. So wichtig die traditionellen Schritte der Analyse also sind, sie müssen keineswegs automatisch im Zentrum der Textarbeit stehen. Das Text-

verständnis der Lernenden kann sich sowohl in den vorangehenden handlungsorientierten Schritten der Textpräsentation als auch in der folgenden kreativen Textarbeit ausdrücken.

c) Textvariation

Wenn mit der analytischen Texterfassung der Schlussbaustein gelegt wird, verschenkt man meistens beträchtliche Chancen der Textarbeit. Eine intensive affektive wie kognitive Annäherung an einen Text und seine Erfahrungen wie Deutungen wird für SchülerInnen gerade durch die sich anschließenden Phasen wie Gestaltung, Dialog, Transfer, Verfremdungen, Gegenspiegelungen und Vertiefungen möglich. Und diese Phase darf sich schon in der Grundschule nicht auf den nett gemeinten Impuls beschränken: „Nun malt einmal ein Bild zu der Geschichte…". Ideen dazu gibt es genug. *Ludwig Sauter* nennt in seinem Buch „Kreatives Schreiben im Religionsunterricht"[128] eine breite Palette von Möglichkeiten: vom Akrostichon über das Elfchen bis zum Haiku.

Alex Stock hat schon 1974 im Blick auf eine Untersuchung von *Uwe Johnsons* kurzem Prosatext „Jonas zum Beispiel" fünf allgemeine Lerndimensionen erhoben, die aus guten literarischen Texten für den Religionsunterricht gewonnen werden können. Gerade sie sind aber nicht nur – rückwärtsgewandt – Erkenntnisse über die Arbeit der Literaten, sondern zugleich – vorwärtsgewandt – Impulse für eigene kreative Schreibversuche. Folgende Lerndimensionen[129] gibt er an:

Grundprinzipien kreativen Schreibens

Kreatives Schreiben zielt darauf ab auszuprobieren und zu erfahren:

1. Wie man einen Text *reduzieren* kann, ohne ihn zu verdünnen. Nicht zusammenfassen, sondern auskämmen.
2. Wie man einen Text *aktualisieren* kann, ohne ihn slangartig anzubiedern.
3. Wie man einem Text einen *Vorspann* geben kann, der hinführt statt vorwegzunehmen (…).
4. Wie man durch einen *Zusatz* eine Geschichte öffnet und in den Zustand der Möglichkeit bringt.
5. Wie die Frage, wofür ist diese Erzählung ein Beispiel, wofür kann sie zum Beispiel werden, *Umerzählen* möglich und erforderlich macht.

Kreatives Schreiben muss nicht in jedem Fall in der vorgegebenen Textform und literarischen Gattung erfolgen. Auch ein Umwandeln des Texttypus kann sowohl einen neuen Reiz als auch gegebenenfalls eine Erleichterung bringen. Also: Aus einer Erzählung ein Gedicht; aus einem Bericht eine Ballade; aus einer Geschichte eine erste Seite einer Boulevardzeitung, etc. Oder die Verfremdung durch Veränderung des Kontextes, sei es geschichtlich, sei es geographisch, sei es sozial. Oder die Variation durch Veränderung der Sprachebene: von Hoch- in Jugendsprache; von Bildungsdeutsch in Dialekt; von Literatur- in Fernseh- oder Internetsprache...
Doch mit dem kreativen Schreiben als solchem müssen die Möglichkeiten der Textvariation noch nicht erschöpft sein: Collagen aus Bibel und literarischem Text, vielleicht zusätzlich versehen mit Bildmaterial; das inszenierte Vorlesen von Texten und ihren Bearbeitungen – warum nicht mit musikalischer Untermalung in Absprache mit dem Musiklehrer; das Anlegen einer speziellen Bibelmappe, in der jeder ein Blatt gestalten soll; die Umsetzung zentraler Szenen in ein Standbild, eine dramatische Szene oder ein Filmskript; das Nachspielen mit (Egli-)Figuren; das Gestalten der emotionalen Entwicklung eines Textes durch Farben – je nach Schulart, Altersgruppe und konkreten Bedingungen der Lerngruppe lassen sich hier vielfältige Verfahren wählen.
Die Grundüberzeugung, die hinter dem Einsatz von derartigen handlungs- und produktionsorientierten Verfahren liegt, besteht darin, dass die Arbeit mit Texten nur dann zu nachhaltigen Lernerfolgen führen kann, wenn Lernende sich ganzheitlich mit ihnen beschäftigt haben. Die kognitive Durchdringung ist ein Teil davon, aber eben auch nicht mehr. Die didaktischen Chancen dieser Methoden lassen sich in einigen erneut idealtypisch formulierten Schlagworten bündeln:

Chancen von handlungs- und produktionsorientierten Unterrichtsmethoden

1. *Motivation* – Kinder und Jugendliche lassen sich leichter und lieber auf die Arbeit mit Texten ein, wenn sie dabei etwas tun können, wenn ihre motorischen Fähigkeiten mit abgerufen werden.
2. *Verlangsamung* – Diese Verfahren verweigern sich der schnellen und gehetzten Bearbeitung. Sie brauchen Zeit und zwingen unaufdringlich zu einer ruhigen Auseinandersetzung.
3. *Intensivierung* – Bei einer bloß oberflächlichen Auseinandersetzung mit den Texten kann man den Arbeitsaufträgen nicht ge-

recht werden. Sie verlangen – ohne dass es explizit betont werden muss – Genauigkeit und Stringenz des Lesens und Deutens.

4. *Implizite Deutung* – Im eigenen handelnden Umgang vollziehen sich automatisch Prozesse der impliziten Textdeutung, die der Außensteuerung durch die Lehrenden nicht oder kaum bedürfen. Gerade in Phasen der Partner- oder Gruppenarbeit weisen sich die SchülerInnen immer wieder selbst gegenseitig auf Textbeobachtungen, (Un-)Stimmigkeiten und Möglichkeiten der Deutungen hin.
5. *Neugier* – Der Reiz, den Originaltext kennen- und verstehen zu lernen, wird durch die vorherige, begleitende oder nachträgliche handelnde Eigenauseinandersetzung beträchtlich gesteigert.
6. *Einfühlung* – Im direkten Nachspüren der Sprachlogik des Textes von innen heraus wird eine Einfühlung in die fremde Art der literarischen und religiösen Sprache möglich.
7. *Sprachschulung* – Das Ringen um eigene Sprache in Auseinandersetzung mit dem Text ermöglicht folglich eine Schärfung und Erweiterung der eigenen sprachlichen Ausdruckskompetenz.
8. *Persönliche Positionierung* – Im kreativ handelnden Umgang mit Texten wird schließlich ein ganz persönlicher Bezug zum Text möglich, sei es in Ablehnung und bleibender Fremdheit, sei es in einfühlender Identifikation mit Sprache und Inhalt.

Die in diesem Buch entfalteten Beispiele werden sich aus den damit umrissenen Gründen vor allem an diesen methodischen Vorgaben orientieren.

d) ‚Ganzschriften'?

Eine letzte methodische Dimension bedarf abschließend der Erwähnung und Darstellung. Angesichts der Tendenz, im Religionsunterricht immer kleinere, immer stärker didaktisierte Texte einzusetzen, gibt es seit einigen Jahren den Ruf, diesem Trend durch den verstärkten Einsatz von ‚*Ganzschriften*' entgegenzusteuern. Neben der Lektüre von ganzen biblischen Büchern (etwa der Bücher Jona, Rut oder des Markusevangeliums) kommen in diesem Kontext auch literarische Werke neu in den Blick. Gerade bei „Lebensthemen, die das unmittelbare Leben der Schülerinnen und Schüler angehen" braucht es „über längere Zeit einen Handlungsstrang, eine oder zwei Identifikationsfiguren, Antagonisten, an denen der Unterricht sich abarbeitet, für die die Schüler Partei ergreifen"[130]. Über die Lektüre passender

Jugendbücher werden im Idealfall Imaginationskraft sowie Empathiefähigkeit in besonderer Weise aktiviert und geschult. Sie können Jugendlichen bei der Identitätssuche durch fiktive Teilidentifikation oder innere Abgrenzung helfen. In ihnen kann Zeit-, Kultur-, Religions- und Mentalitätsgeschichte anders erfahrbar werden als über andere Medien. Durch den zusammenhängenden Text lassen sich Eigenart der Sprache, der Struktur, der Textstrategie und des Kontextes viel besser erfassen als in der üblichen Häppchenmethode.

Die Impulse zum Einsatz solcher ‚Ganzschriften' wecken also zunächst viel Sympathie, werden aber sogleich von unterrichtspraktischen Bedenken ausgebremst: „Aus zeitökonomischen, (...) lernpsychologischen und nicht zuletzt auch finanziellen Gründen erweist sich die Behandlung einer Ganzschrift im Religionsunterricht als problematisch."[131] Trotz dieser aus der alltäglichen Praxis erwachsenden Bedenken bieten Ganzschriften – als sicherlich extrem selten gewähltem Verfahren der Unterrichtsgestaltung – dann eine besondere Chance, wenn es sich um ein „theologisch-anthropologisch relevantes Kernthema" (ebd.) handelt.

Der Versuch von *Georg Bubolz* und *Gerhard Röckel*, in ihrer kleinen Reihe der „Lektüren für den Religionsunterricht" (2001) realistisch handhabbare Formate für den Religionsunterricht in der Sekundarstufe II bereitzustellen, entspringt so einer pragmatischen Notwendigkeit. Sie führen umfassend in das jeweilige Werk ein und versehen die Texte mit methodischen und didaktischen Hinweisen, aber auch mit einem Lexikon und Zusatzmaterialien zum unterrichtlichen Einsatz. Sie schlagen einen sinnvollen sechsschrittigen Umgang mit den Lektüren vor, der nicht als sklavisch zu befolgender Vorschlag intendiert ist, sondern als Raster der möglichen Zugänge:

Methodischer Umgang mit Ganzschriften

1. Vorbereitung
2. Lektüreauftrag
3. Textwiedergabe und Textbeschreibung
4. Textdeutung und Texterörterung
5. Textbewertung
6. Textanwendung

Zu allen Schritten geben sie mehrere Impulse und Anregungen. Sehr überzeugend gelingen so die Zugänge zu *Isaac Bashevis Singers* Erzählung „Der Golem" und zu *Jostein Gaarders Kurzroman* „Die Diagnose". Etwas unbefriedigend bleibt hingegen der ja auch gegen den Anspruch der ‚Ganzschrift' vorgelegte Versuch, *Dostojewskis* Monumentalroman „Die Brüder Karamasow" auf insgesamt 72 Seiten zu präsentieren, möglich durch die Konzentration auf die theologisch zentralen Kapitel „Die Auflehnung" und „Der Großinquisitor". Ähnliches gilt für die Raffung von *Günter Grass'* Roman „Die Rättin" auf 128 Seiten, ermöglicht durch die Konzentration auf drei zentrale Kapitel. Trotz dieser Anfragen ist es bedauerlich, dass die Reihe mit Erscheinen der ersten vier Bände schon an ihr Ende gelangte.

Quintessenz zum Thema „Ganzschriften im RU": In dem hier vorliegenden Buch sollen einige ausgesuchte Hinweise darauf erfolgen, welche (kürzeren) Ganzschriften aus dem Bereich der Kinder- und Jugend-, aber auch aus der Erwachsenenliteratur in welchem Zusammenhang, wie und warum im Religionsunterricht gewinnbringend eingesetzt werden können.

Themenfelder – Texte – Deutungen

Wie kann, wie soll das bislang Präsentierte konkret veranschaulicht werden? Auch ein „Handbuch" zu literarischen Texten im Religionsunterricht muss *exemplarisch* verdeutlichen, wie die schulische Praxis aussehen kann. Die im Folgenden aufgenommenen, gedeuteten und didaktisch wie methodisch reflektierten Beispiele sind unter bestimmten Voraussetzungen ausgewählt:

- Es handelt sich fast durchgängig um Texte der *deutschsprachigen* Literatur, weil es um Lernprozesse in unserem Kulturkontext geht. Zweifellos gibt es brillante Texte aus anderen Kulturräumen, die im Religionsunterricht ebenfalls fruchtbar und herausfordernd eingesetzt werden können. Deutschsprachige Texte entstammen jedoch dem gleichen kulturellen Kontext wie die SchülerInnen. Über diese Nähe sind korrelative Lernerfahrungen leichter möglich. Ausnahmen von diesem Auswahlprinzip werden vor Ort begründet.
- Es handelt sich fast ausschließlich um Texte der *aktuellen* deutschsprachigen Literatur. Im Religionsunterricht wird bislang vor allem entweder mit wohlbekannten, religiös besonders aussagekräftigen „Klassikern"[132] der Literaturgeschichte (von *Lessing* bis *Camus*) oder mit Zeugnissen aus der Literatur der Moderne gearbeitet. Viele KollegInnen machen gerade im zuletzt genannten Bereich gute Erfahrungen mit Texten von *Böll, Dürrenmatt* oder *Frisch,* von *Kaschnitz, Bachmann, Celan* oder *Nelly Sachs.* Und fraglos liegen ästhetisch hervorragende wie inhaltlich herausfordernde Texte von dieser AutorInnengeneration vor, die auch weiterhin zum Grundreservoir des Religionsunterrichts gehören. Andererseits spiegeln diese AutorInnen aus SchülerInnensicht jedoch bereits weit zurück liegende Vergangenheit. Für die korrelativen Lernprozesse bietet eine zeitliche Nähe eine weitere Chance auf gelingende Brückenschläge.
- Für die *Auswahl* der Beispiele gibt es keine letztlich objektiv festlegbaren Kriterien. Subjektiv-individuelle Vorlieben lassen sich nicht verleugnen. Es handelt sich aber durchweg um Texte von literarischer Qualität, deren AutorInnen in der deutschsprachigen Literaturszene eine im Einzelfall genau zu bestimmende bedeutende Rolle spielen. So gesehen vereinen die exemplarisch ausgewählten Texte das Kriterium der ästhetischen Qualität mit dem der Repräsentativität. Ein Weiteres kommt hinzu: Die meisten Texte sind im Religionsunterricht praktisch erprobt worden. Wo das (noch) nicht

der Fall war, sind vergleichbare Texte in vergleichbaren Verfahren getestet worden.

- Da in diesem Buch vor allem *neue* und *unverbrauchte Texte* vorgestellt werden, ändert sich die Zielperspektive ihres unterrichtlichen Einsatzes. Während die genannten klassisch genutzten Texte der Moderne zumindest in weiten Teilen Gegentexte waren, die als Herausforderung, Aufsprengungen theologischer Binnensicht, Provokationen der religiösen Binnenwelt fungieren, findet sich in Texten unserer Zeit in weiten Teilen eher der Modus der Suche, der nachkritischen neuen Offenheit, der „neuen Unbefangenheit“[133] gegenüber Religion und Gottesfrage. Folglich ändert sich auch die Art ihres didaktischen Einsatzes, der primär im Zeichen der gemeinsamen Suche steht, ausgehend von unterschiedlichen Standorten und in je eigenständiger Form. Dabei geht es nicht um Einseitigkeit und Ausblendung: Literarische Texte im Sinne der Religionskritik, des Protestes und der Absage an Religion, Gott und Kirche finden sich weiterhin und werden entsprechend mit aufgenommen. Aber sie bilden nicht mehr den Grundton und Hauptstrang literarischen Schreibens und folglich auch nicht mehr die didaktische Hauptlinie.
- Am Anfang einer jeden thematisch strukturierten Abteilung werden in einem Panoramablick mehrere der genannten bewährten Texte und die Fundorte zumindest genannt, um allen KollegInnen die Chance zu geben, sich selbst eine entsprechende Textbasis zusammenzustellen und das für sie jeweils persönlich Passende auszusuchen. Pro Abteilung werden dann jeweils fünf Beispiele abgedruckt und didaktisch wie methodisch kommentiert. Bei den Beispielen handelt es sich um *Gedichte* oder *Auszüge* aus literarischen Prosatexten, in der Regel aus *Erzählung* oder *Roman*. Auf die Aufnahme von Auszügen aus Dramen wurde verzichtet. Zwar gibt es in der deutschsprachigen Gegenwartsliteratur durchaus ein neues Interesse für Religion und die Gottesfrage auch auf der Theaterbühne[134], letztlich findet sich dabei jedoch kaum ein wirklich herausragendes Stück, dessen Behandlung sich im Religionsunterricht lohnen würde. Hinzu kommt, dass es hier noch schwerer als bei der Prosa ist, aussagekräftige, repräsentative und nicht verfälschende Textbausteine aus dem literarischen Gesamtwerk herauszulösen.

Im Zugang zu den Texten legt sich ein *thematisches Raster* nahe. Der Religionsunterricht fächert sich auf in sechs Lernbereiche, die sich – bei aller Binnendifferenzierung und unterschiedlichen Gewichtung – in ähnlicher Benennung und Aufteilung in allen Schularten und allen Bundesländern findet. Diesen thematischen Zugängen werden die aufgenommenen Beispieltexte zugeordnet. Es handelt sich um folgende Lernfelder:

- *Biblische Botschaft*: Im ersten Lernbereich geht es um das Lernen mit und aus der Bibel, um die Zugänge zur lebensbedeutenden und befreienden Kraft des Wortes Gottes in den biblischen Überlieferungen. Das schulische Spektrum reicht dabei vom ersten Kennenlernen in der Grundschule bis zur kritischen theologischen Reflexion in der Oberstufe.
- *Christlicher Glaube und christliche Weltdeutung*: Die Blickrichtung des zweiten Lernfelds zielt auf eine Ermutigung an die SchülerInnen, die Grundfragen des Lebens zu stellen – die Fragen nach woher, wohin, warum, wie –, und sich in diesem Zusammenhang mit den grundsätzlichen Aussagen und Antwortversuchen der christlichen Botschaft auseinanderzusetzen.
- *Christliche Spiritualität*: Vor allem im Kontext der Postmoderne und ausgehend von performativen Lernansätzen versucht der heutige Religionsunterricht, die vielfach unbekannten Ausdrucksformen des Glaubens in Form von Bildern und Gesten, Symbolen, Metaphern und Ritualen, aber auch in Gebeten und Feiern zu erschließen. Zur Förderung der *Partizipationskompetenz* sollen die SchülerInnen zumindest fähig sein, die Grundvollzüge der Liturgie zu verstehen und – unabhängig von der tatsächlichen Entscheidung – mitvollziehen zu können. Sie sollen zumindest Ansätze zu einer eigenen religiöse Sprache finden.
- *Kirchliches Leben*: Die SchülerInnen sollen unabhängig von ihrer persönlichen Glaubenspraxis in die Lage versetzt werden, das kirchliche Leben in ökumenischer Perspektive zu verstehen. Die geschichtliche Entwicklung wird dabei zur Grundlage für ein sachgerechtes Verständnis heutiger kirchlicher Grundvollzüge, Erscheinungsformen, Einrichtungen und Traditionen.
- *Ethik und Lebensbewältigung*: Der Religionsunterricht orientiert sich an dem Ziel, den SchülerInnen auf der Grundlage der Glaubensüberlieferungen Maßstäbe und Modelle ethischen Urteilens und Handelns zu erschließen. Er soll im Sinne der *Applikations-*

kompetenz dazu motivieren, sich bewusst einzusetzen für die Verbesserung von gesellschaftlichen Verhältnissen, für Gerechtigkeit, Frieden und die Bewahrung der Schöpfung. Darüber hinaus soll Raum dafür sein, dass die SchülerInnen Orientierungslinien für existentielle Probleme und Grundentscheidungen ihres persönlichen Lebens finden und entwickeln können.

– *Interkulturalität und Interreligiosität*: Ein Grundprinzip des Religionsunterrichts im Kontext der pluralen Lebenswelt liegt in seiner interkulturellen und interreligiösen Sensibilität, ohne dabei den Anspruch auf konfessionelle Beheimatung aufzugeben. Die SchülerInnen sollen Menschen anderer Kulturen und Religionen besser verstehen lernen und Achtung vor Personen und Gemeinschaften mit bleibend anderen Lebensdeutungen entwickeln. Toleranz und Identität bleiben dabei aufeinander verwiesene Spannungspole.

I. Biblische Botschaft

Im Bereich der katholischen Religionspädagogik hat sich seit Jahrzehnten ein Grundprinzip durchgesetzt, das im evangelischen Bereich immer schon galt: Im ersten und zentralen Lernbereich des schulischen Religionsunterrichts geht es um das *Lernen mit und aus der Bibel.* Religiöses Lernen erschließt grundlegend die Zugänge zur lebensbedeutsamen und befreienden Kraft des Wortes Gottes, das in den biblischen Überlieferungen in einzigartiger Weise geronnen ist. Das Spektrum der schulischen Lehr- und Lernprozesse erstreckt sich dabei vom ersten motivierenden Kennenlernen in der Grundschule bis hin zur kritischen, wissenschaftsorientierten theologischen Reflexion in der Oberstufe.

Von daher kann es nur wenig überraschen, dass der spezifische Zusammenhang von ‚*Bibel* und Literatur' von Anfang an auch im Zentrum der Wahrnehmung der modernen Dialogdisziplin von ‚*Theologie* und Literatur' stand. Das Feld ist gründlich erforscht[135] in einem Spektrum, das von Gesamtdarstellungen, breit ausgespannten Aufsatzsammlungen, Studien zu biblischen Einzelmotiven und Figuren bis hin zur Untersuchung der Bibelrezeption einzelner herausragender SchriftstellerInnen reicht. In dem 1999 erschienenen zweibändigen, mehr als 1200 Seiten umfassenden, von *Heinrich Schmidinger* herausgegebenen Kompendium „Die Bibel in der deutschsprachigen Literatur des 20. Jahrhunderts"[136] finden diese Forschungen eine imposante und umfassende Zwischenbilanz. Erst in den letzten Jahren wird im deutschsprachigen Bereich eine ergänzende akademische Linie fruchtbar, die vor allem im englischsprachigen Bereich bereits seit einigen Jahrzehnten reiche Blüte entfaltet: die Erforschung der „Bibel *als* Literatur"[137], der neue Blick auf die Bibel unter Anwendung von hermeneutischen Prinzipien der gegenwärtigen Literaturwissenschaft.

Begleitend zu diesen Grundforschungen haben Religionspädagogik und Religionsdidaktik die Beziehung von Bibel und Literatur schon früh und intensiv für ihre Zwecke nutzbar gemacht. Gerade hier reizt der Vergleich von Original und Bearbeitung, von Urtext und Variation, von Quelle und Rezeption. In diesem Spannungsbogen lässt

sich Korrelation idealtypisch verwirklichen. Das Panorama der didaktisch reflektierten Praxisbücher[138] spannt sich von *Friedrich Hahns* „großen Lebensfragen in Textvergleichen" (1966) über *Theodor Eggers'* „ziemlich biblische Geschichten" (1980) und *Sigrid Mühlbergers* und *Margarete Schmids* „verdichtetes Wort" (1994) bis hin zu den von mir vorgestellten „Gedichten zur Bibel" (2001).
Im Folgenden geht es darum neueste Texte vorzustellen und auf ihren möglichen Einsatz im Religionsunterricht hin zu beleuchten. Die ersten beiden Beispiele führen uns zurück ins Alte Testament und in den thematischen Zusammenhang von Schöpfung und Paradieserzählung. Die drei folgenden Texte beleuchten hingegen neutestamentliche Themen: die Seligpreisungen aus der Bergpredigt Jesu; den heutigen Zugang zu Jesus allgemein; schließlich einen Blick auf Paulus.

1. *Jutta Richter:* Vom Anfang aller Dinge

Die Münsterländerin *Jutta Richter* (*1955) ist eine der profiliertesten, international bekanntesten und meistgelesenen deutschsprachigen Kinder- und JugendbuchautorInnen der Gegenwart. Ihr Werk wurde nicht nur mit dem „Deutschen Jugendliteraturpreis" (2001) und dem „Katholischen Kinder- und Jugendbuchpreis" (2005) ausgezeichnet, sondern jüngst auch mit dem italienischen (2007) und amerikanischen (2008) Kinderbuchpreis. Sie sei „sehr katholisch aufgewachsen" und wolle „für eine lebendige Kirche eintreten"[139], erklärte sie. Diese biographische Prägung hat in ihrem gesamten Schaffen deutliche Spuren hinterlassen. Neben Germanistik und Publizistik hat sie auch Katholische Theologie studiert, dieses Studium jedoch nach dem Vordiplom abgebrochen. „Weil sich das Klima nach dem Zweiten Vatikanischen Konzil verschlechtert hatte", so Jutta Richter in einem Gespräch, „und sich die katholische Kirche dermaßen einer innerkirchlichen Kritik verschloss, war für mich damals klar, dass ich in dieser Amtskirche keinen Platz habe."[140] Die Auseinandersetzung mit der eigenen streng religiösen Erziehung wurde in dem 1982 veröffentlichten Jugendbuch der Autorin „Himmel, Hölle, Fegefeuer. Versuch einer Befreiung" zum literarischen Thema. Trotz des Kirchenaustritts bleiben allgemein religiöse sowie konkret christlich-theologische Fragen und biblische Themen in ihrem Werk zentral.

Konsequenz: Viele ihrer Bücher eignen sich in Ausschnitt oder auch als Ganzschrift hervorragend für den Einsatz im Religionsunterricht. Vor allem „Der Hund mit dem gelben Herzen oder Die Geschichte vom Gegenteil“ (1998), eine brillante, vielschichtige und abgründige Annäherung an die Schöpfungsthematik und die Frage nach Gott (repräsentiert von Herrn „G. Ott“, einem neuen Protagonisten im Personaltableau des aktuellen Kinder- und Jugendbuchs[141]), wird bereits vielfach im Religionsunterricht der Klassenstufen 5 und 6 eingesetzt. Hannah Richter hat dazu einen überzeugenden Unterrichtsentwurf im Kontext der Schöpfungsthematik[142] vorgelegt, auf den hier nur empfehlend verwiesen wird. Auch „Hechtsommer“ (2004), ausgezeichnet mit dem Katholischen Kinder- und Jugendbuchpreis, thematisiert vor dem Hintergrund der Erfahrungen von Tod und Sterben theologische Fragen.

In ihrem neuesten Buch „Der Anfang von allem“ (2008) kommt *Jutta Richter* noch einmal auf die Schöpfungsthematik und darin auf die Schilderung des Menschenbildes und auf die Beschreibung der Beziehung von Gott und Mensch zurück. Während „Der Hund mit dem gelben Herzen“ als Transfigurationsgeschichte konzipiert ist und so die Schöpfungsthematik allegorisch in unsere Gegenwart spiegelt, führt diese Erzählung direkt in den Mythos des Buches Genesis zurück, variiert diesen freilich an entscheidenden Stellen. Auch dieser Text eignet sich – je nach didaktischer Konzeption – zum Einsatz in den Klassen 5 bis 8, wenn der Glaube der SchülerInnen an wortwörtlich stimmigen Geschichten vielfach noch vorhanden ist, aber bereits kritisch auf seine Plausibilität hin überprüft wird.

Jutta Richter erzählt in diesem Buch den Paradies-Mythos (Gen 2,4–4,16) von der Erschaffung des Menschen bis zur Flucht Kains nach. Sie lässt verschiedene Erzählerstimmen zu Wort kommen: Einen allwissenden auktorialen Erzähler, der freilich nur kursiv gesetzte Rahmen- und Zwischentexte beisteuert; Adam selbst, der seine subjektive Sicht der Ereignisse schildert; vor allem aber eine Katze, die das gesamte Geschehen entfaltet und kommentiert. Da Kinder dieser Altersstufe besonders sensibel und empathisch auf Tiere reagieren, entpuppt sich gerade diese verfremdende Erzählsicht als ein gelungener literarischer Zugang.

Grundsätzlich psychologisiert die Autorin den gänzlich unpsychologisch erzählten biblischen Mythos. Sie erfindet eine aus heutiger Sicht plausible Version der Paradiesgeschichte, die dann tatsächlich einiger verändernder Eingriffe bedarf. Die konzeptionelle Hauptidee: Alle im biblischen Mythos rätselhaft bleibenden Rückfragen an Gott werden hier zu verständlichen Rückfragen an Adam umgedeutet. Eva wird gegen die Logik der biblischen Erzählung bereits im Paradies schwanger. In der ursprünglichen Erzähllogik gibt es im Paradies weder Sexualität, Scham, Begierde noch Fortpflanzung, da es ja auch keinen Tod gibt.[143] Als Schwangere aber spürt sie ein übermächtiges Verlangen nach der Frucht eines neu gepflanzten Baumes, „gekreuzt aus Morgenduft und Abendtau und einer dritten Apfelsorte, einer unbekannten, von draußen aus der Welt“[144].

Dieser Apfel aber darf nur vom Herrn geerntet werden, nicht von ihnen, wie Adam zu bedenken gibt. Umsonst! Kaum dass sie davon gekostet haben, beginnen sich die beiden Partner voneinander zu entfremden. Nicht Begierde, Scham und Tod sind Konsequenzen *dieses* ‚Sündenfalls‘, sondern Selbstentfremdung („Ich kannte mich nicht mehr“ – S. 41) und erkaltende Liebe („Wir saßen uns gegenüber und waren doch jeder allein.“ – S. 40). Als der Herr in den Garten kommt, erstarrt er vor Schreck und Verzweiflung. Er vertreibt Adam und Eva aus dem Paradies, weil sie das grundsätzliche Vertrauen und die gegenseitige Freundschaft zerstört haben – und dies selbst wissen und fühlen. Die von ihnen selbst gespürte Kappung der Verbundenheit zu Gott wird zur Ursache der Vertreibung.

Außerhalb des paradiesischen Gartens finden sie Unterschlupf bei einem Hirten, der ihnen Obdach gibt und sie in die Grundregeln von Ackerbau und Viehzucht einführt. Dieser Hirt aber ist niemand anderes als der Herr selbst, der seine Geschöpfe also auch außerhalb des Paradieses nicht allein lässt, sondern schützt und hegt. Kain wird geboren, ein Kind, dem Adam von Anfang an mit Distanz begegnet. Trotz immer wieder neu unternommener Versuche der Annäherungen „blieb der Sohn dem Vater fremd.“ (S. 81) Ganz anders der zweite, Abel, „Adams Windhauchkind“ (S. 85). Die eindeutige Bevorzugung des Vaters sät Hass. Als Adam Kain in einem unbeherrschten Augenblick seine Verachtung entgegenschleudert und auf Abel als Vorbild verweist, nimmt das Unglück seinen Lauf. In glühender Eifersucht und enttäuschter Suche nach Anerkennung und Liebe tötet Kain den Bruder, einem versuchten Eingriff des ‚Hirten‘ zum Trotz. Nicht Gottes rätselhafte Bevorzugung des Opfers Abels wird hier zum Grund des Brudermords, sondern psychologisch umgeleitet die ungerechte Bevorzugung des unbeherrschten Vaters. Am Ende sitzt Adam nachts verzweifelt vor seinem Haus, grübelt darüber nach, warum alles so kommen musste, schleudert Gott seine „warum"-Frage entgegen und erkennt resigniert: „Zwei Söhne habe ich verloren in einer Nacht. Geblieben sind mir nur das leere Haus und eine Frau, die stumm vor Kummer ist. Und Abels Grab, in das wir ihn gelegt haben. Und das ich graben musste, ich, der Gärtner."

Wie schon „Der Hund mit dem gelben Herzen" eignet sich auch dieses Buch ausgezeichnet als *Ganzschriftlektüre im Religionsunterricht*. Mithilfe einer im Voraus ausgesuchten Szene sollte man das Buch vorstellen, ‚Appetit' auf das Erzählte wecken und Frageperspektiven für das kommende Unterrichtsgeschehen entwickeln. Die meisten SchülerInnen werden zumindest Grundzüge einer kindgerecht präsentierten Adam-und-Eva-Erzählung aus der Grundschule in Erinnerung haben, die man sammeln und mit der Erzählszene vergleichen sollte. In jedem Fall legt sich im zweiten Schritt die Lektüre von Gen 2,4 bis 4,17 nahe, sei es je nach Einschätzung der Lerngruppe in der auf lesbares Format vergrößerten biblischen Originalversion, sei es in einer für das Zielpublikum angepassten Fassung einer Kinder- und Jugendbibel. Der Leseprozess kann dabei durch Betrachtungen von – reichlich vorhandenen – Bildern der Kunstgeschichte unterstützt und begleitet werden.

Nach einer Sicherung der wesentlichen Erzählelemente des Mythos und erneut altersspezifisch abgestufter Deutung, sollten Rückfragen an die Bibel formuliert und fixiert werden. Solche Rückfragen – auch in anderen literarischen Werken immer wieder benannt[145] – könnten sein: „Warum durften Adam und Eva nicht die Früchte vom Baum der Erkenntnis essen? Warum hat ein allwissender Gott das Ganze nicht verhindert? Warum nahm Gott Abels Opfer an, Kains aber nicht? Ist Gott nicht selbst Schuld an Sündenfall und Brudermord?" Von derartigen Fragen aus legt sich nun die Lektüre von Jutta Richters Buch nahe. Wie beantwortet ihre Erzählung diese Fragen? Welche Veränderungen nimmt die Autorin vor? Überzeugen uns ihre erzählerischen Ideen, ihre Verfahren der Psychologisierung, Dramatisierung, Distanzierung und Umdeutung sowie die darin enthaltenen neuen Antworten auf die aufgeworfenen Fragen? Eine solche Lektüre kann mithilfe eines *Lesetagebuchs* begleitet und gestaltet werden, in dem die SchülerInnen den Fortgang ihrer Lektüre dokumentieren und frei oder nach Anweisungen gestalten können.

Als Alternative zur Ganzschriftlektüre bietet sich die *Konzentration auf eine zentrale Szene* an. Zur Setzung des Rahmens können einzelne lesebegeisterte SchülerInnen (die es in fast allen Klassen gibt) zuvor in einem Referat einen Überblick über das Buch als Ganzes geben. Ich wähle die zentrale, von der Katze erzählte Szene aus, in welcher „der Herr" begründet, warum Adam und Eva das Paradies verlassen müssen (S. 51–53):

> „Steh auf, Adam!", sagte der Herr. „Und sieh mich an. Ich werde das, was ich zu sagen habe, nur einmal sagen. Ich will, dass du verstehst, was heute Nacht geschehen ist. Ich bin zurückgekommen, wie ich schon oft zurückgekommen bin. Ich habe dich gerufen, wie ich dich oft gerufen habe, doch du hast dich versteckt. Nach all den Jahren, in denen du mich froh empfangen hast, wenn ich zurückgekommen bin. In denen du mich so begrüßt hast, wie man einen lieben Freund begrüßt, nach all den Jahren hast du dich vor mir versteckt, als wäre ich ein Einbrecher, vor dem man sich fürchten muss. Das ist es, Adam, was ich nicht verzeihen kann. Ich war dein Freund und dachte, du wärst meiner. Ich glaubte, unsere Freundschaft wäre unzerbrechlich. Ich glaubte manchmal gar, ich könnte mich in deinen Augen spiegeln. Ich wäre du, und du wärst so wie ich. Ich habe mich getäuscht, Adam. Ich habe mich in dir getäuscht. Ich sehe Angst in deinen Augen. Du fürchtest dich vor mir. Vor Freunden, Adam, aber fürchtet man sich nicht! Man fürchtet sich vor Feinden! Du denkst, ich sei dein Feind, du denkst, weil deine Frau den Apfel ohne mich geerntet hat, würde ich dich verstoßen. Das fürchtest du und fürchtest deshalb mich. Du bist so kleinmütig! Und es ist bitter, dich zu sehen, wie du dich windest und mir nicht ins Auge blicken kannst. Wie du die Liebe, die ich für dich fühlte, in den Staub getreten hast."
> Er schaute Adam an.
> „Du wirst noch heute diesen Ort verlassen. Nicht wegen eines Apfels, das wäre klein und billig. Du gehst, weil du dich fürchtest und weil es nie mehr sein kann wie zuvor, du gehst, weil du die Freundschaft zwischen uns verraten hast!"
> Nach dieser Rede drehte Er sich um und ging mit müden Schritten fort. Und Adam sah Ihm nach, als wäre diesmal er aus Stein.
> So standen sie noch lange da. Eva in Seinen Mantel gehüllt und Adam bleich und starr. Sie konnten es nicht fassen.
> Der Hund und ich lagen im nassen Moos. Wir ruhten aus.
> Es würde eine lange Reise werden. Das wusste ich, obwohl ich nur die Katze war.

(Jutta Richter, Der Anfang von allem © 2008 Carl Hanser Verlag, München.)

Entscheidend an dieser Szene: Nicht die Verletzung des Gehorsamsgebots wird als Grund für die anschießende Vertreibung angegeben, sondern der Bruch des Vertrauens, das Sich-schuldig-Fühlen, die Verletzung der als unzerbrechlich angesehenen Freundschaft. Dieses Motiv wird gerade die Fünft- bis Achtklässler ansprechen, weil entwicklungspsychologisch betrachtet Freundschaft und darin die unbedingte Verlässlichkeit von vertrauten Bezugspersonen die zentralen Fixpunkte sämtlicher Orientierungen darstellen. Täuschung, Enttäuschung, mangelndes Vertrauen führen dazu, dass nicht so sehr der Herr Adam verstoßen muss, als dass dieser vielmehr selbst aus Furcht und Misstrauen die von nun an verlorene, selbst verratene Heimat verlässt. Grundlegend die Perspektive: Der Herr wird ihn auch in der Fremde nicht verlassen, sondern als Hirte unterstützen und beraten. Und ihm doch die Freiheit der Entscheidungen und Handlungen lassen ...
Die Betrachtung dieser Szene im Unterricht wird sich nicht im bloßen Vergleich von Bibel und Neuerzählung erschöpfen. Sie fordert zu Stellungnahme und eigenem kreativen Eingriff geradezu heraus. Adam selbst kommt hier auffälligerweise nicht zu Wort. Die Katze erzählt hier ja als Zeugin der Ereignisse ‚von außen'. Zwei Textsorten bieten sich für kreatives Reaktionsschreiben an. Zunächst eine perspektivische Variante: Wie würde dieselbe Szene aussehen, wenn Adam sie erzählt? Wann erzählt er, wem, wo, und wie verändert sie sich? Wie lässt er eigene Gefühle und Kommentare einfließen? Oder als zweite Idee kreativen Schreibens nach der Lektüre und Deutung der Szene: eine durch Einfühlung ermöglichte Reaktion. Adam, unsterblich und dadurch immer noch da als Mensch, schreibt Gott einen Brief oder – warum nicht – eine E-Mail oder SMS. „Herr, wenn ich heute darüber nachdenke ...".
So rundet sich der Unterrichtsprozess in dem didaktischen Dreieck von biblischem Text, aktueller literarischer Variation und eigener Stellungnahme. Der Blick auf den literarischen Text führt dabei zu einem langsam wachsenden mythisch-symbolischen Textverständnis: Der so ganz und gar anthropologisch reduzierte „Herr" Jutta Richters steht in Spannung zur Transzendenz, Rätselhaftigkeit und Entzogenheit des biblischen Gottesbildes. Die SchülerInnen spüren: Ein buchstäblich-wortwörtliches Textverständnis reicht letztlich weder für den Bibeltext noch für das Jugendbuch aus.
Spannend zu sehen: Während Jutta Richter ihr Kinderbuch über

Schöpfung und Paradiesmythos von innen, also aus kirchlich-religiös sozialisierter Sicht kommend schreibt[146], nähert sich der Autor des zweiten, ebenfalls im Jahr 2008 veröffentlichten Beispieltextes genau demselben Themenkomplex von außen.

2. *Ingo Schulze:* Erstaunt über Adam und Eva

Ingo Schulze (*1962) wuchs religionsfern in der DDR auf. Mit seinen überaus erfolgreichen und vielfach preisgekrönten Romanen (zuletzt: Preis der Leipziger Buchmesse 2007) etablierte er sich als führender deutschsprachiger Romancier seiner Generation. Sein vordringliches Thema: Menschen in Ost und West, das Nebeneinanderexistieren und Ineinanderwachsen von Deutschen, das immer noch in den alten Prägemustern verläuft. Nach dem in St. Petersburg angesiedelten Debütroman „33 Augenblicke des Glücks" (1995) entfalten die „Simple Stories" (1998), „Neues Leben" (2005) und „Handy" (2007) vor allem dieses Themenfeld. Religion spielt in diesen Werken auch im weitesten Sinne keine Rolle, liegt völlig außerhalb des Zugangs zur erzählten Wirklichkeit.

Das ändert sich mit dem 2008 erschienenen Roman „Adam und Evelyn", einem Roman um die ‚deutsche Wende', in den Schulze – schon im Titel erkennbar – den Paradies-Mythos der Genesis einspielt. Tatsächlich wird die Geschichte um die Ereignisse im Deutschland des Jahres 1989 augenzwinkernd-ernsthaft als parabolische Neuschöpfung der Genesis und als ‚Vertreibung aus dem Paradies' gestaltet. Als dem jungen, im Titel des Buches benannten Paar über Ungarn die Flucht in die Bundesrepublik, genauer: nach Bayern gelingt, findet es zu seiner völligen Überraschung in einem Hotelzimmer eine Bibel vor. Verblüfft liest Adam die ihn schon durch die Namen der Handlungsträger faszinierende, ihm (und den anvisierten LeserInnen) offensichtlich bestenfalls in Grundzügen bekannte und hier deshalb seitenlang wiedergegebene Erzählung um Adam und Eva. Wortwörtlich verstanden findet er die Erzählung empörend. Die Bibel wird ihn begleiten, er wird sie lesen, deuten – und der biblische Schöpfungsmythos öffnet dem ganzen Roman einen über sich hinaus verweisenden parabolischen Hallraum. Wie folgt erzählt Schulze die erste bewusste Begegnung mit dem biblischen Mythos[147]:

Adam zog die Nachttischschublade auf. „Echtes Holz sieht anders aus ... Da hat jemand was vergessen. Ne Bibel, ist ja komisch."
„Ob die unseretwegen hier liegt?"
„Weil wir so ne Art Flüchtlinge sind?"
„Na ja, als Aufmunterung oder so ähnlich. Die sagen ja auch ernsthaft Grüß Gott."
„Die wussten doch nicht, dass wir kommen."
„Können sie ja hergelegt haben, als wir am See waren."
Adam machte seine Nachttischlampe an und stopfte sich auch Evelyns Kopfkissen in den Nacken. „Ich hab schon wieder den Namen vergessen."
„Rudolf und irgendwas mit Dunkel", sagte Evelyn.
„Ich meine den See, Chiemsee ist der berühmte, und der hier, der kleinere, wie heißt der?"
„Hab mir auch nur Chiemsee gemerkt. Willst du wirklich nichts mehr? Die Birnen sind gut."
„Da machte Gott der Herr den Menschen aus Erde vom Acker und blies ihm den Odem des Lebens in seine Nase. Und so ward der Mensch ein lebendiges Wesen."
„In die Nase?"
„Du dachtest wohl, in den Mund, wie beim Erste-Hilfe-Kurs? ‚Und Gott der Herr pflanzte einen Garten in Eden gegen Osten hin und setzte den Menschen hinein, den er gemacht hatte. Und Gott der Herr ließ aufwachsen aus der Erde allerlei Bäume, verlockend anzusehen und gut zu essen, und den Baum des Lebens mitten im Garten und den Baum der Erkenntnis des Guten und Bösen.'"
„Das hab ich alles mal gelesen, weil ich dachte, danach fragen sie mich in Leipzig."
„Bei der Kunstgeschichte?"
„Ja, beim Eignungsgespräch."
„Das mit dem Baum des Lebens, hast du das gewusst?" Adam legte das aufgeschlagene Buch auf seinen Bauch.
„Nicht so richtig."
„Ich dachte, es geht um Erkenntnis, um Gut und Böse! Vom Baum des Lebens hab ich noch nie gehört."
„Du meinst, das sind zwei Bäume?"
„Hab ich doch gerade vorgelesen", sagte er und nahm das Buch wieder auf. „‚... den Baum des Lebens mitten im Garten und den Baum der Erkenntnis des Guten und Bösen.
Und es ging von Eden ein Strom, den Garten zu bewässern, und teilte sich von da in vier Hauptarme. Der erste heißt Pischon, der fließt um das ganze Land Hawila, und dort findet man Gold; und das

Gold des Landes ist kostbar. Auch findet man da Bedolachharz und den Edelstein Schoham. Der zweite Strom heißt Gihon, der fließt um das ganze Land Kusch. Der dritte Strom heißt Tigris, der fließt östlich von Assyrien. Der vierte Strom ist der Euphrat ...'"
„Wie auf dem Kossuth-Wappen", sagte Evelyn. „Entschuldige, lies weiter."
„Und Gott der Herr nahm den Menschen und setzte ihn in den Garten Eden, dass er ihn bebaute und bewahrte. Und Gott der Herr gebot dem Menschen und sprach: Du darfst essen von allen Bäumen im Garten, aber von dem Baum der Erkenntnis des Guten und Bösen sollst du nicht essen; denn an dem Tage, da du von ihm issest, musst du des Todes sterben.'"
„Des Todes?"
„Ich denk, du hast das gelesen?"
„Aber wieso denn des Todes? Ich dachte, die müssen nur aus dem Paradies raus?"
„Das ist doch dasselbe."
„Weil sie im Paradies nicht sterben?"
„Ja, natürlich. ‚Und Gott der Herr sprach: Es ist nicht gut, dass der Mensch allein sei; ich will ihm eine Gehilfin machen, die um ihn sei. Und Gott der Herr machte aus der Erde alle die Tiere auf dem Felde und alle die Vögel unter dem Himmel und brachte sie zu dem Menschen, dass er sähe, wie er sie nennte; denn wie der Mensch jedes Tier nennen würde, so sollte es heißen. Und der Mensch gab einem jeden Vieh und Vogel unter dem Himmel und Tier auf dem Felde seinen Namen; aber für den Menschen ward keine Gehilfin gefunden, die um ihn wäre. Da ließ Gott der Herr einen tiefen Schlaf fallen auf den Menschen, und er schlief ein. Und er nahm eine seiner Rippen und schloss die Stelle mit Fleisch. Und Gott der Herr baute ein Weib aus der Rippe ...'"
„Männer und Frauen haben doch gleich viele Rippen!?"
„‚... ein Weib aus der Rippe, die er von dem Menschen nahm, und brachte sie zu ihm. Da sprach der Mensch: Das ist doch Bein von meinem Bein und Fleisch von meinem Fleisch; man wird sie Männin nennen, weil sie vom Mann genommen ist. Darum wird ein Mann seinen Vater und seine Mutter verlassen und seinem Weibe anhangen, und sie werden sein ein Fleisch. Und sie waren beide nackt, der Mensch und sein Weib, und schämten sich nicht.'"
Adam musste niesen. „Hast du ein Taschentuch?"
„Im Auto, hier gibt's nur Klopapier." Evelyn brachte ihm aus dem Bad eine neue Rolle Toilettenpapier. „Das ist weiß und weich, nicht dieses Schmirgelpapier."

„Ist ganz schön unlogisch“, sagte Adam und schnäuzte sich.
„Vielleicht meint er ja mit Vater und Mutter Gott?“
„Aber wieso Mutter?“
„Kennst du den? Sagt der liebe Gott zu Eva, willst du einen Apfel? Hast du mir das nicht verboten?, fragt Eva. Nimm schon, der schmeckt wundervoll, du wirst es nicht bereuen. Wirklich?, fragte Eva. Ja, sagt der liebe Gott, aber das muss unter uns Frauen bleiben! Hat mir Katja erzählt, ist doch gut?!“
„Katja hat dir Witze erzählt?“
„Vielleicht sehe ich Katja ja wieder.“
„‚Aber die Schlange war listiger als alle Tiere auf dem Felde, die Gott der Herr gemacht hatte, und sprach zu dem …‘“
„Ob wir Katja wiedersehen?“
„Woher soll ich das wissen“ ‚… und sprach zu dem Weibe: Ja, sollte Gott gesagt haben: ihr sollt nicht essen von allen Bäumen im Garten? Da sprach das Weib zu der Schlange: Wir essen von den Früchten der Bäume im Garten; aber von den Früchten des Baumes mitten im Garten hat Gott gesagt: Esset nicht davon, rühret sie auch nicht an, dass ihr nicht sterbet! Da sprach die Schlange zum Weibe: Ihr werdet keineswegs des Todes sterben, sondern Gott weiß: an dem Tage, da ihr davon esset, werden eure Augen aufgetan und ihr werdet sein wie Gott und wissen, was gut und böse ist. Und das Weib sah, dass von dem Baum gut zu essen wäre und dass er eine Lust für die Augen wäre und verlockend, weil …‘“
„Steht das da wirklich, Lust und verlockend?“
„‚… dass er eine Lust für die Augen wäre und verlockend, weil er klug machte. Und sie nahm von der Frucht und aß und gab ihrem Mann, der bei ihr war, auch davon, und er aß. Da wurden ihnen beiden die Augen aufgetan, und sie wurden gewahr, dass sie nackt waren, und flochten Feigenblätter zusammen und machten sich Schurze. Und sie hörten Gott den Herrn, wie er im Garten ging, als der Tag kühl geworden war. Und Adam versteckte sich mit seinem Weibe vor dem Angesicht Gottes des Herrn unter den Bäumen im Garten. Und Gott der Herr rief Adam und sprach zu ihm: Wo bist du? Und er sprach: Ich hörte dich im Garten und fürchtete mich; denn ich bin nackt, darum versteckte ich mich. Und er sprach: Wer hat dir gesagt, dass du nackt bist? Hast du nicht gegessen von dem Baum, von dem ich dir gebot, du solltest nicht davon essen? Da sprach Adam: Das Weib, das du mir zugesellt hast, gab mir von dem Baum, und ich aß.‘ Ha!,“ rief Adam. „Wunderbarer Vorwurf. ‚Das Weib, das du mir zugesellt hast.‘ ‚Da sprach Gott der Herr zum Weibe: Warum hast du das getan? Das Weib sprach: Die Schlange betrog mich, so dass ich aß.

Da sprach Gott der Herr zu der Schlange: Weil du das getan hast, seist du verflucht, verstoßen aus allem Vieh und allen Tieren auf dem Felde. Auf deinem Bauche sollst du kriechen und Erde fressen dein Leben lang. Und ich will Feindschaft setzen zwischen dir und dem Weibe und zwischen deinem Nachkommen und ihrem Nachkommen; der soll dir den Kopf zertreten, und du wirst ihn in die Ferse stechen. Und zum Weibe sprach er: Ich will dir viel Mühsal schaffen, wenn du schwanger wirst; unter Mühen sollst du ...'"
„Herein!", rief Evelyn, Adam schnellte vom Bett hoch. Es klopfte wieder. Evelyn stellte die Rotlichtlampe auf den Stuhl, ging zur Tür und öffnete.
„Ich hab Ihnen noch schnell was gemacht", sagte die Wirtin, die das Tablett drehte, um durch die Tür zu passen. Evelyn schob die Sachen auf dem Tisch an die Wand.
„Das ist Leberkäse, bitte schön, wenn Sie Hunger haben, es ist von allem reichlich da. Wünsche guten Appetit den Herrschaften, wenn ich etwas für Sie tun kann ..., bitte melden Sie sich. Geht's Ihrem Schützling gut?"
„Danke, ja, vielen Dank", sagte Evelyn.
„Na, dann schlafen Sie gut", sagte die Wirtin.
Evelyn und Adam standen um das Tablett herum, das fast den ganzen Tisch bedeckte.
„Das hätte mal eher kommen sollen", sagte Evelyn. „Jetzt bin ich satt." Sie legte die Tüten mit den geschmierten Broten und dem Obst aufs Fensterbrett neben den Rest Käsekuchen.
„Ob sie gelauscht hat?", fragte Adam. Er warf sich wieder aufs Bett und hob die Bibel vom Boden auf.
„Soll sie doch, dann hätten wir einen guten Eindruck gemacht", sagte Evelyn und richtete die Rotlichtlampe wieder auf die Schildkröte.
„Und zum Weibe sprach er: Ich will dir viel Mühsal schaffen, wenn du schwanger wirst; unter Mühen sollst du Kinder gebären. Und dein Verlangen soll nach deinem Manne sein, aber er soll dein Herr sein. Und zum Manne sprach er: Weil du gehorcht hast der Stimme deines Weibes und gegessen von dem Baum, von dem ich dir gebot und sprach: Du sollst nicht davon essen – verflucht sei der Acker um deinetwillen! Mit Mühsal sollst du dich von ihm nähren dein Leben lang. Dornen und Disteln soll er dir tragen, und du sollst das Kraut auf dem Felde essen. Im Schweiße deines Angesichts sollst du dein Brot essen, bis du wieder zur Erde werdest, davon du genommen bist. Denn du bist Erde und sollst zu Erde werden.'"
„Ist das das Ende?", fragte Evelyn. Sie hatte ein Stück Leberkäse aufgespießt, betrachtete es kurz und steckte es sich in den Mund. „Jetzt

sinnst du wohl wieder deinem Lieblingsthema nach?“, sagte sie kauend. „Kennst du den Mythos, in dem sich Gott zurückzieht, in dem er Platz macht, damit etwas entstehen kann? Den müssen wir mal lesen.“

„‚Und Adam nannte sein Weib Eva; denn sie wurde die Mutter aller, die da leben. Und Gott der Herr machte Adam und seinem Weibe Röcke von Fellen und zog sie ihnen an.‘“

„Auch Gott war Schneider!“, unterbrach ihn Evelyn.

„Willst du noch zuhören?“

Evelyn nickte und schaltete die Rotlichtlampe aus.

„‚Und Gott der Herr sprach: Siehe, der Mensch ist geworden wie unsereiner, und weiß, was gut und böse ist. Nun aber, dass er nur nicht ausstrecke seine Hand und breche auch von dem Baum des Lebens und esse und lebe ewiglich! Da wies ihn Gott der Herr aus dem Garten Eden, dass er die Erde bebaue, von der er genommen war. Und er trieb den Menschen hinaus und ließ lagern vor dem Garten Eden die Cherubim mit dem flammenden, blitzenden Schwert, zu bewachen den Weg zu dem Baum des Lebens.‘“

Adam schlug das Buch mit einem solchen Knall zu, dass Evelyn zusammenfuhr.

„Das ist doch unglaublich, oder!? Wir dürfen nicht ins Paradies zurück, weil wir wissen, was gut und was schlecht ist und uns zur Vollkommenheit nur noch das ewige Leben fehlt. Gott will aber nicht seinesgleichen. Das ist doch ungeheuerlich, warum sagt einem das niemand. Und von einem Apfel ist auch nicht die Rede, oder hab ich das überlesen?“

„Willst du was?“, fragte Evelyn. „Das ist köstlich, probier mal, süßer Senf!“ Sie schnitt ein Stück von der Kruste des Leberkäses ab, strich Senf darauf und setzte sich neben Adam auf die Bettkante.

„Das ist doch wirklich hundsföttisch“, sagte Adam.

„Was regst du dich denn so auf. Koste mal.“ Evelyn verharrte mit dem aufgespießten Leberkäse vor seinem Mund.

„Regt dich das nicht auf?“, fragte Adam.

„Probier doch mal“, sagte Evelyn und hielt eine Hand unter die Gabel. „Das schmeckt köstlich.“

(Ingo Schulz, Adam und Evelyn © Berlin Verlag 2008.)

Ein Paar in einem Hotelzimmer, in harmlosem Alltagsgeplänkel miteinander kommunizierend, erstmals eine Leberkässemmel verspeisend, liest die Geschichte von Adam und Eva. Im Religionsunterricht kann die humorvoll geschilderte Szene durch die fiktionale Distan-

zierung einen ungewöhnlichen Zugang zum Paradiesmythos liefern, wenn es gerade darum geht: ein Verständnis dafür zu schaffen, dass diese Erzählung eben ein solcher *Mythos* ist, eine Deuterzählung über das menschliche Dasein. Anders als im Blick auf Jutta Richters Variation der gleichen Erzählung ist dieser Lernprozess entwicklungspsychologisch erst ab der 10. Klasse möglich und sinnvoll.
Wo Richter einen Gegenmythos schreibt, aber im mythisch-wörtlichen Verstehen verbleibt, geht es hier um eine *Problematisierung*, die unter der Hand die ganze biblische Erzählung in die Szene integriert. Auf der wortwörtlichen Ebene hat der moderne „Adam" des Romans in seiner Empörung ja Recht. Also muss es um ein Verstehen auf anderer, symbolischer Ebene gehen. Das kann dieser Erzählabschnitt ideal verdeutlichen, indem die SchülerInnen selbst mit den Fragen an die Lektüre herangeführt werden, ob „Adam" nicht Recht hat in seiner Empörung. Oder stimmen sie eher Evelyn zu, die von der Erzählung kaum berührt wird und völlig ‚cool' und uninteressiert bleibt? Oder gibt es ein drittes Verständnis der biblischen Erzählung jenseits von wortwörtlichem Verstehen und unbeteiligtem Desinteresse? Vielleicht hat jemand aus der Lerngruppe Lust dazu, die Szene weiter zu schreiben: Adam und Evelyn beim Empfang des bemüht freundlichen Dorfbürgermeisters der Chiemseegemeinde; zufällig sitzen sie neben dem katholischen Pfarrer; Adam konfrontiert ihn mit seiner Frage; der versucht zu antworten; Evelyn quatscht dazwischen ... So könnte ein Versuch der Darstellung des symbolischen Verständnisses im gleichen erzählerischen Medium erfolgen wie die Szene selbst.

3. Christian Lehnert: Variation auf die Seligpreisungen

Vom Alten zum Neuen Testament: So viele literarische Gestaltungen, Anknüpfungspunkte, Variationen und Anspielungen! Es bleibt im Blick auf die Gegenwartsliteratur dabei, dass die Bibel in ihren beiden Teilen ein unerschöpfliches Reservoir an Themen, Motiven, Figuren und Sprachformen bereitstellt, das von SchriftstellerInnen immer wieder neu dankbar aufgegriffen und gestaltet wird. Nach wie vor werden Jahr für Jahr mehrere Jesusromane[148] neu publiziert. Ungezählt darüber hinaus die Anspielungen und Andeutungen in Lyrik, Epik und Drama! Jesus ist mehr denn je – in Anknüpfung wie

Abgrenzung – *die* zentrale Bezugsfigur unserer Kultur. Zwei aktuelle Beispiele müssen hier zur Verdeutlichung ausreichen.
Das erste Beispiel führt uns nach Ingo Schulze zu einem weiteren in der DDR aufgewachsenen und in den neuen Bundesländern lebenden Schriftsteller: zu dem mit mehreren literarischen Förderpreisen ausgezeichneten *Christian Lehnert* (*1969). Doch ganz anders seine biographische Prägung, lebt und arbeitet er doch seiner eigenen Benennung zufolge in einer „Doppelexistenz" als „Schriftsteller" und als evangelischer „Pfarrer"[149] in der Nähe von Dresden. Lehnert gehörte als Kind und Jugendlicher zu der Randgruppe der zentral vom evangelischen Christentum geprägten DDR-Bürger. Einen Teil seines Theologiestudiums verbrachte er in Jerusalem. Die Auseinandersetzung mit dem Judentum bestimmt von dort aus genauso eine Grunddimension seiner Gedichtbände wie das melancholisch-verzweifelte, ringende Suchen nach einem oft nur als abwesend erfahrenen Gott. In „Der gefesselte Sänger" (1997), „Der Augen Anfang" (2000), „Ich werde sehen, schweigen und hören" (2004) und „Auf Moränen" (2008) findet man immer wieder lyrische Anspielungen wie die auf eine alptraumartig aufgerufene „Nacht eines Gottes, der nie war"[150]. Lehnert verweigert sich einem einfachen Gebrauch des Wortes ‚Gott'. Gerade als Theologe kann er es sich nicht einfach ‚gönnen', er ringt darum, um seine Bedeutung, seinen Sinn. „Ich sammle Wörter auf wie die Reste von Hausmüll" heißt es in dem Gedicht „Das Tal" aus dem 2008 erschienenen Band „Auf Moränen". Und unter solchen Wörtern befindet sich auch die Vokabel „Gott", wie folgt etwa in ein Gedicht hinein genommen: „Hocke ich allein mit der Silbe / „Gott", zu nichts zu verwenden, / *sie nur leer zu halten um den Preis / des Verstehens.*"[151] Gott, ein Wort ohne Bedeutung, zu nichts zu gebrauchen, aber zu schützen ... Wie bei keinem seiner Generationsgenossen finden sich bei Lehnert so Texte des suchenden Ringens, der Verweigerung von Zugriff und Affirmation. „Redebrocken von Gott" aus „Sprachnot"[152] hat *Gerhard Kaiser* diese Gedichte genannt, Transformationen von christlicher Lyrik unter dem Vorzeichen negativer Theologie.
Einen ganz eigenen Ton haben bei Lehnert freilich Gedichte, die er angesichts der Geburt und der ersten Lebensmonate seiner Tochter geschrieben hat. Der folgende ohne Titel abgedruckte Text[153] stammt aus einem Zyklus mit dem Titel „Angesicht zu Angesicht", gewidmet „Estella, in ihrem ersten halben Jahr":

Selig, die etwas anfängt und nie zu Ende bringt,
die das Rad nicht kennt und keine Schrift,

die nichts vom aufrechten Gang weiß und mit vier
freien Händen nach dem Mond greift. Selig

die Wissende, die das Wasser vom Festland
nicht unterscheidet, die nichts erinnert als die Dauer

eines ruhigen Pulses, die Unaufhörlichkeit von Tag
und Nacht, die sie in meinen Augen sieht und

leichtsinnig glaubt. Selig, die ein Brummen beruhigt
in der Dunkelheit über dem hallenden Schmerz

im Leib. Selig, die von der Stimme in der sie
wochenlang schwamm, das Heimweh der Laute lernte.

(Textauszug aus: Christian Lehnert, Auf Moränen, S. 114. © Suhrkamp Verlag, Frankfurt am Main 2008.)

Was für eine Variation auf die Seligpreisungen der Bergpredigt (Mt 5,3–12)! Diesem Text fehlt das Stottern und Ringen. Angesichts des Wunders der bezeugten Geburt und des neuen menschlichen Lebewesens an seiner Seite schlägt der Ton um in ein maßloses und ehrfürchtiges Staunen. Wo Jesus die Marginalisierten, Verzweifelten und Trauernden „selig preist", verschiebt Lehnert die Perspektive. Auch hier gilt sie einem Außenseiter, jemandem der anders ist als die Norm – und gerade das Anders-Sein wird zum Anlass der Preisungen. Aber es handelt sich um ein Kleinstkind, gerade erst geboren. Und dessen Anders-Sein ist „selig" – nicht auf Leistung und Erfolg bezogen („nichts zu Ende bringt"); ohne Wissen um Bildungsgut und kulturelle Konventionen („Rad", „Schrift", „aufrechter Gang", „Unterscheidung von Wasser und Feuer"). Stattdessen ist es unmittelbar in seinem ‚Begreifen', misst Zeit nach natürlichem, vom Vaterblick vorgegebenem Rhythmus; lässt sich von sanfter Stimme beruhigen; erinnert sich unbewusst an den im Mutterleib gehörten Klang von Ruhe und Heimat. Eine andere, eine neue, eine den Blick verschiebende Seligpreisung, die neu danach zurückfragt, was „selig" eigentlich bedeutet.
Im Religionsunterricht ab der achten Klasse kann das Gedicht helfen, die Bedeutungsvielfalt der Seligpreisungen zu erschließen. Auch wenn sie als zentraler Text der Jesusüberlieferung zum klassischen

Lernstoff gehören, bleiben sie doch oft fremd. Denn was heißt „selig“ – was hieß es damals, wie kann man es heute verstehen? Nicht als ‚glücklich‘, nicht als ‚im Jenseits kompensatorisch belohnt‘, nicht als ‚bevorzugt‘ – Negativabgrenzungen sind leicht. Aber heute verständliche Übersetzungen? Nach einem intensiven Blick auf die biblischen Seligpreisungen kann die aktuelle literarische Verfremdung einen neuen Zugang zu dieser Frage ermöglichen. Die SchülerInnen erhalten den Text zur Einzellektüre mit dem Arbeitsauftrag: „Dieses 2008 veröffentlichte Gedicht besteht aus neuen Seligpreisungen. Von wem könnte dieses Gedicht handeln? Wer ist hier angesprochen?“
Ob die SchülerInnen dabei auf die Perspektive eines Neugeborenen kommen, ist ungewiss. Denkbar sind auch Antworten wie: „Eine Koma-Patientin“; „eine alte Frau“ etc. Nach der Einblendung des Fotos eines Neugeborenen wird der Text dann Aussage für Aussage gedeutet. Deutlich wird, dass „selig“ hier eine andere Seinsform als die normale, konventionell vertraute, in unserem Alltag übliche beschreibt. Und diese verfügt – wie in den biblischen Originalen – über ihre eigene Würde und Schönheit, die sich nicht funktional oder final auflösen lässt. Den möglichen Kontext des Gedichtes im Religionsunterricht kann so nicht nur eine Einheit zum Thema „Jesus und seine Botschaft“ bilden, sondern auch eine völlig andere Unterrichtssequenz im Kontext von Bioethik.
Ein möglicher weiterer Vergleich könnte dem Gedicht von Lehnert das Lied „Selig sind die Verrückten“[154] des Liedermachers *Reinhard Mey* (*1942) von der LP/CD „Immer weiter“ (1994) an die Seite stellen. Mey blickt auf heutige „Selige“ – einen aus Einsamkeit zum Alkoholiker gewordenen Pfarrer, einen in die Glitzerwelt des Films Entrückten, eine aus Not zur Prostituierten Gewordene, eine einzig auf ihren Hund bezogene einsame Alte, einen um Anerkennung ringenden Jugendlichen – die als „Verrückte“ „selig“ gesprochen werden. Der Song bietet didaktisch nicht nur die Aufsprengung der reinen Textebene, sondern zusätzlich den Anreiz über das Wort „selig“ nachzudenken. Was heißt es hier? Warum nutzt es jemand, der als überzeugter Agnostiker allen religiös Vereinnahmungswilligen nachdrücklich in die Karten schreibt: „Vereinnahmt mich nicht. Ich bin nicht von eurer Partei“[155].
Auch Lehnerts Text regt zum eigenen kreativen Schreiben an. Im Wissen um das Risiko von ‚Blödelversionen‘ kann man den SchülerInnen vorschlagen, eigene Seligpreisungen zu schreiben. Zum Schutz der hier möglicherweise bedrohten Privatsphäre anonym ein-

gereichte gelungene Versionen werden zu einem Klassen-Text zusammengefügt, der entweder im Klassenraum einen Ehrenplatz erhält oder in einer Meditation/einem Gottesdienst vorgetragen werden kann. Möglich ist es ebenfalls, Lehnerts Gedicht, die eigenen Texte sowie die biblischen Seligpreisungen am Computer mit Bildern zu unterlegen (etwa: Lehnerts Text/Baby), um so Wort und Bild zusammen wirken zu lassen. Welche Bilder passen zu den biblischen Preisungen? Welche zu den eigenen? Welche Stimmung und Gesamtatmosphäre wird so erzeugt?

4. Arnold Stadler: Wunder à la Pasolini

Das zweite neutestamentliche Beispiel führt wieder zurück in den Bereich der Prosa. Es greift – neben der Lehre – einen weiteren zentralen Punkt des Auftretens Jesu auf: seine Taten, die als Wunder überliefert sind. Wunderdidaktik[156] gehört zu den heikelsten Problemzonen des Religionsunterrichts. Die Art, wie man die Wunder Jesu – ohne Zweifel Bestandteil der ältesten und ursprünglichen Jesusüberlieferungen – unterrichtet, hängt maßgeblich von der eigenen theologischen Position ab: Alles Legende und Wunschbild? Alles historisch-kritisch wegrationalisierbar? Alles historisch genau so geschehen? Einiges Wahrheit, anderes erfunden? Diese Entscheidung nimmt einem Lehrenden niemand ab. Eindeutige kirchliche Richtlinien dazu gibt es nicht. In der Grundschule mag und sollte man unabhängig von persönlicher Überzeugung Wundergeschichten schlicht als Wundergeschichten erzählen, das verlangt der mythisch-wörtliche Kinderglaube. Religionspädagogisch ist nichts schlimmer, als Kinder um (Wunder-)Geschichten zu betrügen! Aber ab wann, wie und wohin versucht man in der Sekundarstufe ein gestuft kritisches, ein auch symbolisches Verständnis anzubahnen? Weder ExegetInnen noch ReligionspädagogInnen sind sich in diesem Punkt einig.
Eine Hilfe innerhalb dieser Problematik kann der Blick auf den literarischen Umgang mit Wundern sein, der freilich auch all die oben benannten Optionen enthalten kann. Ich wähle als Zugang den Text eines in dieser Konstellation einzigartigen Autors, der beides ist: ein anerkannter, vielfach preisgekrönter Schriftsteller der Gegenwart und diplomierter katholischer Theologe. *Arnold Stadlers* (*1954) anvisierter Lebensweg sollte zum Priestertum führen, ja stellte ihm mit

der Ermöglichung des Studiums in Rom sogar eine besondere spätere klerikale Karriere vor Augen. Kurz vor der Priesterweihe legten sich die Weichen des Lebensweges anders. Stadler blieb aber der religiösen und theologischen Prägung ringend und suchend treu.
Das Gesamtwerk des Georg-Büchner-Preisträgers des Jahres 1999 wird zentral durch fiktionale Ausgestaltung eigener Erfahrungen bestimmt. In seiner 1989 veröffentlichten germanistischen Dissertation widmete er sich der literarischen Rezeption der biblischen Psalmen. Eine Auswahl dieser Psalmen veröffentlichte er im Jahr 2000 in eigener, viel gelobter Übersetzung, die hauptursächlich wurde für die Auszeichnung mit dem Literaturpreis der ökumenischen Stiftung „Bibel und Kultur" im Jahre 2003. In den zentralen Romanen „Ich war einmal" (1989), „Mein Hund, meine Sau, mein Leben" (1994), „Der Tod und ich, wir zwei" (1996) bis hin zu „Ein hinreißender Schrotthändler" (1999), „Komm, gehen wir" (2007) und „Einmal auf der Welt, und dann so" (2009) wird immer wieder ein Leben beschrieben, in dem Religion einen selbstverständlichen Platz einnimmt. Sie fügen sich zusammen zu einem einzigen, immer wieder neu beleuchteten Ich-Roman, wie Stadler selbst erklärt. Seine Romane seien „eine einzige Passionsgeschichte" – so in einem Interview aus dem Jahre 2000 – und zwar „so sehr, dass man die einzelnen Bücher gar nicht voneinander trennen kann"[157]. Sie sind dabei nicht als autobiographische Erinnerungen misszuverstehen, sondern als literarisch-kreative Fiktionen zu lesen.
Hinweise auf die katholische Kindheitsprägung, der Umgang mit Kirche in all ihren Erscheinungsformen, eingestreute Reflexionen über die Gottesfrage – all diese Elemente gehören zur literarischen Welt Stadlers hinzu, ohne dass er dadurch zu einem religiösen Schriftsteller würde. Religion ist hier weniger ein Phänomen des Bekenntnisses als ein selbstverständliches Phänomen der beschriebenen Lebenswelt. Erinnerung ruft automatisch das „dazugehörige Herrgott-, Heimat- und Familienvokabular"[158] mit auf, wie es in „Mein Hund, meine Sau, mein Leben" einmal heißt. Die literarische Leistung Stadlers liegt dabei vor allem in der spezifischen Art der melancholischen Erinnerung, in der Vergegenwärtigung und Durchleuchtung der aus Erinnerung archivierten Welt.
Stadler selbst, befragt, ob ihm „das Thema Gott auch ein wichtiges Anliegen sei", antwortete 1999: „Ich thematisiere ganz vorsichtig, aber es ist doch grundsätzlich. Es ist durchaus ungewöhnlich, dass

ein Schriftsteller, der so schreibt, wie man 1999 schreibt, Verbindungen hat zur Kirche." Und er fährt fort – freilich unter Ausblendung einer ganzen Reihe seiner schreibenden KollegInnen: „Ich kenne keinen außer mir. Leider."[159] Und ‚Gott'? Ein immer wieder auftauchender Topos im Erzählwerk Stadlers ist der Protest gegen die gesellschaftliche Tabuisierung von Religion, speziell: der Rede von Gott: „Gott ist ein neues Tabu, wohl das letzte Tabu unserer Zeit."[160]
Ein Teil des literarischen Schaffens Arnold Stadlers besteht darin, gegen diese kulturelle Tabuisierung Gottes anzuschreiben. Das wird noch einmal überdeutlich in einem im Herbst 2008 erschienenen Roman: „Salvatore", konzipiert als Annäherung an das Matthäus-Evangelium, ausgelöst durch die Kinofassung von *Pier Paolo Pasolinis* großartigem Jesusfilm „Il Vangelio secondo Matteo". Außergewöhnlich: Ein Buch (das Evangelium) wurde Film, und wird nun wieder neu und anders zum Buch!
Der von der Literaturkritik sehr unterschiedlich aufgenommene Roman besteht aus drei völlig eigenständigen, nur lose miteinander verbundenen Teilen. Die ersten Kapitel erzählen von Salvatore, einem grüblerischen, gescheiterten, von väterlicher Seite italienischstämmigen Theologen, der über sein eigenes Leben und das seiner Familie nachdenkt: „Salvatore war ein Theologe, der an der Theologie und den Theologen, und ein Mensch, der an den Menschen gescheitert war."[161] Als er ziellos umherstreifend an einem Himmelfahrtstag ein Plakat entdeckt, auf dem die Ausstrahlung von Pier Paolo Pasolinis „Il Vangelo secondo Matteo" angekündigt wird, beschließt er spontan sich den Film anzusehen. Der Film hat für ihn eine große Bedeutung, nicht nur, weil er seit seiner Erstausstrahlung bei ihm, Salvatore, tiefsten Eindruck hinterlassen hat. Nein, ausschließlich mit Laiendarstellern besetzt, wurde er in unmittelbarer Nähe von jenem kalabrischen Dorf gedreht, aus dem seine väterliche Familie stammt und wo sie zum Teil immer noch lebt. „Im Film hatte seine halbe Verwandtschaft mitgespielt."[162] So erfahren wir, welchen Lebensweg einige der Darsteller genommen haben und wie das Mitspielen in diesem Film ihr Leben verändert hat oder auch nicht.
Im zweiten Teil des Buches schildert Stadler Szene für Szene den dreiunddreißigteiligen Filmablauf, kommentiert und betrachtet aus Salvatores heutiger Perspektive. Nach einer Schilderung der Jüngerberufung und Jüngerbelehrung folgt als neunter Abschnitt jene Passage, die unten wiedergegeben ist. Im Schlussteil des insgesamt nur lose

strukturierten Buches finden sich essayistische Kommentare zum Film, zum ersten Buchteil, über Pasolini, zu Caravaggios Gemälde „Die Berufung des Matthäus" oder zu weiteren assoziativ eingespielten Gedanken zum Themenkomplex. Wie folgt wird also – unter Bezugnahme auf „Bernadette", Salvatores Frau – die auf der biblischen Vorlage beruhende filmische Szene in Sprache zurückübersetzt[163]:

Noch ein Wunder: Fünf Brote und zwei Fische

Als Jesus hörte, dass man Johannes ins Gefängnis geworfen hatte, zog er sich nach Galiläa zurück.
„Er verließ Nazareth, um in Kafarnaum zu wohnen, das am See liegt, im Land Sebulon und Naftali."
Die Gegend war sehr abgelegen, die Sonne schon untergegangen, und da waren Leute, die zu Jesus gekommen waren, zu Fuß, aus den Städten. Da sagte einer der Jünger: „Schick sie doch weg! Sie sollen sich etwas zu essen kaufen in den Dörfern." Aber Jesus hatte Mitleid mit ihnen, überall, wo er hinkam, und immer, und er heilte sie überall. Seine Jünger aber waren allzeit vernünftige Menschen. Sie argumentierten also, waren wie die vernünftigen Menschen, nicht wie Jesus oder der Dalai Lama. Er hatte Mitleid. Sagte: „Sie müssen nicht weggehen. Gebt ihr ihnen etwas."
„Wir haben aber nur fünf Brote und zwei Fische!"
Auch Salvatore sah nun den dürftigen Korb – selbst Bernadette hätte an dieser Stelle kapituliert, sie konnte ja wunderbar drapieren und aus nichts etwas zaubern, aber da war nichts zu strecken. Nun schloss Jesus die Augen, wie Professor Keilbach, wenn er zu reden anhob und gleich etwas ganz Wichtiges sagte. Aber Jesus sagte nichts. Salvatore sah nur, wie jetzt die Jünger (einige waren richtige Magermilchkrüppel) in Körben und Wannen das Essen herbeischafften; gerade noch hatte man fünf Brote und zwei winzige Fische sehen können, die ein guter Fischer zurückgeworfen hätte in den See, das war alles.
Das war ein Wunder. Und wenn es kein Wunder war, so sah es doch danach aus, und das war sehr schön anzusehen, wie sie nun ganz andächtig waren bei ihrem Abendmahl, nur den Wind konnte man hören und die Geräusche der Essenden. Und keiner ging hungernd nach Hause.

Er selbst wollte nun beten, allein sein, schickte die Leute auf den Nachhauseweg. Dort sangen sie. Dachte Salvatore, „Bleib bei uns", sangen sie. Eine Motette von Rheinberger, vierstimmig. Und die Jünger sollten mit dem Boot ans andere Ufer vorausfahren, und dann würde er

nachkommen. Kaum unterwegs, gerieten sie schon in einen Sturm, der warf das Schiff hin und her, nicht viel mehr als in einer Nussschale saßen sie und hatten bald Todesangst, sie schrien laut nach Hilfe. Da kam Jesus auf sie zu, mitten im See, ging auf dem Wasser.
Judas, der mit dem Menschenverstand, sah aber nicht, was Salvatore, wenn auch nur einmal und auch nur eine sogenannte tausendstel Sekunde gesehen hatte: dass Jesus auf einem Floß ging, der Regisseur hatte es nicht besser hingebracht. Das war eben nicht Hollywood, nicht Mel Gibson. Und auch der Kameramann und der Cutter hatten diese tausendstel Sekunde übersehen, schon gut, macht nichts – das änderte gar nichts an Salvatores Glauben und seinem Verlangen, „Ja" zu sagen zu diesem Jesus, der mittlerweile auch ihn längst überwältigt hatte und ihm mehrfach in die Augen geschaut.
Judas, der mit dem Menschenverstand, schaute einmal hin, und dann noch einmal, und sagte sich: „Das ist ein Gespenst!" Und hatte wohl eine Angst, wie der Mensch vor zweitausend Jahren und die anderen schrien vor Angst. So kam eine Angst zur anderen.
Da erkannten sie ihn, der „Habt Mut" sagte.
„Ich bin es!"
„Fürchtet euch nicht!"
Und nun, mit dem Übermut des Feiglings, kam Petrus auf die Idee, ihm auf dem Wasser entgegenzugehen, so etwas! „Wenn du es bist, dann befiehl mir, zu dir zu kommen!"
Und Jesus sagte: „Komm!"
Er geht auf ihn zu – und versinkt schon nach ein paar Schritten. Immerhin. Er ging tatsächlich über Bord, war bekanntlich nicht sehr sportlich und schaffte es kaum. Doch bald musste er aufgeben, schon dabei, zu ertrinken, denn schwimmen konnte er auch nicht. Es blieb ihm nichts anderes übrig, als „Herr! Rette mich!" zu schreien, wie ein Ertrinkender aus Wasser heraus schreit. Denn er wollte leben und hatte mit dem Leben längst nicht abgeschlossen und hatte zu Hause auch eine Frau, die er so, wie es aussah, liebte, und eine Schwiegermutter, die auch ihr Futter haben wollte, wie Salvatore aus der Bibel wusste. Und er hört, und die anderen, die alles gesehen haben, hören es auch, wie Jesus ihn mit den Worten „Du Kleingläubiger! Warum hast du gezweifelt?" sofort herauszieht, als wäre es nichts. Ein toller Fischer! Die anderen aber, die im Boot geblieben waren, warfen sich vor Jesus nieder und sagten:
„Wahrlich, du bist Gottes Sohn."

(Arnold Stadler, aus: Salvatore. © S. Fischer Verlag GmbH, Frankfurt am Main 2008.)

Die dieser Szene zugrunde liegende Trias von Bibeltext, Bibelverfilmung und erzählerischer Filmwiedergabe deutet die didaktischen und methodischen Schritte fast von selbst an. Ab Klasse 9 ist es möglich, genau diesen Dreischritt mit den SchülerInnen nachzugehen mit dem Ziel einer *multimedialen Annäherung an Jesus*. An den Anfang setze ich den Impuls: „Stellen Sie sich vor, Sie würden einen Jesusfilm drehen. Wie würden Sie die Wunder inszenieren? Tauschen Sie sich miteinander aus und entwerfen Sie eine Szene Ihres Films!" Nach der Präsentation und kritischen Diskussion der Wunderszenen wird die cineastische Umsetzung von Pasolini gezeigt, ggfs. vorbereitet durch ein SchülerInnenreferat über den Regisseur. Kopien des Films auf DVD sind leicht und preisgünstig beschaffbar. Der Film selbst überrascht mit seiner kargen ästhetischen Zurückhaltung: Schwarz-weiß-Bilder; Schnitt/Gegenschnitt; gerade nicht „sonderlich spektakulär ausgestaltet oder zu einer großen Szene erweitert", vielmehr ereignen sich die Wunder „fast wie nebenbei"[164] (*Reinhold Zwick*). Wie wirkt diese Darstellung auf die SchülerInnen? Wie bewerten sie diese Umsetzung vor dem Panorama der eigenen Ideen? Nächster Schritt: „Was davon steht denn wirklich in der Bibel?" Vom Film geht der Schritt zurück in das Matthäusevangelium (Mt 14,13–33): Was fällt beim Vergleich von Quelle und Bearbeitung auf? Welche andere filmische Umsetzung wäre möglich? Hier kann man ggfs. dieselbe Szene aus einem anderen Jesusfilm[165] als Vergleich hinzuziehen. Letzter Schritt: Der Film wird wieder Text: Was fällt auf an Stadlers sprachlicher Deutung? Wo verwendet er Psychologisierung und Dramatisierung? Welche Funktion haben die – farblich markierbaren – Gedankensprünge in die Welt unserer Gegenwart? Überzeugen seine Versuche der sprachlichen Rückübersetzung? Ist der Zielsatz der Szene – „Wahrlich, du bist Gottes Sohn!"; gleichlautend in Bibel, Film und Roman – für heutige Menschen nachvollziehbar und überzeugend? Für Freiwillige könnte eine Hausarbeit die Bearbeitung abrunden. Sie besteht aus dem eigenen Entwurf einer Szene: Einer der Laienschauspieler dieser Szene aus Pasolinis Set kommt nach erledigter Arbeit abends nach Hause und berichtet seiner nachfragenden Familie von seinem Tag.

5. Durs Grünbein: Paulus neu betrachtet

Jutta Richter, Christian Lehnert und Arnold Stadler sind im Christentum aufgewachsen und – in unterschiedlicher Nähe oder Distanz – beheimatet. So gesehen ist ihre Auseinandersetzung mit biblischen Texten und Themen keine große Überraschung. Anders beim letzten Autor dieser Abteilung, der wie Ingo Schulze auf eine weitgehend religionsferne Sozialisation in der DDR zurückblickt. Und genauso wie bei Schulze war auch bei ihm die Publikation eines von der Bibel inspirierten Textes eine Überraschung. Die Rede ist vom Georg-Büchner-Preisträger des Jahres 1995 *Durs Grünbein* (*1962), dem wohl wirkmächtigsten deutschsprachigen Lyriker seiner Generation. Er verbindet seine Schilderungen vom konturlosen und anonymen Großstadtleben heute mit Reflexionen über die Auflösung des Subjekts. Sein großes, in zahllosen Essays dokumentiertes Interesse gilt grundsätzlich der Literatur, aber auch der zeitgenössischen Philosophie sowie der Kultur der griechischen und lateinischen Antike.
Religion hat in der zivilisationsskeptischen und „radikal transzendenzlosen Weltanschauung“[166] des gebürtigen Dresdeners, der seit 1985 in Berlin lebt, keinen ernst zu nehmenden Platz. Da er Religion jedoch auch nicht als bedrohlichen Machtfaktor wahrzunehmen vermag, zeugt Grünbeins Blick auf das Christentum „von einer unbefangenen Haltung“ und zudem von einer durchaus „gründlichen Initiation in die biblische Sprache“[167], so *Hermann Weber.* Immerhin, so Grünbein selbst, führe die biblische Sprache ja „an den Ursprung der Wörter“[168] überhaupt zurück, so dass er seinem Kind allabendlich aus einer Kinderbibel vorliest.
Wenn sich ein Autor wie Grünbein einem biblischen Stoff zuwendet, legt sich deshalb die Vermutung nahe, dass diese Wahl primär auf sein sprachliches, historisches und psychologisches Interesse zurückgeht. Das folgende Gedicht über Paulus – von Grünbein schon zuvor als „der umtriebigste aller Apostel“[169] bezeichnet – ist noch nicht in einem Gedichtband des Dichters erschienen. Es wurde am 10./11. Januar 2009 in der *Süddeutschen Zeitung* als Beitrag zum von der Katholischen Kirche ausgerufenen „Paulusjahr“ abgedruckt[170] und trägt dort die Widmung „Für Aleida und Jan Assmann“.

Paulus wechselt die Schiffe

Das letzte, was er von Lykien, dem Sonnenland, sah
War hinterm Hafen von Myra die große Werft,
Dutzende Schiffe in ungehobeltem Zustand,
Und das erstaunlich große Getreidelager.

In der Luft lag der duftende Weizenstaub.
Männer standen knietief in den Körnerhaufen
Und fluchten den Göttern, während sie schaufelten,
Schnaufend schaufelten, in den Pausen wild raufend,
Daß es nur so stiebte bis übers Dach des Granariums.

Er dachte an Artemis, die obszöne, vor der Brust
Dies Gebinde aus den Hoden der Opferstiere,
Die sie in Ephesus anbeten mussten im Tempel,
Und er schämte sich des Gedankens wie auch
Des kindischen Sinns dieser Leute und schüttelte sich.

Es ging ihnen gut hier, vielleicht allzu gut,
Den Menschen in den Küstenstädten Kleinasiens.
Das scherzte, flachste noch bei der härtesten Arbeit.

Was aber wußten sie von ihm, der da kommen wird?
Von ihm, der schon da war und keiner trat vor,
Der ihm beistand? – Nur Jünger, Verleugner.
Wußten sie, wie das ist, auf eigenen Füßen zu stehn?

Leicht war die Luft hier und das Leichte gefiel ihm
Wie alles, was unter der Sonne gedeiht, Halm und Vieh,
Selig sind die Sanftmütigen, hörte er sich oft sagen.
Doch er selbst war noch längst nicht so weit.

Der geborene Streiter: er konnte nicht Ruhe geben,
Eh nicht der Tag unterbrochen war und der Kreislauf
Blinden Zeugens und Sterbens, tierhafter Fruchtbarkeit.
Darum ging er in Fesseln, ein Missionar, eskortiert
Von Miliz, die ihn nach Rom überführte zum Kaiser.

Nero hieß dieser, Nero. Er hatte von ihm gehört.
Man war freundlich zu ihm. Die römische Höflichkeit,
Er bekam sie zu spüren bei jedem Landgang seit Sidon.

Wenn er die Augen schloß, war da ein Glühen, gelbrot
Hinter den Lidern, ein Sonnenton, Honigton.
Er sah lodernde Kuppeln, sah Lawinen von Gold.

Dann bestieg er den Segler aus Alexandria, nickte
Dem Hauptmann der Kohorte zu und legte sich schlafen.

(Durs Grünbein, Paulus wechselt die Schiffe © Rechte beim Autor.)

Grünbein fokussiert seinen Blick auf den Apostel auf jenen zentralen Moment im Leben des Paulus, der in Apg 27,5f. festgehalten wird. Paulus, von jüdischen Gegenspielern der politischen Aufruhr angeklagt, befindet sich als Gefangener auf dem Weg nach Rom, erwartet dort als römischer Staatsbürger seinen Prozess vor dem Kaiser. Mit einem „Hauptmann der kaiserlichen Kohorte namens Julius“ (Apg 27,1) war er mit einem Handelsschiff bis nach Lykien in die Hafenstadt Myra gelangt. Hier wechselte der Trupp das Schiff, nachdem es gelungen war, eine Passage auf einem alexandrinischen Frachter mit Kurs nach Italien aufzutreiben. Die Fahrt wird Paulus nach schweren Stürmen, Umwegen, langen Unterbrechungen und Schiffbruch am Ende tatsächlich dorthin bringen. *Franz Werfels* schon 1927 veröffentlichtes Gedicht „Der Tod des Paulus“[171] liest sich fast wie eine Fortsetzung zu diesem Text, wird man hier doch in die Gedanken und Wahrnehmungen von Paulus im römischen Kerker kurz vor seiner Hinrichtung versetzt. Zwei bemerkenswert miteinander korrelierende Texte!

In neun Strophen von je drei bis fünf reimlosen Zeilen versetzt Grünbein uns Lesende in die Psyche von Paulus hinein. Wir werden zu Zeugen seiner Wahrnehmungen und Gedanken. Die ersten Versgruppen beschreiben den letzten Blick auf Myra von der Mole aus: Hafenbetrieb, Hafenarbeiter bei der Umladung von Korn. Dann der Gedankensprung, der für Paulus nahe lag: Männer, die ob der schweren Arbeit ihre vermeintlichen Götter verfluchen, abscheulich wie der Artemiskult in der nahen Stadt Ephesus, die Paulus von seinem dortigen Gefängnisaufenthalt nur zu gut kannte. Ein reiches Leben fand er in diesen Küstenstädten, *zu* reich, *zu* gut. Anders als in kargen, ärmeren Landstrichen fand hier seine Botschaft nur geringe Resonanz. In der fünften und damit mittleren Versgruppe wird die religiöse Situation deutlich: Nichts wissen und wollen sie von Jesus Christus, der selbst unbenannt bleibt, aber als „der da kommen wird“ deutlich gekennzeichnet wird. Und nichts wollen und wissen sie von ihm, Paulus, der selbst von den Wegbegleitern Jesu, den „Jüngern“, im Stich gelassen, angefeindet und verraten wurde. „Auf eigenen Füßen zu stehn“ – das ist das Schicksal des Paulus, in seiner Größe und seinem Elend.
Die von ihm gepredigte Botschaft der Leichtigkeit und Sanftmut – hier wie bei Lehnert eine kreative Einspeisung der Seligpreisungen! – kann er selbst, der streitbare und ruhelose Missionar, doch nicht umsetzen. Deshalb diese Reise, die ihn in den Tod führen wird: eine

Perspektive, um die kundige Lesende wissen, die im Gedicht selbst aber ausgespart bleibt. So wirken die Rede von der „römischen Höflichkeit" und die Nennung Neros wie Hohn. Die Schlussstrophe wagt eine nur angedeutete Zukunftsvision: Paulus schließt die Augen, geblendet von der gleißenden Mittelmeersonne. Der Farbglanz blitzt durch die Lider – gelb, gelbrot, gold. Zwei prophetische Assoziationen werden eingespielt: die „lodernden Kuppeln" und „Lawinen von Gold". Stehen die Kuppeln für flammenübersäte, brennende Prachtbauten und damit für die Gewaltgeschichte, die das Christentum fortan Jahrhundert um Jahrhundert begleiten wird? Stehen die Goldlawinen für den unermesslichen Reichtum, die Verschwisterung von Religion und Geld, die als zweite Begleiterscheinung die Kirchengeschichte prägt? Nur blitzartig tauchen diese beiden Bilder auf, ohne aufgelöst zu werden. Paulus können sie nicht beunruhigen. Das Gedicht schließt mit dem Sich-Umdrehen des Apostels, dem Betreten des Schiffes, der Bereiterklärung zum Aufbruch in Richtung des römischen Hauptmannes und dem ungestörten Schlaf.

Im Religionsunterricht eignet sich das Gedicht – ab Klasse 8 – als Abschluss einer Unterrichtseinheit über Paulus und die Ausbreitung des Christentums im ersten Jahrhundert. Der Versuch einer Psychologisierung kann das Gesamtbild des Paulus noch einmal neu herausfordern: Wie sehen die SchülerInnen Paulus? Was von ihm bleibt ihnen letztlich im Gedächtnis, mit welcher wertenden Färbung? Ein Eiferer oder ein Auserwählter, ein Egozentriker oder ein Liebender, ein blindwütiger Fanatiker oder ein rigide wertender Realist, ein Wahnsinniger oder ein Weiser? Das Gedicht versucht eine Annäherung von innen, darin liegen seine besondere Herausforderung und sein Reiz. Die SchülerInnen sollten vor der Auseinandersetzung mit diesem Gedicht wenigstens oberflächlich mit den Grunddaten des Lebens und mit Kartenmaterial über die Reisen des Paulus vertraut sein. Die Lerngruppe erhält den Text als Puzzle (pro Strophe ein Puzzlestück), das jeweils in Partnerarbeit zum Gesamttext zusammengefügt wird. So nähern sie sich dem Gedichttext von seiner inneren Logik her. Die einzelnen Strophen weisen genügend Schlüssel auf, um die Reihenfolge bestimmen zu können. Nach einer Deutung des Textes können die SchülerInnen eine letzte Textstrophe hinzufügen, die mit den Worten „Im Traum..." beginnt und sich im Stil an der Vorlage Grünbeins orientieren sollte. So können sie am Ende der Unterrichtseinheit ihr eigenes Bild von Paulus sprachlich fixieren.

II. Christlicher Glaube und christliche Weltdeutung

Das zweite zentrale Lernfeld des Religionsunterrichts zielt auf eine Ermutigung der SchülerInnen, die Grundfragen des Lebens zu stellen: *Woher* kommen wir, komme ich? *Wohin* geht die Schöpfung als Ganze, was passiert mit mir lieben Menschen, mit mir selbst nach dem Tod? *Warum* gibt es dieses Unmaß von Leid, absurde Krankheiten, sinnlose Katastrophen; warum ist das Leben, sind Beziehungen, bin ich so kompliziert? Und *wie* soll man, wie soll unsere Gesellschaft, wie die kleinen Gemeinschaften des Lebens, wie ich selbst Leben gestalten? Im Blick auf diese existentiellen Fragestellungen sollen die SchülerInnen nicht nur allgemein religiöse Dimensionen wahrnehmen und gestalten können, sondern die grundsätzlichen Aussagen und Antwortversuche der christlichen Botschaft kennen lernen, sich mit ihnen auseinandersetzen und sie hinsichtlich einer möglichen Bedeutung für ihr eigenes Leben überprüfen.

Die oben benannten Fragen werden als gestaltete Erfahrung oder Bezeugung und ästhetisch geformte Deutung in der Literatur aufgenommen. Nur ein Teil der SchriftstellerInnen integriert dabei eine allgemein religiöse, geschweige denn die explizit christliche Dimension. In den 70er und 80er Jahren des 20. Jahrhunderts wurden literarische Texte im Religionsunterricht deshalb vor allem dazu eingesetzt, diese Fragen in aller Schärfe, in aller Drastik, in aller Klarheit überhaupt erst einmal zu benennen. Auf diese Anfragen hatte der Religionsunterricht dann unter Zuhilfenahme ‚eigener' Texttraditionen – aus der Bibel, den Katechismen, zeitgenössischen theologischen Entwürfen – konfrontativ zu antworten. Tatsächlich spricht manches dafür, diese Fragen nicht selbst zu benennen, sondern aus der Literatur herauszufiltern: Die Anfragen von *Büchner* oder *Dostojewski,* die Herausforderungen von *Camus* oder *Sartre,* die Konfrontationen mit *Brecht, Borchert* oder anderen stellen die Fragen in aller Deutlichkeit vor Augen. Und gewiss ist es nach wie vor sinnvoll und möglich, die entsprechenden oft schon ‚klassischen' Texte genauso einzusetzen.

Im Blick auf die literarischen Texte der Gegenwart legt sich jedoch ein anderes Verfahren nahe. Die Provokation und Absetzung von religiöser Tradition hat sich als überholt erwiesen – was das Motiv der auch radikalen Religions- und Gotteskritik nicht ausschließt, sondern als Facette in ein vielgestaltiges Gesamtbild integriert. Viele deutschsprachige SchriftstellerInnen der Gegenwart erweisen sich als offen für religiöse Deutungen, ringen selbst um die Möglichkeiten und Grenzen einer auch religiös gedeuteten Wirklichkeit. „Ich gönne mir das Wort Gott", schreibt stellvertretend für viele andere der Erzähler *Andreas Maier*, und führt aus: „Irgendwann habe ich damit angefangen, mir die Verwendung des Wortes Gott zu gönnen. Wenn man sich dieses Wort verbietet, hat man extreme Schwierigkeiten, bestimmte Dinge zu sagen."[172] Für die meisten von ihnen ist der christliche Glaube der Bezugsrahmen, den sie freilich unter der Vorgabe eigener Erfahrungen und eigener Überzeugung frei und subjektiv ausgestalten. Fünf Beispiele für diese Tradition sollen im Folgenden vorgestellt werden. Sie konzentrieren sich auf die Fragen, was eigentlich Glauben im Gegensatz zu Wissen und Wünschen auszeichnet, auf die Frage nach Jesus Christus, sowie auf die Grundfrage nach Gott. Gerade hier schmerzt der pragmatische Zwang zur Exemplarität. Für weiter Suchende: Für den Einsatz literarischer Texte über Jesus[173] und zur Gottesfrage[174] stehen gut aufbereitete und umfassend kommentierte Anthologien zur Verfügung.

1. *Ludwig Steinherr:* Glauben

An Versuchen, Wesen und Funktion von ‚Religion' sowie Eigenart und Grenzen von ‚Glauben' zu bestimmen, mangelt es in Philosophie, Religionswissenschaft und Theologie nicht. Meistens zeichnen sie sich dadurch aus, analytisch, definitorisch, funktional oder empirisch die Begriffe und ihr Bedeutungsfeld zu bestimmen. Die literarischen Annäherungen erfolgen grundlegend anders. Sie versuchen eher in Andeutung, über Einfühlung und ‚von innen' das Rätsel von Glauben verstehbar zu machen. Das wird in einem kleinen neueren lyrischen Text idealtypisch deutlich.

Ludwig Steinherr (*1962) lebt als promovierter Philosoph und freier Schriftsteller in München. Seit 1985 veröffentlichte er elf Gedichtbände, die zwar ihre LeserInnen und Aufmerksamkeit finden, aber – wie Gegenwartslyrik überhaupt – nie in das Licht der großen Öffentlichkeit treten. In seinen unprätentiösen, keiner literarischen Mode verpflichteten Versen spiegeln sich alltägliche Gegenwartserfahrungen mit philosophischen Reflexionen und Wirklichkeitsdeutungen. Ohne dass Religion dabei ein dominierendes Themenfeld würde, gehört diese Erfahrungs- und Deutungsebene zum lyrischen Kosmos Steinherrs selbstverständlich hinzu, ja: wird von Band zu Band immer wichtiger.

Diese direkt religiös motivierten Gedichte sind dabei ausgespannt zwischen dem zweifelnden Ringen um Gott, der Fraglichkeit einer religiösen Weltsicht und der zuversichtlichen Hoffnung auf Gottes Existenz. „Über der Landschaft / einsam / ausgesetzt / das göttliche Auge – / Eine Drohung?“[175] kann es in einem Gedicht Steinherrs aus der 2007 erschienenen Gedichtsammlung „Von Stirn zu Gestirn“ heißen. Ein anderes Gedicht aus diesem Band spielt hingegen den Gedanken ein, „Gott“ lege dem Gedichtsprecher „im Vorübergehn / die Hand auf den Scheitel / und sagt: / Nun bist du / wie ich dich wollte“[176]. „Glauben“[177] lautet die Überschrift eines wunderbaren kleinen Textes aus dem 2005 erschienenen Band „Die Hand im Feuer“.

Glauben

Die Hand
ins Feuer legen –

Die Hand
die im Feuer liegt
so
oder so

(Aus: Ludwig Steinherr, Die Hand im Feuer. Gedichte © beim Autor 2005)

Das Gedicht verkörpert nichts weniger als eine auf das Wesentliche reduzierte verdichtete lyrische Reflexion über das Wesen von Glauben. Aufgegriffen wird das Sprichwort „die Hand für jemanden ins Feuer legen“. Diese Redewendung geht auf den grausamen mittelalterlichen Brauch zurück, dass man Angeklagten – verstanden als eine Art ‚Gottesurteil‘ – tatsächlich die Hände in ein Feuer legte und je nach Schwere der Verbrennung auf die Schwere der jeweiligen Schuld zurückschloss und dann entsprechend die Strafe bestimmte. Unschuldige, so dachte man, würde Gott vor Verbrennung verschonen… Heute fungiert die Redewendung als bildlicher Ausdruck dafür, sich einer Sache völlig sicher zu sein, ohne sie beweisen zu können. Sie steht dafür, sich für jemanden ohne Einschränkung zu verbürgen, jemandem unbedingt und vorbehaltlos zu vertrauen, so sehr, dass man die Möglichkeit, getäuscht zu werden, von Vornherein ausschließt. Denn der vermeintliche Einsatz, das (Ver-)Brennen der eigenen Hand, ist so hoch, so absurd, dass er gar nicht realistisch angedacht wird.

Dieses im normalen Sprachgebrauch auf Personen bezogene Sprichwort wird in der ersten Versgruppe auf die abstrakte Dimension des Glaubens übertragen. Damit können grundsätzlich alle menschlichen Glaubensakte gemeint sein. Vor allem geht es jedoch um religiösen Glauben. So also ist der religiöse Glaube: ein Akt des unbedingten und vorbehaltlosen Vertrauens, ein Handeln aus subjektiver Gewissheit, die sich doch nicht objektiv beweisen lässt. Und die gerade so das öffentliche Zeugnis, das Bekenntnis braucht – denn nur in Augenblicken der Not bekennt man öffentlich, für jemanden (oder etwas) „die Hand ins Feuer" zu legen. Aber, so zeigt die entscheidende zweite Versgruppe: Es handelt sich um ein Vertrauen, das eigentlich nur die Bestätigung für einen Zustand ist, der vorgängig bereits immer schon gegeben ist. In theologischer Perspektive versprachlicht: Die *Einsicht* in die Kontingenz des menschlichen Daseins (zweite Versgruppe) wird erst im bewusst vollzogenen *Akt* des Glaubens zum wirklichen Vertrauen (erste Versgruppe), der freilich immer ein Mut verlangendes Risiko bleibt. Der Mensch ist immer schon in die Gottesbeziehung eingestiftet, die er nur bewusst annehmen und gestalten kann („so") – oder aber ignorieren und ablehnen („oder so") kann. An dem Grundzustand, der vorgängigen Einbindung in Religion, an der re-ligio in Gott ändert das nichts. Glauben ist so die bewusste Annahme und das öffentliche Bezeugen dessen, was das Wesen des Menschen ausmacht.

Ich versuche eine Weiterdeutung des Textes, die ihn in eine spezifisch christliche Deutung aufnimmt, vom Text nahe gelegt, ohne dass sie die einzige mögliche Perspektive darstellt. Das Gedicht deutet ja an, dass Glaube nichts Harmlos-Besänftigendes ist. Feuer ist nicht nur ein zentrales und altes Ursymbol für das Göttliche (etwa in der Jahweoffenbarung an Mose im Dornbusch, Ex 3), biblisch vor allem für den Geist Gottes (etwa im Pfingstereignis, Apg 2), sondern zugleich als eines der vier Urelemente gegensätzlich konnotiertes Sinnbild für Zerstörung *und* Leben, für Verbrennen *und* notwendige Wärme, für

Bewegung *und* Licht. Im Zeichen dieses Elementes steht unser Dasein, das zerstörerisch sein kann *und* lebensspendend, wärmegebend *und* erhellend. Aus christlicher Sicht steht Leben so im Zeichen des Geistes Gottes, dessen Gaben und Möglichkeiten wir erkennen, vertrauend annehmen und kreativ gestalten sollen und können.
Wie lässt sich das Gedicht im Religionsunterricht ab der neunten Klassenstufe einsetzen? Zwei thematische Kontexte legen sich nahe: einmal der Blick auf das Wesen des Menschen, zum anderen der Blick auf den Begriff ‚Religion'. Bevor den SchülerInnen das Gedicht präsentiert wird, sollte man sie mit dem Sprichwort „die Hand für jemanden ins Feuer legen" konfrontieren. In einem Schreibgespräch können sie sich in Gruppen oder zu zweit Notizen machen, was sie damit verbinden. Mögliche Leitfragen: Wie kann man das Sprichwort in anderen Worten erklären? Habt ihr schon einmal für jemanden „die Hand ins Feuer gelegt"? Welche anderen Gedanken fallen euch dazu ein? Die SchülerInnen dürfen dabei auch graphisch und zeichnerisch arbeiten. Erst nach einer Bündelung der Ergebnisse wird dann das Gedicht präsentiert als Beispiel dafür, wie ein Dichter unserer Zeit das zuvor genau beleuchtete Sprichwort aufgreift und gestaltet. Im Interpretationsgespräch können zunächst Parallelen zu den eigenen Assoziationen herausgearbeitet, dann Unterschiede und Unverständliches benannt werden. Deutungsimpulse des Lehrenden können zu einer kritischen Rückfrage überleiten: Überzeugt diese literarische Annäherung an das Wesen von Glauben? Als Rundung bietet sich ein Impuls zum kreativen Schreiben an: Die SchülerInnen sollen ihrerseits einen knappen, an den Formvorgaben von Steinherr orientierten Kurztext darüber schreiben, wie sie selbst „Glauben" verstehen. Von diesen persönlichen Annäherungen an das Wesen von Glauben ist es nur ein kurzer Sprung bis hin zur Frage, was denn diesen Glauben inhaltlich auszeichnet.

2. *Hanns-Josef Ortheil:* Persönliches Credo

„Langsam wird er wieder katholisch."[178] Eine überraschende Passage konnte man 1996 in den tagebuchartigen Aufzeichnungen „Blauer Weg" lesen. Da bekannte sich ein damals 45jähriger Schriftsteller offen dazu, sich seiner Kindheitsreligion wieder anzunähern. *Hanns-Josef Ortheil* – 1951 in Köln geboren, aufgewachsen in Mainz und

Wuppertal, promovierter Germanist und gleichzeitig hochrangiger Konzertpianist – lebt seit vielen Jahren als freier Schriftsteller in Stuttgart. Seit 2003 hat er zudem die in ihrer Art deutschlandweit erste Professur für Kreatives Schreiben und Kulturjournalismus an der Universität Hildesheim inne.

Ortheil ist vor allem als äußerst produktiver Romancier hervorgetreten. Sein umfangreiches Werk widmet sich zum einen der Annäherung an große Künstler in historischen Romanen. Neben diese Tradition traten schon früh Versuche der Aufarbeitung der eigenen Lebensgeschichte, die zum Spiegelbild der gesellschaftlich-politischen Entwicklung der Bundesrepublik Deutschland wird: „Hecke“ (1979), „Schwerenöter“ (1987), „Abschied von den Kriegsteilnehmern“ (1992), „Die Erfindung des Lebens“ (2009). Sehr erfolgreich wurden seine jüngst veröffentlichten Unterhaltungsromane, „Die große Liebe“ (2003), „Die geheimen Stunden der Nacht“ (2005) und „Das Verlangen nach Liebe“ (2007). Trotz vieler Auszeichnungen und Preise bleiben die Reaktionen auf sein Werk gespalten. Ortheil widersetzt sich den Moden und Vorschriften des Literaturbetriebs, provoziert in der genau kalkulierten Durchbrechung ungeschriebener Regeln.

Zwei solche Regeln: Kinder und Religion sind literarisch tabu. In „Lo und Lu“ – dem 2001 veröffentlichten, laut Untertitel „Roman eines Vaters“ – durchbricht er beide. Er gestaltet hier das Aufwachsen zweier Kinder im Kontext der deutschen Gegenwartsgesellschaft zum literarischen Thema. „Lo und Lu“ schildert in liebevoll erzählten und doch selbstironisierenden Einblicken Ortheils Leben mit den Kindern Lotte und Lukas. Im Rahmen dieser nicht einfach autobiographisch misszuverstehenden, sondern literarisch-fiktional ausgestalteten Erzählungen und Reflexionen wird sie nun neu aktuell, die Frage nach Religion. Im Zentrum des Buches findet sich das Kapitel „Der Glaube an Gott“[179], ausgerichtet an der Frage: Soll er, der Erzähler, seinen nun schon einige Jahre alten Sohn Lu taufen lassen?

Geschickt positioniert Ortheil die Szenerie: Er sitzt in einer Kneipe im Schatten des Kölner Domes, lässt ein Kölsch nach dem anderen auftragen, unterbricht sich, springt von Erinnerung zu Beobachtungen der Gegenwart, bietet also schon formal bewusst nicht authentische Schilderung, sondern ästhetische Stilisierung. Taufe – ja oder nein? Erste Erkenntnis: „Die Frage nach dem Glauben an Gott ist zunächst nämlich etwas sehr Einfaches, weil Lo und Lu sie längst beantwortet haben. Sie können sich die Erde und den Himmel ohne ein großes, übergeordnetes Wesen, das all das erschaffen hat, gar nicht vorstellen. So wie sie noch an viele Zauber auf dieser Erde glauben, so glauben sie auch noch ganz selbstverständlich an Gott, von dem sie annehmen, dass er weit oben, in den fernsten Himmeln, lebt und auf seine Schöpfung herabblickt. ‚Gott' ist also so etwas wie ihre Zauberer-Idee für den Anfang und für das Ende, er ist der Name dessen, der immer schon vor ihnen da war und der da sein wird, wenn von uns Lebenden niemand mehr die Erde bewohnt. Dieser Zauberer-Glaube ist, wie gesagt, noch sehr einfach, er hat auch noch nichts mit der Kirche, ihren theologischen Gesetzen und Regeln, zu tun, sondern ist wie ein Instinkt, der Lo und Lu dazu treibt, sich etwas Großes und Wunderbares vorzustellen, das außerhalb unserer Erde existiert, aber dennoch mit ihr verbunden ist."

Es bleibt jedoch nicht bei der hier in Ausschnitten zitierten Wiedergabe der Grundzüge dieses Kinderglaubens. Ortheil wagt den Sprung von gedeuteter Beobachtung zu stilisierter und aus heutiger Sicht reflektierter Erinnerung an die eigenen religiösen Prägungen. Dieser Text sollte im Religionsunterricht zentral behandelt werden:

> Auch ich habe doch ganz selbstverständlich damals an Gott geglaubt, der Glaube an Gott hatte sogar etwas sehr Beruhigendes, ich erinnere mich noch daran, wie einfach und beruhigend es zum Beispiel war, Gott von sich zu erzählen, davon, was einen bedrückte, wovor man Angst hatte und wie man sich die Lösung eines Problems mit Gottes Hilfe vorstellte. Solche Erzählungen und Dialoge waren die Grundlagen meiner kindlichen Gebete und sie richteten sich immer wieder und einzig nur an den einen und großen Gott, kaum aber an Jesus Christus, seinen eingeborenen Sohn, unseren Herrn ...
> Mein kindlicher Glaube war, wenn ich es richtig betrachte, ein Glaube an Gott, den einen und unteilbaren, es war eine strenge und einfache Form des Monotheismus, in der es für Jesus Christus, den Sohn, zunächst keinen Platz gab. Das ‚Vater unser im Himmel' war das erste längere Gebet, das ich lernte, und es entsprach bis in seine letzte Wendung hinein genau dem, was ich glaubte und mir selbst ausgedacht hätte, wenn ich so begabt gewesen wäre, mir so etwas auszudenken. Im ‚Vater unser' aber kam Jesus Christus nicht vor, er hatte mit diesem Gebet seine Jünger zwar beten gelehrt, sich dadurch aber selbst wie ein menschlicher Beter verhalten, der zu dem einen Gott betete, dessen Reich kommen möge, im Himmel wie auf Erden. (...)
> Fast war mir als Kind, denke ich weiter und zögere etwas, ob ich so etwas Ketzerisches wohl denken darf, fast war mir die Jungfrau

Maria sogar näher als der eingeborene Sohn, denn neben Gott Vater musste es im Himmel ja unbedingt auch eine Frau geben, eine sehr schöne und gütige, eine Art Ingrid Bergman würde ich heute sagen, die neben dem Vater auf dem Thron sitzt oder auf ihrem eigenen Thron, wie war das noch, jetzt wird es unklar, denn genau jetzt verlasse ich das gesicherte kindliche Glaubensterrain, womit prompt die theologischen Haarspaltereien beginnen.
Ich vernachlässige also die Frage, auf welchem Thron Maria sitzen darf oder soll, und nehme sie einfach thronlos hinein in den kindlichen Glauben, sie gehört zu Gott Vater, was schon dadurch zu beweisen ist, dass zahllose der kindlichen Gebete dann auch Maria galten, Maria, der Himmelskönigin, im Monat Mai war die hohe Zeit dieser Gebete und Lieder, ich habe daran die schönsten Erinnerungen, und diese Erinnerungen haben mit der großen Freude zu tun, die ich nach dem Verlassen der Kirche im Mai empfand, eine ungeheure Genugtuung und Ruhe trug ich da mit mir herum, als könnte ich ganz sicher sein, bis zur nächsten Andacht unter Marias vollkommenem Schutz zu stehen. Gott Vater und Maria ergänzten sich also, der Glaube an sie war der kindliche Glaube an ein fernes, aber dennoch ansprechbares Paar, das zwar nicht verheiratet war, aber eben doch zusammengehörte. In der Kindheit habe ich die Nähe dieser beiden großen Glaubensgestalten nie als bedrückend empfunden, all die Greuelgeschichten, die sonst über katholische Kindheiten berichtet werden, sind an mir vorübergegangen, Gott Vater und Maria die Himmelskönigin waren einfach nur so etwas wie die besten Zuhörer, denen man im stillen zujubelte, wenn man froh war, und zu denen man sich flüchtete, wenn es einem schlecht ging.
Das „Vater unser im Himmel" und das „Gegrüßet seist Du, Maria" waren also die Ur-Gebete der Kindheit, die im Grunde schon den ganzen magischen Kinderglauben enthielten, mehr Text braucht es eigentlich nicht, der Kinderglaube ist vielmehr im Text dieser beiden Gebete vollkommen einleuchtend zusammengefasst.

(Hanns-Josef Ortheil, Lo und Lu © 2001 Luchterhand Verlag, Neuwied, in der Verlagsgruppe Random House GmbH.)

Bevor wir uns dieser Passage näher zuwenden, zunächst ein Blick auf die Weiterentwicklung der Romanszene: Beschreibung des eigenen Kinderglaubens, der noch ganz und gar monotheistisch war, ein marianisches Element enthielt, dem aber alles Trinitarische, alle expliziten Bekenntnisse zur Gottessohnschaft Jesu geschweige denn zum

Heiligen Geist fremd waren – auch damit noch nicht genug: Nach dem ersten Sprung von der Beobachtung des Glaubens seiner Kinder hin zur Erinnerung an den eigenen Kinderglauben folgt ein zweiter Sprung: der Sprung hin zu der Frage, was denn aus diesem Kinderglauben geworden ist. Stimmt die in „Blauer Weg" niedergeschriebene Selbstwahrnehmung, er habe sich „von seiner Kindheitsreligion seit Jahrzehnten entfernt"? Plötzlich liest sich Ortheils Einschätzung anders: „Manchmal kommt es mir vor als hätte ich den magischen Kinderglauben in Wahrheit gar nicht verloren, sondern nur für einige Zeit in mir versteckt, jedenfalls habe ich doch nie angenommen, es gebe gar keinen Gott, nein, das nicht. Eher könnte man sagen, dass ich aufgehört habe, an Gott zu denken und mich bei jeder Gelegenheit an ihn zu wenden, obwohl, so ganz stimmt das nicht, denn manchmal brach immer wieder etwas in mir auf und dann habe ich eben doch, aber heimlich, an Gott gedacht und mich an ihn gewendet ... Im Grunde habe ich also mein Leben lang an Gott geglaubt."
„Heimlich an Gott gedacht" / „Im Grunde habe ich also mein Leben lang an Gott geglaubt" – erstaunliche Sätze in einem Roman des 21. Jahrhunderts. Nur konsequent, dass die Szene vor dem Kölner Dom mit dem Entschluss endet, Lu tatsächlich taufen zu lassen. Wo? Nun, wenn Lo schon Jahre zuvor in der Lateran-Basilika in Rom getauft wurde, dann kann es nun für Lu nur einen Taufort geben: „nebenan, im Kölner Dom, wo auch ich getauft wurde, gleich nebenan." Doch ein allerletzter Schritt steht noch aus: Wenn er seine Kinder schon taufen lässt, so wird dem Erzähler klar, dann bedarf es dazu ein zeugnishaftes Vorleben des Glaubens seinerseits. Und ihm reicht dazu als Orientierung eine „Kurzfassung" des Glaubens. Ortheils augenzwinkernd-ernsthaft präsentierte ‚Elementartheologie': „Gott Vater, Gott Sohn, Maria und die Gemeinschaft der Heiligen – das genügt. Vor allem aber sollte ich mich auf die Reste meines eigenen Glaubens verlassen, denn wie sollte ich Lo und Lu die überzeugende Kurzfassung des Glaubens nahebringen, ohne selbst daran zu glauben? Nein, damit Lo und Lu glauben, was ich sage, muss ich selbst glauben, und ich *glaube* ja schließlich, ja doch, minutiös habe ich mir in den vergangenen Stunden vorgeführt, dass und wie ich glaube und ab jetzt werde ich es auch laut tun und dazu stehen, so soll es sein, Credo, Alleluja und Amen." In rhetorischer Brechung ein Credo, hineingeschrieben in einen Roman des 21. Jahrhunderts! Ortheils öffentlich-fiktionale Konfession verdeutlicht exemplarisch die

neue Unbefangenheit von SchriftstellerInnen mit Religion.
Betrachten wir die ausgesuchte zentrale Textpassage genauer. Hier erinnert sich ein Erwachsener an seinen Kinderglauben. Im ersten zitierten Absatz bedenkt er die in Kindertagen perfekt erfüllten Funktionen dieses Glaubens: Beruhigung, Angststillung, Verdanktheitswissen, Problemlösung. Gerichtet war dieser Glaube allein an Gottvater im streng monotheistischen Verständnis. Konsequent wurde das zentrale Gebet der Kindheit, das ‚Vaterunser', *mit* Jesus gesprochen und an den Vater gerichtet. Über die Frage der Göttlichkeit Jesu brauchte sich das Kind, so Ortheil im zweiten Abschnitt, noch keine Gedanken zu machen. Neben Gott trat – so der dritte Absatz – als notwendige weibliche Ergänzung und in klassisch katholischer Tradition – Maria, mit der sich die schönsten, sinnlich-konkreten religiösen Kindheitserinnerungen verbinden. Keine Spur von Trinität also, sondern ein duales Gottesbild, Mann und Frau, Schöpfer und Himmelskönigin, Gott und Maria. Ganz konsequent fügt sich in den beiden Gebeten des ‚Vaterunser' und des ‚Gegrüßet seist Du, Maria' der Kinderglaube völlig stimmig und ausreichend zusammen.
Dieser Text wird fraglos die Erfahrungen mehrerer Generationen von klassisch religiös sozialisierten KatholikInnen zusammenfassen. Die Situation heutiger Kinder und Jugendlicher gibt er – von einzelnen möglichen Ausnahmen abgesehen – nicht mehr treffend wieder. Warum und wie kann man ihn also im Religionsunterricht einsetzen? Da er eine reflexionsfähige Distanz zum eigenen Kinderglauben voraussetzt, ist er sicherlich erst für die Oberstufe geeignet. Sein thematischer Kontext ist das Nachdenken über die eigene Glaubensgeschichte und die Entwicklung des eigenen Gottesbildes. Deshalb legt sich eine auch im Unterricht genutzte Verbindung zu Fowlers oben skizziertem Stufenmodell der Entwicklung des Glaubens nahe.
Zu Beginn werden die SchülerInnen aufgefordert darüber nachzudenken, wie sich ihr eigener Glaube, ihr eigenes Gottesbild verändert hat. Können sie Brüche und Krisen benennen? Wenn man diese persönliche Frage anonymisieren will, kann man auch anhand einer Skizze von Kind und Erwachsenem dazu Assoziationen sammeln, was den Glauben eines Kindes, den Glauben eines Erwachsenen ausmacht. In beiden Fällen bietet es sich an, die SchülerInnen kleine Texte schreiben zu lassen: „Mein Glaube als Kind". Als chronologischen Fixpunkt kann man auf die Erstkommunion verweisen, weil dieses Fest meistens am deutlichsten in Erinnerung bleibt. Im aus-

wertenden Umgang mit diesen Texten muss das Prinzip der Freiwilligkeit, gegebenenfalls der Anonymität gewahrt bleiben, weil es sich um sehr persönliche Erinnerungen handeln kann. Die in Auszügen präsentierte Theorie von Fowler kann helfen, die Eindrücke zu systematisieren und analytisch zu vertiefen.

Erst dann legt sich der Blick auf den literarischen Text selbst nahe. Dazu sollte man zunächst den Autor Ortheil vorstellen – warum nicht über ein SchülerInnenreferat? –, so dass Gesicht (wichtig: Prinzip der Personalisierung), Lebenslauf, Werk und die Grundzüge von „Lo und Lu“ vor Augen stehen. Wie schreibt ein solcher Erfolgsschriftsteller der Gegenwart über seine Kindheitsreligion? Doppelter Lektüreauftrag: „Wo finden Sie Elemente, die in unseren Erinnerungen ebenfalls auftauchen? Wo finden sich ganz eigene Gedanken?“ Die Auswertung wird vor allem die Frage nach dem radikalen Monotheismus ins Zentrum stellen. Findet sich das bei den SchülerInnen ähnlich? Die besondere Rolle von Maria wird vielen fremd erscheinen. Warum? Gilt sie noch für die eigenen Eltern oder Großeltern? Und dann ausweitend: Welche zentralen Elemente des „Credo“ der Kirche fehlen? Warum wohl? Gibt es Bereiche, in denen sich Jugendliche und Erwachsene religiös weiterentwickeln müssen? Welche und wie? Ideal bietet es sich so an, von diesem ‚persönlichen Kindheits-Credo‘ zu den Aussagen des kirchlich überlieferten und normierten Credo überzuleiten. Die subjektive Sicht Ortheils ermöglicht eine kritische Perspektive auf die kirchlichen Glaubenssätze, die trotzdem getragen ist von dem Wunsch, zumindest nicht auf dem Stadium eines Kindheitsglaubens stehen zu bleiben. Der literarische Text kann so einerseits die Selbstwahrnehmung schärfen, andererseits aber auch den Zugang auf das „Credo“ neu erschließen.

Jesus Christus wird in den Darstellungen Ortheils vor allem als Lehrer des ‚Vaterunser‘ wichtig. Als Glaubensinhalt – sei es in seiner Menschlichkeit als moralisches Vorbild, sei es in seiner Göttlichkeit als Person innerhalb der Trinität – wird er in eine blasse Nebenrolle gedrängt. Im Religionsunterricht unserer Zeit liegen die Schwerpunkte anders. Theologisch zentral: Wie sind die spezifisch christologischen Aspekte so in Sprache darstellbar, dass sie nicht nur innerhalb des ‚Theotops‘, sondern auch für heutige SchülerInnen verständlich sind? Ein zugleich literarisch herausragender wie schwieriger und reizvoller Zugang zu dieser Frage führt uns zu einem der ungewöhnlichsten deutschsprachigen Autoren der Gegenwart, zu Patrick Roth.

3. *Patrick Roth:* Christus

Keine der zahllosen deutschsprachigen literarischen Annäherungen an Jesus Christus seit 1945 ist so herausfordernd, so umstritten, so viel diskutiert wie die von *Patrick Roth* (*1953). Bei ihm geht es weniger um die Inhalte, um das Erzählte selbst – was sollte man auch ‚Neues' von Jesus erzählen? –, sondern vor allem um das *Wie* der Annäherung: Wie kann man heute glaubwürdig von Jesus und vor allem von Christus erzählen? Diese Frage wird für Roth zum Anlass eines höchst spannenden Schreibprojekts. „In der deutschsprachigen Literatur von heute hat Patrick Roth nicht seinesgleichen."[180] Mit diesen Worten beendet die österreichische Literaturkritikerin *Sigrid Löffler* ihre Buchbesprechung zu Roths Novelle „Johnny Shines" im Spiegel-Spezial Heft über Literatur aus dem Jahre 1993. Nicht seinesgleichen? Tatsächlich, Patrick Roth ist in vielerlei Hinsicht ein ungewöhnlicher Autor:

- Ein Deutscher, der in Los Angeles lebt;
- ein Erzähler und Dramatiker, der nach über 30 Jahren in den USA immer noch auf Deutsch schreibt und so vor allem im deutschsprachigen Raum als Schriftsteller bekannt ist;
- ein Autor, der mit der dichterischen Gestaltung biblischer Stoffe bekannt wird, und diese Bücher im eher religionsskeptischen Suhrkamp-Verlag herausbringt;
- ein zeitgenössisch-wacher Kulturbeobachter, der in den 90er Jahren des 20. Jahrhunderts ausgerechnet eine literarische Jesustrilogie veröffentlicht;
- ein Erzähler, dem es gelingt, das vorherrschende Tabu der Feuilletons im Schweigen über Religion – vor allem in Bezug auf christliche Themen – zu durchbrechen;
- ein vielfach ausgezeichneter Literat, dessen Werk mit Preisen sowohl aus dem kirchlichen wie dem rein literarischen Bereich bedacht wird;
- ein begnadeter Vorleser seiner eigenen Werke, der einigen seiner Bücher akustische Hörproben als CD oder Kassette beilegt.

Patrick Roths Werk hat ungewöhnlich viele, ungewöhnlich kontroverse Reaktionen ausgelöst. Dieser Autor ist umstritten, muss umstritten sein. Denn was soll das, der poetische Rekurs auf biblisch-neutestamentliche Themen in den Jahren um die Jahrtausendwende? Was soll das, diese äußerst eigenartige Sprache – sperrig, traumwandlerisch, ungewöhnlich, künstlich –, die den ganz eigenen ‚Roth-Sound' geprägt hat und die Grenzen zwischen Prosa und Poesie immer wieder verschwimmen lässt? Ist das krampfhaft-getriebene Suche nach Originalität oder authentischer Ausdruck eines eigenständigen Zugangs zu ästhetisch gestalteter Wirklichkeit? Ist das ein Aufspringen auf den esoterischen Zeitgeist oder der Entwurf großer Literatur? Wie ist die überwiegend positive, zum Teil begeisterte Rezeption von Roths Novellen und Erzählungen – und zwar nicht nur von Seiten christlich orientierter LeserInnen, von TheologInnen und religiösen Institutionen, sondern gleichzeitig von ideologisch ungebundenen LeserInnen und ‚säkularen' LiteraturkritikerInnen – zu bewerten?

Von 1991 bis 1996 erschienen drei schmale Bände, zum Teil versehen mit dem provokativen Untertitel „Christusnovelle", die später unter dem Gesamttitel „Resurrection" zusammengefasst wurden. Die Trilogie ist formal als Triptychon konzipiert, als eine Art Dreiflügelaltar, in dem sich alle drei – in diesem Falle: literarischen – Jesusbilder gegenseitig kommentieren und ergänzen. Sie erzählen von einer „Steigerungsreihe: Krankenheilung – Totenerweckung – Auferstehung"[181]. „Riverside" (1991), die erste der Novellen, ist der Schlüssel zum Gesamtwerk. Roth erfindet hier einen Zeitzeugen Jesu, einen in einer Höhle unweit Bethaniens zurückgezogen lebenden jüdischen Einsiedler namens Diastasimos. Die Handlung spielt im Jahre 37 nach Christus.

Diastasimos (griechisch: der „Abgesonderte") wird eines Tages von zwei jungen Männern besucht, von den Brüdern Andreas und Tabeas. Diese wurden ausgeschickt vom Apostel Thomas – dem angeblichen Verfasser des apokryphen Thomasevangeliums – um alle möglichen Augenzeugen des irdischen Wirkens Jesu aufzusuchen, mit dem Ziel, authentisches Material für ein Jesusbuch zusammenzutragen, also um „aufzuschreiben, was unser Herr gesagt und wem ers gesagt". Zögerlich entfaltet Diastasimos vor den beiden seine Lebensgeschichte: den plötzlichen Befall mit Aussatz, einer Krankheit, die er nur als göttliche Strafe empfinden kann, doch wofür? Gerade er habe „diesem Gott" und „seiner Güte ganz vertraut"[182]. Gegen die hygienischen Gesetze der Zeit, die dem Aussätzigen strikte Trennung von den Gesunden auferlegten, begibt er sich nach Jerusalem, um dort vor Gott um seine Heilung zu beten. Doch umsonst! Er verlässt die heilige Stadt im wahrsten Sinne des Wortes „gottlos" (S. 34).

Als verbitterter Gottesleugner bekannt, war Diastasimos – seinem zögerlichen Bericht zufolge – eines Tages von Johannes, Judas und Jesus in seiner Aussätzigenhöhle besucht worden. Gerade gegen Jesus, diesen völlig außergewöhnlichen Menschen, „niemand wie er" (S. 50), diesen Menschen, der Gott seinen Vater nennt, diesen Menschen, der ihn – den Aussätzigen – ohne Scheu liebevoll berührt, gerade gegen diesen Jesus aber muss Diastasimos aufbegehren. Denn wie passt das zusammen: die jesuanische Botschaft vom liebenden und erlösenden Gott und die vom gleichen Gott gesandte tödliche Pesterkrankung? Wütend fordert Diastasimos von seinen zwei Zuhörern Verständnis dafür, „wie ich doch aufbegehren musst gegen einen solchen. Der kommt, als gäb es den Tod nicht, all das nicht, was man Jahre gefürchtet und weshalb die andern mich bannen, ja mich, wie ihr wohl wisst, gesteinigt hätten, wäre ich damals entdeckt worden im Hof des Tempels" (S. 51). Jesus verabschiedet sich von ihm mit den rätselhaften Worten: „Der mit dir teilt, der ist in dir. Mit ihm teilst du dich. " (S. 55).

Und Diastasimos erzählt weiter, immer wieder die Besucher auffordernd, ihm doch lieber tatkräftig zu helfen, ihn zu berühren, anstatt nur zu reden, ihm unnütze Informationen abzulauschen: Die drei damaligen Besucher also seien weitergezogen nach Bethanien, doch gewarnt von Diastasimos, dass sie von römischen Soldaten gesucht würden, greifen sie zu einer List. Johannes und Judas gehen voraus, Jesus folgt einige Schritte hinter ihnen, verkleidet als ihr Knecht, einen schweren Holzbalken tragend. Sie werden dennoch von den Soldaten gestellt und verhört. Gerade als sie trotz ihrer Tarnung erkannt zu werden drohen, reißt Judas eine Peitsche an sich und prügelt den vermeintlichen Knecht Jesus, „den er liebt über sein Leben" bis aufs Blut. „Was geschieht aber hier, dass dieser das Leben seines Herrn, des angeblichen Gottessohnes, so anders liebt, dass ers fast totpeitscht vor meinen Augen, nur um es doch noch, wie eben das eines Knechtes, zu retten?" (S. 81), so der das Ganze durchschauende und dennoch gleichzeitig davon aufs Tiefste ergriffene Hauptmann.

In der Tat rettet dieses letztmögliche Täuschungsmanöver Jesus die Freiheit, doch was erspäht der von fern all dies bezeugende Diastasimos? – Mit Jesu Blut mischt sich Aussatz! Jesus, der ihn umarmte und ihm zusagte, in ihm selbst zu sein, war selbst aussätzig geworden, ja, „der war nicht nur wie ich an Aussatz, sondern der *war* ich, Diastasimos" (S. 83). Und als der von all dem faszinierte römische

Hauptmann Jesus mit einer Umarmung aufhebt vom Boden, da erkennt Diastasimos voll Schrecken und Verwunderung, dass er selbst vom Aussatz geheilt ist! Von Jesus erfahren wir weiter nichts in dieser Novelle, doch Diastasimos – gebannt und gezeichnet von dem unfassbaren Erlebten und völlig verunsichert über Gottes Wege – lässt sich in der Höhle, in der er immer noch als vermeintlich Aussätziger lebt, von Andreas und Tabeas untersuchen. Sie bezeugen seine vollständige Heilung und erkennen schlussendlich in ihm – erzähltechnisch durch geschickt eingestreute Voraushinweise vorbereitet und dennoch überraschend – ihren langvermissten eigenen Vater.
Im Grunde genommen ist dies die recht einfache Fabel einer Heilungslegende. In der versuchten Inhaltszusammenfassung wird der höchst komplexe Charakter dieses Buches jedoch nur sehr ungenügend wiedergegeben. Das Einmalige besteht darin, dass nicht eigentlich der erzählte Plot wichtig ist, sondern die Art und Weise der literarischen Präsentation in Struktur und Sprache. *Verfremdung über Sprache* – das ist Roths ganz eigene Poetologie der Annäherung an Jesus und über Jesus an die Gottesfrage. Dazu stellt er seine Gestalten vor dem Eingang einer Höhle auf; Schattenrisse, in Gespräche vertieft. Wie folgt wird von der einzigen Begegnung von Distasimos und Jesus berichtet:

> Es war gegen Abend, da hör ich Geröll, fallend, nah und unter der Höhle...
> Und aufstehend jetzt fährt der Alte fort:
> – ... und ging zum Eingang und sah drei Männer kommen. Der aber Johannes hieß, ging auf mich zu, sagte: ‚Jesus, unser Meister, hat von dir gehört in Bethanien.' Und aus ihrer Mitte – denn der mir später als Judas seinen Namen nannte, der war hinzugekommen als zweiter und trat ein wenig zur Seite, dass ich sah den sie in der Mitte hatten – aus ihrer Mitte erschien er. Staubig das Kleid, Hand und Fuß aufgerauht vom Gestein, bebend die Brust. Hustend noch, ich erinnere mich genau. Denn sie hatten hier herauf alle Staub geschluckt. Und seltsam, wo mein Aug nun auf diesem hielt: seine Drosselgrube voll Schweiß, von der Kehle herab sich sammelnd ... Da schritt dieser an Judas vorbei, und kam hin zu mir, der ich auswich. Aber unter schwarzsträhnig verklebter Stirn seine Augen: die sahen mich und kamen ruhig zu den meinen. Und ich war ausgewichen bis hierhin, und nicht weiter. Ihr seht, ich habe nichts verloren von jenem Besuch. Schreibt ihr aber auch auf?

– Das Wichtigste schreibe ich auf, sagt Tabeas.
– Wie willst du entscheiden, jetzt, was wichtig, was nicht, und entscheiden für wen? Da du das Ende nicht kennst?
– Aber wir kennen es doch, meint Andreas. Und hören beide mit, beruhige dich, Alter, und wo Tabeas fehlt, werde ich mich erinnern. (...)
– Und dann? fragt Tabeas ungeduldig. (...)
– Ich fragte – sah zu Ihm hin, aber beim letzten Wort, das ich sprach, etwas an Ihm vorbei, dorthin, zum Judas – ‚Warum seid ihr gekommen?' fragt ich. Es kann auch gelautet haben: ‚Was wollt ihr?' Oder: ‚Was wollt ihr denn?' (...)
– Und Er, was sagte der Meister? fragt Andreas, schon leiser.
– Hier musst du wissen, dass er gar nichts gesagt, lieber Andreas. Ich weiß nicht, wie ihr das in Schrift fassen wollt. Es war einfach still. Ich war mir innig bewusst, dass niemand auf meine Frage geantwortet, ja dass auch – ich sah von Judas rasch auf Johannes herüber, hierher herüber – dass keiner der beiden antworten würde und ich *ihn* wieder anblicken musste. Als sei ihm nicht auszuweichen. Und Tabeas ... Tabeas, schreibe nicht: ‚Es entstand eine Pause'. Oder: ‚Man zögerte'. Denn niemand hat pausiert oder gezögert. Nur ich. Denn ich tat so, als wisse ich nicht, von wem Antwort zu erwarten sei, und wusste es doch. Noch bevor ich ihn wieder ansah. Und als ich ihn ansah, da schien mir ganz und gar sinnlos, ihm überhaupt ausgewichen zu sein. Es war seltsam. Sinnlos nicht nur das Ausweichen, wie ich's euch demonstriert, hier in der Höhle von hier nach hier, wo ich jetzt steh. Sondern mir war, als sei ich diesem, der vor mir stand, den Schweiß noch im Angesicht, seine Augen auf mir, *immer* ausgewichen, schon immer. Aber ich weiß nicht, da rede ich töricht, denn ich hatte ihn ja nie zuvor gesehen. Ich will euch nur das „sinnlos" beschreiben, das ich hier meine: sinnlos das Ausweichen hier in der Höhle, sinnlos die Höhle, das Leben, das mich hierher gebracht, auch die Eltern, welche in ferner Vergangenheit einmal waren, mich aufgezogen, mich angefasst, sinnlos: als hätte ich Zeit sinnlos, ziellos verbracht, umsonst. Umsonst und jetzt, in diesem Moment, da ich vor ihm stand, für eine Weile ihn sah, denn ich hielt nicht lang aus die Augen, aber die Weile lang, die eine Weile lang: hatte er alles Verlorene eingesammelt, dass ich verstand. Verstand, *wie* alles verloren, wie so sich zerstreuen *musste*, verloren jetzt aber und eingeholt, gesät und gestorben, ausgestreut und verdorben sein musste, um hier zu bestehen, das ist: hier von ihm zu mir zurückgebracht und geordnet zu sein.

(Textauszug aus: Patrick Roth, Riverside. Christusnovelle S. 43ff. © Suhrkamp Verlag Frankfurt am Main 1991.)

Ein Moment des Verstehens, der Einsicht, der erahnten Rettung, den Diastasimos erlebte und erzählt, der den beiden damaligen Zuhörern und uns heutigen Lesenden jedoch (noch) verschlossen bleibt. Ein Ausschnitt, durchaus typisch für die gesamte Novelle. Sie besteht durchgehend aus höchst ungewöhnlich innovativen, fast filmhaft zusammengeschnittenen Dialogsequenzen, die äußerst raffiniert eine ganz eigene Atmosphäre schaffen. Sie erwecken nie den Eindruck billiger Legendenhaftigkeit, bauen vielmehr in verfremdender Erzählform einen Spannungsbogen auf, der auch den zweifach indirekt vermittelten Bericht von der Begegnung mit Jesus glaubhaft aufnimmt. Zweifach indirekt vermittelt in folgender Distanzierungstechnik: Der Schriftsteller schreibt, stellt uns aber Tabeas als eigentlichen Verfasser vor, dieser wiederum gibt Gehörtes und Mitgeschriebenes wieder von einer aus der Erinnerung des Diastasimos geschilderten Begegnung mit diesem Jesus. So aber funktioniert Tradierung, ähnlich vollzog sich auch der Prozess der Überlieferung der authentischen Jesuszeugnisse! Dieser Prozess wird hier bewusst nachgezeichnet und gleichzeitig problematisiert: Wie glaubwürdig ist Tradition? Wie kann man Wichtiges von Unwichtigem unterscheiden? Wie stimmig sind Zeugnisberichte? Wie kann man anderen die Erfahrung von Erlösung und Heil in Sprache verständlich machen?

Nicht um erklärende Psychologisierung der Ereignisse geht es hier demnach, sondern um „dramatische Vergegenwärtigung des Geschehens“[183], nicht um Historisierung, sondern um Hineinnahme in eine innere Dramaturgie und in ein Tradierungsgeschehen. Roth wählt dazu eine an der Filmtechnik geschulte Art des Schreibens in einer Mischung von Schnitt und Überblendung, Zoom und Zeitlupe. Zusätzlich bestimmt wird die so entstehende, gänzlich ungewöhnliche Atmosphäre von einer völlig eigenständigen Sprache. Roth verlangsamt das Lesetempo, zwingt Leserin und Leser zu bedächtigem Lesen dieser stark rhythmisierten und bewusst antiquierten Sprache, die an für heutige Ohren sperrige Bibelübersetzungen von *Luther, Martin Buber* oder *Fridolin Stier* erinnert. Kaum ein ‚normaler‘ Satz, stattdessen lakonische Abbreviationen, widerspenstige Inversionen, halsbrecherische Hypotaxen und ungewöhnliche Wortverbindungen oder Neuprägungen. So entsteht eine eigenwillige Kunstsprache, die manche fasziniert, andere abstößt.

Wie immer man diese Sprache bewertet, sie hat eine *notwendige Funktion*: Über diese Verfremdung, Verlangsamung und die dadurch ge-

schaffene ganz eigene dichte Atmosphäre wird der geschilderte Inhalt dieser fiktionalen literarischen Apokryphe erst möglich, ja glaubwürdig. Eine Parabel wie die des Diastasimos einfach und ungebrochen zu erzählen, wäre ein bloßer Frömmigkeitsakt. Möglicherweise integer und authentisch, aber eindimensional. Hier aber entsteht Literatur. Über diese Form und diese Sprache wird ein Zugang zu dem möglich, was sich im direkten Zugriff entzieht. „Verhülle dich, denn sie schreiben dich auf" (S. 14), gibt sich Diastasimos selbst als Motto warnend auf den Weg, und genau darum geht es: Aufschreiben, protokollierendes Notieren, definitorisches Benennen verfälscht tatsächliche Erfahrungen und Erinnerungen – immer wieder mahnt Diastasimos diese Problematik seinen beiden Besuchern gegenüber an. Tradierung, gerade auch die Ausprägung und Weitergabe der christlichen Botschaft, ist immer schon Auswahl, Deutung, ja: Fälschung – das wird hier deutlich.
Worin aber liegt die Alternative? Sie liegt in der „Verhüllung", gerade nicht in der so belasteten, stets scheiternden, nur scheinbar offenbarenden „Enthüllung" – *Verhüllung*, aber *im Dienste der Kenntlichmachung*. Das allein bleibt Roth zufolge dem zeitgenössischen Schriftsteller, der über Jesus schreibt: er muss seinen Stoff zur Kenntlichkeit entstellen. Wer über einen „Niemand wie er" schreibt, muss eine Form, eine Sprache finden, die diesem inhaltlichen Anspruch gerecht wird. Das aber kann nur – so Roths implizite Poetologie, ja *Sprachschule im Sprechen über Jesus* – durch eine ganz bewusst vollzogene Durchbrechung der üblichen Lesegewohnheiten, durch eine eigenständige Verinnerlichung des Erzählten gelingen. Für den feinfühligen, geduldigen, für die Langsamkeit der Sprachwahl sensiblen Lesenden aber wird so eine – fast schon spirituell zu nennende – Begegnung mit diesem literarischen Jesus möglich. Nein besser formuliert und vom Autor mit der Gattungsangabe „Christusnovelle" erspürt: mit *Christus*! So ist diese Erzählung völlig stimmig nicht im historisierenden Präteritum verfasst, sondern im stets aktuellen Präsens einer spirituellen Exegese.
Die distanzierende, verlangsamende und rhythmisierte Sprache lässt dabei gar nicht erst die Möglichkeit aufkommen, die fiktionale Art der Gottesrede als historisch oder als wissenschaftlich misszuverstehen. Patrick Roths Ansatz versucht ein Gefühl dafür zu wecken, ja: im Lesen erfahrbar zu machen, was das bis heute Besondere und Faszinierende dieses „Niemand wie er" war und bleibt. Von Patrick Roth kann man so vor allem lernen,

- dass der Prozess der Schriftwerdung des Neuen Testamentes tatsächlich, wie nachgezeichnet, einem vielfachen Filterprozess unterliegt: vom unmittelbaren Erlebnis zum erinnerten und damit bereits interessengeleitet gestalteten Bericht; vom Bericht über das Hören, Auswählen, Werten und Gewichten zum ersten schriftlichen Protokoll; vom Protokoll zur schriftstellerischen Gesamtgestaltung; von dort über Redaktionsstufen zum kanonischen Text; von diesem zur uns zugänglichen Übersetzung;
- dass der literarische Weg zu Jesus nicht durch den scheinbar eindeutigen Verweis auf feststehende Antworten möglich ist, sondern eher durch den Umweg der Andeutung und Verhüllung;
- dass die Sprache der Annäherung an Jesus nicht primär Informationssprache sein sollte, sondern Sprache, die Phantasie weckt, Bilder hervorruft, individuelle Erfahrungen ermöglicht;
- dass es darum geht, andere in den Annäherungs- und Suchprozess hineinzunehmen und diesen von innen her subjektiv bedeutsam zu machen;
- und dass eine ernsthafte persönliche Suche letztlich spannender, ergiebiger und herausfordernder ist als ein – von anderen längst vorstrukturiertes – Finden.

Ist ein derart anspruchsvoller Zugang im Religionsunterricht einsetzbar? Sicherlich bedarf es dazu Oberstufengruppen mit Neugier auf ungewöhnliche Texte. Aber diese Neugier lässt sich auch wecken. Mehrere GymnasiallehrerInnen berichten davon, dass sie ihre ganze „Christologie-Einheit“ zentral um diese Novelle Roths herum gruppieren und dabei dieses Buch als „Ganzschrift“ lesen. In Ausschnitten wird gerade der oben herausgestellte Grundzug tatsächlich nur bedingt nachvollziehbar, insofern ist die Entscheidung zur *Ganzschriftlektüre* hier sicherlich der Idealfall. Realistisch betrachtet werden aber nur wenige sich diesem aufwändigen Experiment stellen. Ich gehe deshalb im Folgenden von einer Nutzung der oben geschilderten Szene und den aufgelisteten Lernchancen aus.

Wie kann man SchülerInnen der Oberstufe dazu motivieren sich noch einmal neu mit Jesus Christus zu beschäftigen, der doch schon in zehn langen Schuljahren immer wieder Thema des Religionsunterrichts war? Die SchülerInnenklage „immer wieder dasselbe“ weist darauf hin, dass die didaktische Hintergrundidee des sich immer weiter entfaltenden und ausdifferenzierenden ‚Spiralcurriculums‘ bestenfalls in Grenzen transparent wird. Im Blick auf Patrick Roth legt sich

der Einstieg über seine ungewöhnliche Biographie nahe. Lebenslauf, Aussehen und Auftreten sind zunächst einmal völlig ungewöhnlich – derartige Charaktere tauchen im Religionsunterricht nur selten auf. Ein Mensch, der sich den Traum vieler SchülerInnen wahr macht – geht einfach fort, nach Hollywood! Vielen von Roths Büchern liegen Audios bei, in denen er von seinem Leben erzählt, häufig auch mit Leseproben. Hörend werden seine Texte noch eindrücklicher, es sind durchweg eher Hör- als Lesetexte. An den Anfang kann man so ein Selbstporträt Roths stellen, sei es durch Einblendung eines Photos zu einem von Roth selbst erzählten, auf Hör-Cassette oder CD mitgeschnittenen autobiographischen Text, sei es – noch besser, aber nicht leicht zu besorgen – durch einen Ausschnitt aus dem von ihm selbst 2006 für das ZDF produzierten Film „In my Life. 12 Places I remember".
Erster Schritt – Die Aufforderung an die SchülerInnen, auszuführen idealerweise in Partnerarbeit: „Wenn ihr ein Buch (oder auch einen Film) über Jesus schreiben (drehen) könntet, das für heute, für unsere Zeit wichtig sein soll, wie würde es aussehen? Welchen Zugang wählt ihr? Was und wie erzählt ihr? Skizziert eure Ideen und präsentiert sie auf einem Plakat!" Dieser Schritt braucht Zeit, genauso wie die Auswertung der Vorschläge. In das so erstellte Panorama hinein wird Patrick Roth vorgestellt als ein ungewöhnlicher Zeitgenosse, der diese Idee umgesetzt hat. Da der Text seine besondere Wirkung über das Hören entfaltet, sollte man ihn im Erstzugang nicht als Lesetext präsentieren. Drei Möglichkeiten legen sich nahe: 1) Das Anhören eines Originalmitschnitts von Roth. 2) Das gut gestaltete Vorlesen vom Lehrenden selbst. Vorlesen ist eine ungewöhnliche, kaum genutzte Möglichkeit in der Schule, die natürlich die entsprechende Fähigkeit voraussetzt und so ‚inszeniert' werden muss, dass das Besondere an der Situation deutlich wird. 3) In der in einer Vorstunde geäußerten Bitte an drei sprachlich und schauspielerisch begabte SchülerInnen, den Abschnitt vorzubereiten und dann szenisch vorzulesen. In allen drei Fällen lautet der Arbeitsauftrag an die Zuhörenden, darauf zu achten, welche Funktion der besonderen Sprache Roths für die Annäherung an Jesus zukommt. Nach einem ersten Höreindruck wird der Text der Szene präsentiert (das Textblatt sollte unbedingt eine kurze Aufhellung des Kontextes voranstellen: Wer tritt wann und wo auf? Wer spricht?, etc.). Die Analyse sollte zunächst die Konstellation und Schwerpunktsetzung erarbeiten: Eigentlich geht es im Kern dieser „Christusnovelle" um Jesus, tatsächlich aber spielt sich der Text auf ganz verschiedenen Ebe-

nen ab. Mal geht es allein um Diastasimos, dann um Jesus, dann um die beiden Protokollanten Andreas und Tabeas, häufig um Mischungen – wann, warum? Welche Beziehungen zwischen diesen beteiligten Personen werden ausgestaltet? Nach einer derart strukturierten Textsicherung geht es zur Kernfrage: Warum wählt Roth diese Technik, diese Sprache? Worauf zielt demnach – vor dem Hintergrund der eigenen Ideen zu Jesusromanen oder Jesusfilmen – Roths Interesse an Jesus? Am Ende kann der Impuls an Freiwillige stehen, angesichts des Nachdenkens über Roths Annäherung an Jesus die anfangs angedachte eigene Idee weiter auszuarbeiten und ggfs. später der Lerngruppe ausführlich zu präsentieren. Diese Präsentation kann als Referatsersatz oder als kreativ erstelltes Portfolio gewertet werden.

In der „Christusnovelle" geht es bereits um die Frage, wie man sich Gott sprachlich annähern kann. Ein möglicher Zugang dazu erfolgt über Jesus Christus. Ein anderer Zugang versucht die Auseinandersetzung mit Gott selbst. Dazu zwei weitere Beispiele:

4. *Richard Exner:* Theopoesie – dichterisch von Gott sprechen

Mit den spirituell-literarischen Texten *Richard Exners* (1929–2008) betreten wir eine andere Welt. Geboren im Harz, aufgewachsen in Darmstadt, wanderte er 1950 in die USA aus, studierte dort Germanistik und wirkte 27 Jahre lang als Literaturprofessor an der University of California. 1992 kehrte er nach Deutschland zurück. Als Lyriker ist er mit wenigen Bänden hervorgetreten, ohne je im hellen Rampenlicht der Öffentlichkeit gestanden zu haben. Tastende, vorsichtige Verse finden sich dort, Reflexionen über den Sinn des Lebens, in den letzten Bänden vor allem über Krankheit und Sterben, über die Suche nach Beständigem in aller Vergänglichkeit. Sehr oft werden diese Texte mit religiösen Gedanken versehen, die vor allem wieder und wieder die Theodizeefrage umkreisen. In dem Band „Ein Sprung ins Schweigen" (1992) finden sich zahlreiche religiös motivierte Gedichte, die nun auch direkt die Vokabel „Gott" verwenden. Im Jahr 2004 wurde Exner für sein Gesamtwerk mit dem Ehrenpreis der „Stiftung Bibel und Kultur" ausgezeichnet.
Die lyrische Gottesrede – angeregt vor allem durch die spirituelle Beheimatung Exners in der benediktinischen Hüttenabtei St. Andrews in Valyermo (Kalifornien), wo er sich regelmäßig aufhielt und auf die

er immer wieder anspielt – verdichtet sich immer mehr: In dem Band „Die Zunge als Lohn“ von 1996 findet sich mit dem Gedicht „Schwere Zunge“ eine Art poetische Gotteslehre[184]. Die Gedanken werden aufgenommen und weitergeführt in einem Text[185] aus Exners letztem eigenständigen Gedichtband „Ufer“ aus dem Jahre 2003:

Wer im Gedicht

Wer im Gedicht
von Gott
vom Feuer
spricht kann sich
die Worte
sparen

denn ER hört nicht wie wir
nur jedes zehnte Wort –
ER weiß nach
zweien schon, was
es geschlagen

ER hört auch wenn ER weg–
hört und nur selten mit
uns spricht

SEINE Berührung
ist ein Pfeil
der jede Faser
trifft

Ein Schnitt aus Licht

(Aus: Richard Exner, Ufer. Gedichte 1996–2003 © Radius Verlag, Stuttgart 2003.)

Exner legt hier in lyrischer Form eine Art Gebetsschule, ja: sprachliche Schule einer Ausgestaltung der Gottesbeziehung vor. Vor Gott braucht es nicht viele Worte, so die sehr wohl in Worten formulierte Überzeugung. In knappen, nur angerissenen Sprachfetzen wird die Erfahrung benannt, dass Gott anders „hört“ als Menschen: genauer, wissender. Und so wie sein „Hören“ anders ist, so erst recht sein „Sprechen“, das wir selten genug wahrnehmen. In zwei Bildern findet Exners Suche nach unverbrauchten poetischen Bildern der Gottesrede ihr Ziel: Wie ein faserfeiner Pfeil, ein „Schnitt aus Licht" – so sei Gottes Berührung. Erleuchtung und Verletzung, Erfahrung und Veränderung bedingen einander. Theopoesie kann man solche sich auf der Grenze von Gebet und Gedicht bewegende Texte nennen, ein Begriff, den *Dorothee Sölle* geprägt hat. Ihr – wie sie sagte – „metaphysisch-ästhetischer Traum" als Theologin und Lyrikerin zugleich war „die vollkommene Poesie, die zugleich reines Gebet wäre"[186]. Exners reflektierender Text weist in diese Richtung.

Der Reiz dieses Gedichts für den Religionsunterricht – wohl erst ab der 10. Klasse – liegt vor allem in einer Sensibilisierung der SchülerInnen für das Problem einer sprachlich angemessenen Annäherung an Gott: Wie ‚funktioniert' theologische Rede? Was heißt ‚analoge Sprache', der zufolge ja „von Schöpfer und Geschöpf" keine „Ähnlichkeit ausgesagt werden" könne, „ohne dass sie eine größere Unähnlichkeit zwischen beiden einschlösse"[187], so die lehramtliche Festlegung des Vierten Laterankonzils von 1215? Jede menschliche Aussage über Gott ist also immer mehr falsch als wahr, mehr unpassend als präzis, mehr verwirrend als klärend – und trotzdem notwendig und richtig, weil uns eben nur menschliche Annäherungssprache zur Verfügung steht. Diese komplizierte Denkfigur kann vor allem poetisch erschlossen werden, weil die Poesie grundsätzlich ein Medium in der Spannung von Andeutung und Sinnüberschuss, von Nichtfestlegbarkeit und individueller Erschließung ist.

Zur Förderung der Einfühlung und der sprachlichen Ausdrucksfähigkeit legt sich hier folgendes Verfahren nahe: Die SchülerInnen erhalten ein Blatt mit den fünf Begriffen „Gott", „Feuer", „Pfeil", „Licht", „Wort". Ihre Aufgabe besteht darin, in Einzelarbeit einen Text/ein Gedicht zu entwerfen, in dem diese Begriffe enthalten sind. Unabhängig von eigener Glaubensüberzeugung werden viele zu einer in direkter Anrede konzipierten Gebetsform greifen, weil das eine vertraute Textform ist, in der das Wort „Gott" auftaucht. Andere werden mit Zuschreibungen arbeiten: „Gott ist wie ...". Vor allem der Begriff „Pfeil" fällt dabei aus dem Rahmen, gehört nicht zu den erwartbaren und leicht einzuordnenden Attributen Gottes. Umso reizvoller der vergleichende Blick auf die Umsetzung: Wie lösen die SchülerInnen die Aufgabe? Gibt es besonders gelungene Versionen – wodurch zeichnen sie sich aus? In diesen Vergleichen und Begründungen wird bereits implizit deutlich, wie schwer (und reizvoll) es ist, sich Gott sprachlich anzunähern.

Die dann präsentierte Version von Exner lädt erneut zu Vergleichen ein. Gleichzeitig wirkt seine erste Strophe wie eine Zurechtweisung oder nochmalige Problematisierung: Kann man sich die Worte sparen? Warum spart der Dichter selbst aber nicht damit? Ob die SchülerInnen einen Zugang zu Exners Beschreibung der Gotteserfahrung finden, bleibt dabei offen. Vielen wird sie fremd bleiben. Gerade als nicht bereits selbst vollzogene Erfahrung, als unverständlich bleibende Schilderung reizt sie zur Auseinandersetzung im Sinne einer Korrelation, die auch konfrontative, nicht sofort in die bisherige Weltdeutung integrierbare Elemente neu vorstellt. Von hier aus bahnt sich der didaktische Weg hin zu einer Präsentation und Diskussion der zitierten lehramtlichen Erklärung zur analogen Sprachlehre der Theologie.
In unbekanntes, ungewohntes, herausforderndes literarisches Gelände führt uns auch das letzte Beispiel dieser Abteilung, das erneut die direkte sprachliche Annäherung an Gott ins Zentrum stellt.

5. *Sibylle Lewitscharoff*: Gott

Die 1954 in Stuttgart geborene, dort auch aufgewachsene *Sibylle Lewitscharoff* – Tochter eines bulgarischen, orthodoxen Vaters und einer deutschen, pietistisch-evangelischen Mutter, selbst evangelisch getauft und erzogen – hat den Literaturbetrieb von Anfang an verblüfft. Dass man in einer derartigen, gerade für den Religionsunterricht herausfordernden Mischung aus Skurrilität und Surrealismus schreiben kann, war lange Zeit kaum denkbar. Das mit dem Magister abgeschlossene Studium der Religionswissenschaft in Berlin hat tiefe Spuren hinterlassen, genauso wie längere Aufenthalte in Buenos Aires, Rom und Paris oder die Broterwerbsarbeit als Buchhalterin in einer Berliner Werbeagentur. Während das Erstlingswerk „36 Gerechte" weitgehend unbeachtet geblieben war, gelang Lewitscharoff mit „Pong" 1998 der literarische Durchbruch, markiert durch die Auszeichnung mit dem Ingeborg-Bachmann-Preis.
Schon hier wurde deutlich, dass sowohl der Erzählkosmos als auch die Erzählform Lewitscharoffs maßgeblich vom christlichen Erbe mitbestimmt sind. „Das Alte und das Neue Testament (...) sind erstrangige Quellstoffe des Erzählens", erklärt sie in einem Gespräch aus dem Jahre 2007. Und weiter: Von einer „Wiederkehr der Religion" könne in ihrem Werk gerade nicht die Rede sein: Da sie „ein from-

mes Kind war“ und sich „selbst in den Jahren extremer Widerspenstigkeit für die Bibel interessiert“ habe, treffe auf ihre Biographie „das Religiöse als Vergessenes, Totgeglaubtes, welches unversehens wiederkehrt, nicht zu“[188].

Mehr noch als in „Pong“ oder in ihrem bis dato letzten Roman „Apostoloff“ (2009) wird dies in dem Roman „Consummatus“ aus dem Jahre 2006 deutlich. Der Titel spielt an auf die biblisch vermittelten letzten Worte Jesu am Kreuz – auf Latein „consummatus est“, „es ist vollbracht“ – die mehrfach in den Roman eingebaut werden. Zur Handlung: Samstag, der 3. April 2004. Der 55jährige Stuttgarter Gymnasiallehrer (Deutsch und Geschichte) Ralph Zimmermann (wohl eine Anspielung auf den Geburtsnamen des mehrfach eingespielten Bob Dylan, Robert Zimmermann) kehrt – wie so oft samstags – in das dortige Café Rösler ein und nimmt ein alkoholreiches vierstündiges Frühstück zu sich. Um ihn her, bei ihm: die Schatten seiner Toten, die fortwährend wispern, ihn umschweben, Erinnerungen und Einflüsterungen vornehmen. Tatsächlich, Lewitscharoff wagt in diesem Roman in spielerischer Variation der Orpheus-Sage die Einkehr in das Reich der Seelen der Verstorbenen, die mitten unter uns und um uns herum existieren. Eine bizarr gemischte Gesellschaft tritt auf: Dichterstimmen ertönen (etwa die von Benn, Rilke, Strindberg), Größen der Popszene des 20. Jahrhunderts lassen sich vernehmen (wie Andy Warhol, Jim Morrison, Jimi Hendrix), Jesus Christus erscheint, aber auch die Seelen von Personen aus Zimmermanns persönlichem Umfeld mischen sich ein: Freunde, die Mutter, vor allem aber seine Geliebte, Johanna, genannt Joey oder Jojo. Frech, raffiniert, witzig mischt die Autorin einen Erinnerungsstrom zusammen, in dem Gedanke und Phantasie, Empirie und Transzendenz in einen gewaltigen Narrentanz eintauchen.

Im Zentrum des Erinnerungsreigens berichtet Zimmermann, wie er aus Versehen die Geliebte Joey vor Jahren überfahren hat – ein von ihm nie überwundenes Unglück. Vor vier Jahren, so berichtet der Ich-Erzähler weiter (wenn es denn ein ‚Erzähler‘ ist), habe er eine Nahtoderfahrung durchlitten, die ihn nun befähigt, anders als andere die Seelen der Toten mitten unter uns zu erkennen. Und mehr: Ihm, dem „großen Totenohr“[189], wurde die Rolle auferlegt als „Berichterstatter“ vom Jenseits zu fungieren. Der Auftrag ist eindeutig: „Kehr um und sag, wie's dort zugeht. In klaren, einfachen Worten.“ (S. 70) Was aber tun, wenn man die Worte nicht findet oder wenn niemand sie hören will? Wenn man spürt: „Umso öfter ich ihn benutze, desto mehr missfällt mir der Begriff *Jenseits*“ (S. 37)? Daran kann auch der vielfach in den Text eingespielte „Jenseitsberater“ Stark – einem Marinus Stark ist das Buch gewidmet – nichts ändern.

Jedes Kapitel dieser gewagten literarischen Jenseitsphantasie wird eingeleitet durch ein so genanntes ‚Jupiterquadrat‘, gebildet aus vier übereinander angeordneten Reihen zu je vier nur einmal vorkommenden Zahlen von 1 bis 16, deren Quersummen in allen Kombinationen jeweils 34 ergeben. Die jeweilige Kapitelnummer wird optisch hervorgehoben. Mehr als Spielerei: Ein Verweis auf eine kabbalistische Tradition, der die mystische Nichtfassbarkeit des Erzählten noch steigert. Kaum verwunderlich, dass ein Roman, der die Grenze von Leben und Tod überwindet, voll ist von religiösen Anspielungen: Da finden sich Verweise auf biblische Gestalten wie Adam, Hiob, Jakob, Josef oder Kain; immer wieder taucht Jesus auf; zahlreiche Bezüge bringen ‚Gott‘ ins Spiel. In aller spielerischen Verrücktheit liegt mit „Consummatus“ ein zugleich äußerst sprachmächtiger wie tieftheologischer Roman vor.

Anders als in den Romanen, die als rückblickende Abrechnung mit den Zwängen religiöser Erziehung konzipiert sind, wird hier die bleibende Bedeutung von Religion betont: „An jedes einzelne Wunder habe ich in Kindertagen geglaubt, und es fällt mir kein Grund ein, weshalb ich sie im Erwachsenenalter bespötteln sollte.“ (S. 155) Im Gegenteil: „Seit meinen Pubertätsjahren gehörte ich zur sogenannten Gottsucherbande, grübelte mir über Gotteserweisen und Gottesproblemen die Stirnhöhle eitrig.“ (S. 84) Und das nicht positionslos: „Zu den Pantheisten, den eifrigen Verfechtern der Ökumene, die jeden toleriert, der irgendwann irgendwas für Gott nimmt (...) zählte ich mich nie.“ (S. 85) Ein Gottsucher, der aus dem Jenseits zurückgekehrt ist, um davon zu erzählen, ohne es doch angemessen zu können – das ist er, dieser Ralph Zimmermann, „Gottes kreuz und quer rennendes Schlussgeschöpf“ (S. 49), voll von der Erfahrung des „Zermahlenwerdens zwischen dem Mühlstein Gott und dem Mühlstein Teufel“ (S. 64).

Gegen Ende des Romans verlässt Ralph Zimmermann das Café und schlendert durch die schneeflockenumspielte Stuttgarter Altstadt. Im Blick auf das kommende Osterfest kreisen seine Gedanken um den Gott, der die Auferstehung der Toten ermöglichen soll. „Die Selbsterschließung Gottes in *Ich bin der ich bin* ist der schönste aller Kurz-

monologe, in endloser Wortfolge zieht er sich durchs Universum", selbst wenn zuzugeben sei, dass „auch die Triangel aus Vater, Sohn und Geist" (S. 220) ihre Reize habe. Er, der Erzähler selbst jedoch werde durch „das *Michsehrwundern* definiert" (S. 221). Die Schlussworte bleiben den Stimmen der Seelen überlassen, die – gedruckt zwischen Symbole fallender Flocken – den folgenden Lutherspruch zitieren: „Glaube ist eine verwegene Zuversicht auf Gottes Gnade. Solche Zuversicht macht fröhlich, trotzig und lüstig gegen Gott und alle Creaturn" (S. 232). Mit Leichtigkeit, Sprachwitz und surrealistischem Ernst pendelt Lewitscharoff zwischen Diesseits und Jenseits in eine eigene Wirklichkeitsebene, die sich aller Festlegung entzieht. Einen derart gottgetränkten, jenseitssehnsüchtigen Roman hat die deutschsprachige Literatur lange nicht gesehen.
Wie kann man einen solchen Roman für den Religionsunterricht der Oberstufe fruchtbar machen? Ein solches Unterfangen verlangt sicherlich grundsätzlich Mut und für Lehrende wie Lernende ein Sich-Einlassen auf unvertraute Pfade. Als Tipp zur Ganzschriftlektüre wird er nur wenige SchülerInnen ansprechen. Über Referat oder als Facharbeit bietet er Interessierten jedoch die Möglichkeit zu einer völlig außergewöhnlichen Leseerfahrung. Für die gesamte Lerngruppe können wenige ausgesuchte Textauszüge Zugänge zu einer heute möglichen literarischen Gestaltung der Gottesthematik eröffnen. Drei solche Auszüge stelle ich im Folgenden vor. Sie können – begleitet durch ein Referat über Autorin und Buch – die Unterrichtseinheit zur Gottesthematik einrahmen. Erstes Stichwort „Gottsucherbande"!

> Seit meinen Pubertätsjahren gehörte ich zur sogenannten Gottsucherbande, grübelte mir über Gotteserweisen und Gottesproblemen die Stirnhöhlen eitrig. *Gottes Wege sind unerforschlich.* Das mochte wohl so sein, reichte mir aber nie. Gott hatte die Menschen erschaffen, daran zweifelte ich nicht, aber wohl kaum an einem Tag. Der Neandertaler war vorher dran. War diesem Zwischenwesen aus Affe und Mensch auferlegt, zwischen Gut und Böse zu unterscheiden? Kam er noch als Affe davon? Den Gott der Wüste und den Dreieinigen Gott konnte der Neandertaler kaum kennen, woher auch. Der Neandertaler war jedenfalls noch nicht Adam, das sah jedes Kind. Adam sah aus wie Friedrich Schiller, genauer gesagt wie Danneckers Schiller-Kopf auf dem Körper des David von Michelangelo. Daß der Neandertaler in seinen Grabhöhlen schon rituellen Gottesdienst praktizierte, erfuhr ich erst später. Es hätte mir bei meinem Problem

nicht viel genützt. Zu den Pantheisten, den eifrigen Vertretern der Ökumene, die jeden tolerieren, der irgendwann irgendwas für Gott nimmt, die Sonne, den Mond, den Wind, Allah, Vischnu, Buddha, wen immer, zählte ich mich nie. (S. 84–85)

In diesem Textauszug blickt der Erzähler (nicht die Autorin!) auf seine religiöse Biographie zurück. Anders als den meisten SchülerInnen ist ihm Religion und darin zentral die Frage nach Gott wichtig. Gerade zu Beginn einer Unterrichtseinheit zur Gottesthematik kann eine solche Position provozieren: Was treibt einen Gottsucher um? Was motiviert seine Suche? Wo kann er Hinweise finden, die über die Unerforschlichkeit Gottes hinausgehen? Warum wird die für viele SchülerInnen heute attraktive Perspektive einer hier satirisch überzeichneten ‚pantheistischen Toleranz' als unbefriedigend charakterisiert? Warum bin ich selbst ggfs. kein Gottsucher? Mit diesem (frei erweiterbaren) Fragekosmos kann das thematische Feld der dann weiter entfalteten Unterrichtseinheit abgesteckt werden.
Zweites Stichwort: „Gott wächst sekündlich"!

Alle werden Gott, genauer gesagt alles, was tot ist: Lilien, Mikroben, Tiger, Mäuse, Pantoffeltierchen, Krawattenträger, staubige Kinder, Männer in Muskelhemden, Frauen mit komplizierten Haarknoten in Schneckenform, tot, tot, tot, und stets zu Gott geworden. Gott wächst sekündlich. Einzigartiges Wesen, das sich während der Schöpfung zurückzog, in die Anonymität sank und damit allem, was lebte und starb, erlaubte, allmählich zu Ihm zu werden und an einem erneuten Gotteswachstum teilzuhaben. Dazwischen machte Er sich nochmal bemerkbar und schickte Seinen Sohn – zu Korrekturzwecken, als Mittler und Mahner auf die Schädelstätte, als Richter und Erlöser in den Himmel.
Leider ist das theologisch nicht korrekt, und von meinen Toten war keine rechte Unterweisung zu bekommen. Wenn sie das Gelächter hinter der Schleuse hörten, wurden sie still und stellten sich dumm. Ob da kraft höherer Gewalt gelacht wurde, ob von Jesus oder einem, der sich nur für Jesus ausgab, sie wollten es nicht wissen. Für die meisten hörte sich das Lachen bedrohlich an. Aber niemand wollte den Inhalt der Drohung kennen. Mein amerikanischer Vetter, mutiger als alle anderen, nahm es als reinigendes Gelächter. Wenn sich jemand in die Schleuse begab, würden alle Urteile, Schriftsätze, Vermerke über ihn gelöscht, behauptete Jack. Ein sicheres Wissen darüber besaß er nicht. Anscheinend hatte es noch nie ein Toter gewagt,

> in die Schleuse zu springen. Wobei es unmöglich war, da so einfach hineinzuspringen. Wenn man lange genug in die Schwärze blickte, bemerkte man mittendrin eine Schraube. Sie wurde groß und größer, sobald man sie in den Blick bekam, fast wollte sie einem zu groß erscheinen für Menschenarme. Um die Schleuse zu öffnen, mußte die Schraube erst herausgedreht werden. (...)
> Woran wächst Gott, welche Eigenschaften werden ihm von all dem Toten zugetragen? Drei Eigenschaften bestimmt: Einsamkeit, umfassende Wirksamkeit, verstörende Unwirksamkeit. Von den Menschen außerdem das Kopfweh, von den Insekten den Fleiß. (S. 204–205)

Im Zentrum des Religionsunterrichts steht die Heranführung an die Gottesbilder von Bibel, Philosophie und Dogmatik, gegebenenfalls die der anderen Weltreligionen. Häresien haben keinen Raum. Selbst die Anfragen der Religionskritik dienen didaktisch letztlich einer Schärfung der christlichen Weltsicht. Durch eine Integration literarischer Texte wird die Breite des möglichen Gottesdenkens erweitert. Zwar „theologisch nicht korrekt" – aber eben doch denkbar und möglich – wird die hier spielerisch vorgelegte Version zu einer Herausforderung, sich der Gottesthematik jenseits üblicher Vorstellungen anzunähern. Unter Aufnahme von prozesstheologischen und jüdisch-mystischen Motiven mischt Lewitscharoff hier eine literarische Privattheologie zusammen, die keinerlei Anspruch auf Allgemeingültigkeit oder ‚Wahrheit' erheben soll. Im Modus der Literatur ist eben ein anderer Zugang möglich als im Modus binnenkirchlicher Lehrsprache. Vielleicht ist dieser spielerische und dabei zutiefst ernsthafte Zugang, vielleicht sind die hier benannten Eigenschaften Gottes („Einsamkeit, umfassende Wirksamkeit, verstörende Unwirksamkeit") herausfordernder zur Schärfung eigener religiöser Sprachformen und Positionen als die theologisch üblichen?
Drittes Stichwort „Ich bin der ich bin"!

> Bei Schnee gehe ich in verwegenste Begeisterung über, hochprozentiger Schneebrand in meinem System. Die Selbsterschließung Gottes in *Ich bin der ich bin* ist der schönste aller Kurzmonologe, in endloser Wortfolge zieht er durchs Universum. Auch die Triangel aus Vater, Sohn, Geist hat ihre Reize. Was sie ausrahmt und was sie einrahmt, ist nicht ohne, wie ich dem Jenseitsberater neulich mit der Hartnäckigkeit eines Mannes erklärte, der nicht mehr bereit ist, die Wirklichkeit zu schonen, wobei mir Stark nicht ganz folgen konnte, weil er sich zu fest an seine Mathematik klammert.

Alle wichtigen Töne klingen, als kämen sie von dort, aus jenem schwarzen Loch, zu dem man Zugang gewinnt, wenn man die Kreuzschlitzschraube herausdreht, erklärte ich Stark. Gib, oh Schwärze, hohen Mut! Gib Liebe, gib Treue, gib Wahrheit! Erhabene Worte im Herzen bin ich mit Joey im Arm ins Dunkel gelaufen, um an der Schraube zu drehen.
Die Schraube saß locker auf dem Loch, war aber ziemlich groß. Um sie zu bewegen, fühlte ich mich genötigt, sie mit beiden Armen zu umgreifen, und dafür ließ ich Joey los. Kaum hatte ich die Schraube berührt, erschien sie mir klein, ein Schräubchen nur, mit zwei Fingern zu greifen. Meine Tiere hatten mich zu dem Wagnis angestiftet, die Toten waren viel zu feig dazu. Sie flatterten um die Schraube herum und wichen verstört zurück, als sich das *Ich bin der ich bin* unter dem Lachen bemerkbar machte, Lachen das immer lauter herausdrang, je mehr ich die Schraube nach links drehte. Als ich das Ohr an die Schraube legte, hörte sich das Gelächter wieder anders an. Es litt unter einem winzigen Räuspern, wurde verletzlich, ich hörte immer gieriger hin und fühlte mich geradezu leiblich mit ihm vermengt. Wenn Gott durch das *Ich bin der ich bin* definiert wird, so werde ich durch das *Michsehrwundern* definiert, ließ ich meine verängstigten Toten wissen, ließ ich Stark wissen. Immer muß ich den Dingen auf den Grund gehen. Warum keine Gerechtigkeit? Ich komme von der Gewalt dieser Frage nicht los und kenne die Antwort nicht. (S. 220–221).

(Alle Textauszüge: Sibylle Lewitscharoff, Consummatus © 2006, Deutsche Verlags-Anstalt, München, in der Verlagsgruppe Random House GmbH.)

Am Ende einer am theologischen Grundwissen orientierten Unterrichtseinheit zur Gottesfrage kann dieser dritte Textauszug aus „Consummatus" stehen, der den Prozess der Gotteserkenntnis in eine surrealstisch-traumartige Szene verdichtet. Glaube ist ein Wagnis, ein immer sehr persönlicher Weg der Annäherung an Transzendenz, markiert durch den Mut zum offenen Ende. Im filigranen sprachlichen Spiel mit biblischem und dogmatischem Erbe wird letztlich nichts geklärt, nichts abgerundet oder zu sicherem Wissen verpackt, sondern so offen gehalten, wie es dem Thema letztlich entspricht. Aus der Lektüre kann so der Impuls zu kreativer Textarbeit entstehen. Im Text wird auf Gespräche zwischen dem Erzähler und seinem „Jenseitsberater" angespielt. Wie könnten sie aussehen, diese Gespräche? Wie erklärt der Erzähler seine Faszination für die Offenbarungsformel aus Ex 3,14 „Ich bin der ich bin“? Und wie den Reiz der „Triangel Vater, Sohn, Geist“? Und was antwortet der Jenseitsberater, verwurzelt in den Wortwelten der christlichen Tradition? Welche eigenen Themen und Sprachformen lassen sich in diese Gesprächskonstellation hineinschreiben?

III. Christliche Spiritualität

„Spiritualität“ ist ein viel benutzter Modebegriff, dessen Profil durch inflationäre Verwendung eher weiter an Schärfe verliert. Mit *Gottfried Bitter* kann man eine sinnvolle religionspädagogische Klärung des Begriffs wie folgt vornehmen[190]. Spiritualität kann verstanden werden:

- als *„anthropologisches Phänomen“*, das eine „Denkweise, ein Empfinden, eine menschliche Lebensform“ bezeichnet, die „durch eine alle Bereiche prägende und verbindende geistige (inner- oder überweltliche) Größe bestimmt ist“;
- als *„religiöses Phänomen“*, wenn diese „alles prägende geistige Größe als eine heilige, eine göttliche Größe angesehen wird“, so dass Spiritualität auch als „gestaltete Religiosität“ betrachtet werden kann;
- schließlich als *„kulturelles Phänomen“*, insofern als dass sich „jeweils religiöse und kulturelle Anteile“ mischen und verbinden.

Alle drei Dimensionen sind religionspädagogisch bedeutsam und werden im Religionsunterricht didaktisch konkretisiert, etwa durch literarische Texte. Vor allem im Kontext der Postmoderne und in darauf reagierenden performativen Lernansätzen versucht der heutige Religionsunterricht, die vielfach unbekannten Ausdrucksformen von allgemeiner wie religiöser Spiritualität in Form von Bildern und Gesten, Symbolen, Metaphern und Ritualen, aber auch in Gebeten und Feiern zu erschließen. SchülerInnen sollen zumindest Ansätze zu einer eigenen religiösen Sprache finden können.

Die Dringlichkeit und Aktualität dieser Lerndimension wurde auch in offiziellen Stellungnahmen betont. Im Bischofspapier „Der Religionsunterricht vor neuen Herausforderungen“ von 2005 wird zunächst das Problem benannt: „Eine wachsende Zahl von Schülerinnen und Schülern, die am Religionsunterricht teilnehmen, macht kaum noch Erfahrungen mit gelebtem Glauben.“[191] Die hier im konkreten Bezug auf eine Unvertrautheit mit dem „gelebten Glauben“ benannte Einsicht richtet sich aber noch viel grundsätzlicher auch auf andere Bereiche von Primärerfahrung: Erfahrung von Stille, von

zweckfrei entdeckter Natur, von in Ruhe gehörter Musik oder Betrachtung von Bildern, vom Zuhören von erzählten oder vorgelesenen Geschichten, um nur einige weitere Dimensionen zu nennen. Eine eigene Spiritualität kann sich aber nur entfalten, wenn solchen Erfahrungen Raum und Reflexion gegeben wird. Wenn solche Räume außerhalb von Schule immer weniger zur Verfügung stehen, muss Schule selbst – im Interesse der SchülerInnen – solche Nischen zumindest ansatzweise bereitstellen.
Das verändert die Aufgaben auch des Religionsunterrichts, der den SchülerInnen in den Worten *Hans Mendls* zunehmend „gestufte Teilhabe an religiöser Erfahrung“[192] ermöglichen sollte. Wenn für Jugendliche der schulische Religionsunterricht „der wichtigste Ort der Begegnung mit dem christlichen Glauben“[193] ist – so die Formulierung des Bischofspapiers –, kann es in ihm nicht mehr ausschließlich um die „Vermittlung von strukturiertem und lebensbedeutsamem Grund*wissen* über den Glauben der Kirche“ gehen, auch nicht nur um die „Förderung religiöser Dialog- und Urteilsfähigkeit“, sondern eben auch um das *„Vertrautmachen mit Formen gelebten Glaubens“*[194]. Was die Aussage konkret bedeutet, es solle dem Religionsunterricht darum gehen, „die Schülerinnen und Schüler auch mit Formen gelebten Glaubens bekannt“ zu „machen und ihnen eigene Erfahrungen mit Glaube und Kirche ermöglichen“[195], ist zurecht umstritten, birgt sie doch ein mögliches Missverständnis: Eine Rückkehr zu einer materialkerygmatischen Konzeption, in welcher ‚der gläubige Schüler‘ das Ziel des Unterrichts und das schulische Fach nur der verlängerte katechetische Arm der Gemeinde war, ist schon angesichts von vollkommen veränderten soziologischen, institutionellen und schulpädagogischen Rahmenbedingungen völlig unmöglich. In unserem konkreten Fall, im Blick auf Spiritualität, geht es jedoch ohne Zweifel darum, die SchülerInnen an zentrale kulturelle, anthropologische und christlich-religiöse Formen von Spiritualität heranzuführen. Nur dadurch werden sie fähig, Entscheidungen über den eigenen Gebrauch, die eigene Praxis zu fällen.
Dazu eignen sich Gebete, Psalmen und andere Texte der Tradition, gewiss. Dazu eignen sich aber eben auch in besonderem Maße literarische, vor allem lyrische Texte, auf die wir uns in dieser Abteilung beschränken. Dass Gebet und Gedicht seit jeher zwei eng aufeinander bezogene, ineinander übergehende Textgattungen sind, lässt sich quer durch die Geschichte der deutschsprachigen Literatur ein-

drucksvoll belegen.[196] Überhaupt: An literarischen Texten, aus denen eine besondere Spiritualität spricht, mangelt es nicht. Sie sind in zahllosen eindrucksvollen Anthologien zusammengestellt, sei es im Blick auf die in deutscher Sprache fixierte Christentumsgeschichte[197], sei es im Blick auf die Frage nach Gott in der Literatur seit 1945[198]. Gerade Beispiele aus unserer unmittelbaren Gegenwart können veranschaulichen, wie heutige sprachliche Annäherungen an Gott von innen, aus einer Gottesbeziehung heraus versucht werden. Die ausgesuchten Beispiele stammen aus diesem Bereich.

1. *SAID:* Psalmen der Einforderung

„Christliche" Spiritualität ist der Titel dieser Abteilung. Darf man da Texte aufnehmen, die von nicht-christlichen AutorInnen stammen? Wäre das nicht endgültig Verzweckung und Vereinnahmung? Wenn es um die Förderung einer ‚christlichen' Spiritualität geht, können selbstverständlich auch nicht explizit aus christlichem Kontext und nicht in christlicher Intention verfasste Texte anregend, herausfordernd und förderlich sein. Der Umgang mit ihnen verlangt freilich nach besonderem Fingerspitzengefühl und auch im Unterricht deutlich werdender Transparenz, erfordert saubere Trennung von Textdeutung und Hineinnahme in eine christliche Lebensperspektive. Unter diesen Vorzeichen aber können gerade solche Texte inspirierende Anregungen enthalten.

Das gilt in besonderem Maße für die Texte des seit über 40 Jahren in Deutschland lebenden, muslimisch aufgewachsenen Exiliraners *SAID* (*1947). Mit Gedichtbänden, Hörspielen, politischen Essays und erzählerischer Prosa hat er sich einen Namen gemacht und wurde vielfach preisgekrönt (zuletzt 2006 mit der „Goethe-Medaille"). Aufsehen erregte vor allem ein Lyrikband, der im Jahr 2007 erschien und mit einer überraschend religiösen Thematik aufwartete. „Psalmen" nennt SAID seine 99 Gedichte und schlägt damit schon im Titel den bewussten Bogen zu den alttestamentlichen Gebeten. In der Zahl 99 nimmt SAID eine Anspielung auf die vor allem im Islam bezeugte Tradition der ‚99 schönen Namen Gottes' auf. Der Dichter reiht sich mit diesem Band in eine lange Traditionslinie ein. Immer wieder haben Dichter der Moderne neue Psalmen verfasst[199]: von *Paul Celan* bis *Thomas Bernhard*, von *Rainer Maria Rilke* bis *Ingeborg Bachmann*,

von Bertolt Brecht bis hin zu *Ernesto Cardenal* oder *Ralf Rothmann* – allesamt Texte, die mit Gewinn auch im Religionsunterricht zu lesen und zu deuten sind. Ausgespannt zwischen den spirituellen Grundgesten von Lob, Preis, Dank, Bitte und Klage haben alle PsalmendichterInnen ihren je eigenen Zugang gesucht. Doch nie so radikal wie hier. Für SAID – doppelt vertrieben vom Regime des Schahs wie von den Mullahs; gezeichnet vom Wissen um Folter, Ermordungen und äußerste menschliche Grausamkeit gegen sein Volk (darunter engste Freunde); selbst religionsfern aufgewachsen im Hallraum des Islam – sind die Psalmen vor allem eines: Texte der *Einforderung* des Eingreifens Gottes.
In der christlichen Spiritualität hat sich erst in den letzten Jahrzehnten die vom Alten Testament angebotene Einsicht durchgesetzt, dass Klagen einer der Grundvollzüge einer lebendigen Gottesbeziehung sein kann. Aber ‚*Einforderung*'? Tatsächlich leben die biblischen Psalmen auch von diesem Sprachduktus: Gottes ausbleibende Hilfe wird nicht nur beklagt; Gottes wirksames Handeln wird nicht nur erfleht, erbeten und erhofft, sondern konkret eingefordert. Diese spirituelle Haltung ist im Christentum, geschweige denn im Islam kaum entwickelt. Bei SAID steht sie im Vordergrund. Von Lob, Preis und Dank ist hingegen keine Rede. Schon diese bewusst gesetzte Einseitigkeit verdeutlicht, dass die Rezeption dieser Gedichte von – produktiven – Spannungen und Auseinandersetzungen bestimmt ist. Aber mehr noch: Alle 99 Psalmen richten sich – zumeist im ersten Wort – in direkter Anrede an den ‚Herrn'. SAID gibt jedoch offen zu, an den Gott der monotheistischen Religionen nicht glauben zu können, bestenfalls auf der Suche nach ihm zu sein – ohne die Erwartung, ihn wirklich finden zu können. Die direkte Anrede an den kaum für existent gehaltenen Gott dient ihm aber dazu, „Gefühle wie Wut und Zorn auszudrücken". Er will diesen „Gott auf Augenhöhe" „auf die Erde bringen", um von ihm Gerechtigkeit einzufordern. Im Rahmen „meiner Religiosität" – so SAID in einem Interview[200] mit der Zeitschrift *Publik-Forum* – findet er so eine eigene lyrische Sprache.
Und genau das findet sich in diesem Gedichtband: Versuche, ganz eigen-artige, heutiger Spiritualität verpflichtete Psalmen zu schreiben, die sich im Spannungsrahmen von Islam, Judentum, Christentum und Humanismus bewegen. Es handelt sich – so *Hans Maier* im Nachwort des Bandes – um einen „beherzten, fast verwegenen Versuch, Psalmen aus islamischem Geist in heutiger Sprache zu ersin-

nen und sich mit ihnen an ein heutiges Publikum zu wenden“[201]. Wer nach Bestätigung von bereits nur zu gut Bekanntem und Gewusstem sucht, wird hier nicht fündig. Texte wie der Folgende[202] wollen provozieren und herausfordern:

herr
gib dass ich unbelehrbar bleibe
mich vor der kompatiblen vernunft schütze
und deren postmodernen furien
so dass ich meine erregbarkeit nicht verliere
denn dann verlöre ich auch dich
höre auf mich
oh herr
nicht auf diejenigen
die auf dich hören
denn sie sprechen
von einer mischung aus gott und vernunft
nützlich und konvertierbar

(SAID, Psalmen © Verlag C.H. Beck 2007.)

Immer wieder greift SAID diejenigen an, die sich im Besitz Gottes glauben, die vorgeben, Gottes Willen zu kennen und auszuführen, egal, welcher Religion oder Konfession sie verpflichtet sind. Dem stellt er eine rebellische eigene Spiritualität der erregbaren Suche entgegen, eine Spiritualität des Nichtwissens, des sich einer theologisch ausgefeilten vernünftigen Gotteslehre Verweigerns. „Kompatible Vernunft“ als Zugang zu Religion – darin scheint ihm das Grundübel von jeglichem Missbrauch und letztlich der Desavouierung der Gottesidee zu liegen.

Für die Auslegung zentral: SAIDs Texte sind auf mehreren Ebenen lesbar. Im Wissen um den Hintergrund des Verfassers kann man sie als kontrafaktische Gegenrede zu den biblischen Psalmen lesen, die im Spiegel der fiktiven Anrede des ‚Herrn‘ eigene Gefühle, Gedanken, Überlegungen in Sprache bringen. Die biblische Sprachfolie wäre so vor allem eine Quelle ästhetischer Anregung. „das gedicht entsteht aus der schwäche des gebets – diese chronische krankheit unserer Zeit“[203], so SAID 2008 in einem Nachwort zu den Gedichten des Jesuiten *Georg Maria Roers*. Weil das klassische Gebet in unserer Zeit ‚schwach‘ ist, ‚chronisch krank‘, braucht es Gedichte als Ersatz ... Soweit die eine Lesart.

Genauso gut lassen sich die Texte aber auch als *Zeugnisse innerhalb einer Gottesbeziehung* lesen und deuten, in der Klage und Einforderung eben jener Platz zukommt, der ihnen in der Bibel selbst auch gewährt wird. Folgt man dieser Lesart, so liegen hier Zeugnisse des Ringens um eine neue Gottesrede vor, ganz und gar nicht ‚unbefangen', vielmehr aus tiefster Befangenheit und Verstricktheit heraus. Dann geht es um eine Gottesbeziehung, die von Auseinandersetzung und Konflikt bestimmt ist, von Unsicherheit und Zweifel, von Trotz und Erwartung gegen alle Erfahrung. Die Texte selbst lassen beide Lesarten zu, auch wenn der Autor selbst nur die erste bestätigt.
Als sinnvollster didaktischer Ort dieses Gedichtes im Religionsunterricht der Oberstufe lässt sich die Phase der Problemstellung, der Frage, der Herausforderung bestimmen. Gut möglich, dass einige SchülerInnen, potentiell natürlich auch die Lehrkraft, die benannten Anfragen teilen und unterstützen. Es bietet sich an, diesen Text nach der Lektüre eines biblischen Psalms in den Unterricht aufzunehmen, um alten und neuen Text, Vorbild und Variation vergleichen zu können. Dabei sollten die spirituellen Grundgesten der Psalmen: Lob, Preis, Dank, Bitte, Klage und Einforderung benannt und problematisiert werden. Welche Sprachform ist uns vertraut, welche fremd? Welche haben einen Sitz im Leben in unserem Alltag, welche nicht (mehr)? Was lässt sich daraus schließen, dass sich SAID auf die eine, ungewöhnliche Form der Einforderung konzentriert?
Der Text selbst wählt in der Du-Anrede die Form des Dialogs. Diese Form kann man methodisch nutzen, indem man den Dialog aufnimmt: Die SchülerInnen erhalten den Text so auf ein Blatt kopiert, dass rechts ausreichend Platz für eigene Zeilen bleibt. Wenn SAID „Gott" probehalber herausfordernd anspricht, können die SchülerInnnen ihm probehalber antworten. Sie schreiben zu jeder Zeile eine Antwort, Reaktion oder Kommentar – sei es aus der Perspektive des angeredeten ‚Herrn', sei es aus ihrer eigenen Lebenserfahrung – und so entsteht ein eigenständiger Begleittext. Ob dieser selbst wie ein poetischer Text gestaltet wird oder eher wie eine Addition zusammenhangloser Rückfragen, bleibt jedem selbst überlassen. Im Blick auf den Originaltext wie auf die von den SchülerInnen produzierten Begleittexte geht es am Ende darum, Fragen und Ziele für die weitere Unterrichtseinheit zu formulieren: Mit welchen Herausforderungen und Fragen will man sich im Folgenden näher beschäftigen? Beispiele dazu könnten sein: Was sagen denn „diejenigen, die auf dich

hören" über Gott? Ist das tatsächlich so verwerflich? Ist die übliche Rede von Gott wirklich eine „Mischung aus Gott und Vernunft"? Und wenn, ja: Ist das ein Fehler? Ist diese Mischung wirklich durch Konvertierbarkeit und Anpassbarkeit korrumpierbar, oder schützt sie gerade vor Missbrauch? SAIDs Text öffnet so ideal den Zugang zu einer Unterrichtseinheit über Gotteslehre.
Ganz anders der zweite Text, der eine solche Einheit eher abschließt und rundet.

2. *Kurt Marti:* Du. Rühmungen

Kann man das, in unserer Zeit ‚christliche Lyrik' schreiben? Über Jahrzehnte hinweg, in den 60er, 70er und auch noch 80er Jahren des 20. Jahrhunderts galt es im deutschsprachigen Raum als verpönt, sich an Mischungen von Religion und Literatur zu versuchen. AutorInnen, die diesen Versuch dennoch unternahmen, wurden vom Kulturbetrieb mehr und mehr marginalisiert. Das mag, so ein möglicher Einwand, mit an der minderwertigen ästhetischen Qualität dieser Versuche gelegen haben. Zur Stützung einer derartigen Behauptung bräuchte es jedoch eine klare Kriteriologie und eine umfassende Untersuchung. De facto reichte für eine Indizierung freilich oft schon der bloße Verdacht, hier handele es sich um – vorgeblich überkommene – Versuche religiöser Literatur.
Vor allem und nahezu ausschließlich ein Autor war von dieser Ausgrenzung fast durchgängig ausgenommen, der Schweizer Dichterpfarrer *Kurt Marti* (*1921), fraglos der führende Vertreter einer weit über kirchliche Grenzen hinaus rezipierten christlichen Literatur unserer Zeit. Seine Werke fanden sowohl kulturell-feuilletonistische Zustimmung als auch breite kirchliche Rezeption. Viele seiner frühen Gedichte sind in den Kanon von religionsdidaktisch und homiletisch genutzten Textsammlungen eingegangen. Vor allem mit den Gedichtbänden „leichenreden" (1969), „abendland" (1980) und „mein barfüssig lob" (1987) hat sich der auch in anderen literarischen Gattungen überaus produktive und politisch streitbare Kurt-Tucholsky-Preisträger (1997) in die Lyrikgeschichte eingeschrieben. Seine stets in durchgängiger Kleinschrift abgedruckten experimentellen Gedichte kreisen um Bibel, Kirche, die Gottesfrage, um Menschen in ihrem Alltag oder das bürgerliche Ungenügen angesichts des be-

freienden Anspruchs der Frohen Botschaft. Diese Paradebeispiele konkreter Poesie sind oftmals „auf der Grenze von Sinn und Unsinn, von Reden und Schweigen angesiedelt“ als „lyrische Kürzel, äußerst verknappte, auf Wortfetzen und Silben reduzierte Verse“[204].

Martis Sprachschöpfungen speisen sich aus einer Verbindung von Techniken moderner Poesie mit Traditionen klassisch-liturgischer Ritualsprache. Es geht ihm darum, aus christlicher Binnenperspektive heraus eine neue poetische Sprache zu finden, einerseits, um die christlichen Erfahrungen und Glaubensüberzeugungen dichterisch neu auszudrücken, andererseits um die christliche Tradition kritisch an heutigen Erfahrungen und Einsichten zu messen und dies sprachlich zu erfassen. Auch die Texte des reformierten Berner Pfarrers kann man als „Theopoesie“ bezeichnen, jenen Begriff, den wir oben im Blick auf Richard Exner eingeführt haben. Martis besonderes Merkmal: Die Sprachkrise der Moderne quer durch all ihre Katastrophen hindurch hinterließ in seinem Werk deutliche Spuren: Immer gebrochener wurden auch seine Texte, immer grotesk verspielter, immer verknappter.

In seiner letzten Lebensphase – Marti ist zu diesem Zeitpunkt ein Mittachtzigjähriger – veröffentlichte er so etwas wie sein literarisch-theologisches Vermächtnis: überraschend und herausfordernd zugleich. Wie SAIDs „Psalmen“ erschien das schmale Bändchen „Du“ im Jahr 2007. Und auch dessen Untertitel deutet auf eine Provokation, wenngleich eine völlig anders gestaltete, nämlich eine provokative Affirmation: „Eine Rühmung“. Dieser Band wurde 2008, um einige weitere ältere Texte ähnlichen Charakters erweitert, neu aufgelegt.

Im Rückblick und unter Aufnahme früherer poetischer Motive und Gedanken resümiert Marti hier noch einmal seine poetische Gottesbeziehung. Doch der Ton schlägt um: Nicht mehr verspielte Leichtigkeit, nicht mehr sozialkritische oder tagespolitische Schärfe, nicht mehr absurd-ironische Sprachsetzungen gegen das Chaos. All diese Tonarten bleiben bestehen, keine von ihnen wird zurückgenommen. Aber sie werden eingerahmt in eine Tonlage, die sich nur wenige SchriftstellerInnen der Gegenwart zutrauen; eine Tonlage, die von einer unzerstörbaren Letztbindung spricht und zeugt. Der nun alles bestimmende, aus der Bibel entlehnte, zuvor bei Marti meistens von Klage, Zweifel und Trotz übertönte Sprachgestus ist jener des heute selten gehörten rühmenden Lobpreises. Der erste der fünf – in Anlehnung an die Psalmen bewusst titellos gestalteten – Texte[205] lautet wie folgt:

DU
weltweit
in vieler leute mund
so dass alle glauben
dich duzen
zu dürfen
ich auch
DU
den kein menschenauge
zu erblicken vermag
(denn sterben wird
wer dich sieht)
der uns aber
von zuinnerst
von dorther sieht
wo wir sterbliche
uns selber unsichtbar
und unbekannt sind
DU
von dem wir
nur wenig wissen
und doch ist
dies wenigwissen
geheiligt
da es
wenigwissen
von dir
und deshalb
weitaus mehr ist
als wir
mit unserem glauben
und denken
zu fassen vermögen
DU
weder
greif- noch
begreifbar
so dass wir
oft wähnen du seist
ein nichts
DU
dem nichts gleich ist:

anfänger
ohne anfang
vollender
ohne ende
schöpfer und
quelle des lebens
auf diesem planeten
in der unermesslichen fülle
seiner gestaltungen
DU
der überströmende
der ewig werdende
unendlich beziehungsreich
DU
größer als alles
was groß heißt
kleiner als
nano-kleinstes
– doch ach!
das schweigen
der unendlichen räume
erschreckt uns
und ebenso jetzt
der stumme zorn
zerstörter
gen- und atomkerne
DU
der den triumphen des bösen
über das gute
so häufig
zu häufig
untätig zuschaut
uns aber vorhält
dass *wir* es sind
die den triumphen
des bösen so häufig
zu häufig
untätig zuschauen
DU
den wir „lieber gott"
oder „liebgott" nennen
als würde deine liebe niemals

zornig entbrennen
als wären
die warnungen der propheten
vor deinem heiligen zorn
ein uralter hut
aus abergläubiger vorzeit
DU
dessen rätsel trotz allem
zukunftsträchtiger bleiben
als alle lösungen der menschen

SELA

(Aus: Kurt Marti, Du. Rühmungen © Radius Verlag, Stuttgart 2008.)

Diese Rühmung fasst zentrale Erfahrungen mit Gott, besser: Erfahrungen mit dem menschlichen Umgang mit der Vokabel ‚Gott' zusammen. Spirituelle wie theologische Fragmente und Erkenntnisse fließen zusammen mit biblischen oder zeitgenössischen („gen- und atomkerne") Elementen, werden eingebunden in eine ruhige, litaneiartige Meditation der Gottesannäherung. Deutlich wird die innige Verbundenheit des Gedichtsprechers mit Gott über alle Anfragen, Anfechtungen, Widrigkeiten und Zweifel hinweg.

Der didaktische Ort dieses Textes ist ein ganz anderer als der bei SAID. Ging es dort um die – dem Leben abgetrotzte – Zurückweisung eines zu einfachen Gottesglaubens, um ein einforderndes Ringen um Gottes wirksame Existenz, so geht es dem Schweizer um eine – gleichfalls dem Leben abgetrotzte – letzte Affirmation des Gottesglaubens. Im Religionsunterricht bietet sich dieser Text in unterschiedlichen Kontexten an: etwa im Zusammenhang mit dem Thema Schöpfung; im Kontext eines expliziten Nachdenkens über Gebet und Meditation; im Rahmen der mehrperspektivisch beleuchteten Frage nach Gott. Da der Text zahlreiche geistes- und zeitgeschichtliche sowie theologische Anspielungen aufnimmt, könnte er ideal als Bündelung am Ende einer solchen Unterrichtseinheit stehen, die mit SAIDs Text eröffnet werden könnte.

Dann ginge es hier didaktisch um das Wiedererkennen von zuvor benannten Positionen und deren Einbindung in einen neuen und überraschenden Gesamtduktus. So kann der Text dann auch eingeführt werden: Nach all den Schwierigkeiten, sich Gott anzunähern (literarisch, biblisch, theologisch, psychologisch, philosophisch, religionskritisch ...), und im Blick auf das breite Panorama der Möglichkeiten um Gott zu streiten und seine Existenz zu widerlegen, kann man da noch an diesen Gott *glauben*? Kann man – wenn man das alles weiß – noch zu Gott *beten*? Am Ende einer solchen Unterrichtsreihe im Religionsunterricht sollte das Angebot einer wohlreflektierten Affirmation stehen. Dazu eignet sich Martis unaufdringlicher, weil persönlicher Text ideal.

Methodisch legt es sich nahe, diesen aus mehreren Einzelteilen bestehenden Gesamttext zunächst in seine einzelnen Rühmungen aufzulösen und jeweils nach der konkreten Aussage und deren Verortung zu fragen. Welcher Einzelteil spricht die SchülerInnen besonders an, welche bleiben fremd und sperrig? Wenn man den Textumfang um die Hälfte kürzen müsste, welche Textteile bleiben übrig? Warum? Insgesamt lädt der Text zu einer subjektiven Gestaltung ein. Die SchülerInnen werden aufgefordert, zu zweit oder in Kleingruppen ein Din-A3-Plakat zu gestalten. Sie dürfen den (vergrößerten) Text in Teile zerschneiden, graphisch nach eigenem Gutdünken anordnen (als Stern zentriert um das DU?; im Sinne einer oben-unten-Beziehung?; als Kreis?; in einer Gewichtung von ‚wichtig' und ‚unwichtig'?; ...), weiterschreiben, kommentieren, zeichnerisch oder malend gestalten, collageartig mit Zeitungsbildern oder -ausschnitten versehen und ihrem Bild schließlich einen eigenen Titel geben. Auf diese Weise können sie ganz subjektiv zu diesem Text – einem Herzenstext der Gottesbeziehung – Stellung nehmen. Im zusammenstellenden Vergleich der Ergebnisse wird so ein Panorama gestalteter Gottesannäherung, Gottesgleichgültigkeit oder Gottesablehnung entstehen.

3. *Silja Walter:* Weihnachten – Gott in der Welt finden

Spirituell anregende Versuche literarischer Gottesrede finden sich freilich nicht nur in der Fortschreibung der Psalmen. Meditative und lebensreflexive Texte lassen sich auch in anderen Zusammenhängen und Formen nachweisen. Im Blick auf eine spezifisch christliche Spiritualität schreiben viele AutorInnen Gedichte, die sich an konkreten Anlässen des Kirchenjahres orientieren – und dadurch thematisch für den Religionsunterricht klar zugeordnet werden können. Die folgenden Beispiele sind diesem Bereich entnommen.

Im Blick auf die Hauptfeste des Christentums – *Weihnachten* und *Karfreitag/Ostern* – fällt auf, dass der Buchmarkt zwar jedes Jahr zahlreiche neue Anthologien literarischer Texte zu diesen Anlässen auf den Markt bringt, dass es dabei aber erstaunlich wenige wirklich gute *neue* Entwürfe gibt. Sind diese Feste literarisch unproduktiv geworden? Oder einfach durch übergroße Rezeption zu Ende erzählt und verdichtet?

Auf die Anfrage, für das damals noch existierende „Deutsche Allgemeine Sonntagsblatt“ eine Weihnachtserzählung zu schreiben, antwortete *Kurt Marti* 1987 mit dem programmatischen Text: „Warum ich keine Weihnachtserzählung mehr schreibe“ und erklärt dort unter anderem: Er verweigere die Abfassung von Weihnachtstexten, weil „es ohnehin schon zu viele Weihnachtserzählungen“ gebe und die „biblischen Weihnachtslegenden erzählerisch überstrapaziert worden“[206] seien. Auch Martis Landsmann *Peter Bichsel* (*1935), Verfasser zahlreicher Weihnachtsgeschichten, erläutert in „Die heilige Zeit“ (2003) warum es so schwierig ist, dem jedes Jahr neu an ihn herangetragenen Wunsch nach solchen Erzählungen nachzukommen. Bei keiner anderen Gattung „wissen wir so genau, wie sie zu sein haben“, denn sie „spielen in der Kälte, im Schnee, im Dunkeln – und sie haben mit jenem Ereignis vor 2000 Jahren in Palästina wenig zu tun“[207]. Und so sind seine Geschichten de facto auch „weniger Weihnachtsgeschichten „als „Darstellungen eines meist zögerlichen *making of*“[208]. Weihnachtsdichtungen heute – unmöglich?

Angesichts dieses Befundes wird im Folgenden auf Texte zurückgegriffen, die zwar noch dem Bereich der Gegenwartsliteratur entstammen, anders als die meisten anderen Beispiele in diesem Buch jedoch nicht dem Zeitraum der unmittelbar letzten Jahre. Es handelt sich um Beispiele, die nach eigener und damit völlig subjektiver Erfahrung die größten Chancen für den Religionsunterricht in diesem Zusammenhang eröffnen.

Wirklich gute und unverbrauchte Texte zu Weihnachten zu finden ist schwer. Der Griff zu den allherbstlich erscheinenden Anthologien[209] fördert letztlich immer wieder dieselben Texte zu Tage, die sich zudem fast durchgängig innerhalb der folgenden Gattungen und Typen bewegen[210]:

1. Da sind zunächst Gedichte und Geschichten, die lediglich die immer stärker amerikanisierten Accessoires der ‚Weihnachtsstimmung‘ aufrufen, ohne jegliche gedankliche Tiefe und theologische

Reflexion: Erzählungen um Schneeflocken, Schlitten, Rentiere, Geschenkpakete, den Weihnachtsmann und winterlichen Glockenton. In Liedern wie „O Tannenbaum“ oder „I'm dreaming of a white Christmas“ finden solche Strategien ihre Hymnen. Hier überlagert das heraufbeschworene Gefühl jeglichen Sinn des Festes, wird Weihnachten der christlichen Sinngebung bewusst-unbewusst entkleidet.

2. Daneben treten Kindheitserinnerungen an das ‚Weihnachten, wie es einmal war‘. In solchen verklärenden Erinnerungen wird die damalige Spannung beschworen, wird die Stimmung von einst lebendig, werden die kindlichen Erwartungshaltungen vor Augen gestellt. Häufig führen solche Berichte in eine Zeit, in welcher der grenzenlose Konsum unserer Gegenwart eben noch nicht herrschte, in der die Freude auf das kleine Geschenk alles überlagerte, in der der Kirchgang zu den wirklichen Höhepunkten des Festes zählte. Bei allem nostalgischen Glanz, den solche Geschichten verbreiten mögen: Letztlich entlarven sie ungewollt all das, was *heute* eben *nicht mehr* gilt. Die idealisierte Erinnerung legt die heutige Unfähigkeit bloß, das Fest sinnvoll zu gestalten und wirklich tief zu erleben.
3. Ganz anders sind Erzählungen, die zurückgehen in die biblische Zeit. Sie verbleiben eng an den biblischen Erzählvorgaben, um sie historisierend und psychologisierend auszuschmücken und anzureichern, ohne dabei die ‚Malvorlage‘ der Kindheitsevangelien zu verändern. Hier geht es vor allem um eine immer wieder neu bestätigende Ausdeutung der neutestamentlichen Geburtslegenden.
4. Harmlos bleiben letztlich auch moralisierende Bekehrungsgeschichten oder symbolische Rettungsgeschichten, die vor allem in der älteren Literatur zu finden sind. Erfolgt im ersten Typ angesichts des Geistes von Weihnachten eine Umkehr von Hartherzigkeit zu Nächstenliebe, so schildert der zweite Typ wunderbare Rettungen aus Not, die an das Weihnachtsgeschehen angekoppelt werden. In solchen Erzählungen können auch Transfigurationen eingesetzt werden, in denen entweder heutige Menschen Züge der bei den Geburtsgeschichten beteiligten Personen annehmen können oder in denen das Jesuskind in andere Zeiten versetzt wird.
5. Außerdem finden sich Texte, die eher als Meditationen verfasst sind. In ihnen sind Assoziation und Reflexion gestaltet, die heu-

tige Gedanken an Weihnachten prägen. Selten gehen solche Texte über fromme spirituelle Impulse hinaus, die eher als binnenchristliche Selbstbesinnungsversuche verstanden werden können.

Diese bislang geschilderten fünf Typen dienen vorgeblich einer affirmativen Lesart der Weihnachtsgeschichte. Das Gegenteil trifft zu auf die beiden noch zu nennenden Typen. In ihnen wird Weihnachten angefragt, zurückgewiesen, als unglaubwürdig entlarvt.

1. Diese Entlarvung kann zunächst mit dem Stilmittel der Satire erfolgen: *Friedrich Dürrenmatts* kurze Erzählung „Pilatus" arbeitet so, *Heinrich Bölls* Geschichte „Nicht nur zur Weihnachtszeit", aber auch Gedichte etwa von *Kurt Tucholsky* oder *Erich Kästner*[211]. Vordergründig kritisieren sie eine bestimmte bürgerliche Art des Feierns dieses Festes. Grundsätzlich gerät aber der Sinn des Festes selbst in Zweifel.
2. Schließlich geht es im letzten Typ darum, die damalige Geschichte und deren Heilsdeutung durch die Kirchen mit den harten Realitäten der Gegenwart zu konfrontieren und dadurch in Frage zu stellen. In den meisten theologisch-literarischen Abhandlungen über Weihnachten wird diesen sozialkritisch-politisch ausgerichteten Texten der größte literarische Stellenwert zugesprochen: *Wolfgang Borcherts* „Die drei dunklen Könige", *Wolfdietrich Schnurres* „Anbetung", *Peter Huchels* „Dezember 1942" oder *Marie Luise Kaschnitz'* „Dezembernacht" gehören zu den ‚Klassikern' dieser Tradition.[212] Typisch für den Zeitsprung solcher Erzählungen oder Gedichte ist die (Rück-)Besinnung auf das Weltkriegsszenario, welches der Weihnachtsgeschichte entgegengestellt wird. Dieses Szenario eines eindeutig benennbaren Kontextes von Not, von richtig und falsch, entspricht jedoch nicht mehr der so komplizierten postmodern-unüberschaubaren Gegenwart. Für viele Menschen dient das hier zugrunde liegende eindeutig komplementär wertende Schema eben nicht mehr der Beschreibung heutiger Lebenssituation. Bei aller Qualität derartiger Texte, bei aller bleibenden Notwendigkeit der sozialkritischen Infragestellung: diese Tradition beleuchtet nur einen Strang der Weihnachtsbotschaft und ihrer kulturellen Aneignung, der zudem bei ständiger Wiederholung seine Provokationskraft verliert.

Was in all diesen – in sich ganz verschiedenartigen und differenziert zu bewertenden – Traditionen fehlt, sind Texte, die auf hohem ästhetischen Niveau theologisch und formal herausfordernd zum spirituellen Kern von Weihnachten führen; die dazu anregen sich dem zu stellen, was die Botschaft jenseits von flacher Stimmung und politischer Sprengkraft immer wieder neu aktuell macht; die das Fest zu einem eben auch religiösen Höhepunkt der Jahresgestaltung werden lassen. Selbst ein *Thomas Mann* kann zwar das „Zugleich von milieukritischer Verblendungsgeschichte und bleibendem Zauber des Rituals“[213] darstellen, die Anschlussfrage interessiert ihn jedoch nicht: Was wird aus Weihnachten jenseits der notwendigen Entlarvungen all der Fragwürdigkeiten seiner bürgerlich ummäntelten Ritualisierungen und Feierlichkeit? – Der Bestand an Texten, die sich dieser Frage stellen, bleibt spärlich. Umso wichtiger sind die Ausnahmen von diesem Gesamtbefund; umso beachtenswerter, wenn es Erzählungen und Gedichte gibt, die tatsächlich zum Kern des Festes hinführen. Einen eindeutigen diesbezüglichen Kanon hat noch niemand zusammengestellt, schon weil es letztlich keine objektiven, allseits akzeptierten Kriterien dafür gäbe.

Einen derartigen Text möchte ich dennoch vorstellen. Es handelt sich um einen Text mit einer außergewöhnlichen Vorgeschichte, die seine Brisanz und Deutungstiefe noch erhöht und deshalb zuvor erzählt werden sollte – auch im Religionsunterricht. Das Beispielgedicht stammt von *Silja Walter* (*1919), einer Ausnahmeerscheinung in der deutschsprachigen Gegenwartsliteratur. Um Person und Gedicht zu verstehen bedarf es einiger Hinweise auf den Hintergrund, den Anlass und die Absicht des Textes.

Silja Walters Vater, streng katholisch, war ein erfolgreicher Verleger (Walter-Verlag, Olten/Schweiz), Urtyp des Firmengründers in der industriellen Aufbruchszeit, ein Patriarch, Nationalrat, Offizier, Vater von neun Kindern. Das jüngste der Geschwister, der einzige Sohn *Otto F. Walter* (1928–1994), neun Jahre jünger als die Zweitälteste Silja, wurde Verlagslektor und erfolgreicher Romancier, brach aber völlig mit der Welt, für die sein Vater stand: der Welt des Unternehmertums, der Bürgerlichkeit, des Katholizismus. Sein mit all dem abrechnender Roman „Zeit des Fasans“ (1988) gilt als Schlüsselwerk der 1968-Generation. Sie selbst, Silja, trat nach akademischer Ausbildung im Alter von 29 Jahren in das kontemplative Benediktinerinnenkloster Fahr bei Zürich ein, wo sie seitdem in strenger Klausur lebt. Nachdem sie 2008 das äußerst seltene Jubiläum der 60jährigen Ordenszugehörigkeit feiern konnte, wurde ein Jahr später mit großer öffentlicher Würdigung[214] ihr 90. Geburtstag zelebriert.

Als Ordensfrau Schwester Maria Hedwig verfasst sie weithin beachtete Lyrik, Oratorientexte und religiöse Spiele, Erzählungen um den Sinn klösterlich-kontemplativen Lebens in der heutigen Zeit – und darin ist sie tatsächlich einzigartig. Für unsere Fragestellung zentral: Im Jahr 1982 führte sie ein Aufsehen erregendes Radio-Gespräch mit ihrem Bruder, aufgezeichnet bei ihr, im Kloster, ein Jahr später veröffentlicht unter dem Titel „Eine Insel finden". Was für eine Konstellation: Hier sie, die in Klausur lebende Nonne; dort er, der jüngere Bruder, der Religion völlig entfremdet, sozialistisch-politisch engagiert, vom Leben desillusioniert, aber weiterhin kämpferisch aktiv im Einsatz für eine bessere Welt. 20 Jahre lang hatten sie einander nicht gesehen. Zwei Welten, zwei unterschiedliche Lebenserfahrungen prallen aufeinander, verbunden durch die erinnerte geschwisterliche Sympathie und die gemeinsame Kindheitserfahrung, die jeder doch völlig anders erlebt und in Erinnerung behalten hat. Die Themen des Gespräches ergeben sich wie von selbst: das Elternhaus, die so eigenständig verlaufenden Lebenslinien, der Sinn des Schreibens, die unterschiedlichen Auffassungen über Religion, über das Christentum, über die konkret erfahrene Welt des Katholizismus. Seine Erinnerung an das Aufwachsen: „Das Katholische, patriarchalisch natürlich und übermächtig, war für mich, mit all seinen Schuldzuweisungen, eine ständige Bedrohung"[215]. Ganz anders die Schwester: „Für mich ist dieser Bereich völlig selbstverständlich gewesen." (S. 138) Trennende Erfahrung mit Religion von Anfang an!

Im Kern des Gespräches aber geht es um die Gottesfrage: Silja Walter will dem Bruder ihre Welt, ihren Glauben, ihren Weg ins Kloster und ihr Leben dort verständlich machen. Doch wie erklärt man religiöse Überzeugungen? Es fallen Worte ehrlichen Ringens und Suchens, die vielen in religiöser Vermittlung Tätigen nachvollziehbar sein werden. Silja Walter gesteht ganz offen: „Ich kann das Absolute nicht beschreiben. Und trotzdem. Trotzdem bemühe ich mich immer wieder, einen Ausdruck dafür zu finden. Nicht Begriffe, nein, vor allem nicht alte Begriffe. *Lieber nicht von Gott reden, als in der alten, verdreschten, verbrauchten Sprache.* Ich bemühe mich vielmehr um das *Finden von neuen Bildern,* Symbolen. (...) Aber da bleibt trotzdem eine Unzulänglichkeit. Und *unter dieser Unzulänglichkeit, über Gott reden zu können, leide ich.*" (S. 150f.) Vor allem leidet sie darunter, ihm, dem Bruder – verbunden über all die Begrenzungen der Klausur hinweg durch „immer besonders nahen Kontakt" (S. 132) – ihren Glauben nicht wirklich erklären zu können. Was sie auch sagt, es bleibt ihm letztlich fremd und unverständlich. „Ich sehe ihn nicht, ich sehe diesen Gott nicht!“ (S. 161), so Otto F. Walter im Gespräch.

Diese Spannung wurde für Silja zum Anlass, neue Gedichte zu verfassen, neue Versuche „das Absolute zu beschreiben“ im Bewusstsein der Unmöglichkeit und Unzulänglichkeit dieses Versuchs. Ihm, ihrem Bruder, will sie ihre Lebensweise und ihre Religion erklären. Wenn es schon nicht im Gespräch möglich war, so doch vielleicht wenigstens im Gedicht. Schon zuvor hatte sie Lyrik verfasst und veröffentlicht. Doch nie so geschlossen formuliert, so konzentriert: 1985 erschien der Gedichtband „Feuertaube“ mit dem Untertitel „Für meinen Bruder“. Ein für Lesende bis heute einzigartiges zeitgeschichtliches, spirituelles und poetisches Dokument: der Versuch, dem ungläubigen Bruder ihren Glauben zu erklären. Aus diesem Buch stammt das folgende, wie stets bei Silja Walter ohne Titel veröffentlichte, hier exemplarisch für den ganzen Band stehende Gedicht[216]. Wie also versucht sie, einem Ungläubigen einem ungläubig Gewordenen, ihren Glauben zu beschreiben? Auch sie schreibt einen theopoetischen Text, auch bei ihr findet sich die aus der Gebetssprache entlehnte Gottesanrede „Du“:

Abwesenheit ist
dein Wesen
darin finde ich dich
Die Nägel
meiner Sehnsucht
bluten vom Kratzen
an den Eismeeren
der Welt
Verkohlt ist die Sucht
meiner Suche
in seiner Kälte
Aber da bist du
darin
seit das Kind schrie
bei den Schafen
und brennst
lichterloh
zu mir

Dieses Gebetsgedicht ist ganz dem Versuch gewidmet, Gottes Wesen und die Beziehung von Mensch und Gott zu beschreiben, die Beziehung der Dichterin/Beterin zu Gott. „Abwesenheit ist dein Wesen" – was für eine Aussage gleich zu Beginn: Nur paradoxe Sprachbilder können Gott annäherungsweise genügen. Nur in der Abwesenheit lässt sich Gott finden! Das ist der Versuch, mystischer Erfahrung Sprache zu geben, die sowohl an die Texte der mystisch-christlichen Tradition wie denen einer Teresa von Ávila oder eines Johannes vom Kreuz erinnert als auch an buddhistische Vorstellungen. „Sehnsucht" wird beschrieben, „Suche" wird genannt im Versuch, diese Abwesenheit zu überwinden, sie als Nähe zu erfahren. Umsonst: Das „Kratzen an den Eismeeren der Welt" führt nur zu „blutigen Nägeln", die Sehnsucht der Suche ist an der „Kälte verkohlt". Erneut paradox formuliert: „Verkohlen" deutet eigentlich auf Feuer hin, wird hier aber durch Kälte hervorgerufen. Doch dann die fast verzweifelt formulierte Aussage: *In* dieser „Kälte" der weltlichen Eismeere – Bild für die Beziehungskälte der Menschen und die Gleichgültigkeit des Kosmos? – „da bist du".

Seit wann aber ist Gott, das im Gebetsgedicht angerufene „du", „in der Welt"? Assoziativ wird das Bild der lukanischen Weihnachtserzählung aufgerufen: „Seit das Kind schrie bei den Schafen". Inkarnations-Christologie gibt den theologischen Hintergrund an und setzt nun ganz andere Vorstellungen als im Buddhismus: Gott ist *in* dieser Welt, „darin", seit und durch die Menschwerdung Jesu Christi. Wichtig für die Beziehung Gott – Mensch: Seitdem brennt Gott „lichterloh zu mir". Hintergrund dieses Schlussbildes ist das im Gedichtzyklus immer wieder aufgerufene Bild der „Feuertaube", des Geistes, der – laut westlichem Credo – „vom Vater und vom Sohn ausgeht". In diesem Bild mischen sich die biblischen Bilder für den Geist von Taube (etwa in Mk 1,10) und Feuerzungen (etwa Apg 2,3) zu einer eigenen dichten Metapher.

Erneut paradox formuliert: Die Sehnsucht der Gottsuche ist „verkohlt" in der Kälte der Eismeere. Gegen diese Verkohlung brennt Gott der Gedichtsprecherin in seinem Geist lichterloh entgegen. Aber kann die „lichterloh brennende" Präsenz Gottes im Geist die Verkohlung durch die Kälte der „Eismeere der Welt" aufheben? Wird die verzweifelte und ergebnislose Suchbewegung der Beterin durch das Entgegenkommen der „Feuertaube" aufgefangen? Das „Finden von neuen Bildern, Symbolen", das Silja Walter im Radio-Gespräch erwähnte, führt zu paradoxen Bildern, zu Symbolen, die weniger Erfüllung und Frieden ausdrücken als vielmehr Zerstörung, vollständiges Erfasst-Sein und Verändert-Werden. Das Schicksal der in diesem Gedicht mit solchen Bildern beschworenen Gottessehnsucht bleibt offen. Denn am Ende ist nicht einfach eine spirituelle Erfahrung oder Einsicht gewonnen, die fortan das Leben bestimmen wird. Eher dreht sich die Spirale weiter und die Bewegung des Gedichtes führt – vielleicht auf anderer Ebene – wieder an den Anfang und den erneuten Prozess des Suchens und Ringens zurück. Wenn es jedoch einen Grund gibt, an den Abwesend-Anwesenden zu glauben, wenn es eine begründete Möglichkeit zu einer eben doch affirmativen Gottesrede gibt, dann aufgrund der im Weihnachtsbild assoziativ aufgerufenen Inkarnation.

Eine Reaktion von Otto F. Walter auf dieses Gedicht und den Gedichtband überhaupt ist nicht überliefert. Die Geschwister werden sich nie wieder sehen. Der deutlich jüngere Bruder stirbt im Jahre 1994, sie, die Schwester, wird im Jahre 2006 als Antwort auf das Radiogespräch „Eine Insel finden" ein – literarisch nur wenig überzeugendes – Buch schreiben mit dem programmatischen Titel „Ich habe meine Insel gefunden"[217].

In dem im folgenden skizzierten Verfahren habe ich mehrfach versucht dieses mystische Weihnachtsgedicht, das theologisch in die spirituelle Tiefe des Festes hineinführt, in den Religionsunterricht aufzunehmen. Zu Beginn zeige ich Porträtphotos der beiden so ungleichen Geschwister und fordere zu ungefilterten Spontanassoziationen heraus: Deutlich wird, dass es zwei völlig verschiedene Personen sind. Anschließend erzähle ich kurz und gebündelt die oben skizzierten Grunddaten ihres Lebens, um zum Kern überzuleiten: Zu der Frage, wie man einem nichtgläubigen nahen Menschen seinen Glauben erklären kann. Dann teile ich folgenden Lückentext aus mit der Aufforderung ihn so zu ergänzen, dass es für *einen selbst* ein sinnvoller Gesamttext wird. Wichtig sind die Voraushinweise, dass das im Text angesprochene „Du" sich auf Gott bezieht (also etwa nicht auf den Bruder), und überhaupt, dass es zentral darum geht, sich hier von Silja Walters Situation zu lösen und die Plausibilität des eigenen Glaubens ins Zentrum zu stellen.

Abwesenheit ist
dein ....
darin finde ich dich
Die Nägel
meiner ....
bluten vom Kratzen
an den Eismeeren
der Welt
Verkohlt ist die ....
meiner ....
in seiner Kälte
Aber da bist du
darin
seit das Kind schrie
bei den Schafen
und ....
....
....

Die Lücken sind bewusst gesetzt: Die ersten vier sind relativ einfach auszufüllen und geben jedem die Chance, etwas aufzuschreiben. Sie dienen der Einfühlung in den ja fremden, sehr eigenartigen Textduktus. Zentral wichtig ist der ganz offene Schluss. Von der Textlogik her („aber") geht es nun um Bekenntnis, Begründung von Affirmation. Die SchülerInnen werden also in die Lage versetzt, *probehalber eine eigene affirmative Gottesrede zu formulieren.* Sicherlich werden ihre Lösungen nur zum Teil aus wirklich eigen gelebter Glaubenserfahrung stammen, aber das ist auch nicht zentral. Es geht darum, dass sie überhaupt einmal eine affirmative Gottesrede selbst ausprobieren. Der Text lässt ihnen dabei völlige Freiheit im Blick auf Form (wenige Worte, Satz oder Sprachbild) und Inhalt – gerade das macht den Reiz aus. Ein Erfahrungswert: Nicht alle SchülerInnen kommen zu einer sinnvollen Variante des Gedichtschlusses. Das muss aber auch nicht sein – man darf auch nichts schreiben.

So entstehen zumindest einige herausfordernde Texte, die von Freiwilligen (!) vorgetragen werden. Zur Vertiefung bitte ich diese darum ihre Version auf ein vorbereitetes DIN A3-Blatt zu übertragen. Die gelungenen Versionen werden ausgelegt oder aufgehängt, alle SchülerInnen sollen sie noch einmal in Ruhe nachlesen können, weil bei erstem Hören oft die Feinheiten verloren gehen. Dann darf jeder eine seiner Meinung nach besonders gelungene Version mit einem Kreuzchen/Punkt/Haken versehen. *Julia,* 15jährige Schülerin einer normalen *Realschule,* bekam etwa für folgende Lösung die meisten Stimmen:

Abwesenheit ist
dein *Erscheinen*
darin finde ich dich
Die Nägel
Meiner *Hände*
bluten vom Kratzen
an den Eismeeren
der Welt
Verkohlt ist die *Antwort*
meiner *Vollendung*
in seiner Kälte
Aber da bist du
darin
seit das Kind schrie
bei den Schafen
und *den*
Menschen
Hoffnung gab

Ein eindrucksvoller Text, der zeigt, dass dieses Verfahren ab Klasse 9 durchgängig möglich ist. Erst nach dieser eigenen Sichtung wird die Originalversion von Silja Walter gezeigt. Dabei gilt es zu betonen, dass die Lösungen der SchülerInnen nicht etwa ausradiert und nun ‚verbessert' werden – sie haben ihre eigene Würde. Die hat das Gedicht selbst natürlich auch, deswegen schließt die Unterrichtsstunde mit einer gemeinsamen und vergleichenden Deutung dieses Textes im Blick auf die biographische Ausgangssituation der Dichterin.

4. *Eva Zeller:* Karfreitag – Nur der Schrei

Zu Karfreitag und Ostern gibt es deutlich mehr herausragende literarische Zeugnisse als zu Weihnachten[218]. Da es allerdings weit verbreiteter ist, zu Weihnachten ein passendes Buchgeschenk zu suchen als zu Ostern, stellt der Buchmarkt nur wenige gute Anthologien[219] zum Themenfeld bereit. Von *Volker Garske* stammt ein religionsdidaktisch und -methodisch überlegt konzipierter Überblick über „Poesie zu Passion und Auferstehung Jesu“[220], aufbereitet für den Religionsunterricht der Sekundarstufen, der sich allerdings auf wenige gut bekannte Texte der klassischen Moderne stützt. Wie also kann man sich der Spiritualität von Karfreitag und Ostern mit literarischen Texten annähern?

In diesem Fall steht am Anfang nicht *ein* Gedicht, stehen vielmehr *zwei* zeitnah, aber völlig unabhängig voneinander entstandene, formal wie inhaltlich-motivisch verwandte Texte. In diesem Fall führe ich nicht deutend und den Horizont absteckend zunächst auf die Gedichte hin, sondern beginne mit der Unterrichtsmethode. In einer Unterrichtseinheit zur christlichen Deutung von Tod und Sterben (ab der neunten Klasse) muss das Thema bekannt, es darf mithilfe anderer Medien (Bilder oder Sachtexte) bereits eingeführt sein. Die SchülerInnen erhalten einen Text, der aus zwei ineinander geschobenen Gedichten besteht. Die Reihenfolge der Verse ist dabei nicht vertauscht, in Groß- und Kleinschreibung wurden Anpassungen vorgenommen. Ihre Aufgabe (sehr gut in Partnerarbeit zu lösen) besteht darin, den Gesamttext so zu *entflechten*, dass die beiden Originaltexte – oder zumindest zwei in sich logische Einzeltexte – entstehen. Dazu bedarf es Zeit, Einfühlung und Textgespür. Folgender Text wird an je zwei SchülerInnen ausgeteilt:

weniger als die hoffnung auf ihn
wann
wenn nicht
um die neunte stunde
das ist der mensch
als er schrie
einarmig
immer
sind wir ihm
wie aus dem gesicht geschnitten
nur seinen schrei
nehmen wir ihm noch ab
nur der gekreuzigte
beide arme weit offen
der Hier-Bin-Ich
und verstärken ihn
in aller munde

Es empfiehlt sich, zunächst selbst die Texttrennung auszuprobieren. SchülerInnen lassen sich erfahrungsgemäß gern auf die Aufgabe ein, brauchen aber unter Umständen Ermunterung, da die Verse durchaus auf verschiedene Weise zuzuordnen sind. Fast immer ergeben sich intensive Diskussionen der PartnerInnen um die stimmige Zuordnung – Prozesse direkter Lernkommunikation und schüleraktiver Textdeutung ohne jegliche Lehrkraftsteuerung! Nach einer ausreichenden Zeit – keine Eile! – fordert man einzelne SchülerInnen (die bei der in diesem Fall anzustrebenden ‚richtigen' Lösung angelangt sind) auf, vorbereitete Folienschnipsel auf dem Tageslichtprojektor in die richtige Zuordnung zu bringen. Dabei kann man sich der Aufmerksamkeit der übrigen sicher sein, weil alle neugierig auf die Lösung sind. Nun, nach genauer Vorabbeschäftigung mit den Versen und ihren Sinnzusammenhängen, kann man beide Einzelgedichte mit anderer Intensität deuten.
Eines der Gedichte stammt von einer christlichen, das andere von einer jüdischen Lyrikerin. Gibt es im Text Spuren einer möglichen Zuordnung, welche die SchülerInnen vornehmen können? Leichter verständlich und weniger aussagekräftig ist letztlich der Text der christlichen Dichterin *Eva Zeller* (*1923) aus dem Gedichtband „Sage und schreibe" (1971), der wie folgt lautet[221]:

Golgatha

Wann
wenn nicht
um die neunte Stunde
als er schrie
sind wir ihm
wie aus dem Gesicht geschnitten

Nur seinen Schrei
nehmen wir ihm noch ab
und verstärken ihn
in aller Munde

(Eva Zeller, Sage und schreibe © 1971, Deutsche Verlags-Anstalt, München, in der Verlagsgruppe Random House GmbH.)

Die evangelische Christin Eva Zeller, verheiratet mit einem evangelischen Pfarrer, gehört wie Kurt Marti zu der kleinen Gruppe der christlich gebundenen SchriftstellerInnen, die christliche Lyrik (und Prosa) verfassen und auch außerhalb des kirchlichen Rahmens rezipiert werden. Ihr Werk wurde vielfach preisgekrönt (u. a. Droste-Preis 1975, Eichendorff-Preis 1991, Paul-Gerhardt-Preis 2007), zudem wurde ihr 1999 das Ehrendoktorat der Theologischen Hochschule Neuendettelsau verliehen. Seit den 1970er Jahren veröffentlicht sie Gedichtbände, in denen immer wieder biblisches und religiöses Spracherbe produktiv wird. Anders als bei den klassischen christlichen Dichtern wie etwa Jochen Klepper geht es ihr aber bewusst um Transformation, um Übertragung von sprachlicher wie inhaltlicher Tradition in die Welt und Sprache *unserer* Zeit.

„Ich weiß, wie leicht Sprache durch zu hohe metaphysische Ansprüche ruiniert werden kann", schreibt Eva Zeller in einem poetologischen Essay 1978 und fährt fort: „Das religiöse Gedicht ist gefährdeter als das nicht-religiöse". In ihrem Ringen um eine heute angemessene poetische Sprache des Christlichen erweist sie sich als ökumenisch-geistige Schwester der vier Jahre älteren Silja Walter. Auch Eva Zeller konnte und wollte „den bereits vorhandenen Besitz katechetischer und biblischer Bilder nicht noch einmal wiederholend nachreimen"[222], sondern eine neue zeitgemäße Sprache finden. In einem 2003 geführten Gespräch mit *Ilka Scheidgen* verweist sie darauf, dass die „‚geistliche Lyrik'", die sie schreibe, „je älter ich werde desto mehr" zu ihrem „Hauptthema"[223] werde, eine Selbstbeobachtung, die sich in ihrem letzten Gedichtband „Das unverschämte Glück" (2006) nachdrücklich belegen lässt. Unser Text führt jedoch zurück zu den Anfängen der lyrischen Tätigkeit Eva Zellers, zu einem Gedicht, das um das Jahr 1970 entstanden sein wird.

Der in wenigen kargen Versen Vieles nur andeutende Text nimmt uns mitten hinein in die Todesstunde Jesu auf „Golgatha". Darüber kann, darüber darf man nicht viele Worte machen. Eine Poetologie und Spiritualität der Aussparung und Pause bestimmt den Text. Die erste Versgruppe verdeutlicht, wann Jesus in tiefster Weise Mensch war, wann wir ihm ähnlich sind, nein: gleich und ununterscheidbar („wie aus dem Gesicht geschnitten") – im Moment des Todesschreis, in der Erfahrung von Todesqual und schärfstem Leid, in der Erfahrung der Gottverlassenheit des Psalmschreis „Mein Gott, mein Gott, warum hast du mich verlassen?" (Mt 27,46). Die zweite Versgruppe blickt auf uns Menschen, ihm ähnlich in aller Leiderfahrung: Was bleibt ‚uns' angesichts von Karfreitag?

Eva Zeller versagt sich und uns in diesem Gedicht den zu schnellen Blick auf Ostern. Sie zwingt uns, den Moment der Verlassenheit und Ausweglosigkeit auszuhalten. Nur wenig bleibt uns, das aber ausgesagt in einem doppeldeutigen tiefernsten Sprachspiel. Nur diesen Schrei „nehmen wir ihm noch ab". ‚Abnehmen' kann hier zweierlei bedeuten: Einmal im Sinne des „das nehme ich dir ab", verstanden als „das glaube ich dir". So gesehen wird der Schrei zum letztmöglichen Ausweis von Glaubwürdigkeit und Zuverlässigkeit. Gleichzeitig und zum anderen nehmen wir Jesus buchstäblich den Schrei ab, nehmen ihn von ihm fort, tragen ihn selbst in unserem Mund, wiederholen ihn, verbreiten ihn, verstärken ihn. Karfreitag: Das ist der Tag, an dem Jesus in letzter Konsequenz Mensch ist, Urgrund der Inkarnation. Aber gerade von dort geht die tiefstmögliche Glaubwürdigkeit Jesu aus. Sein Schrei wird zum Schrei der ganzen Menschheit. Nur das ist an diesem Karfreitag und an anderen Karfreitagen der Menschheitsgeschichte zu hören, nichts weiter.
Freilich: Im Hallraum dieses Schreis braucht es in christlicher Perspektive eine Antwort, ein Echo, einen Ausweg, den Eva Zeller selbst in anderen ihrer Gedichte auch selbst gestaltet. Karfreitag verlangt nach Ostern.

5. *Hilde Domin:* Über Karfreitag hinaus – Einarmigkeit überwinden

Ein wirklich gutes Ostergedicht gibt es – meines Wissens – genauso wenig wie eine wirklich gelungene Darstellung von Ostern in literarischer Prosa. Die wohl gewagteste, an die Grenze der Verstehbarkeit herangeschriebene literarische Annäherung an Ostern findet sich in *Patrick Roths* Christusnovelle „Corpus Christi" (1996), dem Schlussbild des oben benannten Christus-Triptychons. Nein, das Geheimnis von Ostern entzieht sich offensichtlich der sprachlichen Darstellbarkeit, ist ansatzweise in den Medien von Bild (schwer genug) oder am ehesten von Musik erschließbar. Das zweite oben bereits im verflochtenen Text eingebundene Gedicht[224] – 1965 verfasst[225] und 1970 erstmals publiziert – versucht aber zumindest die in Eva Zellers Golgatha-Gedicht verweigerte Perspektive über Karfreitag hinaus.

Ecce Homo

Weniger als die Hoffnung auf ihn

das ist der Mensch
einarmig
immer

Nur der gekreuzigte
beide Arme
weit offen
der Hier-Bin-Ich

(Hilde Domin, Ecce Homo. Aus: dies., Gesammelte Gedichte. © S.Fischer Verlag GmbH, Frankfurt am Main 1987.)

Dieser bekannte Text stammt von *Hilde Domin* (1909–2006), ohne Frage eine der wichtigsten Lyrikerinnen deutscher Sprache in der zweiten Hälfte des 20. Jahrhunderts. Geboren wurde die in einem liberalen, weltoffenen Judentum aufgewachsene Jüdin in Köln. Die Nazis vertrieben sie nach Mittelamerika, wo der Exilsort Santo Domingo ihr den selbst gewählten zweiten Namen gab. Seit 1951 lebte sie in Heidelberg. In wenigen schmalen, aber weit verbreiteten und einflussreichen Lyrikbänden thematisierte sie ihre Grunderfahrungen: Vertreibung, Flucht, Heimatsuche, den Umgang von Menschen miteinander, die Sehnsucht nach Glück, die häufig auch in biblischen Bildern formulierte unaufgebbare Hoffnung. Ihr Leben[226] und ihr mehrfach preisgekröntes Werk sind vielfach beschrieben und analysiert worden, unter anderem in drei neueren explizit theologisch-literarischen Dissertationen[227].

„Seht den Menschen, ecce homo!" (Joh 19,5) – dieses Pilatuswort über den abgeurteilten, gemarterten, leidenden, verhöhnten Jesus gibt dem kurzen, in nur ganz wenigen, aber sehr genau kalkulierten Worten gesetzten Gedicht nicht nur den Titel, sondern zielt im Sinne einer Frage auf die Kernaussage: Was ist das, der Mensch? Das ganze Gedicht ist vor dem Hintergrund dieser Pilatusgeste und Pilatusfrage lesbar. Zugleich schwingt eine Aussage mit, die in dem zeitnah zum Gedicht entstandenen, 1966 gedruckten „Offenen Brief an Nelly Sachs" enthalten ist, in dem Hilde Domin schrieb: „Den Juden ist häufiger und krasser die Rolle des *Ecce Homo* zugefallen, aufgedrängt worden, als anderen."[228] Das Schicksal des beschriebenen

Menschen zeigt sich also in besonderem Maße im Leben vieler Juden. Was ist der Mensch? Die erste, für sich allein stehende Zeile gibt eine erste Antwort: Der Mensch, das ist jemand, der stets hinter den Erwartungen an sich selbst zurückbleibt, der stets die auf ihn, auf sich selbst gesetzten Hoffnungen enttäuscht, stets sich selbst in seinen Ansprüchen verfehlt: „Weniger als die Hoffnung auf ihn". Menschsein ist stets Mangeldasein, Fragment, Versuch, Stückwerk, „Unfähigkeit zur Geste liebender Hingabe"[229], letztliches Scheitern. Der folgende Dreizeiler bestätigt diese Lesart in einem poetischen Bild: Einarmig ist der Mensch, aus Selbstverantwortung verkrüppelt, am Anspruch scheiternd, das zu sein und zu tun, was er eigentlich sein und tun könnte und müsste. Unbeholfen, unwillig, unfähig, sich und anderen zu helfen, oder wenn nicht unfähig, dann immer nur teilfähig.
Das aber ist nicht die ganze Antwort auf die Frage, was er sei, der Mensch. „Hoffnung" – in der ersten Zeile des Gedichtes programmatisch angesprochen – hat einen Zielpunkt, bekommt eine Perspektive, findet eine Vision: im „gekreuzigten", der als poetische Kontrastfigur skizziert wird. Bewusst ist dieses Wort im Text kleingeschrieben. Ja, es geht hier zweifelsfrei einerseits um ihn, *den* Gekreuzigten, den ja auch im Gedichttitel assoziativ aufgerufenen Jesus von Nazareth, aber eben *nicht nur* um ihn. In der Kleinschreibung nimmt Hilde Domin all die anderen tatsächlich oder im übertragenen Sinne gekreuzigten Menschen in die folgende Aussage hinein. Was zeichnet den Gekreuzigten, die Gekreuzigten im Gegensatz zu den zuvor porträtierten „normalen" Menschen aus? Wo der Mensch normalhin einarmig bleibt, verkrüppelt, unwillig und unfähig – da ist der Gekreuzigte zweiarmig, komplett, gerade weil sich diese Arme ausspannen zur weit geöffneten Einladung. Diese Offenheit bedingt freilich allergrößte Schutzlosigkeit und Verwundbarkeit – eben der bedingungslos Offene und Schutzlose wird zum Gekreuzigten; der sich Öffnende, anderen in Liebe Zuneigende, zur Umarmung Bereite riskiert zum Opfer zu werden.
Wie aber konkretisiert sich diese offene Einladung? Im „Ich-bin-da", so die letzte, die Zielzeile des Gedichts. Das ist zum einen eine Anspielung auf die klassische Antwort von alttestamentlichen Propheten auf ihre Berufung, wie etwa bei Samuel „Hier bin ich" (1 Sam 3,4) und verweist so auf Jesus als einen der Propheten, bereit zur Befolgung des göttlichen Willens bis zum Kreuz, bereit, sich dem an ihn gerichteten Ruf und den ihm abverlangten Anforderungen zu stellen.

Zum anderen ist dieser „Ich-bin-da“ jedoch in der Großschreibung ein Verweis auf Gott selbst, auf Jahwe: „Hier-bin-ich“, auf jene Gottesbezeichnung also, mit der sich Gott dem Mose aus dem brennenden Dornbusch als treuer, sich sorgender, auf Seiten der Menschen stehender und wirkender Gott offenbarte (Ex 3,14).

Im Gekreuzigten – so deutet Domin an – zeigt sich Gott neu, wird der Jahwe des Alten Testaments neu sichtbar. Nach den Kriterien ‚weltlicher Vernunft‘ absurd, in christlicher Perspektive aber zentral: Ausgerechnet der Gekreuzigte wird zum „Sinnbild erfüllten Menschseins“[230]: der eine Gekreuzigte genauso wie all die anderen ihm Vorhergehenden, ihn Begleitenden, ihm Nachfolgenden. Gerade der Begriff ‚Nachfolge‘ kann dabei missverstanden werden als krampfhafte Leidsuche, als bedingungslos-ohnmächtiges Ducken unter unerklärliches Schicksal. Das ist hier nicht gemeint. Vielmehr geht es um die Nachfolge in der Offenheit den anderen Menschen gegenüber, jene Offenheit, die Jesus ‚Nächstenliebe‘ genannt hat; Nachfolge als Versuch der ‚Einarmigen‘, die sie öffnende ‚Zweiarmigkeit‘ zu entdecken. So wird Hilde Domins „Ecce homo“ zu einer vorsichtig angedeuteten Wegweisung zu wahrem Menschsein, zu einer sehnsüchtig erhofften Alternative.

‚Einarmigkeit‘ kann aber – nun über den Text hinausgehend und im Versuch, ihn vorsichtig in einen explizit christlichen Verstehenskontext hineinzunehmen – noch mehr bedeuten. Im Bewusstsein des Risikos, missverstanden zu werden, wage ich hier eine vom Gedicht angeregte Bildsprache, die nicht mehr Textdeutung ist, sondern deren Impulse eigenständig weiter auszieht. Diese Grenzen müssen transparent bleiben! Ganz gewiss ist es richtig, dass Hilde Domin hier „kein Bekenntnis zu Jesus Christus als dem Erlöser der Menschen“[231] ablegt. Die von ihr gesetzten Bilder weisen jedoch über sich hinaus. Wenn der Mensch „immer“ „einarmig“ ist, immer unter dem ihm eigentlich möglichen Potential zurückbleibt, dann *ähnelt* dieses Sprachbild dem, was man christlich in dem so missverständlichen und belasteten Begriff ‚Ursünde‘/‚Erbsünde‘ auszudrücken versucht: Der Mensch findet sich zerrissen zwischen den Anlagen zum Guten *wie* zum Bösen, und schafft es doch nie, nur das Gute (‚Beidarmigkeit‘) umzusetzen.

Was aber wäre dann ‚Beidarmigkeit‘? Es wäre ein Bild für ‚Erlösung‘ als Überwindung von Erbsünde, als sehnsüchtig angestrebter Zustand eines Lebens, das die immerwährende Einschränkung überwindet. Und vermittelt wäre der Übergang vom Istzustand zum Möglichkeitsbild über „den gekreuzigten"! ... Noch einmal: Nein, ich behaupte nicht, dass Hilde Domin *diese* Andeutungen in ihr Gedicht hineingeschrieben hat, sehr wohl jedoch, dass die von ihr aufgerufenen Bilder in einem christlichen Deutungsumfeld diese Folgebilder stimmig auslösen können. Ob sie überzeugen, möge jeder Lesende selbst entscheiden.

Hilde Domins „Ecce Homo": Ein Karfreitagsgedicht, das in ganz eigener Spiritualität über Karfreitag hinaus verweist. Im Unterricht kann nach einer sorgsamen Gedichtdeutung eine Einladung zur Selbstbesinnung folgen. Die SchülerInnen erhalten ein Blatt, auf dem ein Körperumriss zu sehen ist: ein Arm weit ausgestreckt, einer an den Körper angelegt. Sie gestalten das Bild unter der Vorgabe: „Schreibt in den ausgestreckten Am hinein, was in eurem Leben gelingt; was ihr könnt, was eure Stärken sind. In den angelegten Arm schreibt eure Schwächen, das was nicht gelingt, das was scheitert." Angesichts des sehr persönlichen Grundzugs und der zu wahrenden Privatsphäre bei dieser Aufgabe darf man hier keine allgemeine Auswertung anschließen. Am Ende kann aber sehr wohl ein Gespräch um die Frage stehen: „Wie kann es gelingen, den zweiten Arm zu aktivieren? Hat Hilde Domin Recht, wenn sie sagt, dass der Mensch ‚immer' einarmig ist? Welche Hoffnung darf man haben, dass es möglich sein könnte, irgendwann einmal ‚beidarmig' zu sein?"

Ob in dieser direkten Aktivierung des „Möglichkeitssinns" *(Robert Musil)* Religion und Ostern eine Rolle spielen, ist ungewiss. Zentral ist die Chance, jenseits der üblichen, abgegriffenen, für viele SchülerInnen untauglich gewordenen Vokabeln von Schuld, Sünde und Erlösung über Grenzen, Scheitern, Fehler ins Gespräch zu kommen und den Bogen zu Hoffnung und Perspektiven nach vorn zu schlagen. Auf eigene, auf andere Weise ist das der Versuch, eine von der Literatur inspirierte Spiritualität im Religionsunterricht zu verankern.

IV. Kirchliches Leben verstehen

Neben das eher individualistisch ausgerichtete Lernfeld der Einführung in die christliche Spiritualität tritt die eher institutionell verankerte Lerndimension der Förderung des Verständnisses für das kirchliche Leben. Beide sind vielfach miteinander verbunden und ineinander verwoben. Die SchülerInnen sollen – unabhängig von ihrer persönlichen Glaubenspraxis – zumindest in die Lage versetzt werden, das kirchliche Leben in ökumenischer Perspektive zu verstehen. Ein wenigstens in Grundzügen aufgebautes Wissen um die geschichtliche Entwicklung wird dabei zur Grundlage für ein sachgerechtes Verständnis heutiger kirchlicher Erscheinungsformen, Einrichtungen und Traditionen.

Für viele Lehrende an den Schulen ist gerade dieses Lernfeld problematisch. Warum sollen sich SchülerInnen mit Geschichte und Erscheinungsform einer Institution befassen, der sie sich selbst nicht oder nur in Grenzen zugehörig fühlen? Diese zunehmende Distanz wird in allen neueren empirischen Erhebungen deutlich. Die 2005 veröffentlichte Sinus-Milieu-Studie[232] hat nachgewiesen, dass die offizielle katholische Kirche nur noch in vier von zehn derzeit existierenden gesellschaftlichen Milieus überhaupt Gehör findet, bei den dort so genannten „Konservativen", den „Traditionsverwurzelten", in der „Bürgerlichen Mitte" und mit Einschränkungen bei den „Postmateriellen". Verschärfend: Nur ein geringer Anteil von Jugendlichen fühlt sich selbst diesen vier Milieus zugehörig. Nach Erhebungen des Religionspädagogen *Hans-Georg Ziebertz* lassen sich nur noch 16,7 % aller Jugendlichen dem „kirchlich-religiösen Typ" zuordnen, der „eine religiöse Orientierung repräsentiert, die sich eng an den kirchlich verfassten Glauben und seine Ausdrucksformen anlehnt"[233]. Alle anderen Jugendlichen sehen die Institution Kirche entweder neutral oder in unterschiedlicher Abstufung kritisch.

Sicherlich gibt es im Zuge fortschreitender Pluralität und der Gleichzeitigkeit unterschiedlichster Lebensstile gravierende regionale Unterschiede, die Grundtendenz aber ist eindeutig: Jugend und Kirche sind zwei Bereiche, die immer weniger miteinander zu tun haben. Eine Konsequenz dieses Befundes liegt darin, dass die Kirchengeschichtsdidaktik in einer tiefen Krise steckt, die sich nicht allein durch methodische Innovationen beheben lassen wird. In den Untersuchungen *Anton Buchers*, im Jahr 2000 unter dem Titel „Religionsunterricht zwischen Lernfach und Lebenshilfe" veröffentlicht, landet der Bereich „Geschichte der Kirche"[234] in einem Ranking der wichtigsten Themen innerhalb des Religionsunterrichts mit Abstand auf dem letzten Platz.

Es geht so grundlegend um den Nachweis, dass kirchengeschichtliches Lernen im Kontext der Postmoderne lebensrelevante Dimensionen erschließen kann, unabhängig davon, ob sich die SchülerInnen mit dieser Institution identifizieren oder nicht. *Eine* solche Möglichkeit liegt darin, Geschichte über Geschichten[235], Historie über fiktionale Literatur zu erschließen, da hier eine eigene, emotional aufgeladene, die Phantasie anregende, und zu kreativer Erschließung einladende Ebene des Zugangs gewählt wird, die kirchliches Leben verstehen lässt, ohne sich dabei auf eine bloße Zurkenntnisnahme von Daten, Fakten und Zusammenhängen zu reduzieren. Fünf Beispiele für derartige Zugänge werden im Folgenden vorgestellt. Es handelt sich dabei durchgängig um *Prosa*texte, die erst in der Oberstufe ihren didaktischen Ort finden. *Geschichtliche* Themen lassen sich literarisch offenbar am ehesten auch in der Gattung von *Geschichten* darstellen. Das aber wirft die erste Frage auf: Wie macht man das, von vergangenen Zeitabläufen zu erzählen? Wie funktioniert die Verquickung von Geschichte und Geschichten?

1. *Felicitas Hoppe:* Wie macht man Geschichte?

Das Erzählen von Geschichten in Verbindung mit dem Nachdenken über die Chancen und Grenzen dieses Erzählens ist eines der Hauptthemen im literarischen Werk von *Felicitas Hoppe* (*1960), dieser „wilden, großen Geschichten-Finderin"[236]. Hoppe wuchs mit vier Geschwistern in Hameln auf, ihre Kindheit war katholisch geprägt, einer ihrer Brüder wurde katholischer Priester. So spielt die biographisch-religiöse Prägung in ihrem Werk eine transparente Rolle. In dem 2004 veröffentlichten Essay „Beichtkinder. Über Bekenntniswahn und Bekenntniszwang" gibt sie ihre religiöse Beheimatung deutlich an: „Um es vorwegzunehmen – ich komme aus einer katholischen Familie von Tag- und Nachtträumern"[237], heißt es dort gleich zu Beginn. In die Reflexionen über den öffentlichen Umgang mit persönlichen Bekenntnissen im postmodernen Medienzeitalter fließen Erinnerungen an die Kindheit ein, vor allem an das Sakrament der Beichte: „Meine erste Beichte legte ich im Alter von fünf Jahren ab", gibt sie an. „Damals erschien mir die Möglichkeit einer persönlichen Beichte geheimnis- und verheißungsvoll, der Beichtstuhl als ein Ort, an dem alles gesagt und nichts verraten werden durfte, das *aufgespannte Ohr Gottes*" (S. 90).

Der Reiz von Beichte aus heutig-reflektierter Sicht: Das Kind konnte „eine Mischung aus vagem Schuldbekenntnis und Erfindung" loswerden, ein Prozess, in dem „die Schönheit der Diskretion" sich verband mit dem „Glauben an die unendlichen Möglichkeiten der Fiktion einerseits" und der möglichen „Absolution davon andererseits" (S. 91). Quintessenz: „Ob Gott gnädig ist, sei dahingestellt, dass die Welt keine Gnade kennt, ist hinlänglich bekannt." Aber: „Niemals wieder hat man mich dermaßen *beim Wort* genommen wie in den Beichtstühlen meiner Kindheit" (ebd.).

„Beim Wort genommen werden" / „Glaube an die unendlichen Möglichkeiten der Fiktion" – mit diesen Schlagworten deutet Hoppe die für sie gültige literarische Produktivkraft des Katholizismus an. Auch wenn die Aussagen über die Kindheit nicht in die Gegenwart der Erwachsenen zu verlängern sind, bleiben Prägespuren. Ihren Beitrag zum internationalen Schreibprojekt „Europaexpress" verfasst sie nicht zufällig als ironisch-ernsthaften „Brief an den Vatikan"[238]. Und gefragt, ob die Religionen heute an ihr Ende gekommen seien, stellt sie in einem Radiointerview klar: „Die Menschen kommen offenbar ohne das nicht aus. Wenn man versucht, darauf zu verzichten, entsteht (...) eine Leerstelle". Man könne also „nie nicht glauben". Das Problem in den aufgeklärten Gesellschaften bestünde darin, dass man „so unglaublich viel Zeit mit Befreien verbracht" habe, „dass man jetzt völlig ratlos in der Landschaft steht und nicht weiß, was zu tun ist". Es gebe aber nicht einfach einen Weg zurück in die alten Formen von Kirchlichkeit, sondern zunächst eher ein „Aufschrecken darüber, dass man etwas verloren hat". Sie selbst, „die ich mein Leben lang mit Religion zu tun hatte", finde es wichtig, „das Alte betrachtend vielleicht neue Formen zu entwickeln" im Blick darauf, „was tatsächlich gelebte Religion ist"[239]. Und es bleibt ein Ungenügen aller jener Versuche, Religion zu gestalten, ein Mangel und eine Sehnsucht:

„Schließlich kommt es nicht darauf an, dass wir Gott nicht aus den Augen verlieren, sondern darauf, dass ER UNS nicht aus den Augen verliert. Das ist wohl die größte Angst von allen: Dass wir SELBST nicht mehr gesehen und gehört werden“[240], so Hoppe in einem Essay aus dem Jahr 2008.
Von all dem ist in ihren fiktionalen literarischen Werken nur indirekt die Rede. Felicitas Hoppe schreibt weder biographische Erinnerungsliteratur noch religiöse Suchprosa. Mit deutlicher Skepsis betrachtet sie „Schriftsteller, die sich damit brüsten, IHN bei Bedarf wieder in den Mund zu nehmen“, wobei dieser literarische Rückgriff doch wohl eher „eine Befindlichkeit bleibt, eine Metapher, gehütetes Erbe oder Bild der Sehnsucht, eine süße oder auch schmerzhafte Erinnerung, im günstigsten Fall ein Gedicht“[241]. So kann, so will sie selbst literarisch mit Religion und Gottesrede nicht umgehen.
Am deutlichsten werden die Strukturmerkmale des Erzählens von Felicitas Hoppe in dem Roman, der sie endgültig einem breiten Publikum bekannt gemacht hat: „Johanna“ (2006). Einerseits geht es hier tatsächlich um *Johanna von Orléans* (1412–1431), die als katholische Heilige verehrt wird, andererseits aber vor allem um die Unmöglichkeit, die Geschichte einer solchen Frau heute einfach zu erzählen. Dabei werden – in Anlehnung an Erzähltechniken lateinamerikanischer Autoren – die Grenzen der Rationalität mehrfach hin zu einer Art ‚magischem Realismus‘ überschritten. Die namenlos bleibende Erzählerin bereitet sich auf ihre Doktoratsprüfung vor, hat eine Promotion über die heilige Johanna verfasst. Sie fühlt sich dem Thema und den Ansprüchen des akademischen Verfahrens jedoch nicht gewachsen. Die Prüfung scheitert. Zum Gedenken an den Todestag Johannas fährt sie nach Rouen, dem zentralen Gedenkort Johannas, trifft dort sowohl auf ihren Professor als auch auf dessen Mitarbeiter ‚Peitsche‘, der ihr bei der Promotion hilfreich zur Seite gestanden hatte und mit dem sie eine heimliche, gegenseitig nicht zugestandene Liebesbeziehung verbindet, obwohl sie sich mit ihm zerstritten hat. Sie trifft aber auch auf historische Gestalten aus Johannas Vergangenheit. In unaufdringlichen Verbindungen wird ihr akademisches Scheitern mit dem Scheitern der historischen Gestalt verknüpft. Am – einen positiven Grundton setzenden – Ende des Romans deuten sich eine Versöhnung und eine mögliche gemeinsame Zukunft mit „Peitsche“ an.
Ein seltsamer Roman, der zahlreiche Erwartungen unterläuft. Hoppe

erzählt eben *nicht* die Geschichte der heiligen Johanna – ohne Vorkenntnisse werden Lesende sich im Mosaik der Anspielungsbausteine kaum zurechtfinden. Sie verweigert sich gleichfalls dem zunächst naheliegend erscheinenden Genre des Universitätsromans, nimmt wohl aber einzelne Aspekte der „Gelehrtensatire“[242] auf. Sie erweist sich als gelehrt und souverän im Umgang mit ihrem Stoff, gibt ihn aber nicht weiter. Der Roman ist überladen mit Symbolen, entfaltet aber keine symbolische Botschaft. Er nimmt postmoderne Stilmittel auf – Überblendungen, metafiktionale Betrachtungen, Crossover-Techniken – lässt sich aber auch nicht einfach in die Gattung des postmodernen oder posthistorischen Romans einordnen.[243] Diese Erwartungsdurchbrechung betrifft auch die religiöse Dimension. Ein Roman über eine Heilige sollte doch auch eindeutige religiöse Aussagen aufnehmen? – Fehlanzeige!

Schon früh benennt die Verfasserin ihr poetologisches Prinzip: „Damen und Herren, was bleibt ist ein Rätsel.“[244] Später wird dieses Rätsel, das Problem näher benannt: „Worauf kommt es in der Geschichte an? Nicht darauf, dass man Geschichten erzählt, sondern wie man Geschichte macht, wenn man erzählt.“ (S. 47) Bei diesen in die Handlung verwobenen Gedanken werden wir Lesende direkt angesprochen, werden unsere möglichen Erwartungen korrigiert. Wie erzählt man von historischen Vorgängen? Wie von Heiligen, bei denen sich Historie und Legende in untrennbare Amalgame verbunden haben? Wie also erzählt man eine solche Geschichte wie die der heiligen Johanna, genannt „mein Prahlhans, mein Aufschneider Gottes“ (S. 48)? Hier die Erzählerin in unserer Zeit, dort, vor fast 800 Jahren, das junge Mädchen im Krieg! Wie kann das zusammenkommen? „Johanna brennt, und ich sitze im Hörsaal.“ „Johanna brennt, und ich schlafe.“ (S. 34) Letztlich bleibt es bei der kunstvollen Problematisierung. Johanna bleibt der Erzählerin rätselhaft: „Hast du wirklich geglaubt, du bist seine Tochter?“ (S. 39), fragt sie sich im Blick auf die Gottesbeziehung der Heiligen. So unbedingt erscheint sie ihr, so kompromisslos, wie ein „weit geöffnetes Ohr, das jedes Wort auf die Goldwaage legt. Grausames Ohr, strenge Wirtin der Wörter“ (S. 36). Aber ist die Geschichte der Johanna nicht eine Glaubensgeschichte? Muss in ihr nicht von Gott, von Opfer, von Sünde, von Erlösung die Rede sein? Wie steht es mit der „AUSSICHT AUF RETTUNG“, die leitmotivisch als „Ahnung von Frischluft, ein Hauch von Idee, eine fröhliche Werbung“ (S. 57) in den Roman eingespielt wird? Gewiss,

„allem voran“ kommt es „auf den echten Glauben“ an, denn ohne „Glaube ist ja kein Spiel zu gewinnen. Glaube. Na gut. Nur, an wen? Und an was?“ (S. 64) Biblische Assoziationen verstärken die Zweifel. Sicherlich, das wären starke Themen und Aussagen: „Demut und Reue, Buße und Beichte, Vergebung und Gnade, Kniefall und Schuld“. Aber: „Reine Mode.“ (S. 148) Auch hier: Die Erwartungen an Affirmation und Eindeutigkeit werden in ihre Schranken gewiesen. Die Unsicherheiten, Offenheiten, ungedeuteten Vielstimmigkeiten heutiger Lebensentwürfe werden zum poetologischen Prinzip. Und worum geht es letztlich in all diesen Ansätzen, Zügen, Gegenzügen, Fragmenten? „Ums Ganze. Nicht um links oder rechts, sondern um oben und unten, um Himmel und Hölle. Und um die Angst vor der Sache dazwischen, die man gemeinhin DAS LEBEN nennt. Das Fegefeuer. Das kleine Feuer dazwischen, das dafür sorgt, dass es überall immer nach Rauch riecht, zitternde Flammen, nervöse Geschwister, obwohl wir von morgens bis abends mit Waschen und Bügeln beschäftigt sind.“ (S. 97)

Für den Religionsunterricht eröffnet dieser Roman von Felicitas Hoppe ein grundsätzliches Nachdenken darüber, was Geschichte ist, wie man Geschichte und Geschichten erzählt, was Faktum und Fiktion verbindet und unterscheidet. Zur Hinführung eignet sich zunächst eine doppelte, eventuell arbeitsteilige Sammlung von Spontanassoziationen (auf Plakat?): Was fällt den SchülerInnen zu Geschicht*e* ein, was zu Geschicht*en*? In einem zweiten Schritt lassen sich erste Verbindungslinien ziehen: Was trennt die beiden Begriffsfelder, was kann sie verbinden?

Dann wird (über Referat?) als Beispiel für die Heiligenverehrung in der Katholischen Kirche die Heilige Johanna vorgestellt und im historischen Kontext verortet. Ideal wäre ein fächerverbindendes Projekt mit dem Geschichtsunterricht und/oder zur allgemeinen Rezeption Johannas in der Literatur, etwa bei *Friedrich Schiller* („Die Jungfrau von Orleans 1802), *George Bernard Shaw* („Saint Joan“ 1923), *Bertolt Brecht* („Die heilige Johanna der Schlachthöfe“ 1932) oder *Jean Anouilh* („L'Alouette“ 1953) – als herausragende Etappen einer überaus fruchtbaren Rezeptionsgeschichte. Aus spezifisch theologischer Sicht kann über Sinn und Unsinn, Chancen und Grenzen der Verehrung von Heiligen überhaupt nachgedacht werden, etwa unter kontroversökumenischer Perspektive oder in biographischer Verlängerung im Blick auf die Tradition des Namenspatronats. Noch vor der Textbegegnung bietet sich eine perspektivische Positionierung an: „Stellt euch vor, ihr würdet heute über diese heilige Johanna etwas schreiben wollen. Was wäre euch wichtig? Welche Inhalte würdet ihr betonen und ausgestalten? Welche Form würdet ihr wählen?“ Einige Ideen werden präsentiert und problematisiert. Erst dann wird der Textauszug von Felicitas Hoppe vorgelegt unter der Beobachtungsfrage: Welche der genannten inhaltlichen Ideen und sprachlichen Formen werden aufgegriffen? Welche sind neu?

> Johanna. Prahlhans. Aufschneider Gottes. Hast du wirklich geglaubt, du bist seine Tochter? Die Schwester von Jesus? Die Retterin Frankreichs? Die Jungfrau Maria? War Maria etwa stämmig und dreist? Eilig und frech? Hatte sie Töchter? Söhne mit Schwestern? Maria hatte ein Einzelkind. Einen eingeborenen Sohn. Verwöhnt und berufen, gesenkter Kopf und gekreuzigte Knie.
> Und du, die zu kleine Schwester, träumst vom aufrechten Federbusch. Von Schwertern und Schlachtwind, von Pomp und Posaune. Und wie du dich aufbläst, bis über die Ohren, immer reitend und himmelwärts. Dabei ist dein Reich nur von dieser Welt, genau wie du selbst. Kein schönes Gesicht und zu kurze Beine, eine Leiter, um in den Sattel zu kommen. Jede Wette, das geht nicht gut aus.
> Warum bist du nicht einfach zu Hause geblieben, um Schafe zu hüten und Kränze zu flechten und unter dem Feenbaum weiter zu träumen. Bis einer vorbeikommt, der dich ehrlich gebraucht. Denn irgendeiner kommt immer vorbei, auch einer, der kurze Beine mag, auf Gesichter pfeift und fast alles auf innere Schönheit setzt. Der uns Dinge ins Ohr sagt, die klar sind und wirklich. Kein Engel, sondern ein richtiger Mann, mit einer Stimme, die uns von höheren Stimmen erlöst, von Stimmen, die Jungfrauen einreden wollen, dass sie reiten sollen und Könige krönen und Kriege führen und Länder befreien.
> Stattdessen könnten wir kochen und spinnen und heimlich häusliche Feuer schüren, denn längst ist erwiesen, auch die Hausfrau kann es zu Heiligkeit bringen. Krieg herrscht ja bekanntlich fast überall. Auch in Vorgärten lassen sich Fahnen hissen und Schädel spalten, falls einer unberufen die Schwelle betritt.
> Nur die Jungfrau muss hoch und höher hinaus. Weil Johanna drei heilige Stimmen bedrängen, Katharina, Margareta und Michael, drei verkleidete Engel, die alles andere als heilig sind. Das weiß ich genau, man macht mir in dieser Sache nichts vor. Die Geschichte fällt durch. Die Wahrheit ist, wie immer, sehr einfach. Johanna wollte nur schön sein. Sie wollte gefütterte Rüstungen tragen, sie wollte La Hire

das Fluchen verbieten und sich selber mit großen Gebeten schmücken, um als Siegerin in die Schlacht zu ziehen. Nur weiß sie nicht, wie man Rüstungen trägt, weil sie nicht weiß, was ein Ritter ist. Damit wir uns hier nicht missverstehen, Chroniken nacherzählen kann jeder, aber damit macht man keine neue Geschichte. Die Geschichte besteht ja nicht nur aus Geschichten, die man leichtfertig nachbeten darf, nur weil sich ein dankbares Publikum findet. Die Geschichte besteht aus Qual und Bemühung, aus Einsicht und Furcht, aus Versuch und Angst, aus Respekt und Eifer, aus Einwand und Schweiß, aus endlosen langen schlaflosen Nächten. Wenig Feuer, viel Rauch, viel Eitelkeit und wenig Erkenntnis. Und jeden Morgen wieder ein Einwand. Es sei denn, Sie nehmen die Sache leicht und suchen Vergnügen.

(Felicitas Hoppe, aus: Johanna. © S.Fischer Verlag GmbH, Frankfurt am Main 2006.)

Bei dem Vergleich mit den eigenen Ideen wird auffallen, dass Felicitas Hoppe in dem kurzen Auszug verschiedene Modi der Textansprache aufgreift: die imaginäre Du-Anrede an Johanna selbst; die rhetorische weibliche Verschwisterung von Erzählerin und Hauptfigur zum „wir" aller Frauen; die reflektierende Betrachtung Johannas in der dritten Person Singular – „sie"; die zwischen Autorin und LeserInnen hergestellte „wir"-Identität; schließlich die direkte Anrede an uns Lesende als „Sie". Schon in dieser fünffachen Personenmischung wird deutlich, dass es um die Doppelfrage geht, wie Geschichte erzählt werden kann/wie Geschichten erzählt werden können. Rückfragen an die Heilige und an die von ihr berichteten Erzählungen verbinden sich mit Rückfragen an die Leseerwartung: Welche Art von Geschichte wollen wir? Welche Form des Erzählens erwarten wir?
Von diesen Grundfragen aus kann abschließend das innovative und deshalb umstrittene geschichtshermeneutische Modell des Amerikaners *Hayden White* als Schlüssel zu einem neuen Verständnis von Geschichte erarbeitet werden. White spricht in seinen einflussreichen Studien über „Die Fiktion des Faktischen" provokativ von der strukturellen Nähe zwischen Geschichtsschreibung und belletristischer Literatur als zwei auf einer nachträglich konstruierten Plotstruktur beruhenden Formen der Fiktionsbildung. White postuliert, dass „der Diskurs des Historikers und der des Autors fiktionaler Literatur sich überschneiden, Ähnlichkeiten aufweisen und einander

entsprechen“[245]. Denn tatsächlich: Klio dichtet. Klio, die griechische Muse der Geschichtsschreibung, wird üblicherweise mit einer Papyrusrolle dargestellt, gelegentlich auch mit einem Griffel. Sie ist Symbol dafür, dass die Geschichtsschreibung nicht allein eine – objektive und vermeintlich interessenlose – Wissenschaft ist, sondern immer auch die Kunst der Darstellung des Vergangenen umgreift, und dies stets eben auch poetisch, fiktiv, gestalterisch. Die gesamte Geschichte des Christentums – angefangen mit Altem und Neuem Testament – ist diesem Grundsatz zuinnerst verpflichtet. Von Felicitas Hoppe und über Haydon White lässt sich dieser Zugang neu entdecken.
Verständnis für das kirchliche Leben wächst freilich nicht nur aus der Begegnung mit Gestalten oder Epochen der Kirchengeschichte, sondern vor allem aus den eigenen Erfahrungen innerhalb der Institution Kirche. Fast alle literarischen Auseinandersetzungen mit Kirche richten deshalb ihren Schwerpunkt auf die fiktional ausgestaltete eigene biographische Kirchenprägung, der eine zumindest eingeschränkte Repräsentativität zukommen kann. Davon zeugen die übrigen in dieser Rubrik aufgenommenen Texte.

2. *Friedrich Christian Delius:* Von Gottesvergiftungen

Im Frühjahr 2009 wurde *Friedrich Christian Delius* (*1943) mit dem Evangelischen Buchpreis ausgezeichnet, explizit verliehen für „Bücher, für die Christen sich einsetzen können“. Basis für diese Auszeichnung war die 2006 erschienene, viel gelobte Erzählung „Bildnis der Mutter als junge Frau“, in der er die Lebensgeschichte seiner Mutter literarisch fruchtbar macht. Der Autor konzentriert seine Schilderungen auf einen Schlüsselmoment: Die junge Frau, verheiratet mit einem evangelischen Militärpfarrer, wandert 1943 durch Rom, unterwegs von dem Diakonissenheim, in dem sie wohnt, zur evangelischen Kirche. Sie ist hochschwanger mit jenem Sohn, der diese Episode viel später erzählen wird. Wie mit einer inneren Kamera folgt der Erzähler der Frau auf ihrem Spaziergang, schildert Gesehenes, Erinnertes, Gedachtes in einem langen, szenisch unterbrochenen Gedankenstrom.
Auf dem Weg der evangelischen Christin durch das katholische Rom werden Kirchen beschrieben, tauchen Pfarrer und Nonnen auf, werden Assoziationen aus Bibel, Kirchengesang und Liturgie eingespielt

im Blick auf Hoffnung, Sehnsucht und Geborgenheit. Indirekt kann man das Buch als perspektivische Betrachtung des deutschen Protestantismus vor dem ästhetischen und religiösen Hintergrund des katholischen Roms sehen, gesetzt in die Situation des Zweiten Weltkriegs. Das Katholische wirkt hier fremd, protzig, überladen, Macht besessen, angepasst. Das Evangelische, die Besinnung auf eingestreute Schriftzitate und vor allem auf die Choräle und Kirchenlieder gibt dem gegenüber als ersehnte und erinnerte Gegenwelt geistige Heimat. So heißt es gegen Ende der Erzählung, als sich die junge Frau in einer Kirche ausruht und einem Bachschen Konzert lauscht: „immer höher und herrlicher, als steigerten und formten sie sich zu einer hochgewölbten Architektur, *da hab ich Adlers Eigenschaft*, und sie fühlte sich darin geborgen wie in einem Pantheon der Töne, da fahr ich auf von dieser Erden, unter einer Himmelsleiter aus lauter himmlischen Tonleitern, unter einer Kuppel aus Harmonien“[246].

So verständlich die Auszeichnung mit dem evangelischen Buchpreis angesichts dieser Erzählung also ist, so überraschend bleibt sie im Blick auf das Gesamtwerk des Autors. Delius, Sohn eines evangelischen Pfarrers, hat mehrere andere seiner Erzählungen und Romane vor allem als Abrechnung mit einer krankmachenden und entwicklungsverhindernden religiösen Erziehung gestaltet. Sie gelten als Paradigmen literarischer Schilderungen einer „Gottesvergiftung“ (*Tilman Moser*), die sich seit den 60er Jahren im Blick auf beide christliche Großkonfessionen finden lassen. Das eindrücklichste literarische Beispiel eines solchen therapeutischen Sich-Frei-Schreibens von der Eltern-Religion findet sich in der Erzählung „Der Sonntag, an dem ich Weltmeister wurde“ (1994).

Delius hat sich als literarischer Bewahrer von Zeitgeschichte, als Vertreter einer gegenwarts-chronistischen Dokumentarprosa einen Namen gemacht. Immer wieder greift er sich politische Konfliktsituationen unserer Zeit heraus (vor allem: die 68er Generation, Terrorismus), die er dann gesellschaftskritisch literarisch verdichtet. Er gehört zu den meistgelesenen Gegenwartsautoren, seine zahlreichen Auszeichnungen (unter anderen der Theodor-Fontane-Preis 2004 und der Joseph-Breitbach-Preis 2007) weisen ihn als wichtige kulturpolitische Stimme unserer Zeit aus. Erst mit 50 Jahren gelang es diesem kritischen Kolumnisten, seine eigene biographische Verletzungsgeschichte zu Papier zu bringen. Denn „Der Sonntag, an dem ich Weltmeister wurde“ ist eine harte Abrechung mit der religiösen Welt des

Pfarrervaters. Schon der erste Satz gibt Ton und Aussage vor: „Der Sonntag, an dem ich Weltmeister wurde, begann wie jeder Sonntag: die Glocken schlugen mich wach, zerhackten die Traumbilder, prügelten auf beide Trommelfelle, hämmerten durch den Kopf und droschen den Körper, der sich wehrlos zur Wand drehte."[247] Die Verben symbolisieren die Atmosphäre von Zwang und Gewalt: „schlugen", „zerhackten", „prügelten", „hämmerten", „droschen" – die Welt der Religion ist ein zerstörerischer Kosmos von Lebensfeindlichkeit und Bedrohung.

Erzählt wird der Verlauf jenes Sonntags, an dem Deutschland 1954 erstmals Fußball-Weltmeister wurde, ein Tag, der auch für den jungen Ich-Erzähler zu einem Tag der Befreiung und des Aufbruchs werden sollte. Bestimmt wurden die milieugenau erzählten Sonntage in den 50er Jahren völlig vom liturgischen Zwang der Pfarrersfamilie. Trotzdem empfand der Junge sie als einzigen Tag in der Woche, „an dem ich halbwegs geschützt blieb vor der Entdeckung, wie schlecht und schwach ich in allem war" (S. 12). Allerdings war dieser Tag „nicht für mich da oder für die Familie" (S. 15), sondern eben für Gott. Und der wurde vor allem erlebt als übermächtige Kontrollinstanz, sah der Junge doch keine Möglichkeit, „dem alles überragenden, allgegenwärtigen Auge Gottes zu entkommen, das irgendwo im Himmel hing und alles sah und nicht gesehen wurde", ja: sich spiegelte „in den Augen des Vaters, der Mutter, der Großeltern" (ebd.). Schon früh war der Zugang zu dieser Drohinstanz gestört, so schreibt es zumindest der Erwachsene im literarisch stilisierten Rückblick: „Nie würde ich es schaffen, mich an diesen unberechenbaren *Herrn* zu gewöhnen mit Beten, Dienen, Danken, Glauben, Singen" (S. 16).

Mit aller Härte und Unversöhnlichkeit, in minutiöser Detailgenauigkeit erzählt Delius vom zwanghaften Gottesdienstbesuch, von der sklavischen Disziplin im Elternhaus, von den strengen Tischsitten und den auferlegten Gebetsritualen. Die Schilderungen münden in einen alttestamentlichen Vergleich: „Ich war Isaak" (S. 74), ein Opfer des Vaters auf Geheiß des grausamen Gottes. Die Abraham/Isaak-Erzählung (Gen 22) wird zur Deutefolie einer Vater-Sohn-Beziehung, die letztlich den Abschied vom Gott des Vaters begründet. Aus all den Bedrängungen gab es nur einen Ausweg. Die Flucht in eine Welt, die der Vater, die die Familie nicht teilte: Fußball! Geschildert wird ja eben jener Sonntag des Weltmeisterschaftsfinales von Bern. Der Bub zieht sich zurück, lauscht gebannt und wie im Fieber an geheimem

Ort der Radioübertragung. Wie nennt der Reporter den deutschen Torwart Toni Turek? „Turek, du bist ein Fußballgott" (S. 93). Eine Blasphemie? Eine Gotteslästerung, vor der das tief eingesenkte Gebot „Du sollst neben mir keine anderen Götter haben" ausdrücklich warnt? Halb verschämt, halb befreit durch diese Tabuaufsprengung lässt sich der Junge vom Spielverlauf tragen, einmündend in eine nie gekannte Euphorie und Jubelstimmung. Deutschland ist Weltmeister! – Im Gefühl dieses Triumphs (den er mit niemandem in seiner Familie teilen kann) löst sich auch die Fessel der Gottesbeziehung. Er fühlte „wie alle Gotteszangen von mir abließen", ja: „was es heißen könnte, befreit zu sein" von „dem unersättlichen Gott" (S. 117).
Endlich ein Gefühl von Übermut anstelle der ständig geforderten Demut; endlich jubelnd-überquellende Siegesschreie statt der üblichen stotternden Sprachnot; endlich identifikatorische Gefühle von Sieg und Stärke statt der normalen Bloßstellung in Versagen und Schwäche! Nur ein Vorgefühl, gewiss: Schon das auferlegte Nachtgebet wird die alten Zwänge erneuern, das weiß der Bub nur zu gut. Das Buch aber schließt mit der Ahnung, dass es gegen die bislang für unverrückbar gehaltene Gottesvergiftung doch ein Heilmittel geben könnte: den Fußball als Beispiel für Lebensdimensionen, in denen andere Regeln herrschen und ein Leben möglich machen, in dem man „einmal ungebremst *Ja!* sagen" (ebd.) kann.
Die Erzählung „Amerikahaus", 1997 erschienen, führt die Linie der autobiographisch inspirierten Emanzipationsprosa fort. Und noch einmal ist das Freischreiben von repressiver Religion und zwanghaften Gottesvorstellungen unumgänglich. Im Zentrum der Erzählung steht nun als *alter ego* des Autors Martin, ein 22jähriger Student, der 1966 die Anfänge der Studentenunruhen in Berlin erlebt. Doch auch noch der erwachsene Student – gehemmt, sexuell verklemmt, immer noch stotternd, ein Außenseiter – geht nicht lebensoffen auf seine Welt zu, auf neue Erfahrungen in der Großstadt, auf die Herausforderungen seiner Zeit. Als Ursache seiner Hemmungen und Verklemmungen wird die „Angst vor dem abgewürgten Gott in ihm"[248] genannt. Immer noch wirkt die krankmachend-einengende Kindheitsprägung nach: „Alles wird bestraft, Gott sieht alles, die Eltern sehen fast alles, überall lauern Sünden, und am schlimmsten ist die Strafe für das, was man gar nicht getan hat aus Angst vor der Strafe" (S. 39), so die entlarvende Schilderung der perfiden Drohspiralen ‚christlicher' Erziehung.

Und wieder findet sich der Vergleich mit Abraham/Isaak: „Bevor der Vater das Messer hebt wie Abraham, fühlt sich der Sohn verraten, getötet, geopfert.“ (ebd.) Kein Wunder, dass diese Verstümmelungsstrategie noch den Erwachsenen prägt. Nur als Schreibender empfindet der Sprechgestörte Befreiung. „Beim Schreiben sah ihm keiner über die Schulter, kein Gott, kein Vater“ (S. 44). Schon der zugeteilte Name wirkt wie eine Belastung: „Sie haben dich Martin getauft, der ganze dicke Luther eine unsichtbare Last auf deinen Schultern, ein gefährlicher Flüsterer, der dir mit seinem großen und kleinen Katechismus die Ohren vollwispert: Tu's nicht, tu's nicht!“ (S. 109) Am Ende der Erzählung tanzt sich Martin in einem ekstatischen Ausbruch frei von all den Verboten, all dem Sündengerede, all dem „Christengift“, verabreicht von „denen, die immer genau wissen, was Sünde ist“ (S. 122), all der lebensfeindlichen Seelenmedizin, die ihm in seiner streng-protestantischen Erziehung verabreicht wurde. Immer wieder baut Delius in diese Erzählung biblisch-christliche Sprachbilder ein („Sünde“, „Erbsünde“, „Leib“, „Wunden“). Für Martin wird ihre düstere Wirkmacht und die Welt, für die sie repräsentativ stehen, letztlich erst im Erleben des ersten Beischlafs überwunden.

Wenn man Texte zum Thema „Gottesvergiftung“ in den Religionsunterricht aufnehmen will, sollte man sich vor Augen stellen, dass es diese Zerrformen religiöser Fehlerziehung heute fast nicht mehr gibt. Das Problem im heutigen Religionsunterricht liegt – anders als vor 30 Jahren – kaum noch darin, Kinder und Jugendliche von zerstörerischen religiösen Bildern zu befreien und zu lebensermöglichenden Gottesbildern hinzuführen, als vielmehr darin, überhaupt eine Gottesbeziehung anzubahnen oder zu vertiefen. Nur in fundamentalistischen Kreisen beider Konfessionen halten sich in ganz engen Theotopen Erscheinungen von persönlichkeitszerstörenden religiösen Erziehungsformen. Im Normalfall werden wir in unseren Lerngruppen nicht mit Kindern aus solchen Hintergründen zu rechnen haben – umso wichtiger bleibt eine wache Aufmerksamkeit zur Wahrnehmung solcher Randerscheinungen. Und sehr wohl ist es möglich, dass sich in der Eltern- oder Großelterngeneration Erfahrungen finden, die den im Text geschilderten Situationen und Erfahrungen entsprechen und bis heute ihre eisige Strahlkraft in die Familien entfalten.

Konsequenz: Texte einer „Gottesvergiftung“ sind *Einblicke in fremde Welten*, in Erfahrungsbereiche, die unseren SchülerInnen nicht vertraut sind und von daher ihren Reiz und didaktischen Platz erhalten. Es gehört zum Religionsunterricht hinzu, über Fehlformen religiösen Lebens zu informieren, eben auch über – aus ihrem Kontext und ihrer Zeit zu deutenden – Fehlformen religiöser Erziehung. Der Text erhält einen besonderen Reiz dadurch, dass das Thema religiöse Erziehung mit dem motivational stark positiv aufgeladenen Thema „Fußball" verbunden ist. Zwei unterschiedliche Einstiege zum Thema legen sich deshalb – je nach didaktischer Zielsetzung – nahe. Zum einen bietet es sich an, das Thema „Fußball" in den Vordergrund zu stellen. Als Lehrer bringe ich einen Ball mit, lege ihn auf den Tisch – im Religionsunterricht doch eher unüblich. Dann frage ich die SchülerInnen, ob sie sich noch daran erinnern, was sie an dem Tag gemacht haben, als Deutschland zuletzt Fußballweltmeister wurde (oder Europameister, oder Zweiter, Dritter – je nach letzter Platzierung). Die anschließende Textlektüre erfolgt dann unter der Vorgabe: „Lest einmal nach, wie ein Schriftsteller unserer Zeit den Tag beschreibt, an dem Deutschland 1954 zum ersten Mal Weltmeister wurde". Das anschließende Gespräch über den Text kann sich auf die Unterschiede zwischen eigener Erfahrung und literarisch geschilderter Erfahrung, zwischen 1954 und heute konzentrieren und nach Ursachen suchen.

Ein anderer Einstieg rückt das Thema „Gottesvergiftung" in den Mittelpunkt. Als Provokation teilt der Lehrer Plakate aus, in deren Mitte der Satz steht: „Religion macht krank!" Im freien Schriftgespräch schreiben die SchülerInnen ihre Assoziationen auf. Gewiss begibt sich der Lehrende dabei in das Risiko, mit einer Vielzahl von unkontrollierten Vorurteilen oder Vorwürfen konfrontiert zu werden – andererseits ist es besser, wenn diese benannt werden, als wenn sie unterschwellig vorhanden sind und unbenannt bleiben. Nach einer deutenden Zusammenführung der Stellungnahmen kann der Text vorgestellt werden als Beispiel für einen Autor, der die in dem Satz gebündelte Erfahrung selbst gemacht hat.

Der Sonntag, an dem ich Weltmeister wurde, begann wie jeder Sonntag: die Glocken schlugen mich wach, zerhackten die Traumbilder, prügelten auf beide Trommelfelle, hämmerten durch den Kopf und droschen den Körper, der sich wehrlos zur Wand drehte. Nur wenige Meter von meinem Bett stand der Kirchturm, da half keine Decke, kein Kissen, die Tonschläge drangen durch Fenster und Türen, durch Balken und Wände, füllten das Zimmer, vibrierten in Lampen, Gläsern, Spiegeln und obwohl sie das ganze Dorf, das Tal und die Wälder ringsum beschallten, schienen sie kein anderes Ziel zu haben als meine Ohren und keinen anderen Zweck, als jedes Geräusch zu vernichten und jeden Gedanken zu zertrümmern. Von oben herab schickten sie schwingende, wuchtige Schläge gegen mich, rissen das blasse Gesicht fort, das ich in einer Hügellandschaft schweben sah, und zerfetzten es unbarmherzig mit ihrem Lärm, als sollte mir etwas Verbotenes, etwas Zartes mit Gewalt aus dem Kopf gestoßen werden.

Früh um sieben wurde der Sonntag eingeläutet, fünfzehn lange Minuten war ich den Glocken ausgeliefert. Ich wollte mich damit nicht abfinden und suchte die schwindenden Bilder festzuhalten, ich meinte, neben dem schwerelosen Gesicht, ein Mädchen vielleicht, den Großvater auf dem Meer stehend gesehen zu haben, ohne sein U-Boot, den Arm in der Luft. Ich wußte nicht, ob er gedroht oder um Hilfe gerufen hatte, der Film war gerissen, die Bildfolge gestört, ich war an Land, war geweckt.

Ich duckte mich unter dem vertrauten Getöse, versuchte das Unvermeidliche auszuhalten und Schlag um Schlag an dem schwingenden, wuchtigen Dreiklang Gefallen zu finden, etwas wie Musik zu entdecken, in den metallischen Klängen eine Melodie oder wenigstens einen Rhythmus. Die große Glocke hämmerte den tiefen Ton in langsamen Takten, die kleine sprang mit hellem, schnellem Bimmeln dazwischen, und die mittlere Glocke gab den hintergründig klaren, den versöhnlichen Klang dazu, drei Töne pausenlos, nacheinander und gleichzeitig in wechselnder, bald berechenbarer Folge. Ich wollte mich betäuben und tragen lassen, auf den Schallwellen noch einmal davonschwimmen, dem Mädchen hinterher, das in der grünen Landschaft versunken, dem Großvater hinterher, dessen Uniform trotz der hohen See trocken geblieben war. Im Rhythmus der Glockentöne in Bildern schaukelnd, gelang es mir trotzdem nicht, Anschluß an die Spuren des Traums zu finden und das Zerstörte zusammenzufügen, das verschwundene Gesicht aus dem Grünen und den Großvater aus dem Meer zu retten.

(...)

Der Sonntag war nicht für mich da oder für die Familie, sondern für jenen bärtigen Vater über dem Vater, dem wir alles zu danken hatten. Ein Leben ohne Glocken, ohne den *Feiertag*, ohne christlichen Stundenplan voller Gebete und Gesänge konnte ich mir nicht vorstellen. Noch weniger, jemals dem alles überragenden, allgegenwärtigen Auge Gottes zu entkommen, das irgendwo im Himmel hing und alles sah und nicht gesehen wurde. Ich konnte versuchen, mich dem Blick zu entziehen, aber damit entlastete ich das Gewissen nicht, denn das Auge Gottes spiegelte sich in den Augen des Vaters, der Mutter, der Großeltern, ihre Augen flankierten und vervielfachten das Gottesauge, zu viele Augen sahen auf mich herab.

In solchen halbwachen, unkontrollierten Momenten befiel mich, auch wenn ich nichts Verbotenes tat oder dachte, eine unerklärliche Scham, eine zapplige Schwermut und Lähmung. Ich fürchtete mich und wußte nicht, wovor und vor wem, wußte kein Rezept gegen die Furcht, wehrte mich mit verlängerten Träumen und ahnte, wie begrenzt meine Kraft zum Phantasieren und zum Vervielfältigen der Träume war. Mein Kopf war belagert und mein Körperbündel besetzt von der unbegreiflichen Macht Gott, die in alle Gedanken hineinregierte, mein verschupptes, verstottertes Leben bestimmte, eine Macht, die zugleich gütig und streng sein sollte und als höchste Instanz der Liebe Vater und Mutter wie Marionetten zu führen schien. Mutlos und erschöpft wurde ich, wenn mich ein bohrender Gedanke an den vom Himmel herabsegnenden oder drohenden *lieben* Gott streifte. Nie würde ich es schaffen, mich an diesen unberechenbaren *Herrn* zu gewöhnen mit Beten, Dienen, Danken, Glauben, Singen, aber noch schlimmer war die Vorstellung der Leere, der Verdammung, der Schuldgefühle, mit denen Gott den verfolgte, der sich seinen Befehlen nicht zu unterwerfen verstand und zum *Heiden* wurde. Verwirrt ließ ich von den Ansätzen zu solchen Gedanken ab, ich wollte nicht, ich konnte und durfte nicht wittern und vermuten, in welchen Teufelskreis dieser Gott mich stieß. (S. 7–8; 15–16)

(Friedrich Christian Delius, „Der Sonntag, an dem ich Weltmeister wurde. Erzählung“ © 1994 by Rowohlt Verlag GmbH, Reinbek bei Hamburg.)

Die Analyse des Textes sollte einerseits die Sprachbilder betrachten, mit deren Hilfe die bedrohliche Atmosphäre erzeugt wird. Andererseits geht es darum nachzuspüren, welche Ursachen für die Entstehung des benannten „Teufelskreises“ hier angegeben werden. Warum wirkte diese Art religiöser Erziehung zerstörerisch? Gibt es derartige Phänomene nach Einschätzung der SchülerInnen noch? Und vor allem: Welche Art religiöser Erziehung würden die SchülerInnen für unsere Zeit begrüßen? Der Text von Delius lädt ein zu einer grundsätzlichen Reflexion über religiöses Lernen. Vor der Folie einer Ablehnung der Fehlform gilt es nach Konturen einer für heute möglichen religiösen Erziehung zu suchen.

3. *Ulla Hahn:* Von der ästhetischen Faszination des Katholizismus

So sehr Fehlformen und Zerrbilder in das Spektrum der Darstellung kirchlichen Lebens hineingehören, so falsch wäre es, sie ins Zentrum zu stellen. Auch in der Gegenwartsliteratur bleibt das Aufzeigen derartiger Phänomene ein Randmotiv. Im Zentrum steht eher der Versuch einer ausgeglichenen Darstellung von Religion und ihren Auswirkungen auf die eigene Biographie. Das wird an dem nun vorzustellenden Beispiel in besonders eindrücklicher Weise deutlich. Kaum ein Buch wurde im Jahre 2001 so kontrovers und heftig diskutiert wie *Ulla Hahns* Roman „Das verborgene Wort". Im Folgejahr wurde es mit dem Deutschen Bücherpreis ausgezeichnet. 2008 erschien eine eindrucksvoll umgesetzte dreistündige Filmversion unter dem Titel „Der Teufelsbraten". Hahn, Jahrgang 1946 und seit den 80er Jahren als Lyrikerin und Erzählerin hervorgetreten, schildert hier in kunstvoller fiktionaler Verkleidung ihre Kindheit und frühe Jugend im rheinischen Monheim. Wie in wenigen Werken zuvor wird hier das Aufwachsen im Nachkriegsdeutschland im kleinbürgerlichen Milieu einer rheinisch-katholischen Provinz beschrieben.

Zwei zentrale Momente kennzeichnen das Aufwachsen von „Hildegard Palm" – so der Name des Mädchens im Buch. Zum einen die besondere Rolle der Sprache: Über Sprache beginnt sich „Hilla" aus ihrem Milieu zu lösen; Literatur wird ihr zur Entdeckung von Individualität; mit dem Lesen und Schreiben formt sich die Persönlichkeit; Lesen ermöglicht überhaupt erst die (über-)lebenswichtige Personwerdung. Selten zuvor hat ein Roman in so feinfühliger Schilderung diesen Prozess nachgezeichnet. Doch Sprache ist eng geknüpft an Religion. Im Bereich der Kirche – die sehr wohl kritisch betrachtet, alles andere als idealisiert, in aller Differenziertheit ausgeleuchtet wird – findet Hildegard Anregungen, Stütze, Förderung. Gerade die Sprachformen der Liturgie, der Bibel, des religiösen Alltagslebens fördern den benannten Wachstumsprozess. Der aus Büchermangel geklaute „Schott" – das Messbuch der katholischen Kirche mit den deutschen Übersetzungen der lateinischen Texte der Liturgie – erweist sich als wirkmächtige Spruchsammlung gegen die Strafen der Eltern. Das Gesangbuch wird zur Quelle liturgischer und biblischer Sprachschätze. Sprachmächtig schildert Ulla Hahn die fast sinnlich wahrnehmbare Begeisterung ihrer Heldin für die Gegensprache der

Kirche, die ihr aus dem Mief und Stumpfsinn ihrer Lebenswelt heraushilft.

Religion gehört hier nicht nur selbstverständlich zur geschilderten Lebenswelt hinzu, sie zeichnet sich durch eine positiv lebensverändernde Kraft aus. Gerade die Sprache der Bibel fördert den benannten Wachstumsprozess als Zauber, als Energie, als „schiere Magie"[249]. Erzählt wird so von einem Aufwachsen, in dem Kirchgang, Katechese, Sakramentenempfang, Bibellektüre und Gottesglaube noch selbstverständlich waren. Aus der Distanz werden sie nun mit warmer Sympathie zurückgeschrieben und erhalten so ihre überzeitliche Bedeutung. Autobiographisch-fiktive Rückblicke ähnlicher Anlage hätten früher – wie bei Friedrich Christian Delius – fast stets eine scharfe Abrechnung mit pathologischen religiösen Kindheitszwängen enthalten. Auch Ulla Hahn schildert Enge, Zwänge, Versteinerungen, sexuelle Verklemmtheit, politische Irrwege – betont jedoch vor allem die lebensermöglichenden, blicköffnenden, auch politische Widerstände umfassenden Aspekte von Kirche.

„Ohne Zorn und mit einer gewissen Gelassenheit" (*Der Spiegel* 34/2001, S. 181) habe sie beim Verfassen des Buches auf ihr Aufwachsen zurückschauen können. Genau darin zeigt sich die ‚neue Unbefangenheit' vieler SchriftstellerInnen im Umgang mit Religion, genau dies mag jedoch auch der Grund für die völlig unsachliche Ablehnung des Romans durch manche KritikerInnen sein. In dem bereits zitierten Interview mit dem „Spiegel" wird Ulla Hahn befragt, ob denn eine solche Schilderung nicht „eher untypisch" sei? Antwort: „Nein. Die Kirche war in so einer armseligen Dorfgemeinschaft der Kulturträger. Wo habe ich zum ersten Mal einen schönen Raum gesehen, Überfluss, schöne Gewänder, Kerzen? Wo zum ersten Mal Musik gehört? Worte, die nicht nur zum Schimpfen da waren? In der Kirche. Das war ungeheuer wichtig." Deutlich wird die Wirkung von Religion durch ästhetische Erfahrung, sei es im Wort, sei es durch Raum, Schmuck, Geruch, Musik, Ritual. Diese Elemente haben sich tief in die Erinnerung eingewurzelt und entfalten ihre sinnliche Ausstrahlungskraft bis heute.

Im Herbst 2009 erschien die Fortsetzung, ein Blick in das Lebensgefühl der 60er Jahre, der den Weg der Protagonistin bis in das Studium in Köln weitererzählt: „Aufbruch". Im Sog des deutschen Wirtschaftswunders schwindet die Kirchlichkeit: „Nicht ganz dabei und nicht ganz davon weg"[250] fühlen sich viele im Blick auf die katholische

Kirche, so auch Hilla Palm. Die Gottesdienstbesuche werden seltener, konzentriert auf die großen Feiertage, der Sakramentenempfang kommt zum Erliegen. Nur wenige Rituale bleiben, etwa das Anzünden einer Kerze im Dom, wann immer man in Köln ist. In einem Kapitel wird ausgewogen erzählt, welche Auswirkungen das Zweite Vatikanische Konzil auf das traditionell katholische Dorfleben hatte. Hilla nahm die Veränderungen zwar wahr, hatte sich aber inhaltlich bereits abgekoppelt: „Die Neuerungen des Vaticanum II: für mich kein Thema"! (S. 363) Warum? Nach einer alptraumhaften Vergewaltigungserfahrung war Gott für Hilla gestorben: „Nicht ich hatte Gott, Gott hatte mir den Rücken zugekehrt." (ebd.) „Gott so tot wie die Poesie." (S. 552) Ein Gott, der ihr nicht helfen konnte, ein Gott, der für Opfer wie Täter zugleich da sein soll – an diesen Gott kann und will die junge Frau nicht länger glauben. Einen winzigen Türspalt lässt sie sich offen: Gott? „Gestorben und nicht wieder auferstanden. Jedenfalls bis jetzt nicht." (ebd.) Eine weitere Fortschreibung der Geschichte der Hilla Palm ist angekündigt...

Für den Einsatz des folgenden Textauszugs aus „Das verborgene Wort" im Religionsunterricht ist erneut zu berücksichtigen, dass die geschilderte Erfahrung eine *fremde Welt* erschließt. Für das Verständnis gegenwärtigen kirchlichen Lebens ist es jedoch zentral, die Veränderungen in Liturgie und kirchlicher Alltagspraxis, die im Laufe der letzten 50 Jahre stattgefunden haben, zumindest ansatzweise kennenzulernen. Viele der aufgerufenen Anspielungen sind dabei heute erklärungsbedürftig. Zudem trifft der literarisch geschilderte ästhetische Rausch des Katholizismus in einer Zeit des Mangels heute auf eine Welt der ästhetischen Überfütterung, in welcher der Katholizismus seine alltägliche Erscheinungsform verändert hat. Den SchülerInnen wird also eine Perspektive erschlossen, die nicht ihre eigene ist, aber von der aus ein noch einmal neuer, ungewohnter Blick auf das Katholische möglich wird. Diese Welt erscheint als Ort der Magie und der Befreiung zu sich selbst. Die mutige, trotzige Affirmation, die den Text trägt, durchbricht provokativ den Zeitgeist einer tendenziell eher anpasslerischen Positionslosigkeit.

Auch im Blick auf diesen Text empfiehlt es sich, vorab eine Assoziationssammlung vorzunehmen. Was assoziieren die SchülerInnen heute mit dem Wort „katholisch"? Die freien Assoziationen können anschließend wertend geordnet werden: Was ist eher positiv konnotiert, was eher negativ? Vor diesem Hintergrund wird der Text gelesen mit folgendem Arbeitsauftrag: „Ulla Hahn, eine deutsche Schriftstellerin unserer Zeit, erinnert sich in dem folgenden Text an ihre Kindheit. Markieren Sie Elemente, an denen die Faszination des Kindes für die katholische Religion deutlich werden!“

> Doch alles wurde wieder anders, als ich mein erstes Gebet- und Gesangbuch bekam, schmiegsames schwarzes Leder, Goldschnitt, zwei Seidenbändchen, hell- und dunkelblau. Auf der Rückseite mein Name, golden wie der von Frau Unkelbach auf dem ‚Schott‘.
> Es waren nicht die Geschichten, die Hexer, Holmes und Märchen den Rang abliefen. Erkannte Jesus, dass die Tochter des trauernden Vaters nur schlief, lag der Fall wie bei Schneewittchen. Scheintot. Erweckte er Tote aus ihren Särgen, setzte ich ‚Fitchers Vogel‘ dagegen, die die Glieder ihrer beiden Schwestern, von einem bösen Hexenmeister zerhackt, aus dem blutgefüllten Bottich herausfischte, zurechtlegte und wiederbelebte.
> Jesus verwandelte Wasser in Wein, mit fünf Broten und zwei Fischen machte er fünftausend Menschen satt; ‚Tischlein, deck dich‘, sagte das Schneiderlein; Sterntaler regnete es Geld ins Hemd, und die Müllerstochter spann Stroh zu Gold.
> Die Geschichten waren es nicht. Es waren die Sätze. ‚Ich bin das Brot der Welt‘, sagte Jesus. ‚Ich bin der Weinstock, ihr seid die Reben.‘ ‚Ich bin der Weg, die Wahrheit und das Leben.‘ ‚Euer Leib ist ein Tempel des Heiligen Geistes.‘ Wo immer ich das Buch aufschlug, seine Wörter und Sätze waren schön und geheimnisvoll, voller Zauber und Kraft. ‚Denn drei sind, die Zeugnis geben im Himmel: der Vater, das Wort, der heilige Geist. Und drei sind, die Zeugnis geben auf Erden: der Geist, das Wasser und das Blut. Und diese drei sind eins.‘ Das war schiere Magie. ‚Denn von ihm und durch ihn und in ihm ist alles. Mein Fleisch ist wahrhaft eine Speise, und mein Blut ist wahrhaft ein Trank. Wer mein Fleisch isst und mein Blut trinkt, der bleibt in mir und ich in ihm. Wer mich isst, wird durch mich leben.‘ Es lief mir kalt den Rücken herunter, so, wie damals bei der Geschichte von der bösen Stiefmutter, die den Stiefsohn zu Schwarzsauer verkocht und dem Vater als Leibgericht aufgetischt hatte. Dieses Verbrechen war bestraft und der Sohn gerettet worden, hier aber wurde alles auf den Kopf gestellt, forderte Gott selbst den Verzehr von Fleisch und Blut, Menschenfleisch und Menschenblut, heidenartig. Es war schauerlich schön, diese Sätze wieder und wieder zu lesen, bis es mir beinah den Magen umdrehte von so viel Fleisch und Blut. Später lief alles auf eine markstückgroße Oblate im Mund hinaus; die Wörter so viel wunderbarer als die Wirklichkeit.

Mein Heft füllte sich mit schönen Wörtern und Sätzen, ‚süßer als Honig und tropfende Waben'. ‚Lasset uns also ablegen die Werke der Finsternis und anziehen die Waffen des Lichts.' ‚Ich liebe, Herr, die Zierde deines Hauses, die hehre Wohnung deiner Herrlichkeit. Hosanna in der Höhe.' Darum singen wir mit den Engeln und Erzengeln, mit den Thronen und Herrschaften und mit der ganzen himmlischen Heerschar den Hochgesang deiner Herrlichkeit.
Dagegen kam kein ‚Heute back ich / Morgen brau ich' an, kein ‚O du Fallada, der du hangest', kein ‚Wovon soll ich satt sein? / Ich sprang nur über Gräbelein', kein ‚Abrakadabra', ‚Rinkarolla Äppel-dipäppel'. Ich berauschte mich an den großen Worten, ihrer Melodie, den Bögen der Sätze, schlug sie um mich wie kostbare Gewänder, legte mir Wörter wie ‚Seelenspeise' zu, ‚Manna Himmelsbrot', ‚Meerstern', ‚Herzblut', ‚Hoffnungsstern', ‚Liebesmahl', ‚Herzensblüten lilienweiß', Wörter, die sich auf mir niederließen wie Verbandsmull, weich, leicht, schmerzstillend.
Aber auch das Schaurige war schön. ‚Herr, lass mich nicht zugrunde gehen mit den Sündern, mein Leben nicht verlieren mit den Menschen, voll von Blutschuld. An ihrer Hand klebt Frevel, und voll ist ihre Rechte von Geschenken.' Zitternd vor geheimer Lust, schrieb ich die ersten sechs Strophen eines Kirchenlieds in mein Heft: ‚Tag des Zornes, Tag der Zähren wird die Welt durch Brand zerstören, wie Sybill und David lehren. Welch ein Schrecken wird entstehen, wenn wir Jesu kommen sehen, streng zu richten das Geschehen. Laut wird die Posaun erklingen, mächtig durch die Gräber dringen, alle vor den Richter zwingen. Tod und Schöpfung werden beben, wenn die Toten sich erheben, Antwort im Gericht zu geben. Und ein Buch wird aufgeschlagen, treu darin ist eingetragen jede Schuld aus Erdentagen. Sitzt der Herr dann, um zu richten, wird sich das Verborgene lichten, nichts kann vor der Strafe flüchten.' Das war nach meinem Herzen. Gerechtigkeit. Basta mit Gnade und Vergebung. (...)
In diesem Frühjahr wurde die wiederaufgebaute Kirche mit einem Pontifikalamt eingeweiht. Ich durfte mit den weißen Kindern gehen, wenn auch nur bei den kleinen, die eine Kerze trugen, aber keine Fahne. Dafür hatte ich ein Frühstück im Bauch. Zwei ältere Mädchen kippten unter Halleluja und Messdienerläuten um und wurden samt Fahnen auf den nasskalten Kirchplatz getragen. Ich schob mir ein Vivil in die Backentasche.
Das weite, hochgewölbte Kirchenschiff war von den Stufen bis zur Empore unterm Glockenturm, auf der Honigmüller an einer Orgel und nicht mehr am Harmonium saß, erfüllt von Seiner Herrlichkeit, Herr Gott der Heerscharen, Hosanna in der Höhe. Oben jubilierte der

Kirchenchor im Sturm der Orgel, die mit Pauken und Trompeten vom Schützenverein noch verstärkt wurde. ‚Gloria in excelsis Deo!' Aniana machte ein Zeichen, wir bliesen die Kerzen aus. Im vorigen Jahr hatten sich Mädchen die Zöpfe versengt, andere ihre Kleider mit Wachs bekleckert.
Am Altar schwenkten die Diakone ihre Weihrauchfässer, Schwaden waberten um den steinernen Opfertisch, stiegen auf zum Tabernakel, zum Allerheiligsten, und als der Weihbischof die Monstranz hob, brach der goldene Zierrat wie Herbstsonne durch den duftenden Nebel. In vollen Zügen sog ich den Weihrauch ein, jeder Atemzug Verheißung einer Welt, wo Milch und Honig fließen und der Wolf bei den Lämmern liegt, lauschte dem schütteren ‚Agnus Dei' der brüchigen Altmännerstimme, das der Kirchenchor in einer gewaltigen Woge aufgriff. Die mächtigen Wörter aus dem ‚Schott' stiegen auf wie Raubvögel aus ihren Horsten, kreisten durch den hohen Raum, vorbei an den sieben Werken der Barmherzigkeit auf den Fenstern bei den Beichtstühlen, ‚Agnus Dei', vorbei an den Stationen des Kreuzwegs auf der anderen Seite, ‚qui tollis peccata mundi', toste um unsere Köpfe und in unsere Köpfe hinein, ‚dona nobis pacem'. ‚Pacem, pacem'. Immer wieder ‚pacem'. Ein Wort für mein Heft. Ich blinzelte in die Kerzen, ließ ihr flackerndes Licht verschwimmen, auf- und niedersteigen, bis zum Kreuz über dem Tabernakel, an dem der nackte, graue Jesus aus der Turnhalle hing. Ein dünner Weihrauchfaden schlängelte sich um seine durchbohrten Füße. (S. 87–90)

(Ulla Hahn, Das verborgene Wort © 2001, Deutsche Verlags-Anstalt, München, in der Verlagsgruppe Random House GmbH.)

Sicherlich bedarf der Text einiger Erläuterungen. Methodisch legen sich mehrere Varianten nahe, die von der didaktischen Verortung dieses Textes abhängen: Durch ein Referat kann die Autorin näher vorgestellt werden. Ein Ausschnitt aus der genannten Verfilmung kann das Gelesene zusätzlich untermalen. Nach einer Sammlung der Elemente, die ‚das Katholische' dieser Kindheitserinnerungen markieren, kann ein Vergleich mit der Gegenwart herausstellen, was von den damaligen Erfahrungen heute noch nachvollziehbar ist, was nicht mehr. Ein Blick auf die Liturgiereform nach dem Zweiten Vatikanischen Konzil kann erläutern, wie und warum sich die Gestaltung des Gottesdienstes verändert hat. Schließlich können Freiwillige ihre Großeltern nach eigenen Erinnerungen befragen, die mit den literarischen Schilderungen korrespondieren, und diese in die nächste Unterrichtsstunde einbringen.

4. *Ralf Rothmann:* Stellvertretende Beichte

Fiktional gebrochene Spiegelungen einer katholisch geprägten Kindheit – dieses Thema findet sich in der deutschsprachigen Gegenwartsliteratur nicht nur bei Ulla Hahn. Im Werk von *Arnold Stadler, Hanns-Josef Ortheil, Thomas Hürlimann* und anderen ließen sich vergleichbare Passagen aufzeigen. Die reizvollsten Spuren führen jedoch zu Ralf Rothmann (*1953), einem der prägenden Autoren seiner Generation, vielfach ausgezeichnet, etwa mit dem renommierten Wilhelm-Raabe-Literaturpreis (2004), dem Max-Frisch-Preis (2006) oder zuletzt mit dem Erik-Reger-Preis (2007).

„Jesus im Ruhrpott" – unter dieser Überschrift erschien im Herbst 2004 in der ZEIT eine Besprechung des Romans „Junges Licht" von Ralf Rothmann, die das Buch als „einen schönen und bedeutsamen, einen intelligenten und menschlichen Roman" (ZEIT 16.09.2004) anpreist. Dass Religion, dass speziell die Auseinandersetzung mit dem Katholizismus zu einem prägenden Zug auch seines Werkes würde, war im ersten Jahrzehnt seiner schriftstellerischen Tätigkeit nicht vorhersehbar. Wenig deutete darauf hin, dass Rothmann im Jahre 2003 – wie sechs Jahre später Delius – mit dem „evangelischen Literaturpreis" ausgezeichnet werden sollte.

Das erste große Themenfeld, bis heute bei Rothmann immer wieder literarisch produktiv, ist ein Nachzeichnen des Aufwachsens in den 60er und 70er Jahren des 20. Jahrhunderts. Dabei werden autobiographische Erfahrungen aufgegriffen, dann aber zu frei fiktionalen Erzählungen und Romanen ausgestaltet. Dass Rothmann religiöse Motive verwenden würde, war bis vor wenigen Jahren kaum denkbar. In den literarischen Beschreibungen seiner Ruhrgebietsjugend tauchten zwar selten auch Anspielungen auf die Kirche auf, aber wenn, dann eher in Form von Karikatur und satirischer Bloßstellung. Doch schon früh finden sich Gegenzüge. 1988 war die Erzählung „Der Windfisch" erschienen, ein Einblick in das Leben eines jungen Mannes im zeitgenössischen Kontext. Lohser, der Protagonist, gelangt zufällig in eine Kirche und erinnert sich an die Automatismen aus seiner Kindheit. „Er zündete eine Kerze an, bekreuzigte sich flüchtig und staunte; es war eine Wohltat. Er bekreuzigte sich noch mal. Es blieb eine Wohltat." Das ist mehr als die Schilderung einer überraschenden Heimkehr in ein wohltuendes katholisches Ritual. Rothmann lässt seinen Helden in Figurenrede reflektieren: „Wenn es ihm, dem Liebhaber und Geliebten des Augenscheins, tatsächlich einmal gelang, seine automatische und wohl darum schon fragwürdige Skepsis zum Schweigen zu bringen, wenn er in einem Gottglauben mehr als nur neue, aufgeschreckte Religiosität und panische Besinnung von Verseuchten auf dem Sterbebett sehen konnte, empfand er ihn als gewaltigen Trost, als Kraft, mit der sich alles, selbst das eigene Ende, bestehen ließ."[251]

Bei aller Skepsis, bei aller stilistischen Distanzierung wird eine überraschende „neue Religiosität" beschrieben, die am tief eingesenkten Kinderglauben anknüpft, ihn verändert und mit der Hoffnung auf Trost und Kraft zur Lebens- und Sterbensbewältigung verbunden wird. Gewiss, auch das ist nur Figurenperspektive, auch das ist nur ein Randmotiv in einer ansonsten ganz eigenständigen Erzählung, aber hier wird ein Motivbündel kurz angedeutet, das später reiche Entfaltung erfahren sollte. In der Verleihungsurkunde zum Wilhelm-Raabe-Literaturpreis wird Rothmann bescheinigt, seine „brillante soziale Feinzeichnung" sei „einmalig in der deutschsprachigen Gegenwartsliteratur". Einmalig gerade auch dadurch, dass sie sich „meist untergründig, manchmal auch ins Symbolische gesteigert", mit religiösen Motiven „berühre und durchdringe", so dass noch „das kleinste Detail (...) eine nahezu sakrale Würde"[252] gewinne. Das Religiöse wird also bei Rothmann nicht nur zum Themenfeld, sondern – wenn man diesen Ausführungen folgt – geradezu zu einem literarischen Stilprinzip. Gott, so der Literaturkritiker *Hubert Winkels* über Rothmanns Werk, „leuchtet fortan in den sozialen Beziehungen und in der objektiven Dingwelt selbst", Gott ist aus der „vage attraktiven Ferne" ins „Allernächste geraten", ja er „ist geradezu der Name für die stille Aufmerksamkeitsbeziehung zum Unscheinbaren"[253].

Immer wieder kehrt Rothmann dabei erneut in die Schilderung der Jugendzeit zurück, um gerade dem Religiösen Profil zu geben. Vor allem dem Katholizismus kommt dabei eine wichtige Rolle zu. Rothmann beschreibt in literarischer Verkleidung unbefangen und mit kritisch-positiven Wertungen seine religiöse Sozialisation: die Zeit als Messdiener, den Umgang mit – realistisch geschilderten oder satirisch überzeichneten – Pfarrern, den Ablauf und das Erlebnis von Gottesdienst und Beichte. „Ich bin ja brachial katholisch erzogen worden und war letztlich bis zur Pubertät inbrünstig katholisch", so Rothmann in einem seiner seltenen Interviews. Auf abwertende Distanzierungen wartet man aber auch hier vergeblich. Im Gegenteil! Erneut finden sich Aussagen, denen wir bei Ortheil und Hahn bereits in ähnlicher Weise begegnet sind: „Schon in der katholischen Kirche mit all dem Gold und dem Glitter und dem Weihrauch-Pomp drängte sich bei mir die Ahnung auf, das Schöne und das Göttliche – irgendwie sind die eins. Für mich gab es da immer eine klare Affinität." (*Freitag* 31, 2000)

„Junges Licht"[254] – 2004 erschienen und eben als „Jesus im Ruhrpott" etikettiert – ist vielleicht *der* Schlüsselroman zum Werk Ralf Rothmanns, dessen Bücher man als ein ständig weitergeführtes Gesamtwerk lesen kann, das sich bis hin zum 2009 erschienenen Roman „Feuer brennt nicht" immer weiter ausspannt. Hier schildert der Ich-Erzähler Julian die Phase seines Aufwachsens auf der Grenze von Kindheit zu Jugend. Messdiener zu sein war für den katholischen Bub eine Selbstverständlichkeit. Der Ton des Buches zeichnet sich aus durch eine genaue Wiedergabe von Beobachtungen, die der satirischen Distanz, der nachträglichen Abwertung nicht bedarf. Es geht um die Schilderung von Erfahrung aus der Perspektive des Zwölfjährigen, die als solche bestehen darf. Die abgedruckte Szene kreist darum, wie Julian, der Ich-Erzähler, stellvertretend für seinen Vater eine Beichte ablegen will, um eine von dessen sexuellen Verfehlungen zu sühnen. Eine wunderbar erzählte, literarisch gebrochene, aus Erinnerung nacherzählte Beicht-Szene.

Pfarrer Stürwald sah auf die Uhr, als ich in die Kirche kam. Das Kreuz aus Glas, das an zwei Drahtseilen von der Kuppel hing, gleißte regenbogenfarben in dem frühen Licht. „Was ist denn mit dir los?" Er faltete seine Schärpe zusammen. „Kein Zuhause? Es ist zehn vor sieben. Außerdem hast du gar keinen Dienst, oder?" „Nein. Erst Sonntag wieder. Aber ich möchte beichten."

„Heute? Gebeichtet wird am Samstag, Junge." „Aber vor der Frühmesse doch auch!" „Manchmal. Wenn Leute da sind. Doch du siehst ja: alles leer."

„Wieso? Ich bin da!"

Er schloss einmal kurz die Augen, seufzte. Dann öffnete er die Tür des halbrunden Beichtstuhls; die Gummidichtung machte ein saugendes Geräusch, als wäre ein Vakuum dahinter. „Also gut, dann komm. Mach schnell."

Ich kniete mich auf die gepolsterte Bank, ließ den Vorhang aber offen. Der Pfarrer legte sich die Schärpe wieder um und segnete mich durch das Maschengeflecht hindurch. Er roch nach Rauch.

Ich machte das Kreuzzeichen. „In Reue und Demut bekenne ich meine Sünden: Ich war ungehorsam, ich habe gelogen, ich habe gestohlen, und ich war unkeusch. Amen."
„So schnell nun auch wieder nicht." Stürwald flüsterte. „Was hast du denn gestohlen?"
„Na ja, nicht eigentlich gestohlen. Ich habs anschreiben lassen, auf die Rechnung meiner Eltern." „Und was wars? Schokolade? Kaugummi? Schundheftchen?"
Ich schüttelte den Kopf. „Bier und Zigaretten. Und eine Flasche Dornkaat."
Er schwieg einen Moment. Dann beugte er sich vor. „Aha. Und was hast du damit gemacht?" „Verschenkt", sagte ich. „Weil, ich wollte Mitglied im Tierclub bleiben, und die anderen haben gesagt ..." „Tierclub?"
„Ach, so'n Kinderkram. Es gibt auch kaum noch Tiere. Aber wir hatten sogar mal einen Nymphensittich. Und einen Jagdhund, den haben wir immer noch. Er hat was an den Gelenken, aber sonst ist er echt. Und wenn die Katze bald ihre Jungen kriegt, sind wir wieder mehr."
Er räusperte sich, es klang ungeduldig. „Na schön. Und wie war das jetzt mit dem Unkeuschsein?" Ich schluckte, sagte eine Weile nichts. Er zog seine Armbanduhr auf, und das Geräusch war so, als hätte die Stille plötzlich kleine Zähne. „Na komm", beharrte er. „Wie warst du unkeusch? Allein, oder mit jemand anderem?" „Ich? Beides."
„Und als du mit jemandem unkeusch warst – wer hat da angefangen?" „Angefangen? Ich nicht!" „War es ein Mädchen oder ein Junge?" „Eher ein Mädchen." „Und was habt ihr gemacht?"
„Ich weiß nicht..."
„Wie, du weißt nicht. Nun lass dir nicht jedes Wort aus der Nase ziehen. Habt ihr euch angefasst?" „Ja, aber nicht ohne Kleider. Sie hat mir die Hand gestreichelt, so von innen. Und wir haben uns geküsst. Das heißt, ich wollte sie küssen. Mit Zunge." „Hm. Und das war alles?"
Ich schwieg, und er bewegte die verschränkten Finger; die Gelenke knackten. „Tja, das ist vielleicht noch ein bisschen früh, aber deswegen hättest du nicht so dringend beichten müssen, Julian. Das hätte auch bis Samstag Zeit gehabt. Du kommst jetzt in ein Alter, in dem solche Anfechtungen zunehmen, weißt du. Doch das ist normal, und nicht alles ist gleich Sünde. Wichtig ist, dass du Gott nicht aus den Augen verlierst dabei. Wie beten wir im Vaterunser? Und führe uns nicht in Versuchung ... Schön und gut. Aber die Urfassung des Gebets lautet eigentlich anders, nämlich: Und führe uns in der

Versuchung ... Siehst du den Unterschied?“ „Hm ...“ Ich neigte den Kopf, knibbelte an meinen Fingernägeln. Leute kamen in die Kirche, ich hörte das Quietschen der Flügeltür. Jemand hustete. Der Pastor rückte näher an das Geflecht, so nah, dass ich die Haare in seinem Ohr sah. Und die Schuppen auf der Schulter. Ich räusperte mich. „Herr Stürwald?“ „Ich höre, Junge. Ich höre.“

„Ich hätte eine Frage. Oder eher eine Bitte. Ich meine, wo ich doch jetzt meine Sünden bekannt habe – könnte ich nicht auch noch für jemand anderen beichten?“ „Du willst was? Für wen?“ „Das kann ich nicht sagen.“

„Wieso willst du für jemanden beichten? Das tut er doch am besten selbst, oder?“ „Er geht aber nicht in die Kirche. Nie.“ Der Pfarrer schüttelte den Kopf. „Und du meinst, du kannst so einfach ... Was hat er denn getan? Kennst du seine Sünden?“ „Ja. Ich glaube.“ „Und die wären?“

Ich holte Atem. „Na ja ... Eigentlich ist er ein guter Mensch. Er schlägt einen nie und gibt einem Geld für Sprudel und so. Aber er war auch unkeusch.“ „Woher willst du das wissen? Warst du dabei?“ „Ich? Um Gottes willen!“

Er zupfte sich am Ohr. „Also, hör mal zu, mein Junge. Um es kurz zu machen: Kein Mensch kann für einen anderen beichten. Das muss er schon selbst tun. Denn zum Beichten gehört die Reue, wie du weißt. Sonst wäre es ja sinnlos. Und du kannst nicht die Verfehlungen eines anderen bereuen.“ Ich schluckte. „Nein? Warum nicht?“ „Julian! Was soll die Frage! Das ist doch logisch, oder? Wenn, sagen wir, deine Schwester die Puppe ihrer Freundin kaputtmacht, mutwillig, kannst *du* das doch nicht für sie bereuen.“

„Nicht?“ Ich pulte mit einem Finger an dem Flechtwerk herum. Die lackierten Maschen waren in Mundhöhe stumpfer. „Aber doch ... Natürlich kann ich das!“

„Nein, Junge. Ganz entschieden: nein. Du kannst für den Betreffenden beten, dass Gott ihm vergibt, ihn auf den rechten Weg führt und so weiter. Aber du kannst nicht seine Sünden bekennen und bereuen. Und ich kann ihm nicht die Absolution erteilen, indem ich dir eine Buße auferlege. Das ist doch absurd! Verstehst du das nicht?“

Ich überlegte kurz. Dann schüttelte ich den Kopf. Er fuhr sich mit beiden Händen durch die Haare. „Also Schluss jetzt. Darüber reden wir mal in Ruhe. Die Leute warten ... War sonst noch was?“ Ich sagte nichts, und er klopfte gegen die Trennwand. „He! Träum nicht.“

„Ja. Ich meine, nein. Das Fahrrad. Ich hab sein Fahrrad verschlunzt.“

„Wessen Fahrrad?“

„Na, von dem Mann, dem Sie nicht die Sünden vergeben.“

„Julian, hör auf jetzt! Ich *darf* es nicht!" Ein Speicheltröpfchen flog von seiner Lippe, und ich sah das Blitzen der Brille hinter den Maschen. „Du kannst hier doch nicht den ganzen Betrieb aufhalten!" Er hob zwei Finger, machte das Kreuzzeichen. „Ego te absolvo. Zwei Vaterunser und ein Ave-Maria." „Dank sei Gott!" flüsterte ich und stand auf. Der Organist hatte mit einer leisen Improvisation begonnen, und ich ging durch die Kirche, kniete mich in die letzte Bank. Ein paar alte Frauen saßen in dem modernen Raum mit den schrägen Säulen und sahen dem Küster beim Anzünden der Kerzen zu. Das Ewige Licht warf einen roten Schein an die gekalkte Wand, und ich betete zwei Ave-Maria und vier Vaterunser. Dann ging ich hinaus.

(Textauszug aus: Ralf Rothmann, Junges Licht, S. 207ff. © Suhrkamp Verlag, Frankfurt am Main 2004.)

Für den Religionsunterricht bietet diese Szene mehrere Anknüpfungspunkte. In den literarischen Schilderungen wird allgemein deutlich, dass sich ‚das Katholische' letztlich vor allem an drei Dimensionen fixieren lässt: zunächst an dem allgemein ästhetischen Eindruck, den Ulla Hahn schildert; dann durch Erinnerungen an Liturgie; schließlich in Besinnung auf den Empfang der Sakramente, vor allem der Eucharistie und der Beichte, die den Kontext der vorliegenden Szene darstellt. Kein Sakrament ist freilich gegenwärtig mehr in „eine tiefe Krise geraten"[255] als das Bußsakrament, so gesteht es selbst der Katholische Erwachsenenkatechismus ein. Die Zahl der aktiv Beichtenden geht ständig zurück. Realistisch sollte man als Lehrer damit rechnen, dass – je nach regionaler Praxis – kaum einer oder keiner der SchülerInnen regelmäßig zur Beichte geht. Für die meisten SchülerInnen (und LehrerInnen!) wird der letzte Beichtgang Jahre zurückliegen.
Gerade angesichts dieser mangelnden Primärpraxis kann diese literarische Szene zu einer Besinnung darüber anregen, was denn Sinn, Ziel und Gestaltung dieses Sakraments ausmacht. Warum war die Beichte in der Zeit, in der die Handlung spielt, gängige Praxis, warum ist sie es heute nicht mehr? Um den Schutz der Privatsphäre der SchülerInnen zu gewährleisten, legt sich als Hinführung zu dieser Szene ein anderes Verfahren als zu den zuvor behandelten Texten nahe. Jeweils zwei SchülerInnen erhalten ein Kärtchen, auf dem das Wort „Beichte" steht. In Partnerarbeit tauschen sie Erinnerungen und Assoziationen aus: Welche Bedeutung hat „Beichte" für sie? An welche Elemente erinnern sie sich? Was wissen sie über den Um-

gang mit Beichte in ihrer Familie, in ihrer Gemeinde? Die literarische Szene soll ihnen gerade in ihrer literarischen Verfremdung vor Augen stellen, wie Beichte in den 60er Jahren aussehen konnte. Den Abschluss der Lektüre und Diskussion kann ein doppelter Impuls kreativen Schreibens bilden, der die Sprachwelt aus den 60er Jahren in unsere Gegenwart transformiert. 1) „Schreibe im Namen Julians heutigen Jugendlichen eine SMS: ‚Beichten bringt's!'". 2) „Schreibe Julian eine SMS: ‚Beichten – nichts für mich!'" Gerade die erste Gruppe braucht dabei sicherlich besondere Ermutigung.

5. *Petra Morsbach:* Ringen um Berufung

Zum Lernfeld „Kirchliches Leben verstehen" gehört abschließend eine weitere Dimension, die über literarische Texte erschlossen werden kann: der Blick auf die augenfälligsten Repräsentanten der Kirche, auf die Pfarrer. Kaum überraschend: Es gibt eine eigene Gattung des ‚Pfarrerromans'. Sie war in der traditionell ‚katholischen Literatur' der ersten Hälfte des 20. Jahrhunderts überaus beliebt: *Georges Bernanos'* „Tagebuch eines Landpfarrers" (1936) oder *Graham Greenes'* „Die Kraft und die Herrlichkeit" (1940) markierten Höhepunkte einer breit bezeugten internationalen Tradition. Als „Mann Gottes", als Mensch mit besonderem moralischen und sakralem Anspruch ragte der Pfarrer aus der Reihe seiner Mitmenschen heraus, bot so Reiz zu literarischer Ausgestaltung. Gerade an ihm konnte man heroische Selbstüberschreitung genauso aufzeigen wie tragisches Scheitern.
Mit dem Wandel des Priesterbildes nach dem Zweiten Vatikanischen Konzil wandelte sich auch das literarische Schicksal der Pfarrer: Sie wurden von beliebten Hauptfiguren zu – weiterhin interessanten – Nebenfiguren. Bei genauem Hinsehen findet man auch im Personaltableau der zeitgenössischen Literatur erstaunlich viele Pfarrer beider Konfessionen: bei *Günter Grass, Peter Handke, Ulla Hahn, Arnold Stadler, Ralf Rothmann* und anderen. Die literarische Funktion des Aufgreifens von Pfarrern hat sich jedoch gewandelt. *Elisabeth Hurth* kann die Ergebnisse einer ausführlichen Studie dazu wie folgt zusammenfassen: Der Priester werde nicht mehr so sehr „als Kultdiener, Sakramentenspender oder Gemeindeleiter gesehen", er werde vielmehr „entdivinisiert", als „Mensch unter Menschen in der Rolle des Helfers, Beraters und Trösters"[256].

In diesen Eigenschaften aber kommt Pfarrern literarisch fast stets auch nur eine Nebenrolle zu. Ganz selten rücken sie als literarische Zentralgestalt in den Mittelpunkt. Für die evangelische Seite haben *Dieter Wellershoff* in seinem überraschenden Alterswerk „Der Himmel ist kein Ort" (2009) und *Ulrike Draesner* in „Vorliebe" (2010) nach langer Zeit Pfarrer wieder in den Fokus eines Romans gestellt. Auf katholischer Seite, wo der Pfarrer offensichtlich ein deutlicheres, literarisch herausfordernderes Phantasieprofil wachruft, finden sich Romane wie „Magdalena Sünderin" (1995) der Österreicherin *Lilian Faschinger,* „Die göttliche Ordnung der Begierden" (1998) von *Evelyn Schlag,* gleichfalls Österreicherin, oder „Corpus" (2002) von *Markus Orths,* in denen primär das Scheitern an der Priesterrolle einfühlsam nachgezeichnet wird.

Das also schien die einzige literarische Alternative für Pfarrergestalten: Die Degradierung zur Nebenfigur oder eine Schilderung des Scheiterns an der Rolle. Weder Nebenfigur noch Scheitern; weder der Versuchung von satirischer Bloßstellung erlegen noch der einer enthusiastischen Überhöhung: Gerade so überraschte der Roman „Gottesdiener", den *Petra Morsbach* (*1956) im Jahr 2004 vorlegte. Verblüffend zunächst der biographische Zugang: Eher unreligiös erzogen, nähert sich Morsbach dem Phänomen Religion von außen, dies allerdings mit außerordentlicher Einfühlung, genauester Recherche und sprachlicher Präzision.

Morsbach wuchs nach eigenen Angaben in einem weitgehend atheistischen Elternhaus auf, dem sie jedoch einen „sozusagen protestantisch substantiellen Umgang des Lesers mit dem Autor"[257] verdankt, daneben die Beheimatung in einer selbstverständlichen Erzählkultur, die von ihr literarisch weiterentwickelt wird. Vor allem über den in Niederbayern lebenden Vater kam sie mit dem Katholizismus in Berührung. In einem Radiointerview erklärt sie: „Der katholische Ritus, der spricht mich erst mal an. Mich bewegt die Liturgie, mich bewegen die Texte, das hat etwas sehr Schönes und Entrücktes." Gleichzeitig gibt sie zu: „Die Dogmen und der Katechismus, das ist viel problematischer."[258] Hier schreibt also eine Autorin, die respektvoll von außen auf die Welt des Katholizismus zugeht, durchaus mit Faszination, vor allem aber mit der Neugier auf das Leben der Menschen, die in dieser Welt Zuhause sind. Mehr als zehn Jahre habe sie sich mit der Grundidee dieses Romans beschäftigt, erzählt sie, sich mit zahlreichen Priestern ausgetauscht, habe intensiv hineingelesen in die Grundschriften von Bibel, katholischem Brauchtum und Liturgie, ja habe sogar Vorlesungen bei den Münchner Jesuiten besucht. Diese Auseinandersetzung trägt Früchte. Hier schreibt eine Autorin von großem Sachverstand und mit Einfühlungsvermögen ein letztlich warmherziges Priesterporträt.

Morsbach zeichnet den Weg des fiktiven zeitgenössischen niederbayrischen Pfarrers Isidor Rattenhuber über Kindheit und Jugend, Ausbildung im Priesterseminar, Vikariat und Pfarrstelle im imaginären Dorf Bodering so nach, dass sich um ihn herum Beziehungskreise bilden: das Elternhaus, die Mitstudierenden und späteren Kollegen, die Gemeinde. Nüchtern und ohne Beschönigung, mit Humor – der unversehens eine traurige Färbung einnehmen kann – beschreibt die Autorin darin Lebensläufe in menschlichen Höhen und Tiefen: Versagen und Einsamkeit, Freundschaft und Intrige, Machthunger und Genügsamkeit, Untreue und Gleichmut. Im Gesichtskreis der Hauptfigur leuchten episodenartig die Schicksale von Wegbegleitern auf, deren Weg nicht immer mit jener Sympathie beleuchtet wird, die dem Pfarrer selbst zukommt: Herr Beneke, der ostdeutsche Atheist, mit dem sich Rattenhuber gern streitet; Roswitha, seine Cousine, die ihm einige Jahre den Haushalt führt; Kollegen, die sich in theologische Bücher flüchten, sich ultrakonservativen oder liberalen Bewegungen verschreiben, kirchliche Karriere machen oder ein Doppelleben führen; Gemeindemitglieder: heuchlerisch oder engagiert, bigott oder fromm, gleichgültig oder verlässlich.

Im Zentrum – Isidor Rattenhuber: Warum er Priester geworden sei? „Er wollte gut sein und anderen helfen, hätte er vor zwanzig Jahren gesagt". Heute jedoch „würde er wahrscheinlich mit einem Scherz" – und mit jenem dafür notwendigen Körnchen Wahrheit – antworten: „Was bleibt einem anderes übrig, wenn man Isidor Rattenhuber heißt, rothaarig ist und stottert?"[259] Tatsächlich bot ihm die Kirche eine Gegenwelt gegen die Enge und Kälte im Elternhaus. Verblüffende Parallelen zu *Ulla Hahns* Schilderung in „Das verborgene Wort": Auch hier wird der Bereich der kirchlich vermittelten Religion zum Medium der Selbstbefreiung. Und dort wie hier vollzieht sich diese Befreiung über Sprache. Isidor, noch ein Kind, stottert. Im Pfarrhaus aber stößt er auf den „Schott – Messbuch der Heiligen Kirche" und „fühlte sich unbeschreiblich glücklich, als sei er am Ziel" (S. 18).

Vom Pfarrer aufgefordert etwas vorzulesen, liest er Satz um Satz ohne auch nur einmal innezuhalten. Ein Wunder! „Er sah auf, weil er seine

Ohren brennen fühlte. Das Zimmer war heller geworden. Er hatte nicht gestottert, er saß in einem anderen Zimmer. Es war eine andere Welt." (ebd.) Der Pfarrer fordert ihn auf, selbst schwierigste Texte vorzulesen, aber er „stotterte nicht und verlas sich kein einziges Mal. Er war befreit." (S. 18f.) Isidor muss allerdings bald feststellen, dass diese Befreiung vom Stottern nur im Blick auf die Sprache von Liturgie und Bibel funktionieren wird, im Privatleben, in der Enge des Alltags wird ihn sein Stottern begleiten, auch wenn er es mit zunehmendem Lebensalter immer besser in den Griff bekommen wird. Sein geistiger Ziehvater, Pfarrer Stettner, hatte jedenfalls als einziger sein Talent erkannt und ihm den Weg auf das Gymnasium und ins Priesterseminar gebahnt.

Ein Grundzug des Romans: Keine Idealisierung dieser Figur, aber auch keine Bloßstellung, bei allem Scheitern an hohen Ansprüchen, allen Bedrohungen, Enttäuschungen, Zweifeln, Anfällen von Einsamkeit. Genau diese Kennzeichnung betrifft auch die über die Hauptfigur beleuchtete zeit- und vor allem kirchengeschichtliche Epoche der letzten 40 Jahre. Unmerklich ändert sich das Klima: die Kirchlichkeit der Gemeindemitglieder schwindet, mit ihr die Bedeutung von Ritual und Brauchtum, aber damit grundsätzlich auch die des Pfarrers. Zweifel und Indifferenz wachsen. Unter Verzicht auf jegliche Effekthascherei werden Probleme mit dem Zölibat und mit Alkohol in die Erzählung aufgenommen als Teil dieser in vielen Brüchen und Rückblenden erzählten Geschichte, nicht als deren Kern.

Ohne Isidor Rattenhuber als Identifikationsfigur anzubieten, zeichnet die Autorin so ein warmherzig-einfühlsames Porträt ihres Helden. Literarisch reizvoll wirkt dabei zum einen der karge, aber Humor und Tragik aufnehmende Erzählstil. Herausfordernd wird aber auch der Kunstgriff, jedes der acht Kapitel mit einem längeren Abschnittszitat aus der Liturgie der Priesterweihe beginnen zu lassen. Außerdem finden sich zu Beginn jedes Unterkapitels klug ausgewählte, die Haupthandlung spiegelnde Bibelzitate (vor allem aus dem Buch Kohelet, den Psalmen und den Evangelien). Durch diese verfremdenden Elemente wird dem erzählten Geschehen parabolische, über sich selbst hinaus verweisende Bedeutung unterlegt.

Mit der Überschrift „Literarische Seelsorge" überschreibt die ZEIT denn auch ihre werbende Rezension. Die Autorin habe „mit Kenntnisreichtum und Einfühlungsvermögen gute Arbeit geleistet" (ZEIT. Literaturbeilage 47/2004). Mehr als das: Sie hat einen lesenswerten, nie belehrenden, nie moralisierenden Roman vorgelegt als Charakterbild, als unaufdringliche Reflexion über Theologie in unserer Zeit, als niederbayrische Milieustudie, als narrativen Beitrag zur deutschen Zeit- und Kirchengeschichte.

Die Welt von Pfarrern und die Lebenswelt heutiger SchülerInnen haben nur wenige Überschneidungsgebiete. Von Erstbeichte, Erstkommunion und Firmung her werden die meisten Kinder und Jugendlichen, die am Religionsunterricht teilnehmen, sich an Kontakte zu ihren Pfarrern erinnern. Für die wenigen regelmäßigen Kirchgänger gibt es zudem gegenwärtige Beziehungen. Da immer weniger Pfarrer ihre Arbeit in immer größeren Pfarrbezirken leisten müssen, werden sich jedoch auch diese Kontakte künftig noch weiter verringern. Von daher ist ein Sichannähern an die Binnenperspektive eines Pfarrers erneut ein Gang in eine fremde Welt, der einerseits und primär durch persönliche Begegnungen möglich wird, sekundär aber auch im Modus der Literatur.

Um diesen weiten Weg zu erschließen, werden erneut vorab zwei alternative Hinführungen vorgenommen. Eine Gruppe bearbeitet Stellenanzeigen: „Katholische Kirche sucht Pfarrer: Wir bieten ... / Wir suchen...“. Ziel dieses Arbeitsauftrages ist ein Sicheinfühlen in die Arbeitsaufgaben, die einen Pfarrer erwarten unter Aufgreifen des Vorwissens der SchülerInnen. Eine zweite Gruppe entwirft Bewerbungsschreiben eines jungen Mannes beim Regens eines Priesterseminars, in dem er um die Aufnahme bittet. „Ich möchte Priester werden, weil...“. Bei diesen Zugängen ist es durchaus möglich, dass es eher satirische und veralbernde Entwürfe gibt. Dieses Risiko lässt sich nicht gänzlich ausschließen, muss im Einzelfall im Blick auf das Verhältnis Lehrender/Lerngruppe abgewogen werden. Die Wendung zu unernsthafter Bearbeitung kann jedoch schlicht ein Signal dafür sein, dass die Option eines priesterlichen Berufs völlig außerhalb der eigenen Vorstellung liegt – auch ein Zeichen für die ja zu thematisierende Fremdheit kirchlichen Lebens. Ein zweites Risiko: In den Äußerungen der SchülerInnen kann völlige Ablehnung und Unverständnis für die Anforderungen an das priesterliche Dasein, vor allem für den Pflichtzölibat, deutlich werden. Auch dieser Stachel gehört in die Realität der Katholischen Kirche hinein und darf eben nicht verschwiegen, kann eben nicht gezogen werden – unabhängig davon, wie sich die Lehrkraft selbst zu dieser kirchenorganisatorischen Streitfrage positioniert.

Ein weiterer Zugang zu der literarischen Szene könnte aus dem Impuls bestehen, dass einzelne SchülerInnen ihre Pfarrer befragen, warum sie Priester geworden sind. Diese Option setzt voraus, dass es nähere Beziehungen zu Pfarrern gibt und dass die SchülerInnen sich dazu auch bekennen. In das Spektrum der damit erhobenen Anforderungen an den Beruf sowie an mögliche Motivationen, diesen Beruf und Lebensweg zu ergreifen, wird dann die folgende Leseszene eingespeist.

> Warum ist er Priester geworden? Er wollte gut sein und anderen helfen, hat er vor vierzig Jahren geantwortet. Er wollte sich opfern, hätte er vor zwanzig Jahren gesagt: Was sollte er sonst tun? Er bestand zu 66 Prozent aus Wasser und versprach sich nichts von sich. Heute, da ihn seit dreißig Jahren keiner gefragt hat, würde er wahrscheinlich mit einem Scherz antworten: Was bleibt einem anderes übrig, wenn man Isidor Rattenhuber heißt, rothaarig ist und stottert?
> Im Ernst würde er sagen: Die Kirche hat ihn gerettet. Sie bot die Gegenwelt zu seinem trostlosen Elternhaus. Seine Eltern waren keine schlechten Menschen, aber wüst, laut und ziellos. Sie arbeiteten hart auf ihrem kleinen Bauernhof, und wenn sie arbeiteten, schwiegen sie, aber wenn sie nicht arbeiteten, bekämpften sie einander gnadenlos. Das Haus hatte dünne Wände und einfache Bretter zwischen Erdgeschoß und erstem Stock, und wenn sie stritten, klang es für Isidor wie Weltuntergang. Es gibt eine Fotographie vom zweijährigen Isidor, da hat er trübe Augen und eine umwölkte, wie vom Stirnrunzeln muskulös gewordene Stirn.
> Er fürchtete vor allem die Unberechenbarkeit seiner Mutter. Sie konnte mit Zärtlichkeiten über ihn herfallen wie eine Naturgewalt und ihn dann tagelang mit Schweigen strafen. Er wusste nie, was er falsch gemacht hatte. Er sehnte sich nach Regeln. Sie beklagte ihm gegenüber den Jähzorn des Vaters, aber wenn der Vater mal friedlich war, musste sie ihn provozieren. Nur in der Kirche riss sie sich zusammen. Schon als kleiner Bub genoss Isidor, wie die Mutter auf Befehl sich bekreuzigte und das Vaterunser murmelte. Sie unterwarf sich dem Ritus, und Isidor, auf ihrem Schoß sitzend, hatte zum ersten Mal ein Gefühl von Macht. Ihm gefielen die bunten Fenster, das Dämmerlicht, die seltsamen Malereien, die verrenkten Gestalten an den Wänden, der Weihrauchduft, die Nester von Kerzen in den Nischen. Er genoss die geheimnisvolle Ordnung der Messe und sehnte sich danach, ihren Sinn zu verstehen. Er malte Buchstaben ab und fragte verschiedene Erwachsene, was sie bedeuteten. Eine

Tante übte mit ihm an Groschenromanen das Lesen und sagte: „Na Isi, bist ja a ganz a gscheiter Bua!", da hätte er sich am liebsten adoptieren lassen.

Einmal am Heiligen Abend stritten die Eltern derart rasend, dass Isidor dachte, sie bringen sich um (und in allem Entsetzen fand, es wäre vielleicht das Beste so). Die damals schwerfällige, aufgetriebene Mutter floh ins Schlafzimmer und schloss ab, der Vater brüllte auf die Tür ein, und Isidor saß mit klopfendem Herzen allein vor dem Christbaum. Auf einmal hielt er es nicht mehr aus und floh ohne Schuhe über die verschneite, dunkle Straße zur Kirche. Dort fand ihn die Schwester des Pfarrers und brachte ihn ins Pfarrhaus. „D'M-m-m-muatta h-h-h-h-h-h-" versuchte Isidor zu erklären – je aufgeregter er war, desto stärker stotterte er, was leider bis heute so geblieben ist. „Scho guat", antwortete der Pfarrer. „Woaßt eigentlich, Isidor, dass d' scho da herin gwesn bist?"

Der Pfarrer hatte einmal den vielleicht drei- oder vierjährigen Isidor bei Hochwasser aufgelesen und ins Pfarrhaus getragen. Isidor erinnerte sich nicht, aber er war so elektrisiert, dass er danach Zeugen suchte und befragte. Und zwar hatten seine Eltern den kleinen Isidor wie immer, wenn sie draußen arbeiteten, mit einem Strick ans Tischbein gebunden, damit er nicht weglief. An dem Tag war Hochwasser angesagt.

Sie wickelten den Kühen Lappen um die Klauen, damit sie im Stall nicht ausrutschten, dann eilten sie für andere Besorgungen davon. Währenddessen trat die Vils über die Ufer und sprudelte unter der Stubentür herein. Der kleine Isidor an seiner Fessel kletterte auf einen Stuhl, dann auf den Tisch und weinte, und in diesem Augenblick lief eben der Pfarrer vorbei, sah ihn durchs offene Fenster, kam herein und nahm ihn mit. Warum nahm er ihn mit? Hochwasser war im März nichts Besonderes, es stieg selten über zwanzig Zentimeter. Angeblich hat aber Isidor die Hände gerungen und „D'Sintflut! D'Sintflut!" gerufen, und da hat sich der Pfarrer zuständig gefühlt. In Isidors erweckter Erinnerung immerhin schwammen Stühle durchs Zimmer und verbanden sich mit anderen Details zu einem Bild von zwingender Gegenwärtigkeit: der abrupte, hinkende Schritt des Pfarrers, die Bugwelle um dessen Knie, der seltsamerweise blaue Himmel, schließlich das Schmatzen, mit dem das schlammige Wasser den Talar freigab. Es wurde Isidors erste, ganz persönliche, köstliche Errettungslegende.

Ihr folgte eine zweite Errettung, die weniger dramatisch, aber eigentlich noch wunderbarer war. Isidor hatte sich wieder ins Pfarrhaus geflüchtet, stumm, finster und verkrampft, und der Pfarrer, der keine

Zeit hatte, schob ihn in sein Büro. Isidor blieb fast das Herz stehen, so beeindruckt war er: Eine Regalwand voller Bücher. Der Geruch von Staub und Papier. Und ein Schreibtisch mächtig wie ein Altar, auf dem eine Messinglampe stand, schimmernd wie ein Kelch oder eine Monstranz. In Isidors Elternhaus gab es kein Regal, keine Bücher und keinen Tisch außer dem in der Küche. Auch keinen Stuhl wie diesen gepolsterten Schreibtischsessel mit Armlehnen, breit, ehrfurchtgebietend, einladend. Zögernd setzte sich Isidor auf diesen Stuhl. Hätte ihn ein strafender Blitz getroffen, hätte er das korrekt gefunden, aber er konnte nicht anders. Vorsichtig zog er das Buch, das auf dem Tisch lag, an sich heran, ein rotes mit Ledereinband und Goldschnitt. Er las: „Schott – Meßbuch der Heiligen Kirche“ und fühlte sich unbeschreiblich glücklich, als sei er am Ziel. Er lehnte das Buch mit dem Rücken gegen die Tischkante und blätterte versunken darin. „Bist am Lesen, Isidor?“ hörte er hinter sich den Pfarrer fragen. „Lies amoi vor!“
Isidor las laut: *„Zu Dir erhebe ich meine Seele; mein Gott, auf Dich vertraue ich. Drob werd ich nicht erröten, noch sollen meine Feinde mich verlachen. Denn all die vielen, die auf Dich warten, werden nicht enttäuscht.“* Er sah auf, weil er seine Ohren brennen fühlte. Das Zimmer war heller geworden. Er hatte nicht gestottert. Er saß in einem anderen Zimmer. Es war eine andere Welt.
Der Pfarrer blätterte und zeigte mit dem Finger auf eine Stelle. „Und jetzt lies dös.“
„Ihr Kleinmütigen, seid getrost und fürchtet euch nicht. Seht, unser Gott kommt und erlöst uns.“ Jemand sprach direkt zu Isidor, für ihn und über ihn.
Und noch eine Stelle. Isidor las wie in Trance: *„In heiliger Gemeinschaft ehren wir dabei vor allem das Andenken der glorreichen, allzeit reinen Jungfrau Maria, der Mutter Jesu Christi, unseres Herrn und Gottes (wie auch Deiner heiligen Apostel und Blutzeugen Petrus und Paulus, Andreas, Jakobus, Johannes, Thomas, Jakobus, Philippus, Bartholomäus, Matthäus, Simon und Thaddäus; Linus, Kletus, Klemens, Xystus, Kornelius, Cyprianus, Kosmas und Damianus ...)“* Er stotterte nicht und verlas sich kein einziges Mal. Er war befreit! Er rannte nach Hause, um das Wunder zu verkünden: „I w-war g-g-grad beim Pf-pf-pf-pf-pf-“
„Isidor“, sagte seine Mutter, „schalt dei Hirn ein, bevor dass d‘ das Mei aufmachst.“
„Ich bin in die Tiefe des Meeres geraten, und die Flut verschlingt mich!“ stieß Isidor hervor.
„Dass d‘ ma net damisch wirst“, murmelte sie beeindruckt.

Isidor wusste jetzt, wohin er gehörte. Man hielt ihn nicht mehr für einen Deppen. Er bekam von seiner Tante ein Messbuch geschenkt, in dem er ungestört lesen durfte. Auch aus anderen Gründen wurde sein Leben leichter: Die Eltern gaben die Landwirtschaft auf. Der Vater lernte um und zog als Fleischbeschauer durch die Dörfer. Die Mutter gebar einen weiteren Sohn, den sie sofort närrisch liebte, so dass Isidor vor ihren Launen sicher war.

Vor allem hatte er sich einen neuen Vater erwählt. Pfarrer Stettner hatte seit dem ersten Weltkrieg einen Holzfuß, litt an Gicht und war oft kurz angebunden. Nur das hielt Isidor davon ab, ihm auf Schritt und Tritt zu folgen. Aber Stettner mit seiner konzentrierten, kraftvollen Ausstrahlung gab auch aus der Ferne ein gutes Vorbild ab. Isidor beobachtete seine überlegte Gestik bei den liturgischen Handlungen, seine Haltung bei Kreuzzeichen, Kniebeugen, Sitzen und Stehen, die knappe Würde seiner Bewegungen trotz – oder wegen – Holzfuß und Gicht. Isidor selbst hätte gern Holzfuß und Gicht in Kauf genommen, um so zu werden.

(Aus: Petra Morsbach, Gottesdiener © Rechte bei der Autorin.)

Motivationen zum Priesterberuf? „Gut sein", „anderen helfen", „sich opfern" ... Diese einerseits humorvolle, andererseits bitter erzählte Szene erklärt die ‚Berufung' schlicht als biographische Zwangsläufigkeit. Zwei wundersame ‚Rettungen' werden erzählt, die im Rückblick die Logik des Lebensweges versinnbildlichen. Wie schon bei Ulla Hahn wird die Sprache der Kirche zur Dimension eigener Selbstwerdung, hier konkret: zur Befreiung vom Stotterzwang. Und entscheidend: Das Vorbild des Pfarrers, der sich des Jungen annimmt und seine weiteren Lebenswege auf das Internat und dann in das Priesterseminar ebnet.

Derartige Rettungserfahrungen, derartige Erlebnisse von biographieprägendem Einfluss der Kirche werden heutige Jugendliche kaum kennen. Als Anknüpfungspunkt gilt hier eher der Blick auf Vorbilder, deren Bedeutung heute wieder hoch geschätzt wird[260]. Haben die SchülerInnen Vorbilder? Wenn ja, welche? Gibt es darunter Menschen aus dem kirchlichen Kontext? Was macht Menschen zu Vorbildern? Diese Fragen verweisen bereits auf den nächsten Lernbereich: das Feld von Ethik und Lebensbewältigung.

V. Ethik und Lebensbewältigung

Seit dem Beschluss der Würzburger Synode „Der Religionsunterricht in der Schule“ (1974) wird die Notwendigkeit des Schulfaches Religionsunterricht durch drei einander ergänzende und wechselseitig durchdringende Argumentationsstränge begründet.

- Das *kulturgeschichtliche Argumentationsbündel* verweist darauf, dass Schule Heranwachsende mit den geistigen und kulturellen Traditionen vertraut machen soll, die unsere gesellschaftlich-kulturelle Situation geprägt haben und weiter prägen. Da das Christentum eine unsere Kultur in Vergangenheit und Gegenwart zentral prägende Kraft darstellt, gehört das Vertrautwerden mit dieser Tradition zu den Grundvoraussetzungen, um sich kompetent, entscheidungssicher und gestaltend in unserer Gesellschaft bewegen zu können.
- Das *anthropologische Argumentationsbündel* zielt darauf, „dem jungen Menschen zur Selbstwerdung zu verhelfen“, ein Dienst, welcher der Gesamtgesellschaft zu Gute kommt, da er den Heranwachsenden dabei hilft, „die eigene Rolle und Aufgabe in der Gemeinschaft und im Leben angemessen zu sehen und wahrzunehmen“[261]. Gerade angesichts der unausweichlichen Grundfragen des Lebens nach „dem Woher und Wohin, dem Wozu und Warum, nach dem Sinn und Wert oder der Sinnlosigkeit und Wertlosigkeit des Ganzen und des einzelnen in der Welt“ (S. 23) reicht ein reines ‚Bescheid-Wissen über‘ nicht aus, geht es vielmehr um ganzheitlich erlebbare Orientierung.
- Das *gesellschaftliche Argumentationsbündel* schließlich betont, dass Religion keine rein private Angelegenheit darstellt. Sie gehört vielmehr zu den wichtigsten gesellschaftsgestaltenden Kräften und durchdringt auf unterschiedlichen Ebenen das öffentliche Leben. Von ihr geht – so das Synodenpapier – vor allem ein kritisierender, innovativer, gesellschaftsreformierender Funke aus. Gegen die „Anpassung des Schülers an die verwaltete Welt“ fördert der Religionsunterricht den „Protest gegen Unstimmigkeiten“ und setzt auf „verändernde Taten“ (S. 25).

Die sechs grundlegenden Lerndimensionen des Religionsunterrichts, die in diesem Buch als Kapitelunterteilung fungieren, lassen sich schwerpunktmäßig diesen Argumentationsbündeln zuordnen. Während die Blicke auf die Bibel, den christlichen Glauben und das kirchliche Leben vor allem den Bereich der kulturgeschichtlichen Begründung des Religionsunterrichtes zuzuordnen sind, während der Bereich der christlichen Spiritualität primär das anthropologische Argument konkretisiert, so betrifft der hier näher zu beleuchtende Bereich der Ethik und Lebensbewältigung in erster Linie das gesellschaftliche Feld. Der Religionsunterricht orientiert sich hier an dem Ziel, den SchülerInnen auf der Grundlage der Glaubensüberlieferungen Maßstäbe und Modelle ethischen Urteilens und Handelns zu erschließen. Er soll im Sinne der *Applikationskompetenz* dazu motivieren, das Gelernte auch praktisch anzuwenden, sich bewusst einzusetzen für gesellschaftliche Verbesserungen, für Gerechtigkeit, Frieden und die Bewahrung der Schöpfung. Darüber hinaus soll der Religionsunterricht Raum dafür bereitstellen, dass die SchülerInnen Orientierungslinien für die existentiellen Probleme und Grundentscheidungen ihres Lebens finden und entwickeln können.
Auch für diese Fragestellungen bietet die Literatur zahlreiche herausfordernde Anregungen. Die Beziehung von Ethik und Literatur ist dabei weit weniger systematisch erforscht worden als der Bereich von Theologie und Literatur. In der grundlegenden Studie über „Ästhetische Erfahrung und Moral“ zeigt *Marcus Düwell* auf, dass Literatur immer wieder neu Entdeckungsräume für noch nicht bekannte Lebens- und Handlungsmöglichkeiten bereitstellt. In der ästhetischen Transformation von Erfahrungen und Sehnsüchten „eröffnet der spielerische Umgang mit bestehenden Wirklichkeitssauffassungen neue Weltsichten, schafft Spielräume für Verhaltensmöglichkeiten, die bislang nicht gesehen wurden, und verhilft Erfahrungsdimensionen zur Artikulation, die in den etablierten Verhaltens- und Ausdrucksformen nicht in den Blick geraten“[262].
Ob es freilich tatsächlich einen damit postulierten ethischen Mehrwert des Ästhetischen vor anderen Zugängen zur Wirklichkeit gibt, muss letztlich im Einzelfall nachgewiesen werden. Vor allem zu den Fragen nach dem Umgang mit Schuld[263] sowie Sterben und Tod[264] liegen Textsammlungen und Studien vor, die an diesem Bereich besonders Interessierten breites Material und Reflexion anbieten. Zu beiden Feldern werden im folgenden Beispieltexte aufgenommen, er-

gänzt um Texte zur Theodizeeproblematik, die systematisch-theologische und ethische Fragestellungen verbindet.

1. *Erich Fried:* Definition Mensch

Was ist der Mensch? Wodurch unterscheidet er sich vom Tier? Und welche Konsequenzen erwachsen aus der Frage nach dem Wesen des Menschen für sein moralisches Urteilen, Verhalten und Handeln? Der erste Text dieser Abteilung führt uns gleich mitten hinein in ein ganzes Bündel von grundlegenden Fragestellungen. Er stammt – ausnahmsweise – nicht aus der Literatur der unmittelbaren Gegenwart, sein Einsatz im Religionsunterricht ist aber so gewinnbringend möglich, dass er hier aufgenommen wird. Er führt uns zurück zu den „Warngedichten" *Erich Frieds* (1921–1988), die im Jahr 1964 als politische Texte publiziert wurden. Viele von ihnen erschöpfen sich aus heutiger Sicht in zeitgeschichtlich-aktueller Rhetorik. Einige der gelungenen Gedichte reichen jedoch weit über die tagespolitische Bedeutung hinaus. In Frieds Werk lassen sich zahlreiche intertextuelle Verweise auf biblisches Erbe finden[265], die an anderer Stelle[266] exemplarisch verdeutlicht wurden. Der hier aufgenommene Text überzeugt durch sparsame Knappheit, die ein kreatives Zugangsverfahren geradezu aufdrängt.
Für den folgenden Einsatz ist es entscheidend, dass die SchülerInnen (ab Klasse 7) noch nicht wissen, in welchen thematischen Kontext der Text einzuordnen ist. Der doppelte Arbeitsauftrag lautet: „In den drei Leerstellen des Textes findet sich jedes Mal das gleiche Wort. Welches passt eurer Meinung nach am besten? Setzt es ein! Gebt dem Gedicht dann einen passenden Titel!"

....

Ein Hund
der ....
und der weiß
dass er ....
wie ein Hund

und der sagen kann
dass er weiß
dass er ....
wie ein Hund
ist ein Mensch

Der Einfallsreichtum der SchülerInnen ist im Normalfall groß und viele Lösungen sind tatsächlich sinnvoll: „bellt“, „denkt“, „lebt“, „frisst“, „liebt“, „träumt“, ... – all das lässt sich einfüllen. Die Titelvarianz umfasst eine Bandbreite von „Hundeleben“ bis „Cogito ergo sum“. Und es ist entscheidend, alle derartigen Lösungen zu würdigen, ggfs. zu diskutieren und nebeneinander stehen zu lassen. Von der Textstruktur her ergeben all diese Lösungen deshalb einen Sinn, weil es ja darum geht, dass der Unterschied zwischen Tier und Mensch bestimmt wird durch die Fähigkeit des sprachlichen Ausdrucks eines reflektierten Wissens um die jeweilige Handlung. Welche konkrete Handlung letztlich erkannt und benannt wird, ist nur sekundär wichtig. Denn schon diese Struktur allein benennt den zentralen Unterschied von Mensch und Tier: Die Fähigkeit zur sprachlichen Äußerung der Selbsterkenntnis.

Der Originaltext[267] von Fried lautet wie folgt:

DEFINITION

Ein Hund
der stirbt
und der weiß
dass er stirbt
wie ein Hund

und der sagen kann
dass er weiß
dass er stirbt
wie ein Hund
ist ein Mensch

(Erich Fried, Warngedichte © 1979 Carl Hanser Verlag, München.)

Die Konfrontation mit der Version des Dichters wird die SchülerInnen noch einmal neu herausfordern. „Definition“, der knappe Titel, ist in seiner Nüchternheit absolut präzis: Es geht darum, was den Menschen definiert, ihn auszeichnet gegenüber dem Tier. Und nicht Liebe oder Leben machen nach Fried den zentralen Unterschied aus, sondern das Wissen um die Sterblichkeit. Dieses Wissen bündelt zugleich die Würde *und* das Elend des Menschen. Elend – kein anderes Wesen muss im ständigen Wissen um die Sterblichkeit sein Leben gestalten, sei es die Sterblichkeit der geliebtesten Menschen, sei es die eigene. Was für eine Bürde! Aus ihr wächst umgekehrt die besondere Würde des Menschen, dem es aufgetragen ist, als vernunftbegabtes und selbstreflexives Wesen genau so sein Leben zu entwerfen.

Dieser Text, einsetzbar von Klasse 7 bis in Abiturklassen, kann einerseits eine Unterrichtseinheit über Tod und Sterben eröffnen, weil er grundsätzliche Teilaspekte dieses Themenfeldes bereits in nuce enthält. Er kann aber auch in einer Einheit zur Anthropologie seinen Platz finden, in einem Blick darauf, was Mensch und Tier unterscheidet. Der kreative Zugang ermöglicht von einem allgemeinen breiten Themenfeld her eine zunehmende Konzentration auf die Fragestellung, die im jeweiligen Zentrum der didaktischen Zielrichtung liegt. Das Wissen um die Sterblichkeit definiert also – Erich Fried zufolge – den Menschen. Den gläubigen Menschen definiert jedoch darüber hinausgehend die Hoffnung, dass jenseits der Sterblichkeit ein ‚Leben nach dem Tod', ein ‚ewiges Leben'[268], ein ‚Paradies', ein ‚Sein bei Gott' möglich sein kann. Auffällig: So zentral die Literatur immer wieder das Themenfeld ‚Tod' gestaltet, so zurückhaltend ist sie in der Beschreibung dieser ‚größeren Hoffnung'. Ein Beispieltext für derartige Versuche soll im Folgenden zeigen, wie schwer und wie reizvoll zugleich ein solches literarisches Sich-Annähern an das ‚ewige Leben' sein kann.

2. *Johannes Kühn:* Im Land der Auferstandenen

Die Suche nach guten literarischen Texten zum Themenkomplex von ‚Auferstehung' und ‚Ewigem Leben' führt meistens zu wenigen bewährten Funden: etwa zu Texten von *Kurt Marti* und *Marie Luise Kaschnitz*.[269] Im Folgenden soll ein anderes, kaum bekanntes Gedicht aus der neueren Literatur vorgestellt werden. Der Saarländer *Johannes Kühn* (*1934) ist eine außergewöhnliche Erscheinung in der deutschsprachigen Gegenwartsliteratur. Mehr als 8000 Gedichte werden ihm zugeschrieben, von denen nur ein Bruchteil veröffentlicht wurde in Bänden, die eine treue Leserschaft und eine ständig wachsende Beachtung finden. 1992 beendete er eine langjährige Schreibpause. Seitdem veröffentlicht er wieder regelmäßig eindringliche Gedichtbände, in denen dem Nachspüren von Sterblichkeit und dem Ringen um eine Auferstehungshoffnung eine zentrale Bedeutung zukommt. Neben Bildern aus der Natur spielen biblisch-religiöse Motive und Fi-

guren in seinem Werk eine besonders große Rolle, die auf eine katholisch-kirchliche Sozialisation schließen lassen. So finden sich die Verse „Ich war ein Klosterschüler, / erinnre mich der Jahre / im frommen Haus“[270] in dem Gedicht „Kyrie“ aus dem Jahr 2004.
Doch wo in diesem Gedicht der tief erinnerte Kirchengesang ihm hier „ins Gemüt“ greift, finden sich an anderen Orten Distanzierungen. „Und es hatte, glaubt es, / für mich ein Gott gelitten / und ich hab zu ihm gebetet“ kann es noch in dem Gedicht „Vorübergang“ [271] aus dem neuesten Gedichtband „Ganz ungetröstet bin ich nicht“ (2007) heißen. Mehrfach finden sich Besinnungen auf Kirchenräume und Gebet. Immer noch finde er „Einsiedelei / des Beters“, immer noch rufe er „den Gott an und hab Wärme / in meiner Brust“[272]. Im Alter jedoch, so an anderer Stelle, „verlor ich Andacht, / verlor ich meinen Willen, / im Himmel einzukehren / mit Christenwohlfahrt“ (ebd.). Nähe und Distanz zu Kirche und Gottesglauben verharren in Spannung. Wie es der Titel des bis dato letzten Bandes andeutet, bleibt bei allem Seufzen, Resignieren, bei aller Nüchternheit jedoch zumindest ein letzter Rest von Trost. Ein Rest bleibt von „Jünglingsgebeten, / die ich als alter Schemenmann noch vermag“[273].
Das Besondere an Kühns Gedichten über Altern, Sterben, Tod und Jenseitshoffnung liegt darin, dass sie „maßgeblich von christlichen Vorstellungen geprägt“ sind, auch wenn der Dichter je nach Schaffensphase, Kontext und Textlogik „auf sehr unterschiedliche Art und Weise mit der Vorstellung ewigen Lebens“[274] umgeht, so *Alexander Joist* in einer gründlichen Studie. In „Wie soll es sein?“[275], 1995 veröffentlicht, wagt Kühn sich an ein sprachliches Ausmalen des ‚ewigen Lebens‘:

Wie soll es sein?

Wenn du einträtest
ins Land der Auferstandenen, was wär?
Man ist Licht, atmet Licht und bleibt Licht.
Kein Blitz ist da, vor dem einer flüchtet.
Am grünen Hang
lehren dich Engel Himbeern pflücken,
auch ohne Stacheln ist jeder Strauch.
Leicht wie Nebelhauch
sind die Kessel,
Erbsensuppe jeden Tag,

und Pflaumkuchen gibt es.
Wenn du die Antwort hast,
lächle wie ein Kind.

Es weiß, wie es ist,
es weiß, wie es sein muss.

(Johannes Kühn: Wie es sein muss © Rechte beim Autor.)

Das Gedicht baut eine dialogische Struktur im Frage-Antwort-Schema auf. Die Dichterstimme stellt die Grundfrage danach, wie „du" (der Leser?) dir das Sein im Land der Auferstandenen vorstellst, und entwickelt dann eine selbst gegebene Antwort. Dabei werden Gegensätze von Erwartung und eigener Bildsetzung eingespielt, die vor allem die zentralen Metaphern von Licht und Leichtigkeit für das himmlische Dasein einsetzen. In vielen Weltreligionen gilt Licht als ein Grundsymbol für das Göttliche und Ewige, eine Symbolik, die auch in der Bibel aufgegriffen wird (z.B. Ps 37,6; Offb 21,23ff.) und hier den Hintergrund der poetisch gestalteten Bilder setzt.
Diese Bilder entwerfen eine Atmosphäre von sanfter Harmonie und Geborgenheit, in der – wie in der biblischen Friedensvision des Miteinanders von Wolf und Lamm, von Kalb und Löwe (Jes 11,6f.) – die Widrigkeiten der irdischen Natur überwunden sind: kein furchterregender Blitz, kein unbezwingbar schweres Gewicht, keine die Ernte erschwerende Stacheln. Stattdessen Nahrung im Überfluss und Leichtigkeit, kondensiert in den drei für den Gedichtsprecher offensichtlich alle kulinarischen Träume symbolisierenden Speisen ‚Himbeeren', ‚Erbsensuppe' und ‚Pflaumenkuchen'. Am Ende des Textes steht eine Vision, die erneut auf biblische Tradition anspielt. Mk 10,15 zufolge gelangt nur der in das Reich Gottes, der es „annimmt wie ein Kind". So auch hier. Der Ratschlag des Gedichtsprechers wird eindeutig: Diese Antwort auf die anfangs aufgeworfene Frage, „was wär" im Reich des ‚ewigen Lebens', führt zu einem Lächeln, dem Lächeln des Kindes, das jenseits von Beweisbarem und Definierbarem weiß, „wie es ist" und „sein muss". In dieser Vision geht es nicht darum, klassisch christlich geronnene Aussagen noch einmal zu wiederholen. Vielmehr werden christliche Vorstellungen mit aufgenommen, dann jedoch zu ganz eigenen Bildwelten zusammengeschmolzen.
Die Bildhaftigkeit dieser Visionen verweist bereits auf die didaktischen Chancen des Textes. Dogmatische Vorgaben machen es schwer,

‚ewiges Leben' als etwas Reales und Hoffnungsspendendes zu betrachten. Dieser Text öffnet den Raum zu eigenen Vorstellungen, die nie vorgeben mehr zu sein als eben das: Bilder für etwas Nichtgreifbares. Genau diese Chance sollen auch SchülerInnen (ab Klasse 9) nutzen können. Die Frage „Wie soll es sein?", die Überschrift des Gedichtes, wird zunächst an die Tafel geschrieben als Impuls zu einem ersten Austausch über die Vorstellungen darüber, wie man sich das ‚ewige Leben' vorstellen kann – und wie nicht. Dann erhalten sie folgendes Blatt zur kreativen Bearbeitung:

Bitte lesen Sie das folgende Gedicht von *Johannes Kühn*.
In die markierten Zeilen können Sie *eigene Verse* einfügen, so dass aus dem
Gedicht ein neuer Text entsteht, der halb von Kühn, halb von Ihnen stammt.

Wie soll es sein?

Wenn du einträtest
Ins Land der Auferstandenen, was wär?
____
Man ist Licht, atmet Licht und bleibt Licht.
____
Kein Blitz ist da, vor dem einer flüchtet.
____
Am grünen Hang
lehren dich Engel Himbeern pflücken,
auch ohne Stacheln ist jeder Strauch.
____
Leicht wie Nebelhauch
sind die Kessel,
____
Erbsensuppe jeden Tag,
____
und Pflaumkuchen gibt es.
____
Wenn du die Antwort hast,
lächle wie ein Kind.
____
Es weiß, wie es ist,
es weiß, wie es sein muss.
____
____

Das hiermit gewählte Verfahren der *Texterweiterung* setzt zunächst voraus, dass sich die SchülerInnen auf das Gedicht von Johannes Kühn einlassen, um es dann jedoch mit eigenen Erfahrungen und Sprachsetzungen zu konfrontieren, die Raum geben für völlig offene Verfahren: Fortführung im vergleichbaren Sinn, Zurückweisung, Übertragung in die Jugendwelt, völlige Umdeutung ...

Am Ende sollte beides nebeneinander stehen: Eine noch einmal eigenständige Deutung des Gedichtes von Kühn (etwa im Blick auf die der Lerngruppe so sicherlich nicht präsenten biblischen Bezüge) neben einer Auswertung der SchülerInnentexte, die ggfs. zur besseren Lesbarkeit auf Plakate übertragen werden können. Von hier aus ist eine Überleitung zu einer Lektüre der offiziellen Glaubensaussagen über das ‚ewige Leben' möglich, die sich nun freilich an den selbst formulierten Vorstellungen messen lassen müssen.

3. *Michael Krüger:* Vom Fluch der Erbsünde

Wie kann man heute über Sünde und Schuld reden? Gewiss, von konkret benennbarer Schuld lässt sich reden und schreiben: von der Schuld am Zerbrechen persönlicher Beziehungen, von der Schuld an der Zerstörung unserer ökologischen Lebenswelt, von der Schuld an der Existenz ungerechter Strukturen in Staat und Gesellschaft, von der kollektiven wie persönlichen Schuld an Krieg und Völkermord. Der theologische Sprachgebrauch von Schuld und Sünde geht jedoch über solche direkt benennbaren Prinzipien von Verursachung oder Unterlassung, von Fehlorientierung oder Versagen hinaus. Ist ein solches grundlegendes Verständnis von Schuld für OberstufenschülerInnen heute noch nachvollziebar und in Sprache benennbar?
Diese Frage führt uns zu einem außergewöhnlichen Text[276] von *Michael Krüger* (*1943), einem vielseitigen Protagonisten im Szenario der deutschsprachigen Gegenwartsliteratur. Einerseits ist er maßgeblich an der Steuerung des Buchmarktes hinter den Kulissen beteiligt – als langjähriger literarischer Leiter, seit 1995 als geschäftsführender Gesellschafter des renommierten Münchner Hanser-Verlages; als Herausgeber der einflussreichen Literaturzeitschrift „Akzente", Mitherausgeber des Literaturjahrbuchs „Tintenfisch" und des „Jahrbuchs der Lyrik"; als Übersetzer sowie als Mitglied von mehreren Jurys und anderen kulturpolitischen Drehscheiben. Gleichzeitig ist er selbst ein Literat von Rang als Essayist, Erzähler und vor allem als Lyriker. Zahlreiche Literaturpreise dokumentieren die öffentliche Wertschätzung seines Werkes (unter anderem Peter-Huchel-Preis 1986; Ernst-Meister-Preis 1994; Mörike-Preis 2004). Jüngst wurde Krüger darüber hinaus gleich doppelt mit einer Ehrenpromotion ausgezeichnet: 2006 von der Fakultät für Linguistik und Literaturwissenschaft der Univer-

sität Bielefeld; 2007 von der Neuphilologischen Fakultät der Universität Tübingen. Er steuert und organisiert also einen Teil des Literaturbetriebs, ist aber als Autor gleichzeitig Teil desselben.

Umso bemerkenswerter, wenn gerade das Werk Krügers eindeutige Belege für die Beobachtung liefert, dass sich in der Gegenwartsliteratur eine neue Unbefangenheit in der Annäherung an Religion und die Gottesfrage feststellen lässt. War Religion bis zum Ende der 80er Jahre kaum ein direkt benanntes Thema in seinem künstlerischen Schaffen, so rückt sie nun mehr und mehr in die von ihm erschriebenen Welten hinein, ohne freilich jemals zentrale Bedeutung zu erlangen. Warum ab 1990 diese offene, differenzierte Aufnahme religiöser Themen und Motive? Ein Gedicht aus dem 1998 erschienenen Band „Wettervorhersage“ gibt Auskunft. In „Hotel Wandl, Wien“ findet sich das folgende Zeilenpaar: „Wir müssen uns nicht mehr der Religion / erwehren, sie greift uns nicht an“[277]. „Nicht mehr“ – das benennt den Wandel direkt. Wo zuvor SchriftstellerInnen und Intellektuelle zur Distanz gegenüber Religion und Kirche gezwungen waren, um nicht falsch vereinnahmt, missverstanden oder ideologisch missbraucht zu werden, gibt es diesen Zwang zur Absetzung seit einigen Jahren nicht mehr. Religion „greift uns nicht an“; das mag darauf hindeuten, dass die kulturelle Prägegewalt der institutionalisierten Religionen und Konfessionen abgenommen hat. Umgekehrt eröffnet sich erst so, erst jetzt jener Freiraum, der kreative Auseinandersetzung mit dem Phänomen Religion ermöglicht. „Gegen die Institution der Kirche brauchte man nicht mehr zu sein“[278], so literarisch gebrochen eine Aussage des Protagonisten aus der krügerschen Novelle „Das falsche Haus“ (2002).

Konsequenz in Krügers Werk seit Beginn der 90er Jahre: Fortan wird religiöses Vokabular, werden biblische und theologische Themen aufgenommen und gestaltet, sei es in den Gedichtbänden, sei das aber auch in seiner editorischen Tätigkeit. Das für uns zentrale Gedicht ist Teil einer Texttradition, in der Krüger lyrische „Reden“ vorstellt, in der unterschiedliche Menschen wie in einem Blitzlicht ihren Entwurf der Wirklichkeit vorstellen: „der Narr“, „der Liberale“, „der Verzweifelte“ genauso wie „der Maler“ oder „der Betrunkene“. Diese „Reden“ entstanden über einen Zeitraum von 20 Jahren und wurden 2008 in einem eigenen Band[279] zusammengestellt. Die folgende „Rede des ev. Pfarrers“[280] stammt aus dem bereits benannten Gedichtband „Wettervorhersage“ aus dem Jahr 1998.

Rede des ev. Pfarrers

(lacht:)
Ach, wissen Sie,
auch ohne ihn
haben wir viel zu tun.
Manche in der Gemeinde
haben ihn schon vergessen.
Anderen fehlt er. Sehr.
War es besser mit ihm?
Der Trost drang tiefer,
und die Scham darüber,
geboren zu sein,
ließ sich leichter
verbergen.

(Michael Krüger, Wettervorhersage © 1998 Residenz Verlag im Niederösterreichischen Pressehaus Druck- und Verlagsgesellschaft mbH, St. Pölten–Salzburg.)

Das zunächst monologisch wirkende Gedicht setzt bei näherem Hinsehen eine dialogische Struktur voraus. Die knappe Szenerie des Textes lässt auf die zuvor gestellte Frage eines Dialogpartners schließen, wie etwa „Herr Pfarrer, was machen Sie eigentlich noch in der Kirche? Gott ist doch längst tot! Die Idee Gott überholt!" Oder so ähnlich. Das in der zweiten Zeile angedeutete Lachen des Pfarrers entpuppt sich so als Lachen der Verblüffung, Verlegenheit und Distanzsuche angesichts der nur erschließbaren vorausgegangenen Frage. Zunächst scheint er in seiner Entgegnung auch eher auszuweichen: Der Gemeindebetrieb läuft weiter, auch ohne „ihn", den hier programmatisch direkt unbenannten, im Kontext jedoch klar erkennbaren Gott – so scheint der Pfarrer überraschenderweise zuzugeben. Es gibt viel zu tun: die liturgische Routine, die sozialen Verpflichtungen, die Aktivitäten unterschiedlichster Gruppierungen. Tatsächlich ist Gott so für viele nicht einmal mehr als Erinnerung präsent.
Die zentrale Zeile des Gedichtes findet sich in der Mitte: Manchen fehlt „er". Dann, durch die Setzung zwischen zwei Punkte herausgehoben, das eine Wort: „Sehr". Jetzt ändert sich der Ton, wird todernst, eingeleitet durch die wohl an sich selbst gerichtete Rückfrage: „War es besser mit ihm?" Zwei Aussagen markieren den Unterschied zwischen einem ‚Leben mit Gott' und einem ‚Leben ohne ihn'. Interes-

sant, welche gewählt sind. Zunächst: „Der Trost drang tiefer" – ohne Gott ist die Welt trostloser, ist der vormals ritualisierte Umgang mit Leid und Trauer schwieriger geworden. Dann schwerer verständlich: Die „Scham darüber, geboren zu sein, ließ sich leichter verbergen". Das Schlusswort „verbergen" liest sich leicht wie „ertragen", ist aber so noch abgründiger. Was könnte damit gemeint sein?

Liegt hier ein Reflex der lutherischen Rechtfertigungslehre vor, der zufolge jeder Mensch vor Gott durch seine Geburt als Sünder dasteht, ganz und gar angewiesen auf Gottes gnädiges Erbarmen? Der Mensch von Natur aus eine wertlose Missgeburt, eine Existenz, für die man sich eben nur schämen kann, die umso dringlicher der Erlösung durch den Opfertod Jesu am Kreuz bedarf? Eine solche Lesart würde erklären, warum der Sprecher des Textes ein *evangelischer* Pfarrer ist. Oder liegt in der hier aufgerufenen Geburtsscham eher ein Bewusstsein für strukturelle Sünde vor, der zufolge wir Westeuropäer – nolens volens – tief eingebunden sind in die mannigfaltigen Schuldverstrickungen unserer Gesellschaft? In jedem Fall wird deutlich, dass nach Meinung des Pfarrers ein Leben mit Gott in diesen beiden Aspekten leichter und besser war. Von Gott selbst ist hier nur noch im Modus seiner Abwesenheit die Rede. Dennoch steht am Ende – zwischen den Zeilen und in der Figurenrede des Gedichtsprechers – die Sehnsucht im Zentrum, der nur noch als abwesend erfahrbare Gott möge entgegen aller vermeintlicher Abwesenheit dennoch existieren und könnte eben doch als gegenwärtig und wirkmächtig erfahrbar sein.

Gerade weil sich die Schlussverse nicht einfach deuten lassen, reizt das Gedicht zur Auseinandersetzung. Was soll das sein, ‚Geburtsscham'? Warum ließ sie sich in einer Zeit, in der ‚er' da war, nur leichter ‚verbergen', nicht aber ‚ertragen' oder ‚gestalten'? Von welcher Art der ‚Schuld' ist hier die Rede? Ist das nachvollziehbar? Im Zugang zu dem Text legt sich auch hier ein kreatives Verfahren nahe. Da der Text eine Szene voraussetzt, erhalten die SchülerInnen die Aufgabe: „Lest euch das folgende Gedicht von Michael Krüger durch. Es ist zwar ein Monolog, setzt aber eine Szene, einen Gesprächsrahmen voraus. Entwerft einen solchen Rahmen! Was passiert vor dem Text? Welche Personen treten auf? Was passiert, während der Text gesprochen wird? Und wie geht die Szene weiter?" Sie müssen so implizit den Text deuten und imaginär weiterentwickeln.

Aus dem Spektrum der Szenen kann anschließend der Versuch

einer immanenten Textdeutung unternommen werden. Werden die Schlussverse so besser verständlich? Am Ende kann der Impuls für Freiwillige stehen, eine eigene ähnliche Rede zu schreiben. Einige werden vielleicht eine ganz eigenständige „Rede einer 17jährigen Gymnasiastin“ verfassen, andere sich vielleicht an den ersten sieben Versen der „Rede des ev. Pfarrers“ orientieren und nach der Frage „War es besser mit ihm?“ einen eigenen Textschluss entwerfen, der sich enger an die thematischen Vorgaben dieses Gedichtes hält.

4. *Thomas Hürlimann:* Ringen um Theodizee

Die Frage nach der menschlichen Schuld ist eng verknüpft mit der Frage nach der Verantwortung Gottes für die Katastrophen der menschlichen Existenz. So sehr der Mensch anderen Menschen das Leben zur Hölle machen kann, so sehr sind doch die Lebensbedingungen in der Schöpfung auch vom Schöpfer selbst her gesetzt. Die Theodizee, die Frage nach der Rechtfertigung Gottes angesichts der Übel in der Welt verbunden mit der Frage nach den Abgründen des Gottesgeschöpfes Mensch gehört so zu den Grundproblemen, die sich zumindest für Gläubige stellen – und genau darin liegt auch ihre Begrenzung. Im Blick auf die Relevanz der Theodizeefrage für den Unterricht sollte man sich einen grundlegenden Wandel vor Augen stellen. In seinem 1987 erschienenen Buch „Erwachsenwerden ohne Gott?“ bezeichnet der evangelische Tübinger Religionspädagoge *Karl Ernst Nipkow* die Theodizeeproblematik noch als „die erste und wahrscheinlich größte Schwierigkeit in der Gottesbeziehung überhaupt“[281]. Die Frage, warum Gott so viel, so sinnloses, so unfassbares Leid bewirkt oder zulässt, sei die erste und wichtigste „Einbruchstelle für den Verlust des Gottesglaubens“[282]. An ihr entscheide sich zentral, ob der vorgeprägte Kindheitsglaube eine reife Fortsetzung im Jugend- und Erwachsenenalter finden könne.
In einer umfassenden neuen Untersuchung zur Thematik hat ein Forscherteam um die Religionspädagogen *Werner H. Ritter* und *Helmut Hanisch* die Grundthese Nipkows unter gegenwärtigen Bedingungen erneut beleuchtet. Stimmt es auch heute noch, dass die Theodizeeproblematik die zentrale „Einbruchstelle des Gottesglaubens“ ist? Die didaktische Stringenz der Mehrzahl von vorliegenden Unterrichtsentwürfen zum Thema beruht auf dieser Annahme. Die bei-

den Religionspädagogen kommen aufgrund empirischer wie hermeneutischer Einsichten zu dem Ergebnis, dass unter Berücksichtigung gegenwärtiger religiöser Sozialisationsbedingungen ein „Glaube an Gott, der die für das Virulentwerden der Theodizeefrage nötigen konstitutiven Momente aufweist, bei einer Mehrzahl der Schülerinnen und Schüler" so nicht (mehr) „vorhanden" ist. Durchaus verständlich: „Die Theodizeefrage kann ja auch nur aufbrechen, wenn das biblische – oder zumindest ein theistisches – Gottesverständnis bis zu einem gewissen Grad internalisiert ist."[283] Eine „Einbruchstelle" kann nur dort entstehen, wo etwas Substantielles einbrechen kann. Genau diese Voraussetzung ist hinsichtlich des Gottesglaubens für die meisten SchülerInnen heute so aber nicht mehr gegeben. Diese Erkenntnis mahnt dazu an, die Bedeutung der Theodizeeproblematik nicht zu überschätzen. Ein wichtiger Baustein für den Religionsunterricht der Oberstufe bleibt sie gleichwohl.

Auseinandersetzungen mit der Theodizeeproblematik finden sich in der Gegenwartsliteratur in unterschiedlicher Gestaltung und mit unterschiedlicher Schwerpunktsetzung.[284] Einer der herausforderndsten Entwürfe findet sich im Werk des Schweizer Autors *Thomas Hürlimann*[285] (*1950). Er wurde zunächst vor allem als Dramatiker bekannt. Nach einem abgebrochenen Philologiestudium in Zürich und Berlin war er mehrere Jahre in unterschiedlichsten Funktionen an einigen großen deutschsprachigen Theaterbühnen (Berlin, Stuttgart, Zürich) beschäftigt.

Einem breiten Publikum ist der seit vielen Jahren in Berlin lebende, vielfach preisgekrönte Autor (zuletzt: Joseph-Breitbach-Preis 2001; Jean-Paul-Preis 2003; Schillerpreis 2007) jedoch vor allem als Erzähler bekannt. In seinen Geschichten, Novellen und Romanen verarbeitet er vor allem die eigene Biographie als fiktional ausgestaltetes Zeugnis von Zeitgeschichte. Tatsächlich verbinden sich in dieser Biographie Linien, die über das individuelle Einzelschicksal hinaus verweisen. Thomas Hürlimann ist der Sohn des katholischen ehemaligen Schweizer Präsidenten Hans Hürlimann und seiner Frau, der aus einer jüdischen Textilfabrikantenfamilie stammenden Marie-Theres Duft. Ein Onkel, Johannes Duft, wurde katholischer Priester und arbeitete als Bibliothekar der weltberühmten Stiftsbibliothek in St. Gallen. Wie zuvor schon der Vater war Thomas selbst Schüler des katholischen Internats der Stiftsschule in Einsiedeln. Sein jüngerer Bruder Matthias starb zwanzigjährig an Krebs.

All diese Prägungen, Erlebnisse, Rahmendaten des eigenen Lebens werden in Hürlimanns Prosa produktiv eingespeist, die nicht eng autobiographisch missverstanden werden darf, sondern ausgehend von eigenen Erfahrungen fiktionale Entfaltungen präsentiert. Sie liest sich mit ihren wiederkehrenden Figuren, Orten und Themen wie sich ständig weiter fortgeschriebene Familiengeschichte als Siegelung von Zeitgeschichte, die sich nicht an biographisch-historischer Stimmigkeit messen lassen muss, sondern an ästhetischer Stringenz. In Hürlimanns Romanen geht es immer wieder um Tod und Sterben, um Schuld und Verantwortung, um Sehnsucht nach Veränderung und Verwandlung. Fragen nach Religion, Theologie und Konfession nehmen dabei einen zentralen Stellenwert ein. Es geht dabei vor allem um die Abrechnung mit der als eng und zerstörerisch empfundenen katholischen Erziehung im Internat des Klosters Einsiedeln, an der sich eine Grundkritik an der Katholischen Kirche und ihrer Weltsicht festmacht. Friedrich Christian Delius' Abrechnung mit der evangelischen Kirche und ihrer identitätszerstörenden Erziehung findet hier ein katholisches Pendant.
Der Abschied von der Welt des Katholizismus wird dabei durchaus in seiner Doppelgesichtigkeit beleuchtet. *Befreiung* bestimmt den Grundduktus der Schilderungen, als Schatten bleibt aber das Gefühl des *Verlusts*. Das wird vor allem in den Erinnerungen aus dem Band „Das Holztheater“[286] aus dem Jahre 1997 deutlich. Rückblick: „Als Buben waren wir Ministranten und fromm. Alles hatte seine Ordnung, und die war von Gott, nicht von den Menschen gemacht.“ (S. 64) Zentraler Teil dieser Ordnung war das Verständnis der eucharistischen Wandlung. Und genau dieses ‚Geheimnis des Glaubens' sorgte letztlich für den Riss: „Eines Tages, ich war etwa 15 Jahre alt und Schüler der Stiftsschule Einsiedeln, verlor ich das Geheimnis.“ (ebd.) Nein, unwiderruflich gelte: Die „Zeit des Wünschens“ war „vorbei, der Glaube an das Wunder, die Hoffnung auf die *Verwandlung* kam uns abhanden, radikal“ (S. 74f.). Diese Verwandlung, zentraler Inbegriff religiöser Gläubigkeit, habe Platz gemacht dem Glauben an Veränderung, in sich wichtig, in Literatur, im Theater, in der Politik umsetzbar, aber eben nicht gleichwertig: „Veränderungen können wir befördern und beobachten, Verwandlungen nicht.“ (S. 77) Einerseits sei er „froh, dass ich den Dogmen und Normen einer streng katholischen Welt entkommen“ sei, andererseits empfinde er „aber eine gewisse Leere“ (S. 60). Zunächst sei er davon überzeugt gewesen, „nun wür-

den meine metaphysischen Antennen ins Leere zappeln", dann aber habe er mehr und mehr einen „Phantomschmerz der amputierten Antennen"[287] verspürt, so Hürlimann in einem Essay aus dem Jahre 2008. Was für ein Bild: Religiös-metaphysische Prägung und Sehnsucht als „Phantomschmerz der amputierten Antennen"...

Erzählerisch, fiktional-literarisch finden solche Gedanken und Reflexionen ihren Niederschlag in Hürlimanns erstem Roman, „Der große Kater" von 1998. Er rückt den wenige Jahre zuvor verstorbenen Vater in literarischer Verkleidung ins Zentrum. Die Handlung führt in das Jahr 1979: Der schweizerische Bundespräsident (stets „Der Kater" genannt, sein „Vulgo", sein „Studentenname"[288]) empfängt das spanische Königspaar zu einem Staatsbesuch. Während der jüngste Sohn im Sterben liegt, versucht der Präsident das offizielle Programm durchzustehen. Sein langjähriger Rivale Dr. Pfiff, nun Chef der Sicherheitspolizei, hat die Idee, einen werbewirksamen, von der Presse und den Medien dokumentierten Besuch der Damen des Staatsempfangs am Sterbebett des Sohnes mit aufzunehmen. Kater durchschaut den Plan als Versuch, ihn aus dem Amt zu drängen. Er weist das Vorhaben zurück, fürchtet er doch die mögliche Reaktion seiner Frau Marie: Sie könnte ihn als „eine Art Abraham" ansehen, der bereit sei, „den eigenen Sohn zu opfern – auf dem Altar der Öffentlichkeit"[289]. Kaum zufällig: Die letztlich nicht vollzogene Opferung Isaaks (Gen 22) wird dem gesamten Roman als Motto vorangestellt und immer wieder leitmotivisch in die Handlung integriert – eine verblüffende Motivparallele zu den oben vorgestellten Vater-Sohn-Romanen von Delius.

Die Welt „des Katers" zerbricht, er opfert letztlich nicht den Sohn, sondern seine politische Karriere. Er, der unermüdliche Macher und Schaffer, selbst früherer Zögling der Eliteschule des Einsiedelner Internats, beugt sich dem Gebot der Sterblichkeit. Die Theodizeefrage zerstört in ihrer existentiellen Dringlichkeit und Ausweglosigkeit den harmonischen Schein von leidlos planbarem, allein dem eigenen Gestaltungsschaffen unterworfenem Leben. Kater selbst weist darauf hin, dass er seit seiner Jugend in der Klosterschule „einen klassischen Stein des Anstoßes" herumwälze: „*Unde malum*. Woher kommt das Böse. Theologisch formuliert: Gott hat alles geschaffen, das Universum, unsere Welt und die Menschen. Ja, alles schuf dieser Gott (...) Aber kann denn Gott, der Allgütige, auch sein eigenes Gegenteil erzeugen? Oder klafft da ein Widerspruch, ein entsetzlicher Irrtum in der göttlichen Logik? Mein Sohn ist krank, auf den Tod ist er krank, und wer lässt ihn leiden, wer lässt ihn krepieren – ein allgütiger Gott?“ (S. 43)

Zwar sei er „ein gläubiger Mensch“, also gehe er davon aus, diese Welt sei „von Gott geschaffen, vom *summum bonum*“, aber das bedeute eben unerklärlichenweise leider nicht, „das Böse sei inexistent“ (S. 46). Kater wird so als ein Mann vorgestellt, der in seiner traditionellen Gläubigkeit ganz und gar von der Theodizeefrage durchdrungen ist, ohne sich ihr letztlich jedoch wirklich zu stellen. Seine Frau Marie wird ihn dazu zwingen. Angesichts des geplanten Damenprogramms, das ihr zumutet, ihren sterbenskranken Sohn werbewirksam politisch zu verzwecken, verweigert sie die lebenslang vorbildlich übernommene Rolle als alles mittragende Präsidentengattin: Beim Galadiner zu Ehren der spanischen Monarchen greift sie ihren Mann an. Sie selbst stellt nun vor aller Öffentlichkeit die Theodizeefrage: Die Welt ihres Mannes, so ergreift sie das Wort, „ist von Gott geschaffen, und das heißt natürlich, dass alles, was geschieht, aus Motiven geschieht, die an sich gut sind“ (S. 125). Der bei dem Festbankett anwesende päpstliche Nuntius Monsignore Tomaselli erläutert theologisch versiert, was es bedeute, in analoger Sprache von der Güte Gottes zu reden, doch damit gibt sich Marie nicht zufrieden. „Und dieser Gott“, bohrt sie weiter, „ist wirklich und wahrhaftig ein guter Gott? (...) Und lässt es zu, dass unschuldige Kinder qualvoll sterben?“ (S. 128) Konsequent und energisch verweigert sie die Zustimmung zu diesem Gedanken: „Wenn der Schöpfer wirklich und wahrhaftig allgütig ist, müsste doch (...) ein Hauch seiner Güte zu fühlen sein, seiner Güte (...), nicht seiner Grausamkeit“ (S. 129).

Erneut kontert der Nuntius rhetorisch geschult: Marie sei wohl „wie viele der irrigen Ansicht, Gott sei durch die Vorsehung in unsere Taten involviert“. Tatsächlich wisse und sehe dieser alles, auch das Übel und die Not der Welt, ja doch, aber „daraus abzuleiten, er habe es ausgeheckt, direkt bewirkt oder gar verschuldet, scheint mir eine unzulässige Interpretation eines alten, schönen Wortes zu sein“ (S. 130). Marie ist empört über diese glatt-versierte, alle Anfragen zum Verstummen bringende theologische Dialektik und geht zum endgültigen persönlichen Angriff über: Wie gut sei ein „Politiker, der mit seinen Handlungen und Entscheidungen die eigene Familie zerstört“ (S. 131), fragt sie und eröffnet dem ahnungslosen und schockierten spanischen Königspaar, dass in der am Folgetag zu besuchenden Klinik der eigene Sohn im Sterben liegt. Ein Eklat! Kater spürt, dass seine politische Karriere, seine Ehe, sein Glauben an ihr Ende angelangt sind. Die mühsam zusammengehaltene Weltsicht bricht in sich zusammen. Im Sterben des Sohnes, in der Vorstellung des personifizierten Todes wird ihm Gott endgültig als „der Große Niemand" (S. 16, 28, 124, 167) bewusst, mit dem er schon seit seiner Jugend gerungen hat.

Kein Atheismus, kein Agnostizimus: „Ich bin und bleibe ein frommer, demütiger Mensch" (S. 184), so der Kater. Sein Umgang mit Gott trägt eigene Züge: Früher habe er „Gott im Guten vermutet" oder „ihn immer wieder in die Zukunft verlegt" (S. 184). Nun sei ihm klar, dass beides auf einem Irrtum beruhe. „Im Sterben meines Sohnes offenbart mir Gott seine Abwesenheit", erklärt der Kater, um hinzuzufügen: „durch seine Abwesenheit teilt er mir mit, dass es ihn gibt" (S. 185). Und die Welt, das Leben? Sein zuvor bei aller Theodizeeempfindlichkeit optimistischer Blick auf die Welt kehrt sich ins Gegenteil: Seine Frau habe „vollkommen recht", die „Welt ist mitnichten im Guten verwurzelt" (S. 183). „Wenn wir aber Augen haben (...) sehen wir Leiden, überall Leiden. Nicht das Gute, das Böse ist wirkungsmächtig". Er fährt fort: „Was uns jetzt, an diesem strahlenden Morgen, wie das Paradies erscheint, ist in Wahrheit eine Stätte des Übels, des Sterbens, des Verwesens." (ebd.) Und: „Was ist der Mensch? Ein König, ein Käfer, ein Nichts." (S. 198) Wie in nur wenigen Romanen zuvor wird hier erzählt, wie die lange Zeit verdrängte, künstlich stillgestellte und unbeantwortbare Theodizeefrage in einem Leben aufbricht und den Schein der Lebensroutine zerstört: „Gestern abend bin ich sehend geworden." (S. 184) Dieses Motiv des Einbruchs der Theodizeefrage in die scheinbar ruhige Lebensroutine des Alltags wird den Autor Hürlimann nicht loslassen.

Auf das Vaterbuch „Der Kater" folgte 2006 ein Mutterbuch: „Vierzig Rosen", der bis dato wohl gelungenste der Romane Thomas Hürlimanns. Die fiktiv gestaltete Marie Meier, Pianistin und Politikergattin, hat sich ganz und gar ihrer öffentlichen Rolle verschrieben. „On a du style" (S. 17), das Motto ihrer Mutter, wird auch ihr zum Leitspruch. Doch diese nach außen hin präsentierte ‚heile Welt' beruht auf traumatischen Erfahrungen. Ausgerechnet an einem Weihnachtsfest zerbricht das sorgsam aufrechterhaltene Gleichgewicht. Zu Besuch ist ihr Bruder, der Pfarrer, schwadronierend über seine theologischen Forschungen. „Ja, Gott *ist*, er existiert, allerdings vermögen wir ihn sowenig zu erhaschen wie das flüchtige Jetzt." (S. 297)

Er moniert, dass seine Schwester immer noch keine regelmäßige Kirchgängerin sei, was weder er, der Pfarrer, akzeptieren könne, noch ihr Mann, der Politiker, der im Lichte der Öffentlichkeit steht: Sie könnten nicht akzeptieren, „dass du nicht zur Messe gehst. Ich aus religiösen Gründen, er aus politischen." (S. 298) Auf die Provokation reagiert Marie mit unerwarteter Offenheit: „Ich glaube an Gott", bestätigt sie, um gleich darauf einzuschränken: „er tut mir sogar ein bisschen leid" (S. 299). Wie schon in „Der große Kater" wird die Theodizeefrage zum Sprengmittel der bürgerlichen Fassade. Marie durchbricht den Schweigekonsens ihrer Familie, in der über die totgeborenen Zwillinge nicht geredet wird. Maries Bruder beharrt darauf, dass diese – da ungetauft – von der Erlösung ausgeschlossen seien. Marie erinnert sich an ein zurückliegendes Gespräch mit dem Bruder. „Leider konnten sie nicht getauft werden. Aber dafür können sie doch nichts! Nein, dafür können sie nichts. Sie sind völlig unschuldig, ohne jede Sünde!" (S. 250) Nun bricht es aus ihr heraus: Was soll Marie ein solcher Gott? „Meschugge sind die Herren Theologen, die allen Ernstes behaupten, beim Erschallen der Posaune kehre jedes Leben zum Schöpfer zurück, jedes Bein, jeder Arm, jede Zunge – außer den totgeborenen Babys natürlich." (S. 299) Mit diesem Ausbruch zerstört sie die Tabus. „Marie", raunt ihr Ehegatte „dein Benehmen ist widerlich." (S. 300)

Viele Szenen aus dem Werk Hürlimanns bieten sich an, um an ihnen die Theodizeeproblematik in seinem Werk zu veranschaulichen. Die folgende stammt aus „Der große Kater" und greift den Moment heraus, in dem „der Kater" mit dem spanischen König und einem Medienvertreter mit dem Spitznamen „Aladin" einen von „Pfiff" gesteuerten Rundflug über die Schweiz unternimmt und trotz oder gerade wegen der Schönheit des aus der Luft betrachteten Landschaftsszenarios seine Gotteszweifel äußert.

Vor der Lektüre ist es sinnvoll, Grundinformationen über den Autor und zentrale Elemente des Romans zu geben oder besser: geben zu lassen. Voraussetzung zum schulischen Einsatz ist zudem eine Vorabbehandlung des philosophischen Problems der Theodizee. Die literarische Szene dient einer emotionalen Vertiefung und einer biographischen Konkretisierung des zunächst ja abstrakten Problems. Die SchülerInnen erhalten deshalb den Auftrag, diejenigen Elemente zu markieren, die dem ‚Kater' zufolge beweisen, dass die Welt böse sei, und dass das Schicksal der Lebewesen in einer Bestimmung zum Leiden liege.

B *wie das Böse*. Nach gut zwanzig Minuten Flug zeigte der Bundespräsident auf eine Alpweide hinab und rief: „Sehen Sie das Vieh, Majestät?"

Die Helme waren mit Bügelmikro und Kopfhörern ausgestattet; so konnten sie sich trotz des Rotorenlärms in Französisch verständigen. Der König und Aladin saßen auf den Rücksitzen, lehnten jetzt zur Seite und blickten hinab. Dem ausgebildeten Jetpiloten schien der Alpenritt zu gefallen, der Medienmann jedoch, der mit seinen Glacéhandschuhen eine Kotztüte umklammerte, hatte sich blaßgrünlich verfärbt. Ahnte er, was kommen würde?

„Das Vieh da unten", fuhr Kater fort, „scheint genüßlich zu weiden, fernab von uns Menschen, aber schon im August werden die Alpen entladen und die armen Tiere am Fließband geschlachtet. Ja, Majestät, alles, was ist, muß leiden. Auch was uns schön erscheint, was uns lieblich erscheint, es muß leiden. Majestät, bitte entschuldigen Sie die gestern abend geäußerten Ansichten meiner Frau. Marie hätte besser geschwiegen, das Diner war gewiß nicht der Anlaß, um über dergleichen zu reden. Aber ich möchte mich nicht von Ihnen verabschieden, lieber Juan Carlos, ohne Ihnen gesagt zu haben, daß meine Frau vollkommen recht hat. Unsere Welt ist mitnichten im Guten verwurzelt. Sie ist schön, zumindest an diesem Morgen, auf diesen Alpen, mild scheint die Sonne, lau geht die Luft, und die Bergwiesen stehen in blühender Pracht. Wenn wir aber Augen haben, wenn wir nachdenken, wenn wir diesen grünbunt in der Sonne schimmernden Teppich durchdringen und ins Innere der Schöpfung schauen, sehen wir Leiden, überall Leiden. Nicht das Gute, das Böse ist wirkungsmächtig. Jede Blume leidet durch die Hitze, nachts durch die Kälte, an den Gräsern rupft das Vieh, die paar Bäume klammern sich verzweifelt an den Fels, und was uns jetzt, an diesem strahlenden Morgen, wie das Paradies erscheint, ist in Wahrheit eine Stätte des Übels, des Sterbens, des Verwesens. Schon um zehn, melden meine Wetterburschen, fegt ein Gewitter heran, aus schwarzen Wolken zackt der Blitz, dann kommt der Schnee, und alles erstarrt unter dem weißen Tod. Majestät, ich bin der Vater eines Sohnes, der elend krepieren muß. Er habe, sagt Professor Bossi, ein schlechtes Los gezogen. Wie wahr! Während wir die Schönheit dieses Morgens und einer unberührten Welt erleben, liegt mein Sohn in seinem Zimmer und stirbt. Das aber heißt: Auch ich habe ein schlechtes Los gezogen. Denn ich bin sein Vater, und es zeugt von Übel, ja von einem grässlichen Widersinn der Natur, daß wir alten Tiere ins Hochgebirge einziehen – und er, der doch die Zukunft verkörpert, quält sich jämmerlich zu Tode. Zukunft? Besseres Leben? Majestät, das war ein

Irrtum. Alles falsch! Falsch gedacht. Gestern abend bin ich sehend geworden. Meine Frau hat mir die Augen aufgerissen. Sogar dieser Garten da unten, dieser schäumende Teppich, ist nichts als Leiden, nichts als Sterben, er ist ein Paradies der Verwesung!"
Die Alp brach ab, Pfiff tauchte steil in die Tiefe, und die Flotte, im Keil über die Kante setzend, tauchte mit. „Ich sage das nicht als Atheist, Majestät. Ich bin und bleibe ein frommer, demütiger Mensch. Ich möchte nur einen Irrtum korrigieren. Ich möchte Ihnen sagen, daß ich bis gestern, bis zu diesem peinlichen, jedenfalls unpassenden Aufschrei meiner Gattin in eine völlig falsche Richtung gedacht und geglaubt habe. Ich habe Gott im Guten vermutet. Ich habe ihn immer wieder in die Zukunft verlegt, in eine bessere, schönere Welt, die ich gemeinsam mit meinen Freunden zu gestalten versuchte. Wie gesagt: Es war ein Irrtum. Nun bin ich klüger. Ärmer, kleiner und klüger. Ich weiß jetzt, daß es das Gute hienieden nicht gibt. Nirgendwo. Ich habe es gut gemeint, o ja. Aber mit meinen Autobahnen habe ich das Land verschandelt, und von den Maßnahmen, die mein bester Freund getroffen hat, der Chef unserer Sicherheitspolizei, will ich lieber schweigen. Er wird mein Nachfolger sein. Er wird den leisen Terror weiter perfektionieren. Unser System, das will ich gern zugeben, kann sich sehen lassen. Die Landesinsassen fühlen sich wohl, die Volksgesundheit erreicht internationale Spitzenwerte, und als Innenminister darf ich mit Stolz bekennen, daß unsere Alters-, Hinterbliebenen- und Invalidenversicherung bis ins nächste Jahrtausend gesichert ist. Alles unter Kontrolle, alles i.O. Aber ich weiß auch, Majestät, daß ich Gott in diesem Staatswesen nicht finden kann. Ich finde ihn nicht im Guten, nein – im Sterben meines Sohnes offenbart mir Gott seine Abwesenheit."
Wieder näherten sie sich einem Gebirgszug. „Seine Abwesenheit", fügte Kater hinzu, „und durch diese Abwesenheit teilt er mir mit, daß es ihn gibt." (S. 182–185)

Nach einer Erarbeitung der Elemente, die als Argumente zur Stützung der Weltsicht des ‚Katers' aufgeführt werden, wendet man sich den Konsequenzen zu, die dieser aus seinen Wahrnehmungen und Wertungen selbst zieht. Wie kann man das, die Welt als Ort des Leidens sehen und zugleich ein „frommer, demütiger Mensch" bleiben? Welches Gottesbild scheint auf, wenn Gottes „Abwesenheit" mitteilt,

„dass es ihn gibt“? Bleibt am Ende nur ein *credo quia absurdum*? Ein Sich-Beugen in eine unverstandene, unverstehbare Schöpfung, die als Fehlschöpfung erscheint?

Eine interessante Parallele zum Gedicht von Michael Krüger bietet abschließend kreatives Potential: Die Szene schildert einen Monolog in einer eigentlich dialogischen Situation. Dort wie hier lädt diese strukturelle Vorgabe zur Ausgestaltung ein. Der spanische König, Adressat des Monologs, bleibt stumm. Geben wir ihm Stimme! Seine Weltsicht und seine persönliche Situation sind anders als die des Katers. So offen wie dieser, setzt er seine Sicht dagegen. Ob sich erneut ein Monolog entspannt, oder ob sich ein Dialog eröffnet, ob Elemente des Erzählrahmens, also des Fluges über die Alpen, mit einfließen, all das kann der Phantasie der SchülerInnen überlassen bleiben. Sie werden durch die Struktur in die Rolle der Theodizeeverteidiger gerückt. Nehmen sie diese an? Welche Argumente wählen sie aus? Ändern sie die Rollenvorgaben?

5. *Pascal Mercier:* Ehrfurcht und Abscheu

Wie also lässt sich leben im Wissen um all das Übel, all das Leid der Welt auf der einen, dem sehnsuchtsvollen Ahnen um Schönheit, Sinn und Erfüllung auf der anderen Seite? Wie kann man leben jenseits der Theodizee? Diese Fragen führen uns mitten hinein in einen weiteren deutschsprachigen Roman unserer Zeit. – „Er las im Buch Hiob, und er las mit klopfendem Herzen.“[290] Er, das ist der Schweizer Raimund Gregorius, ein alternder Berner Lehrer für Latein und Griechisch, der sein gewohntes Leben von einem Tag auf den anderen hinter sich lässt, nach Portugal fährt und sich dort auf die Suche nach dem geheimnisvollen Autor eines ihn faszinierenden Buches, letztlich jedoch auf die Suche nach sich selbst begibt. Er, das ist der Protagonist eines der reizvollsten und erfolgreichsten Romane der letzten Jahre, 2004 erschienen: „Nachtzug nach Lissabon“, veröffentlicht unter dem Pseudonym *Pascal Mercier*, hinter dem sich der in Berlin lehrende Schweizer Philosophieprofessor *Peter Bieri* verbirgt. Er, das ist zugleich einer der jüngsten literarischen Zeugen, welche die bleibende Aktualität und Provokation des biblischen Hiobs im Kontext der Theodizeeproblematik verdeutlichen: „Hat Hiob nicht jeden Grund zu seiner Klage?“ (S. 199)

Die folgende Szene spielt bereits in Lissabon. Raimund Gregorius hält das Manuskript eines Textes in der Hand, das von Amadeu de Prado stammt, jenem geheimnisvollen Buchautor, auf dessen Fährte er sich auf Gedeih oder Verderb begeben hat. Mehr und mehr Mosaiksteine aus dem Leben dieses Arztes und Poeten erschließen sich ihm und uns Lesenden. Ein Idealist und Menschenfreund war er, dieser Portugiese aus altem Adelsgeschlecht, ganz und gar eingebunden in den Untergrundkampf gegen die barbarische Diktatur des Salazar-Regimes, das Portugals Schicksal über Jahrzehnte bestimmte. Zum Wendepunkt seines Lebens wurde ein ethischer Konflikt um seine ärztliche Pflicht. Zu einem sterbenskranken Patienten gerufen, stellte er zu seinem Entsetzen fest, dass es sich dabei um einen wegen rücksichtsloser Brutalität gefürchteten Folterknecht und Massenmörder Salazars handelte. Durfte er, musste er ihm helfen? Das ärztliche Pflichtethos siegte über alle konkreten Skrupel. Der Patient überlebte. Prado aber war fortan ein Ausgestoßener, geächtet von den Freunden und gemieden von den Patienten, die ihm diese Rettung des Todfeindes nie verzeihen konnten. Heimatlos, freundlos starb er mitten auf der Straße an einer krankhaften Weitung der Schlagader.
Prado, erzogen auf einer katholischen Ordensschule, verstand sich als Atheist. Die Welt, wie sie sich ihm zeigte, das Wissen darum, was Menschen anderen Menschen antun können, die Schöpfung in ihrer Widerständigkeit – all das ließ ihm keinen anderen Ausweg als die Leugnung der Existenz Gottes. Dieses Leugnen blieb jedoch ein Akt des Zweifelns. Jenseits aller Zurückweisung hielt sich die Sehnsucht nach Bestätigung. Das wird an keinem anderen Zeugnis deutlicher als an jenem Fragment über „Ehrfurcht und Abscheu vor Gottes Wort", das Gregorius im Schatten seiner Taschenlampe in der verlassenen Aula der seit Jahren geschlossenen Schule Prados liest. Es handelt sich dabei um die Abschrift von dessen Rede bei der schulischen Abschiedsfeier, um – so Pater Bartolomeu, Prados damaliger Lehrer – „Sätze aus der Feder eines siebzehnjährigen Bilderstürmers" (S. 191), die als „Gotteslästerung" (S. 192) empfunden worden waren. Die Rede beginnt wie folgt:

Ehrfurcht und Abscheu vor Gottes Wort

Ich möchte nicht in einer Welt ohne Kathedralen leben. Ich brauche ihre Schönheit und Erhabenheit. Ich brauche sie gegen die Gewöhnlichkeit der Welt. Ich will zu leuchtenden Kirchenfenstern hinaufsehen und mich blenden lassen von den unirdischen Farben. Ich brauche ihren Glanz. Ich brauche ihn gegen die schmutzige Einheitsfarbe der Uniformen. Ich will mich einhüllen lassen von der herben Kühle der Kirchen. Ich brauche ihr gebieterisches Schweigen. Ich brauche es gegen das geistlose Gebrüll des Kasernenhofs und das geistreiche Geschwätz der Mitläufer. Ich will den rauschenden Klang der Orgel hören, diese Überschwemmung von überirdischen Tönen. Ich brauche ihn gegen die schrille Lächerlichkeit der Marschmusik. Ich liebe betende Menschen. Ich brauche ihren Anblick. Ich brauche ihn gegen das tückische Gift des Oberflächlichen und Gedankenlosen. Ich will die mächtigen Worte der Bibel lesen. Ich brauche die unwirkliche Kraft ihrer Poesie. Ich brauche sie gegen die Verwahrlosung der Sprache und die Diktatur der Parolen. Eine Welt ohne diese Dinge wäre eine Welt, in der ich nicht leben möchte.
Doch es gibt auch eine andere Welt, in der ich nicht leben will: die Welt, in der man den Körper und das selbständige Denken verteufelt und Dinge als Sünde brandmarkt, die zum Besten gehören, was wir erleben können. Die Welt, in der uns Liebe abverlangt wird gegenüber Tyrannen, Menschenschindern und Meuchelmördern, ob ihre brutalen Stiefelschritte mit betäubendem Echo durch die Gassen hallen oder ob sie mit katzenhafter Lautlosigkeit, als feige Schatten, durch die Straßen schleichen und ihren Opfern den blitzenden Stahl von hinten ins Herz bohren. Es gehört zum Absurdesten, was den Menschen von der Kanzel herab zugemutet worden ist, solchen Kreaturen zu verzeihen und sie sogar zu lieben. Selbst wenn jemand es wirklich vermöchte: Es bedeutete eine beispiellose Unwahrhaftigkeit und gnadenlose Selbstverleugnung, die mit vollständiger Verkrüppelung bezahlt würde. Dieses Gebot, dieses wahnwitzige, abartige Gebot der Liebe zu den Feinden, es ist dazu angetan, die Menschen zu brechen, ihnen allen Mut und alles Selbstvertrauen zu rauben und sie geschmeidig zu machen in den Händen der Tyrannen, damit sie nicht die Kraft finden mögen, gegen sie aufzustehen, wenn nötig mit Waffen.
Ich verehre Gottes Wort, denn ich liebe seine poetische Kraft. Ich verabscheue Gottes Wort, denn ich hasse seine Grausamkeit. Die Liebe, sie ist eine schwierige Liebe, denn sie muß unablässig trennen zwischen der Leuchtkraft der Worte und der wortgewaltigen Unterjochung durch

einen selbstgefälligen Gott. Der Haß, er ist ein schwieriger Haß, denn wie kann man sich erlauben, Worte zu hassen, die zur Melodie des Lebens in diesem Teil der Erde gehören? Worte, an denen wir von früh auf gelernt haben, was Ehrfurcht ist? Worte, die uns wie Leuchtfeuer waren, als wir zu spüren begannen, daß das sichtbare Leben nicht das ganze Leben sein kann? Worte, ohne die wir nicht wären, was wir sind? Aber vergessen wir nicht: Es sind Worte, die von Abraham verlangen, den eigenen Sohn zu schlachten, wie ein Tier. Was machen wir mit unserer Wut, wenn wir das lesen? Was ist von einem solchen Gott zu halten? Einem Gott, der Hiob vorwirft, daß er mit ihm rechte, wo er doch nichts könne und nichts verstehe? Wer war es denn, der ihn so geschaffen hat? Und warum ist es weniger ungerecht, wenn Gott jemanden ohne Grund ins Unglück stürzt, als wenn ein gewöhnlich Sterblicher es tut? Hat Hiob nicht jeden Grund zu seiner Klage?
Die Poesie des göttlichen Worts, sie ist so überwältigend, daß sie alles zum Verstummen bringt und jeder Widerspruch zum jämmerlichen Kläffen wird. Deshalb kann man die Bibel nicht einfach weglegen, sondern muß sie wegwerfen, wenn man genug hat von ihren Zumutungen und der Knechtschaft, die sie über uns verhängt. Es spricht aus ihr ein lebensferner, freundloser Gott, der den gewaltigen Umfang eines menschlichen Lebens – den großen Kreis, den es zu beschreiben vermag, wenn man ihm die Freiheit läßt – einengen will auf den einzigen, ausdehnungslosen Punkt des Gehorsams. Gramgebeugt und sündenbeladen, ausgedörrt von Unterwerfung und der Würdelosigkeit der Beichte, mit dem Aschenkreuz auf der Stirn sollen wir dem Grab entgegengehen, in der tausendfach widerlegten Hoffnung auf ein besseres Leben an Seiner Seite. Doch wie könnte es besser sein an der Seite von Einem, der uns vorher aller Freuden und Freiheiten beraubt hatte? (S. 198–200)

(Pascal Mercier, Nachtzug nach Lissabon © 2004 Carl Hanser Verlag, München.)

Wie nur wenige andere Texte benennt diese Rede die Ambivalenz der Bibel und ihrer Botschaft und darin die Ambivalenz des Christentums. Dass es die Rede eines 17jährigen ist (oder zumindest sein soll) kann den SchülerInnen den Text noch näher bringen. „Ehrfurcht" und „Abscheu" – tatsächlich, für beide menschlichen Reaktionsweisen auf die Bibel finden sich Belege. Im schulischen Umgang mit dem Text ist es deshalb sinnvoll, die jeweiligen Elemente einander gegenüberzustellen. Was begründet hier die „Ehrfurcht", was die „Abscheu" vor Gott und Religion? Und über den Text hinaus: Welche dieser Argumente haben heute noch Überzeugungskraft? Sind manche der Punkte verblasst? Welche Elemente könnte man auf beiden Seiten hinzufügen? Und schließlich: Welche Konsequenzen lassen sich aus dieser Ambivalenz ziehen? Der längere Text endet mit den Sätzen: „All das brauche ich. (...) Denn das eine ist nicht ohne das andere. Und niemand möge mich zwingen zu wählen." (S. 203) Was also: Leben mit der Ambivalenz oder Entscheidung? Entscheidung wozu? Merciers ‚Rede des 17jährigen Amadeu de Prado' zwingt zur Positionierung, das ist ihre besondere didaktische Herausforderung. Verfasst eine Schülerin oder ein Schüler eine Gegenrede? Vielleicht postmodern gewendet als: „Langeweile und Desinteresse an Gottes Wort"? Oder doch ganz anders?

VI. Interkulturalität und Interreligiosität

Das letzte der sechs großen Themenfelder des Religionsunterrichtes zielt im Kontext der pluralen Lebenswelten der Gegenwart auf die Förderung einer interkulturellen und interreligiösen Sensibilität und Kompetenz, ohne dabei den Anspruch auf konfessionelle Beheimatung aufzugeben. Die SchülerInnen sollen Menschen anderer Kulturen und Religionen besser verstehen lernen und Achtung vor Menschen mit bleibend anderen Lebensdeutungen entwickeln. Toleranz und Identität bleiben dabei aufeinander verwiesene Spannungspole. Kein anderer Lernbereich hat in der jüngeren religionspädagogischen wie religionsdidaktischen Diskussion größere Aufmerksamkeit auf sich gezogen. An die Seite euphorischer Ermutigungen im Schwung des Aufbruchs, an die Seite eines zunächst beschworenen Dialog-Enthusiasmus sind inzwischen auch nüchterne Stimmen und kritische Abwägungen getreten.[291] Ist echte „Inter-religiosität" im konfessionellen Unterricht wirklich konzeptionell möglich? Ist Dialog tatsächlich eine im Unterricht anzielbare didaktische Leitkategorie? Ist Begegnung wirklich der ‚Königsweg' interreligiösen Lernens am Lernort Schule?

Es gibt, schreibt *Michael Hofmann* in seiner „Einführung" in die „Interkulturelle Literaturwissenschaft", eine „besondere Affinität von Literatur zu Problemen und Möglichkeiten interkultureller Begegnung"[292]. Diese Affinität gibt es sicherlich, aber sie erstreckt sich eben auch aus auf den spezifischen Bereich inter*religiöser* Begegnung. In sieben Schlagworten[293] lässt sich diese spezifische Perspektive konkretisieren. Dichtung steht nie unter dem Anspruch, objektives Wissen über politische Konstellationen, historische Ereignisse oder andere Religionen vermitteln zu wollen, das dann etwa auf seine Validität hin überprüft werden müsste. Vielmehr wird ein explizit subjektiver Blick auf diese Phänomene literarisch gestaltet, der vor allem der ästhetischen Stimmigkeit verpflichtet ist. Erstes didaktisches Stichwort also:

1. Subjektivität

So wie letztlich jeder einzelne Lehrende und jeder einzelne Lernende seine ganz eigenen politischen und religiösen Überzeugungen hat – eingebunden in die Traditionen, in denen er oder sie groß geworden ist – so bieten auch die SchriftstellerInnen ihre eigene Sicht auf das Phänomen Religion. So wenig wie ein Glaubender das ganze System seiner Religion überschaut und rational durchdringt, so wenig wahrhaftig ist auch ein Blick von außen auf rein ‚objektive Daten' einer Religion. Religiöses Leben ist stets subjektive Erfahrung ganz konkreter Begegnungen, Gedanken, Auseinandersetzungen. Und Dichtung gibt nie vor, anderes geben zu können. Daraus ergibt sich der zweite didaktische Eckpunkt:

2. Perspektivität

Es gibt schlicht keinen objektiven Zugang zu religiösen Traditionen. Jede Beschäftigung gerade mit fremden Religionen ist perspektivisch durch die eigene Prägung und das eigene Erkenntnisinteresse geprägt. Betrachte ich andere Religionen vorrangig unter der Vorgabe, wie ein weltweites Zusammenleben mit anderen in Frieden möglich sein kann? Will ich für das Andere werben, weil ich mich meiner ursprünglichen Tradition entfremdet habe? Will ich das Trennende zur Profilierung des Eigenen hervorheben? Bin ich auf der offenen Suche nach subjektiv Überzeugendem? Literatur ermöglicht das perspektivische Hineinschlüpfen in verschiedene existentielle und moralische Standpunkte. Die Beschäftigung mit Literatur macht so deutlich, dass jeder einzelne Zugang durch perspektivische Vorgaben geprägt ist. Und mehr noch: Spielerisch erlesene Perspektivenwechsel tragen in sich die Chancen, dass sich politische und ethische Wertungen ändern.

Der israelische Schriftsteller *Amos Oz* (*1939), 1992 mit dem „Friedenspreis des deutschen Buchhandels" ausgezeichnet, verdeutlicht diese zentrale Chance von Literatur. In seiner Preisrede schildert Oz mit feinem Gespür, was die ethische Haltung von Fiktion und Dichtung auf der einen und Sachprosa auf der anderen Seite voneinander unterscheidet. „Wenn ich feststelle, dass ich mit mir selbst hundertprozentig übereinstimme, schreibe ich keine Geschichte, sondern einen wütenden Artikel"[294], so Oz. Dichtung jedoch verweigert sich solcher ethischer Eindeutigkeit. Oz weiter: „Wenn ich hingegen nicht nur ein einziges Argument in mir spüre, nicht nur eine Stimme, kommt es bisweilen vor, dass sich diese unterschiedlichen Stimmen

zu Gestalten entwickeln, und dann weiß ich, dass ich mit einer Geschichte schwanger gehe." Und dann poetologisch eindeutig zugespitzt: „Geschichten schreibe ich genau dann, wenn ich mich mit verschiedenen, einander widersprechenden Forderungen identifizieren kann, mit einer Vielzahl moralischer Standpunkte, widerstreitender Gefühle" (S. 62f). Der ‚ethische Mehrwert des Ästhetischen', der mögliche moralische Nutzen von Dichtung, weit entfernt von eindimensionaler Verzweckung – er liegt darin, die Perspektive der anderen fiktional durchspielen zu können, Gegenversionen kennen zu lernen, die Gefühle anderer von innen heraus nachvollziehen zu können. Was braucht ein Schriftsteller? Er muss sich im Blick auf andere fragen „Wie würde ich empfinden, wenn ich sie wäre? Wie wäre es, in seiner Haut zu stecken?"(S. 25), so noch einmal Oz. Er muss also in der Lage sein, „ein halbes Dutzend widersprüchlicher, miteinander in Konflikt stehender Gefühle mit dem gleichen Grad an Überzeugung, an Vehemenz und an innerer Unterstützung gutzuheißen" (S. 25f.).
Eine überraschende interdisziplinäre Konvergenz: Dass „Romane ganz allgemein eine gute Möglichkeit" darstellen, „um das für die Methodik der" – in diesem Fall „komparativen" – „Theologie unerlässliche Sich-Hineindenken in den Anderen einzuüben"[295], haben unlängst auch *Klaus von Stosch* und *Christine Niggemann* in ihre Arbeit über Religion im Werk *Orhan Pamuks* festgestellt. Und auch *Michael Hofmann* benennt diesen Punkt eigens: Literatur könne „als Einübung in die Erfahrung von Alterität und von Differenz überhaupt begriffen werden"[296], so in der schon benannten Einführung in die interkulturelle Germanistik.

3. Alterität

Mit dem Stichwort der Alterität wird eine weitere Lerndimension benannt. Bei aller Einfühlung, die über Leseprozesse möglich wird, bei aller perspektivischen Rollenübernahme ‚auf Zeit', wird der Umgang mit Literatur auch immer zu Grenzerfahrungen führen, vor allem wenn es um fremde, um andere Religionen geht. Gerade aus der angelesenen Nähe heraus wird das Fremde fremd blieben, wird das zunächst indifferent neugierig Betrachtete möglicherweise sogar erst fremd werden. Ein Grundzug aus der zeitgenössischen Didaktik interreligiösen Lernens, dass es nämlich auch darum geht „die bleibende Fremdheit" zu „respektieren"[297], bestätigt sich auch im Blick auf literarische Texte. Die literarische Form kann zu dieser bleibenden Fremdheitserfahrung zusätzlich beitragen. Alterität ist aber beides zugleich: Grenze und Chance zur realistischen Einschätzung der Möglichkeiten und Reichweite interreligiösen Lernens.

4. Authentizität

Über die Perspektivität und die Erfahrung von bleibender Alterität wird die weitere didaktische Ebene möglich: Authentizität. Das macht ja das Unterrichten über andere Religionen so schwierig: Lehrende vermitteln etwas, das sie selbst persönlich nicht von innen kennen und dem sie nicht innerlich verpflichtet sind. Objektives Wissen ist so zwar vermittelbar, subjektive Einfühlung aber nur zum Teil. Lernende spüren häufig diese mangelnde Authentizität und fragen sie an. Im Medium der Literatur, in subjektiver Perspektivität, wird solche Authentizität spürbar. Nicht in dem Sinne, dass die SchriftstellerInnen selbst zwangsläufig alle erschriebenen Positionen teilen müssten, wohl aber darin, dass die Qualität guter Literatur sich unter anderem darin spiegelt, wie authentisch und überzeugend sie sich in andere Lebensgefühle, Sprach- und Denkwelten fiktiv hineinversetzen können. Auch Parodie oder bewusste Stilisierung können Authentizität entspringen und vermitteln. Konkret heißt das unter anderem: Man muss nicht selbst gläubiger Muslim sein, um angemessen über den Islam schreiben zu können. Gerade der fremde Blick kann authentisch werden. Nicht um direkte Authentizität kann es hier also gehen, sondern um gespiegelte, gebrochene, indirekt vermittelte Authentizität.

5. Personalität

Das vierte didaktische Schlagwort schließt sich daran an: Personalität. Um ein Sich-Hineinversetzen in fremde Traditionen und Lebenswelten zu ermöglichen, wählen SchriftstellerInnen fast stets den Zugang über wenige zentrale Zugangsfiguren. In der freiwilligen – im Bereich der Phantasie verankerten – Identifikation mit diesen Personen wird die Welt, in der sie leben, ästhetisch erfahrbar: fühlbar, schmeckbar, spürbar. Als Personen in ihrer Lebenswelt öffnet sich für Lernende in dieser – im idealen Leseprozess auf Zeit und Probe erfolgenden – Identifikation mit literarischen Personen ein tieferer Zugang, als er durch jegliche ‚Information über' möglich wäre.

6. Reflektivität

Religiöse Aspekte, Dimensionen und Prozesse werden in literarischen Werken freilich nicht nur erzählt oder zumindest miterzählt, Literatur ist vielmehr auch ein Medium, in dem Religion kritisch reflektiert wird. Literatur ist demnach einer von mehreren möglichen Reflexionsräumen von Religion, wobei die spezifisch literarische Form eine eigene Art der Reflektivität darstellen kann. So wie man von ‚ethischen Mehrwert des Ästhetischen' spricht, so gibt es auch einen ‚religiösen Mehrwert des Ästhetischen'.

7. Expressivität

Der geschilderte Prozess verläuft über literarische Sprache. Vielen Kindern und Jugendlichen, aber auch Erwachsenen fehlt heute eine ausgefaltete Ausdrucksfähigkeit, gerade im Blick auf religiöse Erfahrung und Reflexion – die innerhalb der eigenen religiösen Tradition genauso wie die einer anderen Religion. Der Umgang mit literarischen Texten kann dazu führen, dass die Sprachkompetenz gerade in Sachen Religion angeregt und gefördert wird. Nur so ist Austausch, Dialog und Verständigung möglich.

Gewiss, diese sieben didaktischen Perspektiven eröffnen sich nicht ausschließlich über literarische Werke, erhalten aber im Zugang über Dichtung ihr spezifisches Profil. So gesehen kann der Befund nur wenig überraschen, dass sich zahlreiche Versuche finden lassen, das Phänomen der Vielzahl der Religionen und die Frage nach ihrem Verhältnis zueinander durch literarische Zugänge in bewusst didaktischer Absicht zu erschließen. Fast immer werden gerade jugendliche Erzählfiguren als Zugangsgestalten zu den Religionen profiliert. Das Spektrum ist weit gespannt. Es reicht von brav-bieder erzählten religionspädagogisch motivierten narrativen Lernbüchern[298] bis hin zu engagierten Entwürfen der anspruchsvollen Jugendliteratur[299]. Militante Religionsgegner nutzen dieses Medium genauso[300] wie Streiter für Verständigung und Frieden unter den Religionen[301]. *Ein* gelungenes Beispiel aus dem Kontext der interreligiös sensiblen Kinder- und Jugendliteratur wird im Folgenden aufgenommen. Die anderen vier Beispiele entstammen der ‚Erwachsenliteratur'.

Im Rahmen der Ausweitung des Blickfeldes auf die Themen Interkulturalität und Interreligiosität wird ein Prinzip dieses Buches durchbrochen. Wurde bislang ausschließlich deutschsprachige Literatur berücksichtigt, so drängt das Themenfeld eine Erweiterung geradezu auf. Zwei der folgenden Beispiele sind demnach im Original nicht auf Deutsch erschienen, in Übersetzung aber sehr wohl in deutscher Sprache publiziert und im deutschen Sprachraum weit verbreitet.

1. *Catherine Clément:* Vom Baum der Religionen

Als der Norweger *Jostein Gaarder* (*1952) 1991 den Roman „Sofies Welt" veröffentlichte, eine narrativ-spannend erzählte Einführung in die Grundwerke der westlichen Philosophie, konnte er zwei Entwicklungen nicht ahnen: zum Einen, dass ihm ein absoluter Weltbestseller gelungen war, zum Anderen, dass der Erfolg seines Buches eine ganze Welle von Nachfolgebüchern ähnlicher Machart inspirieren sollte. Was lag etwa näher, als der narrativen Reise in die Philosophie eine vergleichbare Reise in die Welt der Religionen folgen zu lassen? Am erfolgreichsten griff diese Idee die Französin *Catherine Clément* (*1939) auf, die selbst beste biographische Voraussetzungen für ein solches Projekt mitbrachte: Sie entstammt einer katholisch-jüdischen Familie, studierte Philosophie, arbeitete einige Jahre als wissenschaftliche Assistentin an der Sorbonne, dann als Kulturredakteurin einer Pariser Tageszeitung. Mit dreißig Jahren ging sie für vier Jahre nach Indien, lebte danach im Senegal, bevor sie wieder nach Paris zurückkehrte. Unterschiedliche Kulturen und Religionen waren ihr also direkt vertraut.
„Theos Reise", der 700 Seiten starke „Roman über die Religionen der Welt" erschien 1997 im französischen Original, schon 1998 folgte die deutsche Übersetzung. Die Rahmenhandlung des insgesamt mit religionswissenschaftlichem Bildungswissen schwer befrachteten Romans stellt uns als Identifikationsfigur Theo vor. Theo ist 14 Jahre alt, Sohn einer griechisch-französischen Familie, wie selbstverständlich befreundet mit einer Schwarzafrikanerin, nicht-religiös erzogen, verwurzelt in einem kritischen, wissenschaftlich orientierten Weltbild – und in dieser Mischung ein Vertreter heutiger jugendlicher LeserInnen. Theo erkrankt an einer rätselhaften und lebensbedrohlichen Krankheit, für welche die europäische Schulmedizin kein Heilungsmittel kennt. In dieser Situation nimmt sich seine Tante Marthe seiner an, eine Millionärin und erfahrene Weltreisende. Sie hofft, dass er auf einer Weltreise zu den zentralen Entstehungs- und Wirkungsstätten der großen Religionen Heilung finden kann. Die Reise führt die

beiden in alle Kontinente (bis auf Australien) und zu allen zentralen Stätten der Weltreligionen, die Theo neugierig und kritisch zugleich kennen lernt. Am Ende hat Theo ein belastendes Familiengeheimnis aufgedeckt: die vor ihm geheim gehaltene Zwillingsschwester starb bei seiner Geburt. Er selbst aber ist von seiner Krankheit tatsächlich genesen.

Zahlreiche konzeptionelle Entscheidungen lassen den Roman – trotz mancher Längen in eher belehrenden als erzählenden Passagen – gelingen, so dass er zu einer chancenreichen Grundlage für den Religionsunterricht (ab Klasse 8) werden kann.[302] Sämtliche ästhetischen Entscheidungen der Autorin ziehen direkte didaktische Überlegungen nach sich:

- Verzicht auf den Versuch einer objektiven Schilderung der Religionen, statt dessen subjektiv vermittelte *Eindrücke durch Begegnungen* mit Vertretern dieser Religionen – wobei es sich transparent eingestanden durchweg um dialogoffene Repräsentanten handelt: „Ich lern immer nur die Besten kennen, nie die Schlimmsten", erkennt Theo, worauf seine Tante zu bedenken gibt: „Die Schlimmsten würden auch nicht mit dir reden. Sie würden keinesfalls hinnehmen, dass jemand alle Religionen zugleich verstehen will."[303] Bei der Darstellung der Einzelreligionen ist diese literarische Vorentscheidung didaktisch zu berücksichtigen. Hilft die Ausblendung der intoleranten Aspekte?
- *Polyperspektivität*: Sämtliche Religionen werden aus mehr als einer Perspektive dargestellt. Unterschiedliche Gläubige betonen unterschiedliche Aspekte, und sowohl Theo als auch seine Tante kommentieren und fragen auf je eigene Weise. Diese Breite der Darstellung lässt Raum für differenzierte Zugänge.
- *Kulturelle* und *gesellschaftliche Verankerung*: Die Religionen werden nicht als zeit- und raumlose Phänomene dargestellt, sondern angebunden sowohl an die jeweilige gesellschaftspolitische Gegenwart der Kernländer, als auch an geographische und historische Gegebenheiten zur Gründungszeit sowie im Laufe der Geschichte. Interkulturalität und Interreligiosität durchdringen einander.
- *Zurückhaltung in Wertung* und Verzicht auf eine Hierarchisierung der Religionen untereinander zugunsten einer grundsätzlichen *Achtung der Glaubensüberzeugungen*. Die jeder Religion inhärente Wahrheitsfrage wird als unbeantwortbar zurückgewiesen. Diese Vorgaben sind zwar gut gemeint, lassen SchülerInnen aber nur die

Alternative des brav-folgenden Abnickens dieser Position oder die der eigenen Abweichung. Kann man Toleranz ‚verordnen'?

- Durchgängig *positive Bewertung* der Grunddimension *Religion*. Religionen spielen nicht nur für ihre jeweiligen VertreterInnen eine wichtige lebensgestaltende Rolle, die Begegnung mit diesen Religionen führt zudem zu einer letztlichen Gesundung des Protagonisten Theo.

Bei all den gelungenen Aspekten darf nicht verschwiegen werden, dass die pädagogische Absicht dieses „Roman-Sachbuchs" *(Undine Gellner)* nicht nur die erzählerische Phantasie in enge Grenzen gießt, sondern auch den Grundeindruck trübt. Wenn das Miteinander der Religionen so harmonisch ist, wo liegt dann das Problem? Wenn alle Religionen im Kern so gut sind, warum dann die endlose Geschichte der Religionskriege? Wenn man die Religionen so objektiv und gleichberechtigt wie Theo erleben kann, warum dann die Notwendigkeit zur Entscheidung zu einer eigenen lebenstragenden Religion? Viele Passagen des Monumentalromans eignen sich zum Einsatz im Religionsunterricht. Möglich ist etwa der perspektivische Zugang zu einer Einzelreligion, möglich ist aber auch der Blick auf einzelne religionsverbindende Motive wie Mystik, Opfer oder Ekstase. Ich entscheide mich für die Passage, die den Grundansatz des Buches trägt, einen Abschnitt zur Frage, wie sich die einzelnen Religionen letztlich zueinander verhalten. Am Ende seiner Reise wird Theo von seiner Oma Theano am Flughafen von Athen abgeholt. Er fasst für sie die Ergebnisse seiner Reise zusammen.

Theos Baum

„Auf der Reise hab ich ein paar Sachen aufgeschrieben. Und ab und zu auch Zeichnungen gemacht, siehst du? Die letzte ist einfach nur ein Baum. Ich werd's dir erklären. Die Religionen sehe ich als die Äste eines Baums. Ein einziger großer Baum mit gewaltigen Wurzeln, die unter der ganzen Erde entlangwachsen. Sie wachsen alle in dieselbe Richtung, zum Himmel. Hier kommt der Stamm ganz gerade und sauber aus der Erde. Der Baum ist ein afrikanischer Affenbrotbaum, weil man da auf die Rinde schreiben kann, was man will. Lies selbst: ‚Gott ist für das Wohl des Menschen' steht auf dem Stamm."
„Du bist also keinem einzigen bösen Gott begegnet", folgerte sie.
„Moment! Der gemeinsame Stamm der Religionen begnügt sich nicht damit, zu sagen, dass Gott gut ist! Daneben habe ich auf eine

Karte alle seine Vorschriften geschrieben, die nicht auf die Rinde passen. Die Gebrauchsanweisung, wenn du so willst. Gott ist für das Wohl des Menschen – aber unter bestimmten Bedingungen: dass man ihn ehrt, dass man ihn bittet und zu ihm betet, dass man ihm Opfer bringt. Ansonsten wird Gott schrecklich! Er bringt die Sintflut, Exil, Krieg, Dürre, Blitzschlag, ganz nach Belieben."

„Sodass der Mensch Gott gegenüber Verpflichtungen hat", fügte Oma Theano hinzu.

„Das gehört auch noch zum gemeinsamen Stamm. Die Gebrauchsanweisung des Baums ist tierisch lang! Alle Religionen wollen ihre Gläubigen vereinen und schützen. Um das zu erreichen, stellen sie Forderungen – es steht überhaupt nicht zur Debatte, auch nur einen Fingerbreit von den eigenen Positionen abzuweichen. Ein Baum wird mit sauberem Wasser gewässert. Da darf man weder dranpinkeln noch ihn beschädigen, indem man seinen Müll draufkippt. Es darf auch keine Verschmutzung geben! Also achten die Religionen sehr auf die Reinheit. Auch der Schutz gegen Verunreinigung gehört zum gemeinsamen Stamm. Auch der Dünger, der ‚Opfer' heißt. Bis zu dem Punkt ist alles gleich."

„Aha. Und was passiert dann?"

„Es kommt vor, dass die ersten Gärtner Gottes sterben. Ihre Nachfolger streiten sich. Jeder Gärtner hat seine eigene Vorstellung über den richtigen Dünger. Für den ersten ist es Tierblut, für den zweiten Wein und Brotkrumen, für den dritten nur Wasser, der vierte will Mineralwasser, der fünfte gefiltertes Wasser, der sechste will nur Feuer, um das abgefallene Laub zu verbrennen, der siebte will nur Luft, kurz es sind Ökologen, die sich über die Methoden streiten. Eines schönen Tages veröffentlicht jeder von ihnen seine eigene Gebrauchsanleitung, wie der Baum zu pflegen ist. Damit ist alles im Eimer. Alle Religionen beginnen sich zu verteidigen und sich zu bekämpfen. Jetzt ist nichts mehr zu machen. Wenn der Baum jedes Jahr im Frühling wieder auszuschlagen beginnt, dann behält jeder Gärtner einen Ast für sich und jeder Ast hat seinen Gott."

„Interessant", sagte Oma Theano. „Was machst du mit den Zweigen?"

„Wie? Aber das ist doch ein Baum, also bringt er Zweige hervor, das ist doch ganz natürlich! Weißt du, was mit dem Baum passiert? Wenn man ihn nicht beschneidet, dann geht es ihm immer schlechter. So ist das! Wenn jetzt zufällig ein Hauptast des Baums keine Blätter mehr hervorbringt, taucht ein neuer Gärtner auf, um ihn abzuschneiden. Und jedes Mal treibt er wieder neu. In dem Moment, wo das Judentum zu vertrocknen beginnt, kommt der Gärtner Jesus und schneidet den toten Ast ab. Und so entstehen zwei schöne Äste anstelle von einem. Ein alter, ein neuer. Als sich auf dem Ast des Christentums ein Baumpilz verbreitet, kommt der Gärtner Luther und reißt den Ast mit einem Ruck ab, ohne ihn zu behandeln. Und er treibt wieder aus. Als der Ast des Brahmanentums im Frühling nicht mehr weiterwächst, kreuzt der Gärtner Buddha auf und säubert ihn. Und so geht es immer weiter ..."

„Du magst die Gärtner, sehe ich ... Aber wo kommen sie her?"

„Das weiß ich nicht so genau. Sie sagen, sie seien Gesandte Gottes. Anscheinend haben sie besondere Beziehungen zum Baum, sie nennen das Offenbarungen. Sie sind auf das Gebirge gestiegen oder haben sich in die Wüste, in die Wälder, in den Schnee zurückgezogen – auf jeden Fall weit weg. Sie sind ein bisschen verrückt und sehr weise. Und sie sind sich ganz schön ähnlich! Moses, Jesus, Mohammed, Buddha (...) Es sind vorzügliche Gärtner, nicht wahr? Warum machen sie dann ihre Arbeit so schlecht? Sie sind nicht in der Lage, Schüler auszubilden. Kaum sind sie tot, kommt es zum Streit! Anstelle eines einzigen schönen Zweiges siehst du drei, vier, sechs, so viele, wie es neue Gärtner gibt! Ich mag ja die Leute, die den Baum auslichten, aber wenn sie es getan haben, dann verschwinden sie."

„Es ist ja nicht ihre Schuld, wenn sie sterben", bemerkte Oma Theano. „Aber ich fang schon an, dummes Zeug zu reden! Christus ist nicht tot, das ist es ja gerade ..."

„Stell dir vor, er ist nicht der Einzige!", rief Theo. „Mohammed ist auf seiner Stute vom Dach der Moschee in Jerusalem weggeflogen. Buddha ist ins Nirwana eingetreten, und ich kann dir haufenweise Imams nennen, die verschwunden, aber nicht tot sind. Moses ist wirklich gestorben. Aber die andern! Niemand will zugeben, dass diese Ausnahmegärtner Menschen sind."

„Aber hör mal, Christus ist der Sohn Gottes!", rief Oma Theano empört.

„Er ist der einzige Gärtner, der sagt, woher er kommt", sagte Theo. „Aber man muss es glauben. Ich weiß es nicht genau. Du ja. Ich interessiere mich für den ganzen Baum. Einem Baum passiert eine ganze Menge. An seinem Fuß kann Efeu oder eine andre Kletterpflanze wachsen. Wenn die Gärtner nicht aufpassen, dann wuchert der Efeu über den ganzen Baum. Das gibt dann die Fundamentalisten und das ist tödlich."

„Einverstanden", stimmte sie zu. „Wie geht es mit deinem Baum zu Ende?"

„Es geht mit ihm nicht zu Ende. Mein Baum ist hartnäckig. Die guten Äste halten. Sie werden beschnitten und treiben wieder aus oder bringen andre Zweige hervor. Die andern werden ausgeschnitten oder fallen schließlich ab. Der Baum selbst wächst immer weiter."

„Man könnte meinen, du hättest nie etwas vom Baum der Erkenntnis im Paradies gehört ..."
„Doch! Ich werd dir erzählen, wie ich die Geschichte sehe. Am Anfang war der Baum. Die Menschen wollten nur eines: so hoch wie möglich klettern, dorthin, wo die Blätter des Baums die Wolken berühren. Sie haben eine Leiter errichtet, die gute Dienste leistete. Eines Tages hat ein Schlaumeier die Leiter zerbrochen, um zu sehen, was passiert. Es gab keine Möglichkeit mehr, nach oben zu kommen! In allen Religionen findest du so einen Schlaumeier. Dann sind die Gärtner gekommen um andre Möglichkeiten auszuprobieren – den Baum so hoch wie möglich wachsen zu lassen, es den Menschen zu ermöglichen, zu klettern. Sie haben nicht aufgehört zu klettern ..."
„Und die teuflische Schlange? Und der Apfel? Was machst du mit der verbotenen Frucht der Erkenntnis?", fragte sie.
„Die teuflische Schlange ist schnell erklärt! Ich kenne indische Zweige des Baums, bei denen die Schlangen ganz anständig sind, dort sind es sogar göttliche Schlangen! Und was willst du denn: Ich kann mir nicht vorstellen, dass Gott die Erkenntnis verbieten könnte. Oder sag mir, was ich auf dem Gymnasium soll? Das würd ich gern wissen!"
„Du glaubst also nicht an die Sünde?", fragte sie besorgt.
„Welche denn? Alkohol trinken, rauchen, Kühe und Schweine essen oder als Frau seine Haare zeigen? Es gibt so viele Definitionen der Sünde, wie der Baum Zweige hat! Das steht auch auf dem Stamm: Gott verbietet. Aber was? Das ist die Sache der jeweiligen Gärtner."
„Mein Gott", seufzte sie. „Marthe hat es geschafft: Du bist ein Atheist geworden, genau wie sie!"
„Aber das stimmt doch überhaupt nicht, Oma! Ich hab die Kraft des Göttlichen gespürt, ich schwör's dir! Nur hab ich sie eigentlich überall gefunden. Die Wurzeln äußern sich in allen Zweigen. Aber wenn ich mich für einen Zweig entscheiden müsste, hätte ich ganz schöne Schwierigkeiten!"
„Willst du etwa auch auf den Baum klettern?"
„Ich hab beinahe den Eindruck, dass die Menschen keine andre Wahl haben", murmelte er. (S. 676–680)

(Catherine Clément, Theos Reise. Roman über die Religionen der Welt. Aus dem Französichen von Uli Aumüller und Tobias Scheffel © 1998 Carl Hanser Verlag, München.)

In einem ersten Textzugang können die SchülerInnen all die Passagen farblich markieren, die ihnen besonders gut gefallen oder ein-

leuchten, mit einer anderen Farbe all die Ausführungen, die sie fraglich finden oder denen sie nicht zustimmen. Welche Farbe überwiegt? Wie begründen sie jeweils Zustimmung oder Ablehnung? Finden sich innerhalb der Lerngruppe weitgehend ähnliche Einschätzungen? Dann bietet es sich in einem zweiten Schritt an, die hier entfaltete Vision mit den religionstheologischen Positionen von Exklusivismus, Inklusivismus, theozentrischem Pluralismus und Relativismus zu verknüpfen. In welchem dieser Gärten wächst „Theos Baum“? Was sind die Stärken und Schwächen seines Systems, was die Stärken und Schwächen der anderen?
In einem dritten vertiefenden Zugang kann man diese Vision mit den zentralen kirchlichen Aussagen über das Verhältnis des Christentums zu den nichtchristlichen Religionen vergleichen. Ist die Position, die hier dargestellt wird, mit den zentralen Selbstaussagen der Katholischen Kirche aus *Nostra Aetate* deckungsgleich, denen zufolge sie „nichts von alledem“ ablehne, „was in diesen Religionen wahr und heilig ist“, weil sie „nicht selten einen Strahl jener Wahrheit erkennen lassen, die alle Menschen erleuchtet“ (NA 2)? Ist das ‚von Theo‘ entwickelte System des Baumes der Religionen also eine Position, die ein gläubiger Mensch akzeptieren kann? Welche Position präferieren die SchülerInnen nach der intensiven Beschäftigung? Vielleicht schreibt ein Schüler eine Gegenvision oder einen Brief/eine Mail an Theo unter der Vorgabe „Was mir an deinem Baum-Bild nicht gefällt“. Der Romanauszug eröffnet so einen idealen Ausgangspunkt zur Klärung und Schärfung der religionstheologischen Optionen sowie zur eigenen Positionierung.

2. *Yann Martel:* Hindu, Christ und Moslem zugleich

Was für ein Versprechen! In einer dem Romangeschehen vorgeschalteten Hinführung liest man, im Folgenden gehe es um nichts mehr und nichts weniger als um eine „Geschichte, die Ihnen den Glauben an Gott geben wird“[304]. Soviel gleich vorausgeschickt: Dieses Versprechen wird der Roman nicht einlösen. Er wird auch einige literarische Schwächen aufweisen. Aber er wird dem bis dato unbekannten Autor einen völlig überraschenden Welterfolg bescheren, in dessen Zentrum zudem eine interreligiöse Fragestellung steht. Die Rede ist von *Yann Martels* (*1963) „Life of Pi“ (2001), auf Deutsch im Jahre

2003 erschienen mit dem schönen Titel „Schiffbruch mit Tiger". Das Buch brachte dem als Diplomatensohn mit vielen Ländern und Kulturen der Welt vertrauten Kanadier unter anderem die Auszeichnung mit dem „Man Booker Prize for Fiction" ein, dem literarischen Ritterschlag in der englischsprachigen Welt.

Martel erzählt eine phantastische Geschichte, parabolisch, unterhaltsam, pathetisch, voller Seemannsgarn und Phantasie. Piscine Molitor Patel, genannt Pi, siebzehnjähriger Sohn eines indischen Zoodirektors, überlebt als einziger Mensch einen Schiffsuntergang durch einen beherzten Sprung auf ein Rettungsboot. Mit an Bord befinden sich allerdings ein Zebra, ein Orang-Utang-Weibchen, eine Hyäne und ein bengalischer Königstiger namens „Richard Parker". 227 Tage wird Pi auf dem Pazifischen Ozean verbringen. Die Tiere fressen sich im Laufe der Zeit gegenseitig auf, bis nur noch der titelgebende Tiger übrig bleibt. Blind, halb verdurstet und verhungert, wahnsinnig vor Einsamkeit und Angst, ständig am Rand des Überlebens rettet sich Pi durch diese endlose Zeit. Seine Gedanken und Erlebnisse während dieser Odyssee füllen die meisten Seiten des Romans. Am Ende stranden Pi und der Tiger in Mexiko.

Eine kurze Nachgeschichte bringt die Version der Haupterzählung noch einmal ins Wanken. Entspricht die erzählte Geschichte – oft genug hochgradig phantastisch und kaum wahrscheinlich – der Wahrheit? Beamte des japanischen Verkehrsministeriums befragen Pi und haben ihre Zweifel, auch weil der angeblich ja mitgereiste Tiger verschwunden ist. Alles nur Hirngespinste? Oder schlimmer: Alles nur phantastische Umbiegung einer viel grausameren Wahrheit, der zufolge es zunächst weitere *menschliche* Überlebende gab, deren Schicksal dann indirekt durch die Erzählung zu erschließen wäre: „Dann wäre also der taiwanische Seemann das Zebra, seine Mutter der Orang-Utan, und der Koch .... die Hyäne – und er selbst ist der Tiger" (S. 373), mutmaßt einer der Beamten. Welche Version stimmt? Der Roman hält beide Lesarten in der Schwebe. Pi selbst trägt zur Klärung wenig bei: „Da es für Ihre Ermittlungen keinen Unterschied macht und da Sie nicht entscheiden können, ob die eine oder die andere Geschichte wahr ist – welche von beiden gefällt ihnen besser? Welche ist die bessere Geschichte, die mit den Tieren oder die ohne Tiere?" fragt Pi die Beamten. Nicht um Wahrheit geht es also, sondern um ästhetische Stimmigkeit – ein typisch postmodernes Strukturelement dieses Romans. Der Beamte entscheidet sich: „Die Geschichte mit den Tieren ist die bessere Geschichte“ (S. 379), legt er sich fest, und darum wird auch sie im Hauptteil des Buches erzählt. Ein Roman, in dessen Zentrum die interreligiöse Fragestellung steht, so habe ich eingangs behauptet. Wie das? Wie passt das zu dem erzählten Plot? Am Ende der geschilderten Szene findet sich die überraschende Ergänzung: „Und genauso ist es mit Gott.“ (ebd.) Sollen wir Lesende also schlussfolgern: Die Wahrheit lässt sich nicht ermitteln, deshalb geht es auch in Sachen Gott allein um die „bessere Geschichte“? Ästhetische Stimmigkeit ist wichtiger als die unlösbare Frage nach Wahrheit? Die entscheidende literarische Schwäche des Romans hängt eng mit diesen Rückfragen zusammen. Die ersten 100 Seiten des Romans sind fast gar nicht mit der folgenden Überlebensgeschichte verbunden. Und in ihnen, nur in ihnen, wird die interreligiöse Dimension in den Roman integriert. Pi, ein Wanderer zwischen den Welten, wurde als Hindu erzogen. Als Vierzehnjähriger überrascht er seine Eltern zunächst mit dem Ansinnen, sich katholisch taufen zu lassen. Ein Jahr später wünscht er sich einen Gebetsteppich, weil er sich zudem zum Islam hingezogen fühlt.

Zwar weiß er: „Vielen Menschen geht anscheinend Gott im Laufe ihres Lebens verloren“ (S. 69). Bei ihm selbst sei das jedoch anders: „Der Keim religiöser Begeisterung, nicht größer als ein Senfkorn, war gesät und ging in mir auf. Und bis zum heutigen Tag hat die Frucht nie aufgehört zu wachsen.“ (ebd.) Ihm ist klar: „Die Grundzüge meines Glaubens verdanke ich dem Hinduismus“(S. 71) – eine Aussage, die kein gläubiger Hindu so treffen würde, ist doch schon der Begriff „Hinduismus“ eine seit dem späten 19. Jahrhundert übliche Zuschreibung von außen, um die unüberschaubare Vielfalt der Religionen Indiens auf einen Begriff zu bringen. Dann aber sei er mit 14 Jahren als durchaus „zufriedener Hindu“ (S. 72) Jesus Christus begegnet, erstmals in eine Kirche gegangen, und habe sich von zwei Geistlichen die Grundzüge des Christentums erklären lassen. Viele der christlichen Glaubensinhalte schienen ihm zwar seltsam – „Was für eine verrückte Geschichte. Was für eine verquere Psychologie“ (S. 75) –, trotzdem fasziniert ihn diese so ganz andere Religion, die er irgendwie in seine bisherige Weltsicht integriert: „Pater, ich will ein Christ sein“ (S. 80), bittet er einen Missionar, der ihm lächelnd versichert, dass er das in seinem Herzen bereits sei.

Dann begegnet Pi Muslimen und begeistert sich für ihre Art des Betens: „zielstrebig, energisch, ökonomisch, leise, faszinierend“ (S. 83).

Auch über diese „wunderbare Religion voller Brüderlichkeit und Treue“ (S. 84) informiert er sich eingehend und fühlt sich so am Ende als „gläubiger Hindu, Christ und Moslem“ (S. 88) zugleich. Ihm selbst scheint diese synkretistische Mischung nichts auszumachen, im Gegenteil. Für die offiziellen Vertreter dieser Religionen aber wird Pi so zum Problemfall. Die Vertreter aller drei Religionen reklamieren Pi für ihren Glauben und fordern von ihm eine Entscheidung. Schließlich treffen sie aufeinander, Pi und seine Familie auf der einen Seite, „drei fremde Gottesmänner“ (S. 89) auf der anderen: ein katholischer Priester, ein muslimischer Imam und ein Pandit, ein brahmanischer Gelehrter.

> Nach dem „Hallo“ und dem „Guten Tag“ kam ein verlegenes Schweigen. Der Priester brach es. „Piscine ist ein guter Christenjunge“, sagte er. „Ich hoffe, er wird bald im Kirchenchor singen.“
> Meine Eltern, der Pandit und der Imam machten ein verdutztes Gesicht.
> „Das muss ein Irrtum sein. Er ist ein guter Muslim. Nie versäumt er das Freitagsgebet, und er hat schon eine stattliche Zahl von Koranversen gelernt.“ Sprach der Imam.
> Meine Eltern, der Priester und der Pandit machten eine ungläubige Miene.
> „Sie haben beide Unrecht“, meldete sich der Pandit zu Wort. „Er ist ein guter Hindu. Ständig sehe ich ihn im Tempel, er übt sich in *darshan* und *puja*.“
> Meine Eltern, der Imam und der Priester waren verblüfft.
> „Ein Irrtum ist ausgeschlossen“, beteuerte der Priester. „Ich kenne diesen Jungen. Das ist Piscine Molitor Patel, ein gläubiger Christ.“
> „Ich kenne ihn ebenso gut“, versicherte der Imam, „und ich sage, er ist Muslim.“
> „Unsinn!“, rief der Pandit. „Piscine ist als Hindu geboren, er lebt als Hindu und wird als Hindu sterben!“
> Die drei Weisen starrten einander an, ungläubig, mit angehaltenem Atem.
> Herr, lasse sie ihre Augen von mir abwenden, flüsterte ich im Innersten.
> Aller Augen richteten sich auf mich.
> „Piscine“, fragte der Imam ernst, „ist das wirklich wahr? Hindus und Christen sind Götzendiener. Sie haben viele Götter.“
> „Und Muslims haben viele Frauen“, konterte der Pandit.
> Der Blick des Priesters wanderte vom einen zum anderen. „Piscine“, flüsterte er beinahe, „nur Jesus kann deine Seele retten.“

„Dummes Geschwätz“, fuhr der Pandit ihn an. „Christen wissen nichts von Religion.“
„Schon vor langem sind sie vom Pfade Gottes abgekommen“, pflichtete der Imam ihm bei.
„Wo ist denn Gott in eurer Religion?“, schnaubte der Priester. „Ihr habt doch nicht ein einziges Wunder, das beweist, dass es Gott überhaupt gibt. Was ist denn das für ein Glaube, bei dem es keine Wunder gibt?“
„Es ist eben kein Zirkus, bei dem die Toten aus den Gräbern hüpfen! Uns Muslims ist das Wunder des Lebens gut genug. Ein Vogel in den Lüften, ein Regentropfen, die Ähren auf dem Felde – das sind unsere Wunder.“
„Nichts gegen Regen und Federvieh, aber wir wollen doch wissen, ob Gott mit uns ist.“
„Tatsächlich? Na, Gott hat ja gesehen, was er davon hatte, als er mit euch war – umbringen wolltet ihr ihn! Mit dicken Nägeln habt ihr ihn ans Kreuz geschlagen. Behandelt ein anständiges Volk so seine Propheten? *Uns* hat der Prophet Mohammed – Friede sei mit ihm – das Wort Gottes ohne erbärmlichen Firlefanz gebracht, und er ist als alter Mann gestorben.“
„Als ob das Wort Gottes einem jämmerlichen Kaufmann in der Wüste offenbart würde! Epileptische Anfälle hat er gehabt, vom Schwanken des Kamels; das hat nichts mit Gott zu tun. Oder es war ein Sonnenstich.“
„Ihr würdet etwas zu hören bekommen, wenn der Prophet – F.s.m.i. – noch am Leben wäre“, knurrte der Imam, die Augen zusammengekniffen.
„Aber das ist er eben nicht! *Wir* haben den lebendigen Christus, aber euer F.s.m.i., der ist tot, tot, tot!“
Der Pandit ließ sich nicht aus der Fassung bringen. Auf Tamilisch sagte er: „Die entscheidende Frage ist doch: Warum gibt Piscine sich mit *fremden* Religionen ab?“
Priester und Imam quollen fast die Augen aus den Köpfen. Sie waren beide Tamilen.
„Gott ist weltumspannend“, protestierte der Priester.
Der Imam nickte. „Es gibt nur einen Gott.“
„Und der eine Gott genügt den Muslims, dass sie am laufenden Band Unruhe und Aufruhr damit stiften. Dass der Islam nichts wert ist“, verkündete der Pandit, „sieht man doch daran, wie ungewaschen die Moslems sind.“
„Sprach der Sklaventreiber mit seinem Kastenunwesen“, schnaubte der Imam. „Hindus versklaven die Menschen und beten bunte Püppchen an.“

„Das goldene Kalb. Vor den Kühen werfen sie sich in den Staub", stimmte der Priester ihm zu.
„Besser als vor einem Weißen! Christen sind die Lakaien des weißen Mannes. Sie sind eine Schande für alle farbigen Völker."
„Schweinefleischesser und Kannibalen", rief der Imam in Erinnerung.
„Piscine muss sich entscheiden" – der Priester biss die Zähne zusammen –, „ob er eine *echte* Religion will oder Ammenmärchen."
„Ob er Gott verehren will oder Götzen", sagte der Imam mit Grabesstimme.
„Unsere Götter", zischte der Pandit, „oder Kolonialgötter."
Schwer zu sagen, wessen Gesicht das roteste war. Es fehlte nicht viel, und sie wären mit Fäusten aufeinander losgegangen.
Vater hob die Hände. „Bitte, meine Herren, bitte!" rief er. „Darf ich Sie daran erinnern, dass in unserem Lande Freiheit der Religion herrscht!"
Drei empörte Gesichter starrten ihn an.
„*Der* Religion!", riefen die drei Weisen im Chor. Drei Zeigefinger hoben sich wie Ausrufezeichen, um zu betonen, dass es ein Singular war.
Die unbeabsichtigte Choreographie machte sie verlegen. Die Finger verschwanden eilig, und jeder seufzte und brummte für sich. Vater und Mutter blickten starr vor sich hin und wussten nicht, was sie sagen sollten.
Der Pandit brach den Bann. „Mr Patel, Piscines Frömmigkeit ist bewundernswert. In diesen schlimmen Zeiten ist es eine Wohltat, einen Jungen zu sehen, dem Gott so sehr am Herzen liegt. Da sind wir uns alle einig." Der Imam und der Priester nickten. „Aber er kann nicht Hindu, Christ und Moslem zugleich sein. Das ist unmöglich. Er muss sich entscheiden."
„Ich finde nicht, dass es ein Verbrechen wäre", antwortete Vater, „aber Sie haben wohl Recht."
Die drei murmelten Beifälliges und hoben genau wie Vater, den Blick himmelwärts, weil sie anscheinend erwarteten, dass die Entscheidung von dort kommen müsse. Mutter sah mich an.
Das Schweigen lastete schwer auf meinen Schultern.
„Hmm, Piscine?" Mutter gab mir einen Stups. „Wie stehst du dazu?"
„Bapu Gandhi sagt, alle Religionen sind wahr", plapperte ich los. „Ich will doch nur Gott lieben." Ich blickte zu Boden, rot im Gesicht. Meine Verlegenheit war ansteckend. Keiner sagte mehr etwas. Der Vorfall ereignete sich nicht weit von der Gandhi-Statue an der Esplanade. Der Mahatma schritt einher, Stock in der Hand, ein Koboldlächeln auf den Lippen, den Schalk in den Augen. Wahrscheinlich

hatte er unsere Unterhaltung mit angehört, aber noch aufmerksamer, stellte ich mir vor, horchte er auf mein Herz. Vater räusperte sich und sagte ein wenig kleinlaut: „Das versuchen wir ja wohl alle – Gott zu lieben."

Ich fand es zum Piepen, dass er das sagte, er, der, soweit meine Erinnerung zurückreichte, kein einziges Mal mit ernsthafter Absicht einen Tempel betreten hatte. Aber anscheinend waren es genau die Worte, die gebraucht wurden. Man kann doch einen Jungen nicht dafür tadeln, dass er Gott lieben will. Mit gequältem, eifersüchtigem Lächeln gingen die drei Weisen ihres Weges.

Vater sah mich kurz an, als wolle er etwas sagen, dann überlegte er es sich anders, fragte: „Will jemand ein Eis?", und war schon zum nächstbesten Stand unterwegs, bevor wir etwas sagen konnten. Mutters Blick ruhte ein wenig länger auf mir, und ihr Ausdruck war zärtlich, doch auch perplex.

Das war meine erste Erfahrung mit dem Dialog der Weltreligionen. (S. 90–94)

(Yann Martel, aus: Schiffbruch mit Tiger. © 2001 Yann Martel. Aus dem Englischen von Manfred Allié und Gabriele Kempf-Allié. © S.Fischer Verlag GmbH, Frankfurt am Main 2003.)

„Er muss sich entscheiden" – „Ich will doch nur Gott lieben". Zwischen diesen beiden Optionen schwingt die Szene aus. Vom Ende des parabolischen Romans her wird deutlich, dass die Wahrheitsfrage nicht geklärt werden kann, und dass allein die subjektive Ästhetik über die persönlich stimmige Version entscheidet, so zumindest die hier vertretene Position. Überzeugt diese Haltung? Wurde sie selbst ästhetisch stimmig in der abgedruckten Szene umgesetzt?

Es geht in diesem Text also um dieselbe Frage wie schon bei dem Romanauszug aus „Theos Reise". Umso interessanter ein Vergleich: Wo Cléments Buch eher als durchaus pädagogisch intendiertes „Roman-Sachbuch" konzipiert ist, führt „Schiffbruch mit Tiger" ganz in den Bereich der primär unterhaltsamen Fantasy-Fiktion. Beide präsentieren einen männlichen jugendlichen Helden, der sich überaus für Religionen interessiert. Dieser Aspekt baut bei aller altersmäßigen Nähe gleichzeitig Distanz auf, da heutige Jugendliche eher religionsneutral sind. Doch mehr noch an Gemeinsamkeiten: Beide Helden erhalten ihr Wissen nicht durch abstrakte Informationen, sondern durch Begegnung mit konkreten Menschen, mit ihren Riten, Handlungsweisen und Symbolen. Sie

sprechen mit Gläubigen, fragen, reflektieren, äußern Zweifel, erkennen Stärken und Schwächen. Einfühlung, Personalität, Subjektivität, Polyperspektivität – all diese Aspekte werden hier literarisch umgesetzt.
An die Seite dieser Gemeinsamkeiten treten jedoch signifikante und didaktisch chancenreiche Unterschiede: Wo Theo als skeptisch-nüchterner und positionsloser Westeuropäer charakterisiert wird, ist Pi von Vornherein ein Gläubiger, konkret: ein Hindu. Theos Annäherung ist demnach eher eine neutrale von außen, Pis Zugang der von einer feststehenden Position aus, die Aspekte anderer Religionen mit aufnimmt. Damit repräsentieren sie zwei unterschiedliche Grundmodelle im Zugang zu religiöser Pluralität. Aber nicht nur der Zugang ist unterschiedlich, auch das Ergebnis: Theo legt sich nicht fest, tritt keiner Religion bei, bleibt auf der Suche. Pi ist ein Gläubiger, der problemlos die Elemente anderer Religionen in seinen ständig wachsenden Glauben integriert. Welches Modell ist für unsere SchülerInnen überzeugender?
„Theos Reise“ und „Schiffbruch mit Tiger“ eignen sich durch diese einerseits ähnlichen, andererseits völlig unterschiedlichen interreligiösen Setzungen vorzüglich, um in eine interreligiöse Unterrichtseinheit der Oberstufe einzuführen. Die Fragen, wie die Religionen sich zueinander verhalten, was Wahrheit, was Entscheidung, was Geschmack, was Beliebigkeit ist, lassen von den beiden Textauszügen eine Brücke schlagen zu den offiziellen Aussagen zum kirchlichen Selbstanspruch. Aus beiden Romanen können sich zudem Ausführungen zu den einzelnen Religionen herausziehen. Für dieses Verfahren werden im Folgenden jedoch drei andere Romane aus der deutschsprachigen Literatur näher betrachtet: je einer zum Judentum, zum Islam und zum Buddhismus.

3. *Barbara Honigmann:* „Judentum koscher light“

Im Rahmen interreligiösen Lernens kommt der Beziehung von Judentum und Christentum eine besondere Rolle zu. Theologisch ist und bleibt das Christentum auf seine Mutterreligion Judentum eng bezogen. Der im Lehrplan vom ersten bis zum letzten Schuljahr immer wieder neu ausgespannte Blick auf das Judentum ist deshalb immer auch ein Blick auf die eigene christliche Identität. Neben diese theologische Verbundenheit tritt die historische Beziehung: Durch die Jahrhunderte währende Judenverfolgung und -vernichtung, vor allem durch die Shoah bleibt das Verhältnis von Judentum und Christentum eine Beziehung der Schuldverstrickung. Diese doppelte Vorgabe der theologischen wie der historischen Verflechtungen sorgt dafür, dass das Judentum vor allem als historische Größe in den christlichen Religionsunterricht einfließt, sei das im Blick auf die Geschichte Israels bis zur Zeit Jesu, sei das im Blick auf die mittelalterlichen Judenpogrome, sei das im Blick auf die Shoah.

Aus interreligiöser Perspektive ist es unerlässlich, diesen vor allem rückwärtsgewandten Blick zu erweitern hin zu einer Begegnung mit dem real gelebten heutigen Judentum in all seinen Facetten. Ohne die Historie zu vernachlässigen, betont der interreligiöse Aspekt die *heutigen* Begegnungen, Beziehungen, Gemeinsamkeiten und Unterschiede, die sich natürlich nur aus der Geschichte erklären lassen. Die Zielausrichtung sollte aber eben nicht das Gestern betonen, sondern das Heute und Morgen. Diese Vorgabe hat entscheidende Konsequenzen auch für die Frage, welche Bedeutung literarischen Texten jüdischer AutorInnen im Religionsunterricht zukommt. Die deutsch-jüdische Dichtung lässt sich grundsätzlich nicht nur als eigenständige, sondern auch als herausragende Tradition innerhalb der deutschsprachigen Literaturgeschichte des 20. Jahrhunderts betrachten. Das gilt vor allem für die Lyrik: Mit *Else Lasker-Schüler, Gertrud Kolmar, Nelly Sachs, Paul Celan, Erich Fried, Rose Ausländer* und *Hilde Domin* klingt eine Namenskette an, die bleibende Höhepunkte poetischen Schaffens aufruft. Bei den ErzählerInnen ragen *Franz Kafka, Franz Werfel, Wolfgang Hildesheimer, Jean Améry, Grete Weil, Stefan Heym* oder *Jurek Becker* heraus. Und *George Tabori* zählt zu den prägenden Dramatikern der deutschsprachigen Bühne des 20. Jahrhunderts.

Texte dieser AutorInnen gehören deshalb selbstverständlich zum klassischen Repertoire literarischer Texte, die im Deutsch- und Religionsunterricht eingesetzt werden. Das ist auch gut und richtig so. Ungewollt können sie jedoch jenen Eindruck bestärken, den man vielfach unreflektiert als Faktum akzeptiert: dass es sich hierbei um eine abgeschlossene, historisch zurückliegende Tradition handele. So richtig die Einsicht ist, dass durch das Vernichtungswerk der Nationalsozialisten die Vision einer harmonischen deutsch-jüdischen Symbiose unwiederbringlich zerstört wurde, so falsch ist die Annahme, es gebe keine nennenswerte deutsch-jüdische *Gegenwarts*literatur mehr. Zum einen gibt es durchaus noch Autoren aus der Generation der genannten SchriftstellerInnen, die weiterhin publizieren: *Ralph Giordano* (*1923), *Edgar Hilsenrath* (*1926), *Günter Kunert* (*1929) oder den in Israel lebenden, aber auf Deutsch schreibenden Aphoristiker *Elazar Benyoëtz* (*1937) etwa. Zum anderen gibt es jedoch eine neue deutsch-jüdische SchriftstellerInnengeneration, die nach der Shoah aufgewachsen ist. Vor allem die ErzählerInnen sind präsent: *Katja Behrens* (*1942), *Rafael Seligmann* (*1947), *Ulla Berkéwicz* (*1948), *Esther Dischereit* (*1952), *Robert Menasse* (*1954), *Maxim Biller* (*1960), *Doron Rabinovici* (*1961) oder *Vladimir Vertlib* (*1966), um nur einige bekannte Namen zu nennen.

Die Werke dieser AutorInnen zeichnen sich durch eine inhaltliche wie formale Vielgestaltigkeit der literarischen Perspektiven aus, keineswegs bilden sie so etwas wie eine eigene literarische ‚Schule'. Dennoch wird insgesamt die „Renaissance einer neuen deutsch-jüdischen Literatur" unübersehbar, die zu einer „deutlicheren Sichtbarkeit heutigen jüdischen Lebens in Deutschland, Österreich und der Schweiz"[305] beiträgt. Wie in dem als Ganzschriftlektüre für den Religionsunterricht sehr gut geeigneten Jugendbuch „Prinz William, Maximilian Minsky und ich", 2002 von *Holly-Jane Rahlens* veröffentlicht, stehen im Zentrum der von diesen SchriftstellerInnen verfassten Erzählungen und Romane weniger theologische Ausführungen über Religion und Gottesfrage. Vielmehr geht es primär um die Schilderung des Lebens als Jude in Deutschland nach der Shoah[306], von der man selbst auch nur aus Zeugnissen, Berichten, Filmen und vermittelten Erfahrungen anderer weiß. Im Fokus steht also so etwas wie die „Wiedereroberung" des „Judentums aus dem Nichts", so *Barbara Honigmann*[307].

Am Werk dieser 1949 geborenen Autorin lassen sich einige – nicht nur für sie selbst – gültige Grundzüge der neuen deutsch-jüdischen Literatur aufzeigen. In Ostberlin als Kind kommunistischer Juden aufgewachsen, die ganz bewusst in die DDR gingen, um am dortigen Aufbau eines sozialistischen Staates mitzuwirken, stellte sich Honigmann lange Zeit dem spezifischen jüdischen Erbe ihrer Familie nicht. Als sie – noch nicht ganz 30jährig – Mutter eines Sohnes wurde, änderte sie ihr Leben. In der Konfrontation mit den Fragen, was sie ihrem Sohn mitgeben könne und was sein Leben prägen solle, wagte sie einen radikalen Schnitt, ausgezeichnet durch gleich drei Paradigmenwechsel, die sie selbst beschrieb als „dreifachen Todessprung ohne Netz: vom Osten in den Westen, von Deutschland nach

Frankreich und aus der Assimilation mitten in das Thora-Judentum hinein"[308]. Sie lernt Hebräisch, studiert die jüdischen Grundschriften, heiratet nach jüdischem Ritus, siedelt zunächst nach Westberlin über, später nach Straßburg, um ein ‚normales' jüdisches Leben zu leben, das eben auch von alltäglicher und unspektakulärer religiöser Praxis bestimmt sein soll. Sie will – heißt es in dem Erzählband „Damals, dann und danach" – „Gott nicht in der Askese und auch nicht in der Ekstase suchen müssen, sondern im normalen Leben" (S. 67) finden. „Koscher light" (S. 6) nennt sie diese Lebensform des Judentums, und meint damit ein „Minimum jüdischer Identität" jenseits „eines immerwährenden Antisemitismus-Diskurses" (S. 15).
Von all dem, von jüdischem Leben und jüdischem Brauchtum, von Spannungen und alltäglichen Beziehungen innerhalb der jüdischen Gemeinde handelt ihr inzwischen auf mehrere Romane und Erzählungen angewachsenes literarisches Werk. Barbara Honigmanns Schilderungen der Erfahrungen von Exil und Emanzipation zeichnen sich dabei nicht nur durch einen immer wieder durchscheinenden biblischen Sprachduktus aus oder durch motivische Verweise auf figural archetypische biblische Texte. Auch theologische Fragen schwingen mit, wenngleich auch sie meistens eher hintergründig bleiben: Ob es diesen Gott, von dem die Tradition so eindringlich erzählt, wirklich gibt, noch gibt, ist dabei durchaus ein Gegenstand von Zweifel und Unsicherheit. Diese religiösen Zweifel als Bestandteil einer bestimmten Form jüdischer Identität heute werden nicht nur in fiktional umkleideten autobiographischen Texten deutlich.
Der 1996 erschienene Roman „Soharas Reise" kreist um die Probleme der zahlreichen sephardischen nordafrikanischen Juden, die in den letzten Jahrzehnten in die so ganz anders ausgerichteten französisch-aschkenasischen jüdischen Gemeinden aufgenommen wurden. Die aus Algerien stammende Jüdin Sohara Serfaty ist nach langen Irrwegen in Straßburg gelandet, wo sie nun mit ihren sechs Kindern in einer kleinen, geschlossenen jüdischen Enklave lebt. Ihr Mann, ein selbst ernannter Rabbiner, der letztlich als Betrüger entlarvt wird, hat sie verlassen und ihre gemeinsamen Kinder entführt. Allein lässt sie ihr Leben Revue passieren. Mit Hilfe des Rabbiners ihrer Gemeinde gelingt es ihr letztlich, die Kinder wieder zu sich zurückzuholen und selbstbewusst ihr künftiges Leben anzugehen.
Die jüdische Welt, in der Sohara Serfaty lebt, hat viele verschiedene Facetten. So kann die mit ihr befreundete Nachbarin, die alte deut-

sche Jüdin Frau Kahn, Überlebende der Shoah, klagen: „Wissen Sie, ich kann nicht mehr an Gott und sein Gesetz glauben, aber, sagen wir, ich will ihn auch nicht ganz vergessen."[309] Gott hat sich für sie – die „Jüdin, die nicht an Gott glaubt, oder sagen wir, nicht mehr" (S. 71) – radikal verrätselt: „auf wessen Seite Gott steht, das weiß ich schon lange nicht mehr." (S. 74) Sohara Serfaty hingegen beklagt sich darüber, dass in der für sie neuen europäischen Gemeinde Religion so wenig ernst genommen wird. Im Vergleich zu der ihr vertrauten nordafrikanischen Gemeinde, in der „die Angst vor Gott größer war", stellt sie fest: „Gott sei gelobt, gepriesen, gedankt, das waren keine leeren Worte, wie man sie hier sagt." (S. 75) Ihr eigener Glaube ist ungebrochen. Sie betet, geht in die Synagoge, und hofft, dass „Gott es nicht mit mir übertreiben würde, ich wüsste schließlich nicht warum, denn ich liebe ihn, ich fürchte ihn, und ich lehne mich nicht gegen ihn auf" (S. 78).

In der folgenden Szene wird der Unterschied zweier jüdischer Lebenserfahrungen und Lebensweisen der Gegenwart deutlich. Wie folgt erzählt Sohara Serfaty, die algerische, in die Straßburger Welt Westeuropas verschlagene Jüdin:

> Als es an diesem Freitagnachmittag um drei Uhr klingelte, fing mein Herz bis zum Halse zu klopfen an. Aber es war Frau Kahn, die vor der Tür stand und fragte, was ich heute abend machen würde. „Wir könnten uns doch zusammentun", sagte sie, „ich werde einen Fisch kochen und Sie bereiten eine Dafina."
> Während ich das Gemüse putzte, wunderte ich mich erst einmal, daß Frau Kahn auf so eine Idee gekommen war und daß sie überhaupt daran gedacht hatte, daß Freitag war, denn sie nimmt eigentlich gar keine Notiz davon, ob es nun gerade Dienstag, Mittwoch oder Schabbat ist. Sie sagt, sie sei eine Atheistin, eine Jüdin, die nicht an Gott glaubt, oder sagen wir, nicht mehr.
> Dafina mit Kartoffeln und Lauch, Oliven, Kichererbsen und viel Öl und Fleisch, das habe ich mein ganzes Leben zu jedem Schabbat gegessen, in Frankreich, in Oran, und nur in den Wochen in der Schokoladenfabrik in Amiens hat es damit einmal ausgesetzt, da mußten wir uns mit Thunfisch aus Büchsen und Oliven aus Gläsern aushelfen; „Notschabbat" nannten meine Schwester und ich das damals. Frau Kahn hatte ganz recht, ich mußte eine Dafina vorbereiten, sollte ich denn verhungern, sollte ich sterben?
> Wir wohnen auf ein und derselben Etage, und die eine kommt aus

Mannheim und die andere kommt aus Oran. Weiter können doch Orte gar nicht voneinander entfernt sein, sagte Frau Kahn. Jetzt leben wir hier, nicht etwa, weil wir uns diese Stadt oder das Land ausgesucht haben, sondern weil sie uns von den Orten, wo wir herkommen, vertrieben haben, und wir können beide nicht mehr zurück. Sie nicht und ich nicht, nach Mannheim nicht und nicht nach Oran. Natürlich könnten wir dorthin fahren, eine Reise mit dem Zug, eine Reise mit dem Schiff, eine Autofahrt, könnten aussteigen und uns für Besucher halten lassen, Leute, die herumschlendern in den Städten der Welt, einen kurzen Blick werfen und Ansichtskarten schreiben. Aber wir könnten uns nicht verstellen und würden doch heimlich nach unseren Straßen, den Wohnungen und alten Namen suchen, und irgend jemand dort, einer der da wohnt und gar nichts von uns weiß, würde es vielleicht bemerken und uns beobachten und fragen, „suchen Sie vielleicht etwas, kann ich Ihnen helfen?" – „Danke, nein, nichts, es geht schon", würden wir antworten, da wir uns nicht ertappen lassen möchten und außerdem wissen, daß sich sowieso alles verflüchtigt hat, wie wir uns ja selbst verflüchtigt haben.

„Wie oft kann man denn einen festen Zustand wiederfinden, Frau Serfaty?" sagte Frau Kahn. „Und glauben Sie mir, die Seßhaften können die Flüchtigen nie verstehen."

Sie hatte so eine Art gefillte Fisch zubereitet, das zweite Heiligtum der Aschkenasim nach den KZs, man kann schwer mit ihnen darüber reden. Es scheint, daß die Aschkenasim an jedes Essen noch Zucker tun, auch an Fleisch und Fisch, das haben sie von den Polen gelernt, die ja auch sonst ihre schlimmsten Feinde sind, dabei reden sie von Warschau wie von Jerusalem und haben alle den Stadtplan im Kopf.

„Ich stamme aus Deutschland, Frau Serfaty, nicht alle Aschkenasim kommen aus Polen, wie Sie vielleicht denken", hat mich Frau Kahn, wie schon oft, zurechtgewiesen, „Mannheim, das ist nicht einmal zwei Stunden von hier mit dem Zug entfernt. Ich könnte Ihnen die Straße zeigen, in der sich das Wäschegeschäft meiner Eltern befand mitten im Zentrum der Stadt. Meine Eltern waren Deutsche, oder sagen wir, sie und ihre Freunde wollten Deutsche sein und modern, und das Geschäft war auch am Samstag offen, natürlich. Es war wirklich nicht mehr viel von Gott und seinem Gesetz übrig. Aber dann haben sich die modernen Deutschen als Kannibalen entpuppt und haben meine Eltern und ihre Freunde abgeholt, am hellichten Tage, im Zentrum der Stadt, auch diese Stelle könnte ich Ihnen zeigen, und haben sie in diese Lager gebracht. Wir, die damals jung waren, sind in andere Länder geflohen, doch sie haben uns auch in den anderen Ländern gesucht, wie eben Kannibalen Menschenfleisch suchen."

Frau Kahn sagt immer „diese Lager" und „die Kannibalen", sie hat eine eigene Sprache für „das" gefunden, weil man „es", wie sie sagt, sowieso nicht beschreiben kann. Manche, die „das" erlebt haben, ziehen ja nun durch die Schulen und erzählen davon, sie schreiben Bücher und veröffentlichen sie und haben „es" in eine Geschichte verwandelt, die man erzählen kann und die sie wohl auch ununterbrochen erzählen müssen. „Mir ist das nicht gelungen", sagt sie. „In meinem ‚Cercle Wladimir Rabi' bin ich ganz gut aufgehoben; wir sind atheistisch und keine Gemeinde, aber wir sind unter uns. Wir treffen uns ab und zu, wir diskutieren, wir erinnern uns, wir forschen und hören uns Vorträge an. Pilgerfahrten in die ehemaligen KZs gehören natürlich auch zum Programm, wir bringen Blumen dorthin, pflanzen Bäume, klagen und treffen uns manchmal mit Christen, die auch Blumen bringen und Bäume pflanzen und klagen. Ich bin da aber nur ein einziges Mal mitgepilgert, es war ein großes Treffen, und wir kamen aus allen möglichen Ländern angereist. Stellen Sie sich mal ein ganzes Hotel, in irgendeiner Provinz, voll ehemaliger KZ-Häftlinge vor, die sich nach Jahren wiedersehen und natürlich durcheinander rufen, rennen, schreien, heulen und sogar ohnmächtig werden! Das Hotelpersonal hat mehr oder weniger die Flucht ergriffen und uns alles überlassen. Als wir dann ‚unser' KZ wieder betraten, haben einige epileptische und andere Anfälle bekommen. Diese Reise hat mich zwanzig Jahre zurückgeworfen und Raffael mußte mich danach für ein paar Wochen ins Krankenhaus bringen.

In die Synagoge gehe ich, wenn man mich einlädt, zu einer der unzähligen Bar-Mizwas, Verlobungen, Hochzeiten, an denen es ja in dieser Stadt wirklich nicht mangelt, und das ist schon genug für mich, mehr kann ich an religiösem Eifer nicht aufbringen, denn auf wessen Seite Gott steht, das weiß ich schon lange nicht mehr. Seit ich in diesen Lagern war, muß ich an seiner großen Güte jedenfalls zweifeln. Allerdings habe ich ‚es' ja überlebt und ich kann nicht einfach abtun, daß mir da vielleicht ein Wunder geschehen ist, wie ich den Kannibalen entkommen bin. Wissen Sie, ich kann nicht mehr an Gott und sein Gesetz glauben, aber sagen wir, ich will ihn auch nicht ganz vergessen."

Ich habe Frau Kahn natürlich nichts von meinem Problem mit dem Telefonstecker gesagt, denn darüber würde sie nur lachen, sie nennt die Schabbatvorschriften nur „Formalitäten", albern, einfach, und sie hat schon ein paarmal zu mir gesagt, Sie sollten manchmal einfach das tun, was Sie für richtig und vernünftig halten. Frau Kahn versteht meine Angst nicht, sie versteht nicht, daß bei uns in Oran die Angst vor Gott größer war, als es wohl in Mannheim der Fall gewesen ist.

Gott sei gelobt, gepriesen, gedankt, das waren keine leeren Worte, wie man sie hier sagt. Der ganze Tag, das ganze Jahr war angefüllt von Worten und Dingen, die man beachten und fürchten mußte, die magischen Zahlen, die fünf Finger der Hand – man mußte immer zusehen, daß man eine Fünf im Gespräch unterbringt, eine Nummer mit einer Fünf zusammenkriegt. Notfalls sagte man, soundsoviel plus fünf, bei einer Altersangabe, der Anzahl der Kinder: Wieviel Kinder hast du? Eins plus fünf. Das brachte Glück und Gesundheit dazu. Faß das nicht an, geh da nicht vorbei, sprich das nicht aus, Regeln, Ratschläge, Zeichen, Zahlen, von solchen Dingen haben wir uns beschützen lassen. Beim Abschied wurde ein Glas Wasser hinter dem, der wegging oder verreiste, über die Schwelle geschüttet, um sich seiner glücklichen Rückkehr zu versichern, so wie das Wasser des Ozeans ja immer wiederkehrt, und auch, damit der Fuß sich an diese Schwelle noch erinnere.

Ein-, zweimal im Jahr sind wir zu den Gräbern der heiligen Rabbiner seligen Angedenkens gepilgert, da haben wir ein paar Tage zwischen Beten und Picknicken verbracht, jede Menge Araber sind mit uns gezogen, denn die hatten auch Ehrfurcht vor unseren heiligen Rabbinern und Vertrauen in ihre wundertätigen Kräfte, und wenn sie nicht selbst mitziehen konnten, haben sie Gebete bei uns in Auftrag gegeben in Sachen Ehe, Gesundheit oder Geschäft. Die Aschkenasim, so wie Frau Kahn, lachen darüber, sie finden uns abergläubisch und kindisch. Einmal habe ich Frau Kahn mit in unsere Synagoge genommen, gerade zu Simchat Tora, wo die Männer wie verrückt tanzen und dabei huwada! rufen, „Er wird kommen!" (wenn er doch bloß bald käme), auf arabisch. Huwada! Erst rufen sie, dann brüllen sie und stampfen mit den Füßen, während wir Frauen johlen und von jenseits der Trennwand Bonbons rüberwerfen, schreien und kreischen, youyouyou klatschen und uns die Arme nach den Torarollen ausreißen, mit denen die Männer im Arm tanzen, dann küssen wir unsere Hände und bedecken uns die Augen vor soviel blendendem Licht. Er wird kommen! Huwada!

Frau Kahn war vollkommen entsetzt, sie hatte wohl vorher noch nicht richtig begriffen, daß wir aus arabischen Ländern stammen. „Bitte nehmen Sie's mir nicht übel, das ist nichts für mich", sagte sie, „ich möchte nie wieder mit in Ihre Synagoge kommen, das ist so fremd für mich. Oh, nein, ach, das ist nichts für mich, wirklich nicht." Die Aschkenasim sind so kühl und immer beherrscht, ich weiß gar nicht, wie die einen Tag wie Jom Kippur überstehen können ohne Angst und ohne Tränen, etwa wenn Gott es beschließt, „wer leben und wer sterben, wer durch Wasser, wer durch Feuer, wer durch Ge-

walt, wer durch Hunger und wer durch Durst, wer durch Unwetter oder Pest umkommen und wer zerschmettert oder erwürgt werden wird. Wer zur Ruhe kommen darf und wer durch die Welt irren muß, wer in Frieden leben wird und wer in Zerstörung, wer in Freude und wer in Trauer, wer arm und wer reich sein und wer erniedrigt und wer erhöht werden wird". Vom Fasten ist man sowieso schon schwach, und der Kopf fängt nach ein paar Stunden an weh zu tun, man hat Angst und fühlt sich schuldig und durchschaut in allem, was man gedacht, gesagt und getan hat. Nein, da kann man sich doch nicht von Gott stehengelassen fühlen, wie Frau Kahn das manchmal sagt.
Mein ganzes Leben schon habe ich die kleineren und mittleren Krankheiten, Unglücke und schwachen Momente als gerechte Strafen für Unaufmerksamkeit oder gar Ungehorsam gegen Gott entgegengenommen, sie gesammelt, heimlich zusammenaddiert und gehofft, daß ich das Maß an Unglück und Strafe, das mir zugeteilt ist, sozusagen im kleinen Summen zusammenbringe. Jeder kleine und mittlere Verlust war mir willkommen; jede Grippe, jede Migräne und jeder verpaßte Zug oder sonstwelche halbwegs schlechten Nachrichten gaben mir die Hoffnung, daß mir auf diese Weise ein ganz großer Schrecken oder Verlust vielleicht erspart bleiben und Gott es nicht mit mir übertreiben würde, ich wüßte schließlich nicht warum, denn ich liebe ihn, ich fürchte ihn, und ich lehne mich nicht gegen ihn auf. (S. 70–78)

(Barbara Honigmann, Soharas Reise © 2010 Deutscher Taschenbuch Verlag, München.)

Diese Szene, vorbereitet durch ein Referat über die Autorin, stellt den SchülerInnen zwei ganz verschiedenartige Möglichkeiten vor, wie Judentum heute gelebt wird. Dieser Zugang arbeitet dem in vielen Unterrichtsmaterialien zum Judentum implizit enthaltenen Missverständnis entgegen, das Judentum als ein geschlossenes Glaubenssystem zu begreifen. Deutlich wird darüber hinaus, dass sich eine jüdische Existenz heute stark von der Shoah aus bestimmen lässt (Frau Kahn), aber auch fast völlig unter Absehung davon (Frau Serfaty). In der Erarbeitung der Textwelt kann man so vier verschiedene Ebenen herausdestillieren: 1. Frau Kahns Welt früher; 2. Frau Kahns Welt heute; 3. Frau Serfatys Welt früher; 4. Frau Serfatys Welt heute. Wo liegen die zentralen Trennlinien? Wo bleibende Verbindungen? Welche Aussagen finden sich über Gott und die rituelle Ausübung von Religion? Glaubensverlust und Glaubenszweifel, Glaubensfestigkeit und unterschiedliche Formen des gelebten Glaubens im heutigen Judentum, all das wird in der Erzählwelt Barbara Honigmanns lebendig. In ihr begegnet uns eine vielgestaltige Realität dieser Religion,

die interreligiöses Lernen erst ermöglicht.

4. *Barbara Frischmuth:* Islam von innen

Der Islam hat sich längst als religiöse Größe in den deutschsprachigen Ländern etabliert. Mehr als vier Millionen Muslime leben hier. Überhaupt: Das Thema „Islam" – sei es konzentriert auf das Leben in Europa, sei es in weltumspannender Perspektive – ist in den Medien stark präsent, steht bei genauem Hinsehen auch im Zentrum sämtlicher aktueller interreligiöser Studien und Lernprogramme. Erstmals sieht sich eine zumindest in ihren Wurzeln christlich bestimmte Kultur bei uns mit einer Religion konfrontiert, die ihren Anspruch auf rechtliche und kulturelle Gleichstellung mit Selbstbewusstsein und Expansionsdrang offensiv vertritt. Für diese Situation gibt es keine Präzedenzfälle. Sowohl politisch als auch religiös-theologisch ist man auf der Suche nach neuen Wegen. Das Spektrum der Reaktionen reicht von pauschalisierender Islamophobie auf der einen bis hin zu einer unkritischen Islamverherrlichung oder -verharmlosung auf der anderen Seite. Ein spannender und ergebnisoffener Prozess, der das schulische interreligiöse Lernen nicht nur, aber auch im Religionsunterricht in die Pflicht nimmt.
Im Bereich der Kinder- und Jugendliteratur[310] finden sich so bereits einige interessante Entwürfe, in denen die alltagsbedeutsamen Spannungen von Islam und Christentum thematisiert werden. *Maria Regina Kaiser* präsentiert in „Wohin ich gehöre" (1999) eine 17jährige Protagonistin, die zwischen beiden Religionen hin- und hergezogen ist, über wichtige Begegnungen viel von beiden lernt und sich letztlich zu einem westlich geöffneten und toleranten Islam entscheidet. Unaufdringlich vermittelt *Monika Tworuschka* Alltagswissen über den Islam in der spannenden, an einen Kriminalroman angelehnten Jugenderzählung „Der geheimnisvolle Besucher" (2001)[311]. *Irma Krauß* nutzt in ihrer Erzählung „Gott zieht um" (2003) ein Missverständnis: als der kleine Märten hört, dass die in der Nachbarschaft gebaute Moschee ein „Gotteshaus" sei, nimmt er an, dass Gott eben umziehe. Nach und nach erschließt sich ihm die Pluralität und das

Nebeneinander der Religionen in unserer Gesellschaft. Alle drei Bücher eignen sich vorzüglich als Ganzschriftlektüre zur interreligiösen Problematik.
Angesichts der starken Präsenz des Islam auf so völlig unterschiedlichen gesellschaftlichen Diskursebenen fällt der Befund umso überraschender aus, dass der Islam „in der deutschsprachigen Gegenwartsliteratur“ bislang „ nur wenige Spuren hinterlassen hat“[312]. Diese Einsicht erhält ihre eigentliche Brisanz, wenn man sich vor Augen stellt, dass es im 18., im 19. und noch zu Beginn des 20. Jahrhunderts eine Art literarischer Islamfaszination gab. Für *Lessing, Goethe, Rückert, Rilke* und selbst noch bei *Karl May* war der Islam freilich nicht eine Lebensrealität in ihrer alltäglichen Welt, sondern das geheimnisvolle Fremde, das ferne Ganz-Andere, das als Reisender oder über intensives Lesestudium Erschlossene. Über den Islam als Teil unserer Binnengesellschaft konnten, mussten diese Verfasser nicht schreiben. Insofern taugt der Blick auf ihre Werke auch nur bedingt als mögliches Vorbild zur heutigen Orientierung.
Trotz solcher Einschränkungen stimmt der Bilanzblick, den die österreichische Schriftstellerin *Barbara Frischmuth* (*1941) erhebt: Im „Hinblick auf eine literarische Wahrnehmung des ‚Orientalischen‘“ sind wir „weit hinter die Standards des neunzehnten Jahrhunderts zurückgefallen“[313]. Ihr eigenes literarisches Werk bildet die Ausnahme. Sicherlich, es gab und gibt eine Reihe von in Deutschland lebenden und auf Deutsch schreibenden AutorInnen orientalischer Herkunft, die ihr kulturelles Erbe in die Polyphonie der kulturellen Stimmen einbringen, angefangen von *Cyrus Atabay* (1929–1996) über *Rafik Schami* (*1946) und *Emine Sevgi Özdamar* (*1946) oder den in diesem Buch mit einem „Psalm-Text“ berücksichtigten *SAID* (*1947) bis hin zu *Zafer Senocak* (*1961) oder *Feridun Zaimoglu* (*1964), um erneut nur herausragende Repräsentanten zu benennen. Nur selten wird Religion dabei jedoch zu einem beherrschenden Thema. Diese SchriftstellerInnen wollen offensichtlich primär als eben solche wahrgenommen werden, wollen zudem ihre Kultur literarisch fruchtbar machen. Die Wahrnehmung über ihre Herkunfts*religion* tritt dagegen meistens in den Hintergrund. Bestenfalls erste Spuren einer literarischen Thematisierung des Islam[314] lassen sich nachweisen.
Der Gegenzug bleibt hingegen fast vollständig aus: die Integration des Islam in die literarische Welt aus originär westeuropäischer Perspektive. *Stan Nadolnys* Roman „Selim oder Die Gabe der Rede“ (1990)

wagt als seltene Ausnahme den interkulturellen Brückenschlag in den türkischen Kulturraum, blendet die interreligiöse Perspektive aber weitgehend aus. *Ilija Trojanows* „Zu den heiligen Quellen des Islam“ (2004) hingegen konzentriert sich zwar auf den Aspekt Religion, wählt dazu aber mit der Gattung des Reiseberichts nur eine schwach ästhetisch ausgestaltete Form.
Frischmuth steht so weitgehend allein da in ihrem Versuch, in mehreren Romanen, Erzählungen, Essays und Reden den „Blick auf einen ‚anderen‘ Islam jenseits der einseitig-oberflächlichen Tagesinformationen“ zu werfen und zu werben für „Interesse am mystischen Volksislam“, vor allem an „der religiösen Poesie und Kalligraphie des Sufismus“[315]. Als studierte Orientalistin und Islamkundlerin, die sich lange Zeit in der Türkei aufhielt, erzählt auch sie – wie die großen Autoren des 18. und 19. Jahrhunderts – aus der Grundhaltung einer großen Faszination. Der Zugang erfolgt jedoch unter genau bestimmbaren Vorgaben: Während etwa Barbara Honigmann für eine neue binnenjüdische literarische Selbstbesinnung steht, steht Frischmuth für eine ganz andere Perspektive: für eine literarische *Fremdbesinnung* auf den Islam. Fremdbesinnung wird immer andere Formen und Inhaltsstrukuren aufweisen als Selbstbesinnung!
Mit ihrer ersten Buchveröffentlichung, dem Roman „Die Klosterschule“ (1968), hatte Frischmuth eine scharfe Abrechnung mit den autoritär-repressiven Erziehungsmethoden in katholischen Internaten vorgelegt – ein Buch, das man wie die Romane von Delius und Hürlimann zu den Abrechnungsromanen mit der christlichen ‚Gottesvergiftung‘ zählen kann. Diese Prägung bleibt jedoch für das Verständnis des Werkes von Barbara Frischmuth zentral: Die Abwendung von dem als repressiv erlebten Katholizismus und die Faszination für den neu entdeckten Islam gehen Hand in Hand. Voraussetzung für die Fremdbesinnung ist eine Abkehr von der eigenen christlichen Tradition, der nach all den frühen Negativprägungen auch keine Chance auf eine neue und differenziertere Wahrnehmung aus distanzierter Erwachsenenperspektive eingeräumt wird.
Von dieser Faszination, von den eigenen Erfahrungen in der Türkei handelt Frischmuths früher Roman „Das Verschwinden des Schattens in der Sonne“ (1973), die Erzählung um eine mitteleuropäische Orientalistikstudentin, die längere Zeit in der Türkei verbringt und dort auf die nur wenig bekannte muslimische Tradition des Alevismus stößt – jene Tradition, die auch Frischmuth selbst am meisten fasziniert und

die von ihr mehrfach literarisch ausgestaltet wird. Wie die Aleviten einzuschätzen sind, ist religionswissenschaftlich umstritten. Sind sie eine ‚muslimische Sekte', eine ‚Splittergruppe innerhalb des Islam' oder eine eigene Religionsgemeinschaft? Zumindest in Deutschland gehen die Tendenzen dahin, die Aleviten nicht in die Vorherrschaft der sunnitischen Muslime zu subsumieren, und damit die jahrhundertealte Geschichte von Verfolgung und Unterdrückung fortzusetzen, ihnen vielmehr einen eigenständigen Status zuzubilligen.
In Nordrhein-Westfalen gibt es seit einigen Jahren neben Modellversuchen des islamischen Religionsunterrichts (ausgerichtet an sunnitischen Vorgaben) ergänzende Projekte zum Aufbau eines eigenständigen alevitischen Religionsunterrichts. Nur wenige Merkmale der alevitischen Religionsausübung seien hier benannt: Der Alevismus speist sich aus mehreren Wurzeln. Neben dem – nach Auffassung der Aleviten in Teilen jedoch verfälscht überlieferten – Koran als Hauptquelle beruft man sich auf Altes wie Neues Testament oder auf mystische Traditionen. So anerkennen die Aleviten verschiedene Wege des Menschen zu Gott. Die wegen ihrer Griffigkeit vor allem im Religionsunterricht immer wieder als zentral vorgestellten „fünf Säulen des Islam" gelten für Aleviten genauso wenig wie die Scharia. Stattdessen richtet man sich an den muslimischen Grundverpflichtungen aus – der Hingabe an Gott, der Liebe zum Propheten Mohammed (und seinem „Liebling"[316], seinem Neffen und Schwiegersohn Ali) sowie der Liebe zu den Mitmenschen. Für Verdächtigungen und Verfolgungen von Seiten der anderen sich auf Mohammed berufenden religiösen Traditionen sorgt aber vor allem der Brauch, dass man sich nicht in Moscheen zum Gebet trifft, sondern in häuslichen Versammlungen. Auch werden dort Männer und (grundsätzlich unverschleierte) Frauen nicht getrennt, da beide als gleichberechtigt gelten. Weingenuss, Tanz, Musik, mystische Versenkung – all solche Elemente führen in Lehre und Alltagspraxis tatsächlich zu ganz eigenen Formen. In den benannten Elementen verkörpert der Alevismus Toleranz und Friedfertigkeit sowie eine Verbindung von westlicher Kultur und muslimischer Tradition.
Frischmuths literarische Annäherung an den Islam erschöpft sich freilich keineswegs in der Darstellung der Aleviten, hier liegt aber ihr Hauptinteresse und von hierher werden ihre Darstellungen und Wertungen geprägt. Jeder Umgang mit ihren Texten muss diese Perspektive berücksichtigen. In ihrem neuesten (Reise-)Roman „Vergiss Ägypten" (2008) weitet sich der Blick von der türkischen auf die ägyp-

tische Welt, eine Welt voller verschiedener religiöser Traditionen: die der Christen, der Kopten, der altägyptischen Gottheiten und der Muslime. Die Erzählerin forscht all diesen Traditionen im heutigen Ägypten nach. Sie betrachtet diese Religionen und ihre Verankerung im alltäglichen Leben unserer Zeit vorwiegend aus der mit Sympathie gefüllten neugierigen Außenperspektive.

Zentrale Bedeutung für die Frage nach der literarischen Darstellung der Fremdreligion Islam im Werk von Barbara Frischmuth kommt dem 1998 veröffentlichten Roman „Die Schrift des Freundes" zu, einem Großstadtroman, in dem sich Elemente des Liebes- und Kriminalromans oder des Politthrillers mit multikulturellen Versatzstücken zu einem eigenen Genre mischen. In ihm steht nicht der Blick in die ferne Fremde im Mittelpunkt, sondern der Blick in die fremde Nähe. Die Autorin erschließt in diesem im Jahr 2005 verfilmten Roman literarisch das Leben der alevitischen Migranten in Wien, somit einer doppelt stigmatisierten Randgruppe: zum einen handelt es sich um türkische Migranten, die zum anderen innerhalb der muslimischen Gruppe noch einmal Außenseiter sind. Über die 23jährige Protagonistin Anna Margotti dringen wir lesend und eben mit ihr von außen kommend in deren Welt ein.

Sie habe sich „nie besonders für Religion interessiert", gibt Anna Margotti zu, kenne sehr wohl jedoch jene „ziehende, zerrende Sehnsucht, der sie sich nie gewachsen fühlt" (S. 320). All das ändert sich, als sie sich in Hikmet Ayverdi verliebt, einen in der Türkei geborenen, aber in Österreich aufgewachsenen Aleviten, der sich gerade in der für ihn fremden Kultur auf seine eigenen religiösen Wurzeln besinnt. „Ich weiß zu wenig über das Gewesene", gibt er zu, fügt aber an: „Wenn man, wie ich, ständig auf seine Herkunft aufmerksam gemacht wird, sollte man eine Ahnung davon haben, was das bedeutet." (S. 74) Er erlernt die Kunst der islamischen Kalligraphie, einem wesentlichen spirituellen Element der muslimischen Besinnung auf die Schönheit Gottes. So eigentümlich, wie dieser Hikmet in ihrem Leben auftaucht, so geheimnisvoll verschwindet er auch wieder und niemand will ihn je gekannt haben. Anna macht sich auf die Suche nach ihm und dringt ein in die Szene der illegalen Immigranten, der Untergetauchten und Verfolgten.

Die spirituelle Einführung in die religiöse Welt der Aleviten – deren Geschichte und Selbstverständnis quer über den Roman verteilt miterzählt wird – verdankt Anna vor allem Hikmets älterem Bruder

Abdal, der sich den Kopf und die Brauen so rasiert hat wie ein wandernder Derwisch. Er gilt als „Narr Gottes" (S. 295), als jemand, der so redet, „als sei Gott sein Freund und er müsste nur mit den Fingern schnippen, um sich bei ihm Gehör zu verschaffen." (S. 102) Abdal erklärt ihr die dem Roman den Titel gebende „Schrift des Freundes" (S. 309) anhand einer mystischen Kalligraphie, in der ein Löwe mit dem Gesicht eines Menschen dargestellt wird. „Allahs Löwe", ein symbolisches Spiel mit den arabischen Buchstaben des Namens Ali, lehrt die Aleviten, dass Ali sich in Not befindlichen Menschen in den unterschiedlichsten Gestalten als ihr Freund und Helfer zeigen kann. Und in Ali zeigt sich Gott selbst. Das wird vor allem in folgender Szene deutlich:

> Abdal bleibt einen Augenblick stehen, so als denke er angestrengt nach. „Manchmal erscheint er im Gesicht von Ali." „Von welchem Ali?" Anna möchte, daß er ihr weiter antwortet, vielleicht erfährt sie doch noch etwas, das ihr als Hinweis dienen kann.
> „Ali kam zuerst als der Liebling Mohammeds in die Welt, als sein Neffe und Schwiegersohn. Damals war er ein großer Held, der das Schwert Zülfikar von Mohammed erhalten hatte. Nach Mohammeds Tod hätte er dessen Stellvertreter werden sollen, sofort. Aber Ebü Bekir, Ömer und Osman wurden vor ihm zu Kalifen. Und als Ali endlich sein Recht bekam, dauerte es nicht lange, und er wurde ermordet. Auch seine Söhne Hassan und Hüssein wurden ermordet. Und die von Hüssein abstammenden Imame wurden auch fast alle ermordet."
> „Wieso ermordet?"
> „Sie standen auf der Seite der Menschen, der Armen, verstehen Sie? Sie brauchten kein großes Reich um es zu beherrschen. Sie wollten die Menschen aufklären, ihnen beistehen, sie leben lehren. Darum nahmen die Armen immer Partei für Ali, seine Familie und deren Nachkommen. Nicht nur unter den Arabern und Persern, auch unter den Türken, die nach Anatolien kamen. Wenn die Menschen unterdrückt wurden, haben sie Ali zu ihrem Freund gemacht. Und er kommt sie besuchen, in Gestalt ihres Gastfreundes. Gott spiegelt sich in ihm als im Vollkommenen Menschen. Er leuchtet aus ihm hervor.
> Wenn Ali ihr Freund ist, verwandelt er sich in Sie und Sie sich in ihn. Wenn Sie ihn kommen spüren, spüren Sie gleichzeitig, wie Sie er werden. Sein Gesicht spiegelt Gott, und Sie spiegeln sein Gesicht. Sie brauchen keine Moschee, um mit ihm zu reden. Sie sollen ihm nur die Tür öffnen. Sie haben auch keine Pilgerfahrt nach Mekka nötig, denn Ihr Herz ist die Kaaba, und wenn es das nicht ist, werden Sie auch in

Mekka keine Kaaba finden. Sie müssen auch nicht fasten, um sich zu reinigen. Ihre Gedanken zeigen Ihnen, wie rein Sie wirklich sind."
Seit sie ihn kennt, hat Abdal noch nie so viel gesprochen. „Und wie kommt man zu ihm?" Anna hat sich von Abdals Stimme verführen lassen.
„Man muß Sehnsucht haben", antwortete Abdal, „man muß so große Sehnsucht haben, daß Ali nicht widerstehen kann. Dann besucht er einen. Seine Seele wandert durch viele Körper, aber aus seinem Gesicht schaut immer Gott, der sich im Vollkommenen Menschen spiegelt."
„Gibt es denn einen Vollkommenen Menschen?"
„Das ist der Mensch, der das Geheimnis kennt. Und der, der es weiß, ist in Ali, und Ali ist in ihm."
Annas Verwirrung wird immer größer. „Kennen Sie es?" Sie kann nicht anders als flüstern. „Und wenn Sie es kennen, verraten Sie es mir?"
Abdal bleibt wieder stehen und nimmt sie mit beiden Händen an der Schulter. „Schauen Sie in mein Gesicht. Erkennen Sie es?"
Der Mond taucht hinter einer Wolke ab, und Anna sieht gar nichts mehr. Sie gehen weiter, und erst als sie sich dem Lichtschein der nächsten Straßenlampe nähern, kann sie Abdals Gesicht wieder wahrnehmen, aber da hat er den Blick schon gesenkt. Was in seinem Kopf bloß vorgehen mag? (S. 302–304)

(Barbara Frischmuth, Die Schrift des Freundes © Aufbau Verlag GmbH & Co. KG, Berlin 2000.)

Die Verwendung dieser Szene setzt Grundkenntnisse zum Islam voraus. Sinnvoll ist es so, sich zunächst des Grundwissens zum Islam zu vergewissern. Wie beim Judentum, so werden die SchülerInnen auch beim Islam von einer eher uniformen Fremdwelt ohne Binnendifferenzierungen ausgehen. Genau hier setzt der Textauszug an. Ziele des Einsatzes sind zunächst das Kennenlernen einer anderen Art des Islam und dann die Erschließung dieser Welt durch Anna, eine von dieser Welt faszinierten Zugangsfigur. Auch hier bietet sich eine farbliche Markierung an: Welche der Textpassagen enthalten neue, bislang unbekannte Informationen? Welche bleiben rätselhaft und unklar? Sinnvoll wäre es, einzelne SchülerInnen mit der Vorbereitung eines Referates über den Alevismus zu beauftragen. Nach der Lektüre des Romanauszugs können sie die darin angedeutete Geschichte, religiöse Welt und Tradition vertiefend vorstellen.

Einerseits kann man so der öffentlichen Ausblendung dieser ‚Konfession' entgegenwirken, andererseits gewinnt man ein differenziertes Bild gerade über die islamischen Traditionen, die in den westeuropäischen Ländern leben. Am Ende einer solchen Einheit sollten die SchülerInnen verstanden haben, dass der Islam dem Christentum auch darin vergleichbar ist, dass er eine in sich plurale Welt unterschiedlicher Traditionen zusammenfasst.

5. *Adolf Muschg:* Außenansichten des Buddhismus

Nicht nur der Islam, auch die asiatischen Religionen – seien es Religionen indischer Herkunft wie Hinduismus und Buddhismus, seien es japanische oder chinesische Religionen – übten im 19. und zu Beginn des 20. Jahrhunderts eine starke Fremdfaszination aus: *Bertolt Brecht* und *Hermann Hesse, Alfred Döblin* und *Stefan Zweig, Klabund* oder *Thomas Mann* folgten in ihren Werken den spirituellen und weisheitlichen Spuren dieser Religionen und griffen formale Gestaltungsprinzipien der Literaturen dieser Kulturen auf. Wie im Blick auf den Islam handelt es sich dabei um Zeugnisse der Faszination von Fremdem und Fernem im Kontext der Moderne. Und erneut findet sich keine vergleichbare Fortsetzung der literarischen Spiegelung des Fremdnahen im Kontext der Postmoderne.
Gibt es mit der Österreicherin *Barbara Frischmuth* hinsichtlich des Islam eine herausragende Ausnahme, so gilt Vergleichbares im Blick auf die japanische und chinesische Tradition für den Schweizer *Adolf Muschg* (*1934). Wie bei Frischmuth, so liegt auch bei Muschg der Ausgangspunkt zur religiösen Beschäftigung mit Fremdtraditionen in der scharfen Absetzung von der ererbten – in seinem Fall reformiert-puritanischen – christlichen Prägung mit ihren Rechtfertigungszwängen und ihrer Schuldfixierung. Auch er ein traumatisch belasteter Zögling eines kirchlichen Internats! Auch bei ihm der Versuch, sich von dieser Tradition selbsttherapeutisch freizuschreiben – am deutlichsten in der noch 2002 erschienenen Erzählung „Das gefangene Lächeln" – ein weiteres Beispiel für die literarische Gestaltung der ‚Gottesvergiftungen'! In einem autobiographischen Essay aus dem Jahre 1986 gibt er an, er gehe „nicht mehr in die Kirche" und habe aufgehört, „ein Christ nach dem Herzen meiner Eltern zu sein"[317]. Gegen die enge Fixierung auf „die Du-Form des Erlösers"

gelte es, ‚Gott' als eine „Hilfsvorstellung" zu erkennen, „von der sich schon der Schüler Buddhas lösen lernt" (S. 36). Er selbst habe in buddhistischen Tempeln erfahren, dass es eine andere „Verbindung mit

unserem Grund, also mit Religion" (S. 30) gebe.

Von dieser „anderen Verbindung" ist in Muschgs Werk immer wieder die Rede.[318] Vordergründig schreibt er in Romanen wie „Der Sommer des Hasen" (1965), „Baiyun oder die Freundschaftsgesellschaft" (1980), „Nur ausziehen wollte sie sich nicht" (1995) oder „Eikan, du bist spät" (2005), aber auch in Essays wie in den Sammlungen „Papierwände" (1970) oder „Die Insel, die Kolumbus nicht gefunden hat" (1995) vor allem über Gesellschaft und Alltag in Japan und China. Dort hat er selbst mehrere Jahre gelebt, er ist zudem in dritter Ehe mit einer Japanerin verheiratet. Religiöse Aspekte vor allem des Zen-Buddhismus fließen dabei immer wieder in die Schilderungen mit ein.

Für Muschg wird bei aller Faszination für die Fremdkulturen grundlegend deutlich, dass es letztlich kaum möglich ist, sie als von außen Kommender auch nur annäherungsweise zu verstehen. Die Begegnung der Kulturen und Religionen ist in seinem Werk vor allem von Missverständnissen und Ungleichzeitigkeiten geprägt. Dazu zunächst zwei Beispiele:

– In seinem frühen Japan-Roman „Im Sommer der Hasen" (1965) werden die Erlebnisse einer Reisegesellschaft nach Japan geschildert. Unter ihnen der esoterisch angehauchte Zen-Enthusiast Adalbert Huhn, dessen von übergroßem Selbstbewusstsein und von Besserwisserei geprägte Begegnungen mit dem gelebten Zen denn doch anders ausfallen, als von ihm erwartet: „Einmal in der Woche erhielt Huhn den Besuch des Mönchleins und seines Studenten. Man übte die einfachen Dinge des Zen, Sitzen, Atmen. Huhn lernte seine Atemzüge zählen, zunächst eins bis hundert, dann nur noch eins und zwei, damit er sie vergesse. Aber er vergaß sie nicht, denn seine Beine schmerzten, und nach fünf Minuten Sitzen kam ein Zittern auf, das bei den Schenkeln begann, dann seinen ganzen Körper ergriff."[319] Das erwartet einfach-unkomplizierte Eintauchen in die Riten und Denkwelten der Fremdreligion scheitert schon an den leichtesten rein körperlichen Übungen. Wenig überraschend, dass auch eine später stattfindende Begegnung mit dem Abt eines berühmten Klosters für ihn enttäuschend verlaufen sollte: „Huhn brauchte einige Zeit, um seine Klosterträume verrauchen zu lassen." (S. 133)

- Auch „Baiyun oder die Freundschaftsgesellschaft“ (1980) erzählt von einer schweizerischen Gruppenreise in den fernen Osten, dieses Mal jedoch nach China. Der Delegationsleiter der Reise – Stappung – erklärt den Grund für seine tiefprägende Faszination: „Sein Interesse an China sei in erster Linie kulturell“, so Stappung. Es habe ihn „bei der Lektüre Lao Tses“ getroffen, er „möchte es, sagte er, seine große Liebe nennen“[320]. Bei einer später geschilderten Besichtigung eines Tempels voller lebensgroßer betender Figuren gibt Stappung dem fiktiven Erzähler gegenüber zu erkennen, „hier sähe ich, was ihn mit dem Osten verbinde, was ihn bei seiner ersten Reise nach Indien, als Student noch, unauslöschlich getroffen habe“ (S. 106). Die chinesische Philosophie, die buddhistische religiöse Kunst bilden die Haftpunkte dieser Fernostfaszination.

In „Eikan, du bist spät“, dem für uns zentralen, von der Literaturkritik eher skeptisch begrüßten Roman aus dem Jahre 2005, erzählt Muschg ein weiteres Mal von der faszinierenden Fremdheit des Ostens. Der Liechtensteiner Cellist Andreas Leuchter ist ein typischer Muschg-Charakter: ein schwermütiger Grübler, ein empfindsamer, aber letztlich hilfloser Selbsterforscher, ein Scheiternder, ein Künstler, ein vom Sexualtrieb gesteuerter unglücklich Liebender. Er lernt 1986 zweiundvierzigjährig die ihn faszinierende Japanerin Sumi, ebenfalls Musikerin, kennen und lieben. Für sie ist er die Liebe ihres Lebens. Er versteht ihre Liebe jedoch nicht. Als sie nach einem missglückten Konzert aus Europa verschwindet, versucht er nicht, sie zu finden, sondern akzeptiert ihre Entscheidung. Fünfzehn Jahre später wird Leuchter als Juror zu einem Cello-Wettbewerb nach Kyoto in Japan eingeladen, ein Land, in dem er zuvor noch nie gewesen war. Seine Hoffnung auf ein Wiedersehen mit Sumi erfüllt sich zwar, nicht aber die auf eine mögliche Wiederaufnahme der Liebesbeziehung mit ihr. Sie hält ihn auf Distanz.

Susumu, einer von Sumis Schülern, macht Leuchter mit der japanischen Kultur, Tradition und Religion vertraut. Mit Sumis Hilfe wird er ihn letztlich durch eine gelingende Aufführung des vor 15 Jahren unvollendet gebliebenen Konzerts zu sich selbst erlösen (‚erleuchten‘?). Einige Tage vor dem Wettbewerb hatte Susumu Leuchter den berühmten Zen-Tempel Eikan-do an der Peripherie von Kyoto zeigen wollen. In diesem Tempel des Amida-Buddhismus befindet sich eine berühmte, weil in ihrer Art einzigartige Buddha-Statue. Er blickt mit seitwärts eingedrehtem Kopf über die Schulter zurück. Ein Bild dieses milde lächelnden, sich ruhig wartend wie zu einem Nachzügler einladend umdrehenden Buddha ist auf dem Umschlag des Romans abgebildet. Typisch für Muschgs literarischen Fernostzugang: Er liefert zwar eine Beschreibung der Szenerie, der Stimmung, des Dialogs, aber eben keine Beschreibung der zentralen religiösen Objekte.

Nur in einer Erzählung blitzt eine Episode auf, die für Leuchter zur Deutefolie des eigenen Lebens werden sollte. Es geht darin um den alten buddhistischen Abt Eikan, der sich traditionsgemäß allmorgendlich in den Klostergarten begibt, um dort zu meditieren: Als er sich einmal nur ein wenig verspätet, nimmt er wahr, dass ein anderer seinen Platz eingenommen hat, der sich zu ihm umdrehend-hinwendende Buddha selbst. Dieser Moment wird für ihn zum Augenblick der Erleuchtung. „Als er eines Tages verschlafen hatte, sah er zu seiner Bestürzung, dass schon einer da war, der unter Kirschbäumen wandelte und sich, als er Schritte hörte, gelassen umdrehte. Eikan, du bist spät, sagte er über die Schulter, und in diesem Augenblick wurde der Abt erleuchtet. Dann war er wieder allein. Aber er hatte den Buddha gesehen."[321] Nicht in allem Mühen, Suchen und pflichtgemäßem Streben erfolgt diese Erleuchtung, sondern gerade im Moment des Herausfallens aus aller wohlmeinenden und vorgeschriebenen Routine. Diese Einsicht wird auch für Leuchter wichtig: „Eikan, you are late" (S. 314), blitzt es in ihm durch den Sinn. Spät, aber eben nicht zu spät.

Buddha, der den sich verspätenden Mönch vertreten hat: Dieses – dem Roman den Titel gebende – Bild wird für Leuchter zum Motiv der eigenen ‚Erleuchtung', der Selbsterkenntnis. Am Ende sieht er die Möglichkeit, einem Leben, in dem er immer nur zu spät kommt, immer den unpassenden Ansprüchen hinterher hechelt, eine Wende und neue Chance zu geben. Leuchter erkennt im Blick auf die Verstrickungen und Erfahrungen des Scheiterns seines Lebens: „Du kannst es nicht mehr gutmachen, Leuchter." Dann aber richtet sich der Blick nach vorn: „Nein, aber anders. Vielleicht anders." (S. 314)

Der im ersten Versuch abgebrochene Tempelbesuch wird ein zweites Mal aufgenommen. In einem Kapitel, das den Titel „Der Buddha" trägt, wird Leuchter die berühmte Statue dann doch noch sehen, dieses Mal geführt von Ayu, einer jungen Cellistin:

Sie standen jetzt auf der Frontseite der großen Halle. Auf dem Hauptaltar wimmelte es von Figuren, doch am rechten Rand stand ein kleiner Buddha in seiner Nische allein. Jede seiner Hände, die rechte im Ellbogen aufwärts gewinkelt, die linke zur Erde deutend, bildete eine Ringform zwischen Daumen und Zeigefinger. Die bläuliche Toga sank, an vielen Stellen bis auf den Goldgrund abgewetzt, in Wellen gefaltet an seinem Leib herab. Die schurzförmige gerundete Öffnung gab den Oberleib bis zur Bauchwölbung frei. Der runde Kopf wandte den Betrachtern das Profil zu und ein Ohr mit langgestrecktem Lappen. Er trug das Haar wie einen Helm, der mit Locken besetzt war wie ein Fels von Muscheln.
Ayu legte den Schirm auf die Schwelle und warf zwei Münzen in den holzvergitterten Opfertrog. Dann nahm sie Leuchter bei der Hand und zog ihn über die Schwelle ins Innere der Halle. Durch einen Seitengang in der Tiefe des Raums kam ihnen das Gesicht des Buddhas von vorn entgegen. Er stand hinter Maschendraht und blickte über die Schulter mit fast geschlossenen Augen herab. Die Augen waren von glatten Lidern bedeckt, und die Brauen wölbten sich darüber wie Schwingen eines Vogels. Der feste kleine Mund schien zu schmollen, doch das Gesicht zeigte den Ausdruck eines Kindes, das seiner Sache geradezu unendlich sicher ist.
Sie hielten sich immer noch bei der Hand.
Eher mollig, sagte Leuchter.
So sah meine Tante aus, als sie mit Cortison geladen war.
Hat es geholfen?
Warum sollte es? Auch der Buddha ist nicht zum Helfen da. Nur zum Wecken.
Und wozu hilft Wecken?
Sie ließ seine Hand mit einem raschen Druck los. Sehen Sie mich an.
Sie erforschte seine Augen, erst das eine, dann das andere.
Sehen Sie Ihren Buddha?
Er ließ ihre Augen nicht los. Warum ist es mein Buddha, und nicht der Ihre?
Er mag mich nicht.
Er könnte auch eine Frau sein.
Sie drehte sich um und nahm die Stellung der Figur ein. Mühelos fanden ihre Arme das Gleichgewicht von oben und unten, Zeigefinger und Daumen rundeten sich von selbst. Dann fiel sie steif nach hinten, gegen ihn, der sie mit einem Schritt auffing. Der gesenkte Kopf lehnte an seiner Schulter, und sie zeigte mit dem Finger auf die Falte zwischen Kinn und Hals.

Das kommt von der Geige, sagte sie, die ich schon mit drei Jahren spielen mußte. *Häßlich*, sagte sie mit Inbrunst.
Er zog ihr Kinn in die Höhe, so daß sie ihm das Gesicht zuwandte, mit geschlossenen Augen und leicht offenen Lippen. Leuchter rührte sich nicht.
Er drehte den Kopf gar nicht, sagte sie, der Kopf folgt nur dem, was er sieht. Sie müssen sehen, was er sieht, dann bewegen Sie sich von selbst.
Ich bin müde, Ayu.
Sie dürfen nie mehr eine Japanerin lieben.
Sie öffnete die Augen und löste sich so rasch von ihm, wie man Papier unter einem Glas wegzieht, das nicht fallen soll.
Leuchter wandte sich dem Buddha zu und ahmte ihn seinerseits nach, sofort durchdrungen vom Läppischen des Versuchs. Seine Finger bildeten einen verdrückten Ring, die Zuwendung mißriet zum Achselzucken, und ein Halskrampf stellte den Körper schief als klemme Leuchter ein Handy zwischen Schulter und Kinn.
So geht es nicht, sagte Ayu, und ich weiß warum.
Warum?
Ich weiß es.

(Textauszug aus Adolf Muschg, Eikan, du bist spät, S. 222ff. © Suhrkamp Verlags, Frankfurt am Main 2005.)

Leuchters Versuch, die Gestik des Buddha nachzuahmen, misslingt. Der flapsig-unpassende Vergleich mit einer cortisonbehandelten Tante zeigt letztlich nur seine Unfähigkeit, sich auf die Tiefenbedeutung der Statue einzulassen. Grundsätzlich schildert Muschg hier wie in seinen anderen Asienromanen vor allem eine fremde Kultur, die fremd bleibt und darin faszinierend ist. Obwohl buddhistische Grundprinzipien durchaus als strukturelle Erzählmomente des Romans stilbildend wirken, wird der Zen-Buddhismus vor allem als Kontrastkultur zur ererbten christlichen Gesellschaft und Religion spürbar, ohne tatsächlich inhaltlich von innen erschlossen zu werden. Das Fremde dieser Religionen verschließt sich offensichtlich der direkten literarischen Darstellung.
Dieser Aspekt darf auch im Religionsunterricht im Zentrum stehen: Annäherungen an die asiatischen Religionen sind durchaus möglich, etwa durch diese Textauszüge. Ein Verstehen, ein inneres Erschließen ist jedoch fast ausgeschlossen. In diesen Grenzen ist jedoch auch

dieser Lernweg wichtig. Methodisch legt sich der Zugang nahe, zunächst ein – unschwer aus dem Internet herunterladbares – Photo mit der Darstellung dieser Buddha-Statue zu zeigen und deuten zu lassen. Was zeichnet diese Darstellung aus? Wofür mag sie stehen? Erst dann wird zur literarischen Szene übergeleitet: Wie kann man wohl einen Besuch in diesem Tempel beschreiben? Nach der Lektüre kann man versuchen, ein Standbild nach der Statue zu stellen. Gelingt der Versuch wie bei Ayu, scheitert er, wie bei Leuchter? Warum „geht es so nicht"?
Ein kleiner Rückblick zur Dimension des interreligiösen Lernens über Werke der Gegenwartsliteratur: Trotz der aufgezeigten Spuren, trotz der ausführlichen Darstellungen bei Frischmuth und Muschg bleibt die kreative schriftstellerische Auseinandersetzung mit dem Einfluss nichtjüdischer und nichtchristlicher Religionen in der deutschsprachigen Gegenwartsliteratur eher die Ausnahme. Kein Zufall, dass die Beschäftigung mit der fremden Spiritualität und Religion nur bei Autoren möglich wird, die – beruflich bedingt – längere Zeit in den fremden Kulturräumen gelebt haben und gleichzeitig tief geprägt sind von dem Bedürfnis der Befreiung von der als einengend und krankmachend empfundenen eigenen christlichen Konfession. Religionen als lebendige und herausfordernde Realität bei uns zu erfahren bleibt die Ausnahme. Erste Spuren dazu werden auffälligerweise in der neu aufblühenden Migrantenliteratur von AutorInnen gelegt, die sich biographisch zwischen ihrer Herkunftskultur und Westeuropa ihre Wege bahnen – oder beide zu verbinden versuchen. Literaturwissenschaftlich wird dieses Phänomen unter dem Stichwort der ‚transkulturellen Literatur'[322] untersucht, leider bislang weitgehend ohne Berücksichtigung der inhärenten transreligiösen Perspektiven. Insgesamt hat die religiöse Pluralisierung der Postmoderne literarisch jedoch noch keinen gebührenden Niederschlag gefunden. Sie führt eher zu Prozessen der neuen *Selbst*wahrnehmung und Identitätssuche als zu Prozessen der Fremdwahrnehmung und der Öffnung hin zu Pluralität. Unter dieser Vorgabe sollten auch die an ihnen möglichen Lernprozesse stehen.

Ausblick

Das vorliegende Buch schließt einen weiten Bogen meiner Interessen und Forschungen: 2001 erschien ein erstes Praxisbuch zur Arbeit mit literarischen Texten im Religionsunterricht: „Gedichte zur Bibel“. Ermuntert durch die breite Rezeption und das vielfache Echo von KollegInnen aus Schule, Fortbildung und Hochschule folgte 2003 in ähnlicher Konzeption „Gedichte zur Gottesfrage“. Das 2005 bei der Wissenschaftlichen Buchgesellschaft (Darmstadt) publizierte „Handbuch“ zu „Theologie und Literatur“ hatte einen ganz anderen Charakter, zeichnet es doch erstmals die Wissenschaftsgeschichte und Hermeneutik dieser neuen Dialogdisziplin nach. Das 2009 im Herderverlag veröffentlichte Buch „Ich gönne mir das Wort Gott“ beleuchtet das Phänomen einer neuen Unbefangenheit im Umgang mit Religion und der Gottesfrage in der deutschsprachigen ‚Erwachsenenliteratur‘ der letzten Jahre. 2011 schließlich erscheint ein Sammelband, der eine vergleichbare Tendenz in der Kinder- und Jugendliteratur unserer Zeit untersucht und analysiert.

Mit dem hier vorgelegten Werk kommen all diese Ansätze zu einem zwischenzeitlichen synthetischen Abschluss. Zum einen wird versucht, die Geschichte und das Selbstverständnis, die Hermeneutik, Didaktik und Methodik des Einsatzes literarischer Texte – sowohl aus der ‚Erwachsenenliteratur‘, als auch aus der ‚Kinder- und Jugendliteratur‘ – im Religionsunterricht in gebündelter Form darzustellen. Gleichzeitig handelt es sich jedoch erneut um ein Praxisbuch, das ganz konkret Unterricht anregen und reflektieren helfen soll. Dazu werden 30 zum größten Teil neue und ‚unverbrauchte‘ Texte in sechs für den Religionsunterricht zentralen Themenfeldern vorgestellt, in die jeweiligen thematischen, biographischen und werkgeschichtlichen Kontexte eingereiht, in Grundzügen interpretiert und für den Unterrichtseinsatz didaktisch-methodisch aufbereitet.

Zu jedem Autor, zu jedem Text könnte – manche meinen: müsste – man weit mehr schreiben, gewiss. Die Darstellungen orientieren sich jedoch an der Pragmatik realistischer Unterrichtsvorbereitung, die im Alltag ja doch weit mehr eng gedrängte Notwendigkeit als in

Ruhe und Konzentration entfaltete „Kunst“[323] ist. Auch lassen sich gewiss ganz andere Texte, ganz andere Methoden, ganz andere Zugänge wählen. Im vorliegenden Buch geht es deshalb nicht um eine umfassend-abschließende Darstellung, sondern um die Bündelung eines Zwischenstandes und die Anregung zum eigenen Ausprobieren, sei es mit diesen Texten und Methoden, sei es mit anderen.

Seit 2008 betreue ich die international und interdisziplinär agierende Website www.theologie-und-literatur.de. Es wäre wunderbar, wenn Kolleginnen und Kollegen eigene Erfahrungen mit literarischen Texten im Religionsunterricht dort dokumentieren. Zugeschickte word-Dateien können dort eingestellt werden. So kann ein breites und vielschichtiges Panorama entstehen, das die hier vorliegenden Ansätze ergänzt.

Dass ein solches Handbuch als Produkt langjähriger Arbeit in diesem Feld entstehen konnte war nur möglich durch das Zusammenspiel vieler glücklicher – oder geschenkter – Faktoren. Ich danke ungezählten Studierenden und KollegInnen aus dem schulischen Bereich, die immer wieder Impulse und Ideen eingebracht haben. Ich danke meinem kompetenten Lehrstuhlteam an der Katholisch-Theologischen Fakultät Augsburg für stets angenehmes und kooperatives Ambiente, vor allem *Eva Leiting*, Dr. des. *Barbara Lukoschek*, Dr. *Susanne Glietsch* und Dipl. theol. *Felix Krug* für das kritische Gegenlesen des sich entfaltenden Manuskriptes sowie meiner Sekretärin *Christine Dempf* für vielerlei praktische Hilfen. *Stephan Weber* danke ich für die kooperativ-wohlwollende Betreuung beim Herder-Verlag. Ein umfassender Dank gilt schließlich meiner Familie, also *Annegret*, *Johanna* und *Kilian*, für ihre tragende Beheimatung.

Wendelstein/Augsburg, im Oktober 2010

Anhang

1. Dokumentation

Primärliteratur

Clément, Catherine: Theos Reise. Roman über die Religionen der Welt [1]1997 (München/Wien 1998)
Delius, Friedrich Christian: Der Sonntag, an dem ich Weltmeister wurde. Erzählung [1]1994 (Reinbek 2004)
Domin, Hilde: Gesammelte Gedichte (Frankfurt 1987)
Exner, Richard: Ufer. Gedichte 1996–2003 (Stuttgart 2003)
Fried, Erich: Gesammelte Werke: Gedichte 1, hrsg. von *Volker Kaukoreit/Klaus Wagenbach* (Berlin 1993)
Frischmuth, Barbara: Die Schrift des Freundes. Roman [1]1998 (Berlin 2006)
Grünbein, Durs: Paulus wechselt die Schiffe, in: Süddeutsche Zeitung 10./11. Januar 2009
Hahn, Ulla: Das verborgene Wort. Roman (Stuttgart/München 2001)
Honigmann, Barbara: Soharas Reise. Roman (Berlin 1996)
Hoppe, Felicitas: Johanna. Roman (Frankfurt 2006)
Hürlimann, Thomas: Der große Kater. Roman [1]1998 (Frankfurt 2000)
Kühn, Johannes: Wie es sein muss, in: ndl 43 (1995), S. 65
Krüger, Michael: Wettervorhersage. Gedichte (Salzbug/Wien 1998)
Lehnert, Christian: Auf Moränen. Gedichte (Frankfurt 2008)
Lewitscharoff, Sibylle: Consummatus. Roman (Stuttgart 2006)
Martell, Yann: Schiffbruch mit Tiger. Roman [1]2001 (Frankfurt 2003)
Marti, Kurt: Du. Rühmungen (Stuttgart 2008)
Mercier, Pascal: Nachtzug nach Lissabon. Roman (München/Wien 2004)
Morsbach, Petra: Gottesdiener. Roman (Frankfurt 2004)
Muschg, Adolf: Eikan, du bist spät. Roman (Frankfurt 2005)
Ortheil, Hanns-Josef: Lo und Lu. Roman eines Vaters (München 2001)
Richter, Jutta: Der Anfang von allem (München 2008)
Roth, Patrick: Riverside. Christusnovelle (Frankfurt 1991)
Rothmann, Ralf: Junges Licht. Roman (Frankfurt 2004)
SAID: Psalmen (München 2007)
Schulze, Ingo: Adam und Evelyn. Roman (Berlin 2008)
Stadler, Arnold: Salvatore (Frankfurt 2008)
Steinherr, Ludwig: Die Hand im Feuer. Gedichte (Norderstedt 2005)
Walter, Silja: Gesamtausgabe, Bd. 8: Lyrik (Freiburg/CH 2003)
Zeller, Eva: Sage und schreibe. Gedichte (Stuttgart 1971)

Grundlegende Forschungsliteratur

Baltz, Ursula: Theologie und Poesie. Annäherungen an einen komplexen Problemzusammenhang zwischen Theologie und Literaturwissenschaft (Diss. Mainz 1981; Frankfurt/Bern/New York 1983)

dies./Henning Luther: Von der Angewiesenheit des Theologen auf literarische Kultur, in: Themen der Praktischen Theologie – Theologia Practica 18 (1983), Heft 3/4, S. 49–54

Baltz-Otto, Ursula: „Religion" und „Literatur". Theologie und Literaturwissenschaft, in: Jahrbuch der Religionspädagogik 4/1987 (Neukirchen-Vluyn 1988), S. 21–41

dies.: Poesie wie Brot. Religion und Literatur: Gegenseitige Herausforderung (München 1989)

Berg, Horst Klaus und Sigrid (Hrsg.): Biblische Texte verfremdet, 12 Bde. (München/Stuttgart 1986–1990)

Berg, Sigrid: Kurze literarische Texte für den Religionsunterricht. Inhalt in Stichworten – Thematik – Altersstufe, 2 Bde. (Stuttgart/München 1971)

dies. (Hrsg.): In den Sand geschrieben. 80 Kurzgeschichten für Religionsunterricht und Jugendarbeit (Stuttgart/München 1974)

Biehl, Peter: Religiöse Sprache und Alltagserfahrung. Zur Aufgabe einer poetischen Didaktik, in: Themen der praktischen Theologie – Theologia Practica 18 (1983), S. 101–109

ders.: Religionspädagogik und Ästhetik, in: Jahrbuch der Religionspädagogik 5 (1988), S. 3–44

Bloching, Karl-Heinz (Hrsg.): Texte moderner Schriftsteller zur Meditation (Mainz 1973)

ders. (Hrsg.): Texte über Gott. Anregungen zum Nachdenken (Mainz 1976)

Boeck, Christiane: Lesen im Religionsunterricht, in: Kinder-/Jugendliteratur und Medien in Forschung, Schule und Bibliothek 60, Heft 1/2009, S. 44–48

Born, Monika: Religiöse Kinder- und Jugendliteratur, in: *Günter Lange* (Hrsg.): Taschenbuch der Kinder- und Jugendliteratur, Bd. 1: Grundlagen – Gattungen (Baltmannsweiler ^{4}2005), S. 399–414

Bosold, Iris: Ganzschriften, in: *dies./Peter Kliemann* (Hrsg.): „Ach, Sie unterrichten Religion?" Methoden, Tipps, Trends (München 2003), S. 189–193

Brinkmann, Richard: Theologie und Literaturwissenschaft – Die freundlichen Brüder, in: Theologische Quartalschrift 157 (1977), S. 219–222

*Bubolz, Georg/Gerhard Röckel (*Hrsg.): Lektüren für den Religionsunterricht, 4 Bde. (Düsseldorf 2001)

Cevela, Inge (Hrsg.): Zumutungen. Lene Mayer-Skumanz und die religiöse Kinderliteratur (Wien 2006)

Crimmann, Ralph P.: Literaturtheologie. Studien zur Vermittlungsproblematik zwischen Germanistik und Theologie, Dichtung und Glaube, Literaturdidaktik und Religionspädagogik (Frankfurt/Bern/Las Vegas 1978)

Dreßing, Gabriele: Zwischen Bibel und Bilderbuch. Religiöse Kinder- und Jugendliteratur im Spiegel des Katholischen Kinder- und Jugendbuchpreises (St. Ingbert 2004)

Eggers, Theodor (Hrsg.): Adam, Eva & Co. Ziemlich biblische Geschichten für den Religionsunterricht (Düsseldorf 1980)

Garske, Volker: Poesie zu Passion und Auferstehung Jesu. Interpretationen und methodische Zugänge im Religionsunterricht der Sekundarstufen (Kevelaer 2005)

Gelberg, Hans-Joachim: Warum Gedichte, warum Gedichte für Kinder? Was ist das Besondere, das Einzigartige, Unersetzliche an Literatur?, in: Katechetische Blätter 127 (2002), S. 85–90

Gellner, Christoph: Schriftsteller lesen die Bibel. Die Heilige Schrift in der Literatur des 20. Jahrhunderts (Darmstadt 2004)

ders.: Weltreligionen im Spiegel zeitgenössischer Literatur. Barbara Frischmuth, Adolf Muschg und die interkulturelle Herausforderung der Theologie (Karlsruhe 2005)

ders.: Zeitgenössische Literatur – Echolot für Religion? Erkundungen in der deutschsprachigen Gegenwartsliteratur, in: *Michael Durst/Hans J. Münk* (Hrsg.): Religion und Gesellschaft. Theologische Berichte 30 (Freiburg/CH 2007), S. 194–240

ders.: Wahrheiten außerhalb des Blickfeldes. Judentum und Islam in der Gegenwartsliteratur, in: HerderKorrespondenz 63 (2009), S. 38–42

Grözinger, Albrecht/Andreas Mauz/Adrian Portmann (Hrsg.): Religion und Gegenwartsliteratur. Spielarten einer Liaison (Würzburg 2009)

Hahn, Friedrich: Moderne Literatur im kirchlichen Unterricht (München 1963)

ders.: Bibel und moderne Literatur. Große Lebensfragen in Textvergleichen (Stuttgart 1966)

ders.: Zwischen Verkündigung und Kitsch. Religiöse Probleme in der heutigen Jugendliteratur (Weinheim/Berlin 1968)

ders.: Mittelpunkt Mensch. Große Lebensfragen im Spiegel von Kurzgeschichten und Theologie unserer Zeit (Stuttgart 1975)

ders.: Glaube und moderne Literatur (Stuttgart 1980)

Halbfas, Hubertus: Fundamentalkatechetik. Sprache und Erfahrung im Religionsunterricht (Stuttgart 1968)

ders.: Das religiöse Kinder- und Jugendbuch, in: *Gerhard Haas* (Hrsg.): Kinder- und Jugendliteratur. Ein Handbuch (Stuttgart ^{3}1984), S. 229–246

ders./Ursula Halbfas (Hrsg.): Das Menschenhaus. Ein Lesebuch für den Religionsunterricht (Zürich/Stuttgart/Düsseldorf 1972)

Hardt, Adelheid/Elisabeth Schmitz/Alfons Thomé: Dichter und Propheten. Moderne Dichtung im Religionsunterricht (Trier 1973)

Heil, Stefan: Die Rede von Gott im Werk Ödön von Horváths. Eine erfahrungstheologische und pragmatische Autobiographie- und Literaturinterpretation – mit einer religionsdidaktischen Reflexion (Ostfildern 1999)

Heumann, Jürgen (Hrsg.): Über Gott und die Welt. Religion, Sinn und Werte im Kinder- und Jugendbuch (Frankfurt u.a. 2005)

ders.: Auf der Suche nach Religion. Die Wiederkehr der Religion im Kinder- und Jugendbuch (Oldenburg 2007)

Höck, Wilhelm (Hrsg.): Weltliches Erzählen von Gott in der modernen Weltliteratur (Hamburg/München 1972)

Hussong, Martin: Theoretisches Defizit – problematische Praxis. Kritische Bemerkungen zur Literatur über Dichtung im Religionsunterricht, in: Der Evangelische Erzieher 27 (1975), S. 358–369

Jacobi, Reinhold (Hrsg.): Kinderbuch und Religion (Regensburg 1979)

Joist, Alexander: Auf der Suche nach dem Sinn des Todes. Todesdeutungen in der Lyrik der Gegenwart (Mainz 2004)

Kienecker, Friedrich: Der Mensch in der modernen Lyrik. Eine Handreichung zur Interpretation (Essen 1970)

ders.: Der Mensch in der modernen Prosa. Eine Handreichung zur Interpretation (Essen 1971)

ders.: Der Mensch im modernen Drama. Eine Handreichung zur Interpretation (Essen 1973)

ders.: Es sind noch Lieder zu singen ... Beispiele moderner christlicher Lyrik (Essen 1978) *ders.*: Dialog vor offenem Horizont. Beiträge zum Gespräch zwischen Religion und Literatur (Paderborn 1991)

Kinder- und Jugendliteratur, Themenheft 1: Religionsunterricht an höheren Schulen 46 (2003), S. 1–35

Kirchhoff, Hermann/Margot Saller (Hrsg.): Im Dialog mit Texten. Zum Umgang mit literarischen Texten in Religionsunterricht und Gemeindearbeit (Donauwörth 1989)

Krems, Gerhard (Hrsg.): Kinder- und Jugendbücher in der religiösen Erziehung (Paderborn u.a. 1981)

Kurz, Paul Konrad: (Hrsg.): Komm ins Offene. Essays zur zeitgenössischen Literatur (Frankfurt 1993)

ders. (Hrsg.): Höre Gott! Psalmen des Jahrhunderts (Zürich/Düsseldorf 1997)

Kuschel, Karl-Josef: Jesus in der deutschsprachigen Gegenwartsliteratur [1]1978 (München/Zürich 1987)

ders. (Hrsg.): Der andere Jesus. Ein Lesebuch moderner literarischer Texte [1]1983 (München/Zürich 1987)

ders.: „Vielleicht hält Gott sich einige Dichter..." Literarisch-Theologische Porträts (Mainz 1991)

ders.: Im Spiegel der Dichter. Mensch, Gott und Jesus in der Literatur des 20. Jahrhunderts (Düsseldorf 1997)

ders.: Jesus im Spiegel der Weltliteratur. Eine Jahrhundertbilanz in Texten und Einführungen (Düsseldorf 1999)

ders.: Das Weihnachten der Dichter. Große Texte von Thomas Mann bis Reiner Kunze (Düsseldorf 2004)

Langenhorst, Annegret/Georg Langenhorst: Fachdidaktik Religion und Fachdidaktik Deutsch: Chancen und Grenzen der Kooperation, in: *Manfred L. Pirner/Andrea Schulte* (Hrsg.): Religionsdidaktik im Dialog – Religionsunterricht in Kooperation (Jena 2010), S. 47–71

Langenhorst, Georg (Hrsg.): Hiobs Schrei in die Gegenwart. Ein literarisches Lesebuch zur Frage nach Gott im Leid (Mainz 1995)

ders.: Wie von Gott reden? Schriftsteller als Sprachlehrer für Theologen und Religionspädagogen, in: Religionsunterricht an Höheren Schulen 40 (1997), S. 394–403

ders.: Die Weltreligionen im Spiegel der Literatur? Didaktische Perspektiven interreligiösen Lernens, in: Religionsunterricht an höheren Schulen 43 (2000), S. 384–387

ders.: Gedichte zur Bibel. Texte – Interpretationen – Methoden. Ein Werkbuch für Schule und Gemeinde (München 2001)

ders.: Gedichte zur Gottesfrage. Texte – Interpretationen – Methoden. Ein Werkbuch für Schule und Gemeinde (München 2003)

ders. (Hrsg.): Christliche Literatur für unsere Zeit. 50 Leseempfehlungen (München 2007)

ders.: „Ich gönne mir das Wort Gott". Annäherungen an die Gottesfrage in der Gegenwartsliteratur (Freiburg 2009)

ders.: Gott in der Literatur unserer Zeit. Aufbrüche jenseits von Gotteskritik und Gottesverdunstung, in: *Rudolf Englert* u. a. (Hrsg.): Gott im Religionsunterricht. Jahrbuch der Religionspädagogik 25 (2009), (Neukirchen-Vluyn 2009), S. 218–229

ders. (Hrsg.): Gestatten: Gott! Religion und Gottesfrage in der Kinder- und Jugendliteratur der Gegenwart (München 2011)

Mattenklott, Gundel: G. Ott, ein neuer Protagonist in der Kinder- und Jugendliteratur, in: Deutschunterricht 51 (1998), S. 294–303

Mendl, Hans: Literatur als Spiegel christlichen Lebens. Religiöse Kinder- und Jugenderzählungen katholischer Autoren von 1750–1850 (St. Ottilien 1995)

Motté, Magda: Religiöse Erfahrung in modernen Gedichten. Texte, Interpretationen, Unterrichtsskizzen (Freiburg/Basel/Wien 1972)

dies.: Religiöse und christliche Elemente in der neueren Lyrik für Kinder, in: Spurensuche. Religion in der Kinder- und Jugendliteratur (Annweiler 1989), S. 9–52

dies.: Religion und Gott in der Kinder- und Jugendliteratur, in: Stimmen der Zeit 216 (1998), S. 853–857

dies.: Alles ist Gleichnis. Arbeit mit moderner Literatur für Kinder und Jugendliche im Religionsunterricht, in: Religionsunterricht an höheren Schulen 46 (2003), S. 1–19

Mühlberger, Sigrid: Literatur im Religionsunterricht, in: Christlich-pädgogische Blätter 93 (1980), S. 253–259; 320–328; 94 (1981), S. 257–259

dies./Margarete Schmid: Verdichtetes Wort. Biblische Themen in der modernen Literatur (Innsbruck/Wien 1994)

Niehl, Franz W. (Hrsg.): Moderne Literatur und Texte der Bibel (Göttingen/Trier 1974)

ders. (Hrsg.): Gottes Ohnmacht. Texte aus der deutschsprachigen Literatur (Mainz 1988)

ders. (Hrsg.): Der Fremde aus Nazareth. Ein Lesebuch (München 1993)

Ott, Rudi: Zur didaktischen Funktion literarischer Texte im Religionsunterricht, in: *Hermann Kirchhoff/Margot Saller* (Hrsg.): Im Dialog mit Texten. Zum Umgang mit literarischen Texten in Religionsunterricht und Gemeindearbeit (Donauwörth 1989), S. 31–44

Rabl, Josef (Hrsg.): Religiöse Kinderliteratur. Religionspädagogische Beiträge 1967–1980 (Mainz/München 1981)

ders.: Religion im Kinderbuch. Analyse zeitgenössischer Kinderliteratur unter religionspädagogischem Aspekt (Hardebek 1982)

Röckel, Gerhard/Georg Bubolz: Texte erschließen. Grundlagen – Methoden – Beispiele für den Deutsch- und Religionsunterricht (Düsseldorf 2006)

Rucker, Eugen (Hrsg.): Moderne Literatur. Ein Text- und Arbeitsbuch für den Deutsch- und Religionsunterricht (München/Wuppertal 1971)

Sajak, Clauß Peter: Exil als Krisis. Selbstkundgabe, Erinnerung und Realisation als Beitrag deutschsprachiger Exilliteratur zu einer narrativen Religionsdidaktik (Ostfildern 1998)

Schröer, Henning: Theologische Momente moderner deutscher Literatur. Ein Beitrag zur Hermeneutik applikativer Theologie, in: Kerygma und Dogma 12 (1966), S. 83–106

ders.: Moderne deutsche Literatur in Predigt und Religionsunterricht. Überlegungen zur Wahrnehmung heilsamer Provokationen (Heidelberg 1972)

ders.: Die religiöse Frage in der zeitgenössischen Literatur, in: Evangelischer Erzieher 40 (1988), S. 414–432

ders.: Literatur und Religion VI: Praktisch-Theologisch, in: Theologische Realenzyklopädie, Bd. XXI (Berlin 1991), S. 294–306

ders./Gotthard Fermor/Harald Schroeter (Hrsg.): Theopoesie. Theologie und Poesie in hermeneutischer Sicht (Rheinbach 1998)

Schröer, Siegfried: Jugendliteratur und christliche Erlösungshoffnung. Vom Widerstand junger Menschen gegen die Mächte des Bösen (Essen 2001)

Schulz, Petra/Rebekka Malter: Schräge Perspektiven. Unterrichtscollagen im Spannungsfeld von Theologie, Literatur und Alltagswelt (Neukirchen-Vluyn 2006)

Schwens-Harrant, Brigitte: Trittbrett für die Verkündigung? Literatur im Religionsunterricht, in: Christlich-Pädagogische Blätter 1/1998, S. 4–6

Sistermann, Rolf: Literatur und Ideologie im Religionsunterricht. Die ideologiekritische Behandlung literarischer Texte (Zürich/Einsiedeln/Köln 1979)

Sölle, Dorothee: Realisation. Studien zum Verhältnis von Theologie und Dichtung nach der Aufklärung (Darmstadt/Neuwied 1973)

dies.: Das Eis der Seele spalten. Theologie und Literatur in sprachloser Zeit (Mainz 1996)

Spurensuche. Religion in der Kinder- und Jugendliteratur, Forschungsgespräche der Katholischen Akademie „Die Wolfsburg", 16 Bde. (Annweiler/Essen 1989–2007)

Stock, Alex: Umgang mit theologischen Texten. Methoden – Analysen – Vorschläge (Zürich/ Einsiedeln/Köln 1974)

Thomé, Alfons: Moderne Problemliteratur im Religionsunterricht. Themen – Texte – Modelle – Methoden (München 1974)

Vincon, Herbert (Hrsg.): Spuren des Wortes. Biblische Stoffe in der Literatur. Materialien für Predigt, Religionsunterricht und Erwachsenenbildung, 3 Bde. (Stuttgart 1988–90)

Voss-Eiser, Mechtild (Hrsg.): Religion im Kinder- und Jugendbuch Nr. 2 (Hardebek 1981)

Werner, Anneliese (Hrsg.): Es müssen nicht Engel mit Flügeln sein. Religion und Christentum in der Kinder- und Jugendliteratur (Mainz/München 1982)

Wittekind, Folkart: Religion im Kinder- und Jugendbuch, in: Kinder-/Jugendliteratur und Medien in Forschung, Schule und Bibliothek, Heft 1/2009, S. 11–19

Wolf, Bernhard: Domestizierte Texte. Bedeutung und Funktion moderner Literatur im Religionsunterricht, in: Der Evangelische Erzieher 27 (1975), S. 370–383

Zimmermann, Mirjam (Hrsg.): Religionsunterricht praktisch mit Jugendliteratur. Materialien für die Sekundarstufe I (Göttingen 2006)

Zisler, Kurt: Literatur in den Büchern für den Religionsunterricht, in: Theologisch-Praktische Quartalschrift 152 (2004), S. 49–60

2. Anmerkungen

Hinführung (Seiten 9–76)

1 *Brigitte Schwens-Harrant*: Trittbrett für die Verkündigung? Literatur im Religionsunterricht, in: Christlich-Pädagogische Blätter 1/1998, S. 4–6.
2 Vgl. *Georg Langenhorst*: „Ich gönne mir das Wort Gott". Annäherungen an die Gottesfrage in der Gegenwartsliteratur (Freiburg 2009).
3 Vgl. zu Begriff und Geschichte: *Georg Langenhorst*: Christliche Literatur für unsere Zeit. 50 Leseempfehlungen (München 2007).
4 *Paul Tillich*: Die religiöse Substanz der Kultur. Schriften zur Theologie der Kultur. Gesammelte Werke Bd. IX, (Stuttgart 1967), S. 84.
5 *Paul Tillich*: Systematische Theologie, Bd. 1 [1]1951 (Stuttgart 1956), S. 74.
6 Vgl. *Thomas Kucharz*: Theologen und ihre Dichter. Literatur, Kultur und Kunst bei Karl Barth, Rudolf Bultmann und Paul Tillich (Mainz 1995).
7 Vgl. *Dorothee Sölle*: Realisation. Studien zum Verhältnis von Theologie und Dichtung nach der Aufklärung (Darmstadt/Neuwied 1973).
8 *Friedrich Hahn*: Moderne Literatur im kirchlichen Unterricht (München 1963), S. 11.
9 *Hubertus Halbfas*: Fundamentalkatechetik. Sprache und Erfahrung im Religionsunterricht (Stuttgart 1972), S. 214.
10 *Magda Motté*: Religiöse Erfahrung in modernen Gedichten. Texte, Interpretationen, Unterrichtsskizzen (Freiburg/Basel/Wien 1972), S. 36.
11 *Henning Schröer*: Moderne deutsche Literatur in Predigt und Religionsunterricht. Überlegungen zur Wahrnehmung heilsamer Provokationen (Heidelberg 1972), S. 5.
12 *Eugen Rucker* (Hrsg.): Moderne Literatur. Ein Text- und Arbeitsbuch für den Deutsch- und Religionsunterricht (München/Wuppertal 1971).
13 *Sigrid* Berg: Kurze literarische Texte für den Religionsunterricht. Inhalt in Stichworten – Thematik – Altersstufe, 2 Bde. (Stuttgart/München 1971).
14 *Wilhelm Höck* (Hrsg.): Weltliches Erzählen von Gott in der modernen Weltliteratur (Hamburg/München 1972).
15 *Adelheid Hardt/Elisabeth Schmitz/Alfons Thomé*: Dichter und Propheten. Moderne Dichtung im Religionsunterricht (Trier 1973), S. 15f.
16 *Alfons Thomé*: Moderne Problemliteratur im Religionsunterricht. Themen – Texte – Modelle – Methoden (München 1974), S. 11.
17 *Franz W. Niehl* (Hrsg.): Moderne Literatur und Texte der Bibel (Göttingen/Trier 1974).
18 *Karl-Heinz Bloching* (Hrsg.): Texte moderner Schriftsteller zur Meditation (Mainz 1973); *ders.* (Hrsg.): Texte über Gott. Anregungen zum Nachdenken (Mainz 1976).
19 *Karl Rahner/Herbert Vorgrimler* (Hrsg.): Kleines Konzilskompendium. Sämtliche Texte des Zweiten Vatikanums (Freiburg/Basel/Wien 1966), S. 515.
20 *Dietmar Mieth*: Dichtung, Glaube und Moral. Studien zur Begründung einer narrativen Ethik mit einer Interpretation zum Tristanroman Gottfrieds von Straßburg (Mainz 1976), S. 26.
21 *Karl-Josef Kuschel*: Jesus in der deutschsprachigen Gegenwartsliteratur [1]1978 (München/Zürich 1987), S. 3.
22 *Karl-Josef Kuschel*: Jesus (1978), a.a.O., S. 5.
23 *Karl-Josef Kuschel*: „Vielleicht hält Gott sich einige Dichter ..." Literarisch-Theologische Porträts (Mainz 1991), S. 380f.
24 Grundlagenplan für den katholischen Religionsunterricht im 5. bis 10. Schuljahr, hrsg. von der Zentralstelle Bildung der Deutschen Bischofskonferenz (München 1984), S. 242.
25 So *Iris Bosold,*: Ganzschriften, in: *dies./Peter Kliemann* (Hrsg.): „Ach, Sie unterrichten Religion?" Methoden, Tipps, Trends (München 2003), S. 189–193, hier: S. 189.
26 *Ralph P. Crimmann*: Literaturtheologie. Studien zur Vermittlungsproblematik zwischen Germanistik und Theologie, Dichtung und Glaube, Literaturdidaktik und Religionspädagogik (Frankfurt 1978), S. 106–108.

27 *Martin Hussong*: Theoretisches Defizit – problematische Praxis. Kritische Bemerkungen zur Literatur über Dichtung im Religionsunterricht, in: Der Evangelische Erzieher 27 (1975), S. 358–369, hier: S. 362.

28 Ebd. S. 365f.

29 *Bernhard Wolf*: Domestizierte Texte. Bedeutung und Funktion moderner Literatur im Religionsunterricht, in: Der Evangelische Erzieher 27 (1975), S. 370–383, hier: S. 380.

30 *Rolf Sistermann*: Literatur und Ideologie im Religionsunterricht. Die ideologiekritische Behandlung literarischer Texte (Freiburg/Basel/Wien 1979), S. 10.

31 *Ursula Baltz*: Theologie und Poesie. Annäherungen an einen komplexen Problemzusammenhang zwischen Theologie und Literaturwissenschaft (Frankfurt 1983), S. 165.

32 *Ursula Baltz-Otto*: „Religion und Literatur". Theologie und Literaturwissenschaft, in: Jahrbuch für Religionspädagogik 4/1987 (Neukirchen-Vluyn 1988), S. 21–41, hier: S. 35.

33 Vgl. die primär praxisorientierten Bücher von *Petra Schulz/Rebekka Malter*: Schräge Perspektiven. Unterrichtscollagen im Spannungsfeld von Theologie, Literatur und Alltagswelt (Neukirchen-Vluyn 2006); *Mirjam Zimmermann* (Hrsg.): Religionsunterricht praktisch mit Jugendliteratur. Sekundarstufe I (Göttingen 2006).

34 Eher unsystematische Einzelstudien finden sich in: *Hermann Kirchhoff/Margot Saller* (Hrsg.): Im Dialog mit Texten. Zum Umgang mit literarischen Texten in Religionsunterricht und Gemeindearbeit (Donauwörth 1989).

35 *Kurt Zisler*: Literatur in den Büchern für den Religionsunterricht, in: Theologisch-Praktische Quartalsschrift 152 (2004), S. 49–60, hier: S. 58.

36 *Claußs Peter Sajak*: Exil als Krisis. Selbstkundgabe, Erinnerung und Realisation als Beitrag deutschsprachiger Exilliteratur zu einer narrativen Religionsdidaktik (Ostfildern 1998), S. 14. Die folgenden Hervorhebungen von GL.

37 *Stefan Heil*: Die Rede von Gott im Werk Ödön von Horváths. Eine erfahrungstheologische und pragmatische Autobiographie- und Literaturinterpretation mit einer religionsdidaktischen Reflexion (Ostfildern 1999). Die folgenden Hervorhebungen von GL.

38 *Horst Klaus und Sigrid Berg* (Hrsg.): Biblische Texte verfremdet, 12 Bde. (München/Stuttgart 1986–1990).

39 *Herbert Vincon* (Hrsg.): Spuren des Wortes. Biblische Stoffe in der Literatur. Materialien für Predigt, Religionsunterricht und Erwachsenenbildung, 3 Bde. (Stuttgart 1988–90).

40 *Theodor Eggers* (Hrsg.): Adam, Eva & Co. Ziemlich biblische Geschichten für den Religionsunterricht (Düsseldorf 1980).

41 *Georg Langenhorst*: (Hrsg.): Gedichte zur Bibel. Texte – Interpretationen – Methoden. Ein Werkbuch für Schule und Gemeinde (München 2001).

42 *Georg Langenhorst*: (Hrsg.): Hiobs Schrei in die Gegenwart. Ein literarisches Lesebuch zur Frage nach Gott im Leid (Mainz 1995).

43 *Simone Frieling* (Hrsg.): Der rebellische Prophet. Jona in der modernen Literatur (Göttingen 1999).

44 *Karl-Josef Kuschel*: Jesus in der deutschsprachigen Gegenwartsliteratur [1]1978 (München/Zürich 1987); *ders.* (Hrsg.): Der andere Jesus. Ein Lesebuch moderner literarischer Texte [1]1983 (München/Zürich 1987); *ders.*: Jesus im Spiegel der Weltliteratur. Eine Jahrhundertbilanz in Texten und Einführungen (Düsseldorf 1999).

45 *Matthias Krieg/Gabrielle Zangger-Derron* (Hrsg.): Judas. Ein literarisch-theologisches Lesebuch (Zürich 1996).

46 *Volker Garske*: Poesie zu Passion und Auferstehung Jesu. Interpretationen und methodische Zugänge im Religionsunterricht der Sekundarstufen (Kevelaer 2005).

47 *Paul Konrad Kurz*: (Hrsg.): Höre Gott! Psalmen des Jahrhunderts (Zürich/Düsseldorf 1997).

48 *Franz W. Niehl* (Hrsg.): Gottes Ohnmacht. Texte aus der deutschsprachigen Literatur (Mainz 1988); *Georg Langenhorst*: Gedichte zur Gottesfrage. Texte – Interpretationen – Methoden. Ein Werkbuch für Schule und Gemeinde (München 2003); *Helmut B. Zwanger* (Hrsg.): Gott im Gedicht. Eine Anthologie zur deutschsprachigen Lyrik von 1945 bis heute (Tübingen 2007).

49 *Josef Imbach*: Nachdenken über Schuld. Texte von zeitgenössischen Schriftstellern (Zürich 1989).
50 *Bernhard Sill* (Hrsg.): Gewissen. Gedanken, die zu denken geben (Paderborn 2006).
51 *Friederike Waller* (Hrsg.): Alles ist nur Übergang. Lyrik und Prosa über Abschied, Sterben und Tod [1]1988 (Frankfurt 2006); *Ursula Baltz-Otto* (Hrsg.): Es war so schön zu leben, da du lebtest. Von Trennung und Abschied [1]1998 (Zürich 2006).
52 *Jürgen Heumann* (Hrsg.): Über Gott und die Welt. Religion, Sinn und Werte im Kinder- und Jugendbuch (Frankfurt 2005), S. 7.
53 *Magda Motté*: Alles ist Gleichnis. Arbeit mit moderner Literatur für Kinder- und Jugendliche im Religionsunterricht, in: Religionsunterricht an höheren Schulen 46 (2003), S. 1–19, hier: S. 1.
54 *Friedrich Hahn*: Zwischen Verkündigung und Kitsch. Religiöse Probleme in der heutigen Jugendliteratur (Weinheim/Berlin 1968), S. 87.
55 *Josef Rabl* (Hrsg.): Religiöse Kinderliteratur. Religionspädagogische Beiträge 1967–1980 (Mainz/München 1981), S. 8.
56 *Friedrich Hahn* 1968, a.a.O., S. 88.
57 *Magda Motté*: Religiöse und christliche Elemente in der neueren Lyrik für Kinder, in: Spurensuche. Religion in der Kinder- und Jugendliteratur (Annweiler 1989), S. 9–52, hier: S. 47.
58 *Magda Motté*: Religion und Gott in der Kinder- und Jugendliteratur, in: Stimmen der Zeit 216 (1998), S. 853–857, hier: S. 857.
59 *Magda Motté*: Alles ist Gleichnis, a.a.O., S. 17.
60 *Sybille Peter-Perret*: Biblische Geschichten für die Jugend erzählt. Eine Studie zur religiösen Kinder- und Jugendliteratur des 18. Jahrhunderts (Essen 1991), S. 53.
61 *Hans Mendl*: Literatur als Spiegel christlichen Lebens. Religiöse Kinder- und Jugenderzählungen katholischer Autoren von 1750–1850 (St. Ottilien 1995), S. 175.
62 *Reinhold Jacobi* (Hrsg.): Kinderbuch und Religion (Regensburg 1979), S. 12.
63 *Anneliese Werner* (Hrsg.): Es müssen nicht Engel mit Flügeln sein. Religion und Christentum in der Kinder- und Jugendliteratur (Mainz/München 1982), S. 55.
64 *Magda Motté*: Alles ist Gleichnis a.a.O., S. 7f.
65 *Jürgen Heumann*: Einleitung oder – Was ist „religiös" in Kinder- und Jugendliteratur?, in: *ders* (Hrsg.): Über Gott und die Welt, a.a.O., S. 9–17, hier: S. 16.
66 *Josef Rabl*: Religion im Kinderbuch. Analyse zeitgenössischer Kinderliteratur unter religionspädagogischem Aspekt (Hardebek 1982), S. 260.
67 Vgl. auch *Gerhard Krems* (Hrsg.): Kinder- und Jugendbücher in der religiösen Erziehung (Paderborn u.a. 1981); *Mechtild Voss-Eiser* (Hrsg.): Religion im Kinder- und Jugendbuch Nr. 2 (Hardebek 1981).
68 *Hubertus Halbfas*: Das religiöse Kinder- und Jugendbuch, in: *Gerhard Haas* (Hrsg.): Kinder- und Jugendliteratur. Ein Handbuch (Stuttgart [3]1984), S. 229–244, hier: S. 242.
69 „Vorwort", in: *Marlies Göcking/Michael Schlagheck* (Hrsg.): Spurensuche 3 + 4. Religion in der Kinder- und Jugendliteratur (Annweiler/Essen 1993), S. 8.
70 *Joachim Valentin*: Ist Gott nicht wegzudenken? Gottesfrage, Lebensphilosophie und nichtchristliche Religionen in der aktuellen Kinder- und Jugendliteratur, in: *Willi Fährmann/Vera Steinkamp/Michael Schlagheck* (Hrsg.): Spurensuche 11. Religion in der Kinder- und Jugendliteratur (Essen 2001), S. 78–105, hier: S. 84.
71 Vgl. *Georg Langenhorst* (Hrsg.): Christliche Literatur, a.a.O., S. 33–35.
72 Vgl. aktuell: *Georg Langenhorst* (Hrsg.): Gestatten, Gott? Religion in der Kinder- und Jugendliteratur der Gegenwart. Befund – Analysen – Praxis (München 2011).
73 *Gundel Mattenklott*: G. Ott, ein neuer Protagonist in der Kinder- und Jugendliteratur, in: Deutschunterricht 51 (1998), S. 294–303; S. 298.
74 *Angelika Walser*: Die Sehnsucht heil zu werden. Spiritualität in heutiger realistischer Kinder- und Jugendliteratur, in: *Inge Cevela* (Hrsg.): Zumutungen, a.a.O., S. 215–243, hier: S. 217.
75 Ebd., S. 238.
76 *Gabriele Dreßing*: Zwischen Bibel und Bilderbuch. Religiöse Kinder- und Jugendliteratur im Spiegel des Katholischen Kinder- und Jugendbuchpreises (St. Ingbert 2004), S. 38.

77 *Herbert Stangl*: „Gott, wenn es dich wirklich gibt…“ Spuren des Religiösen in erzählender Kinder- und Jugendliteratur, in: *Inge Cevela* (Hrsg.): Zumutungen, a.a.O., S. 177–213, hier: S. 183.

78 *Siegfried Schröer*: Jugendliteratur und christliche Erlösungshoffnung. Vom Widerstand junger Menschen gegen die Mächte des Bösen (Essen 2001), S. 2.

79 *Gabriele Dreßing*: Zwischen Bibel und Bilderbuch, a.a.O., S. 26.

80 Vgl. das Themenheft: „Über Gott und die Welt: Religion als Thema der KJL“, Kinder-/Jugendliteratur und Medien in Forschung, Schule und Bibliothek 1/2009.

81 Vgl. *Inge Cevela* (Hrsg.): Zumutungen. Lene Mayer-Skumaz und die religiöse Kinderliteratur (Wien 2006), vor allem S. 177–336.

82 Vgl. *Heumann* (2005), *Cevela* (2006); *Heumann* (2007), *Langenhorst* (2011).

83 Vgl. Themenhefte „Gedichte“: Katechetische Blätter 2/2002; „Kinder- und Jugendliteratur“: Religionsunterricht an höheren Schulen 1/2003.

84 *Mirjam Zimmermann* (Hrsg.): Religionsunterricht praktisch mit Jugendliteratur. Materialien für die Sekundarstufe I (Göttingen 2006).

85 *Horst Klaus Berg/Ulrike Weber*: Benjamin & Julius. Geschichten einer Freundschaft zur Zeit Jesu (Stuttgart/München 1996).

86 *Rainer Oberthür*: Neles Buch der großen Fragen. Eine Entdeckungsreise zu den Geheimnissen des Lebens (München 2002).

87 *Josef Quadflieg*: Jesus. Geschichte eines Lebenden (Düsseldorf 1999).

88 *Wolfgang Klausnitzer* (Hrsg.): Paula macht blau. Eine ökumenische Entdeckungsreise (Paderborn 2003).

89 *Johann Hinrich Claussen*: Moritz und der liebe Gott (München 2004).

90 *Eckhard Nordhofen*: Die Mädchen, der Lehrer und der liebe Gott. Roman (Stuttgart 1999).

91 *Georg Langenhorst*: Botschaft für Teresa. Eine Ostererzählung (Donauwörth 2006); *ders.*: Geheimcode 2412. Eine spannende WeihnachtsZeitReise (Stuttgart 2009).

92 *Klaus Gaspari*: Wasseraugen. Schnittstellen und Begegnungsräume von Religion und Literatur in der aktuellen Kinder- und Jugendliteratur, in: *Inge Cevela* (Hrsg.): Zumutungen, a.a.O., S. 283–302, hier: S. 283.

93 *Folkart Wittekind*: Religion im Kinder- und Jugendbuch, in: Kinder-/Jugendliteratur und Medien in Forschung, Schule und Bibliothek 60, Heft 1/2009, S. 11–19, hier: S. 12.

94 So mit Recht *Magda Motté*: Religiöse Erfahrung in modernen Gedichten (1972), a.a.O., S. 40.

95 *Dorothee Sölle:* Realisation. Studien zum Verhältnis von Theologie und Dichtung nach der Aufklärung (Darmstadt/Neuwied 1973), S. 77.

96 Grundlagenplan für den katholischen Religionsunterricht in der gymnasialen Oberstufe/Sekundarstufe II, hrsg. vom Sekretariat der Deutschen Bischofskonferenz (München 2003), S. 39.

97 *Hans Mendl*: Religion erleben. Ein Arbeitsbuch für den Religionsunterricht. 20 Praxisfelder (München 2008), S. 65.

98 *Gabriele Dreßing*: Zwischen Bibel und Bilderbuch (2004), a.a.O., S. 37.

99 *Hans-Joachim Gelberg*: Warum Gedichte, warum Gedichte für Kinder? Was ist das Besondere, Einzigartige, Unersetzliche an Literatur?, in: Katechetische Blätter 127 (2002), S. 85–90, hier: S. 89.

100 *Ute Andresen*: Der Kopf verneigt sich vor dem Herzen. Ein Plädoyer, Kindern Gedichte zu geben und sie ihnen zu lassen, in: Katechetische Blätter 127 (2002), S. 91–97, hier: S. 92.

101 *Ute Andresen*: Versteh mich nicht so schnell. Gedichte lesen mit Kindern (Weinheim/Berlin 1992).

102 Grundlagenplan für den katholischen Religionsunterricht in der Grundschule, hrsg. von der Zentralstelle Bildung der Deutschen Bischofskonferenz (München 1998), S. 12.

103 Grundlagenplan für den katholischen Religionsunterricht in der gymnasialen Oberstufe/Sekundarstufe II, hrsg. vom Sekretariat der Deutschen Bischofskonferenz (München 2003), S. 38.

104 Vgl. *Friedrich Schweitzer*: Lebensgeschichte und Religion. Religiöse Entwicklung und Erziehung im Kindes- und Jugendalter (Gütersloh [4]1999).

105 *James W. Fowler*: Stufen des Glaubens. Die Psychologie der menschlichen Entwicklung und die Suche nach Sinn [1]1981 (Gütersloh 2000).

106 *Karl Ernst Nipkow*: Erwachsenwerden ohne Gott? Gotteserfahrung im Lebenslauf (Gütersloh 1987), hier: S. 49.

107 Vgl. *James W. Fowler*: Stufen des Glaubens, a.a.O., S. 340.

108 *Thorsten Bohl*: Lernende in der Hauptschule – ein Blick auf die Hauptschule nach PISA (Hohengehren 2003), S. 31.

109 *Dietlind Fischer*: Religionsunterricht an Hauptschulen in Großstädten. Probleme und Perspektiven (Münster 1987), S. 47.

110 *Rudi Ott*: Zur didaktischen Funktion literarischer Texte im Religionsunterricht, in: *Hermann Kirchhoff/ Margot Saller* (Hrsg.): Im Dialog mit Texten., a.a.O., S. 31–44, hier: S. 40.

111 *Dietrich Benner*: Bildungsstandards und Qualitätssicherung im Religionsunterricht, in: Religionspädagogische Beiträge 53/2004, S. 5–19, hier: S. 15.

112 *Ursula Baltz/Henning Luther*: Von der Angewiesenheit des Theologen auf literarische Kultur, in: Themen der Praktischen Theologie – Theologia Practica 18 (1983), Heft 3/4, S. 49–54, hier: S. 50.

113 *Clauß Peter Sajak*: Exil als Krisis. Selbstkundgabe, Erinnerung und Realisation als Beitrag deutschsprachiger Exilliteratur zu einer narrativen Religionsdidaktik (Ostfildern 1998), S. 160.

114 *Martin Hussong*: Theoretisches Defizit – problematische Praxis. Kritische Bemerkungen zur Literatur über Dichtung im Religionsunterricht, in: Der Evangelische Erzieher 27 (1975), S. 358–369, hier: S. 364.

115 *Sigrid Mühlberger*: Literatur im Religionsunterricht, in: Christlich-pädagogische Blätter 93 (1980), S. 253–259, hier: S. 254.

116 Vgl. *Friedrich Wilhelm Graf*: Tumult im Theotop. Akademische Theologie in der Krise, in: Frankfurter Allgemeine Zeitung, 21.02.2008.

117 *Robert Musil*: Der Mann ohne Eigenschaften. Roman [1]1930–1943, hrsg. von *Adolf Frisé* (Reinbek 2001), S. 16.

118 *Peter Biehl*: Religiöse Sprache und Alltagserfahrung. Zur Aufgabe einer poetischen Didaktik, in: Themen der praktischen Theologie – Theologia Practica 18 (1983), S. 101–109, hier S. 104f.

119 *Gerhard Röckel/Georg Bubolz*: Texte erschließen. Grundlagen – Methoden – Beispiele für den Deutsch- und Religionsunterricht (Düsseldorf 2006).

120 *Josef Epping*: Von Anekdote bis Wundergeschichte. Textsorten verstehen. Ein Arbeitsbuch für den Religionsunterricht (München 2009).

121 *Franz Wendel Niehl/Arthur Thömmes*: 212 Methoden für den Religionsunterricht (München 1998).

122 Vgl. *Gerhard Haas*: Handlungs- und produktionsorientierter Literaturunterricht. Theorie und Praxis eines „anderen" Literaturunterrichts für die Primar- und Sekundarstufe (Seelze 1997), S. 43.

123 Ebd., S. 50.

124 *Hans Schmid*: Unterrichtsvorbereitung – eine Kunst. Ein Leitfaden für den Religionsunterricht (München 2008), S. 116.

125 *Helmut Kurz*: Methoden des Religionsunterrichts. Arbeitsformen und Beispiele (München 1984), S. 73–76.

126 *Gerhard Haas* (1997), a.a.O., S. 69.

127 *Gerhard Röckel/Georg Bubolz*: Texte erschließen, a.a.O., S. 279ff.

128 *Ludwig Sauter*: Kreatives Schreiben im Religionsunterricht (Stuttgart 2007).

129 *Alex Stock*: Umgang mit theologischen Texten. Methoden – Analysen – Vorschläge (Zürich/Einsiedeln/Köln 1974), S. 141f. Hervorhebungen von GL.

130 *Christiane Boeck*: Lesen im Religionsunterricht, in: Kinder-/Jugendliteratur und Medien in Forschung, Schule und Bibliothek 60, Heft 1/2009, S. 44–48, hier: S. 44.

131 *Iris Bosold*: Ganzschriften, in: *dies./Peter Kliemann* (Hrsg.): „Ach, Sie unterrichten Religion?" Methoden, Tipps, Trends (München 2003), S. 189–193, hier: S. 190.

Themenfelder – Texte – Deutungen (Seiten 77–82)

132 Vgl. z. B. den „Kanon" bei: *Barbara Karl-Rückert*: Literaturtreff Religion, in: Katholisches Schulkommissariat in Bayern (Hrsg.): Materialien für den Religionsunterricht am Gymnasium 1/2003: Religion am Gymnasium – Partner in Unterricht und Schulleben, S. 127–147, hier: S. 129.
133 Vgl. *Georg Langenhorst*: „Ich gönne mir das Wort Gott," a.a.O.
134 Vgl. ebd. 229–246.

I. Biblische Botschaft (Seiten 83–110)

135 Überblick: *Georg Langenhorst*: Theologie und Literatur (2005), a.a.O., S. 77–129.
136 *Heinrich Schmidinger* (Hrsg.): Die Bibel in der deutschsprachigen Literatur des 20. Jahrhunderts 2 Bde. (Mainz 1999).
137 Vgl. *Hans-Peter Schmidt/Daniel Weidner* (Hrsg.): Bibel als Literatur (München 2008).
138 Vgl. *Friedrich Hahn*: Bibel und moderne Literatur. Große Lebensfragen in Textvergleichen (Stuttgart 1966); *Theodor Eggers* (Hrsg.): Adam, Eva & Co. Ziemlich biblische Geschichten für den Religionsunterricht (Düsseldorf 1980); *Sigrid Mühlberger/Margarete Schmid*: Verdichtetes Wort. Biblische Themen in der modernen Literatur (Innsbruck/Wien 1994); *Georg Langenhorst*: Gedichte zur Bibel. Texte – Interpretationen – Methoden. Ein Werkbuch für Schule und Gemeinde (München 2001).
139 Vgl. www.katholisch.de/725.html., aufgerufen am 13.03.2009.
140 „Ich versuche poetisch zu denken und zu formulieren". Kinderliteratur im Gespräch. Zu Gast: Jutta Richter, in: Lesezeichen. Mitteilungen des Lesezentrums der Pädagogischen Hochschule Heidelberg, Heft 14 (2003), S. 7–33.
141 Vgl. *Gundel Mattenklott*: G. Ott (1998), a.a.O.
142 *Hannah Richter* in: *Mirjam Zimmermann* (Hrsg.): Religionsunterricht praktisch mit Jugendliteratur. Materialien für die Sekundarstufe I (Göttingen 2006), S. 14–28.
143 Vgl. *Georg Langenhorst*: „Nackt, vegetarisch, unsterblich": Nachdenken über das Paradies, in: Zur Debatte 7/2005, S. 26f.
144 *Jutta Richter*: Der Anfang von allem (München 2008), S. 33. Textzitate fortan aus dieser Ausgabe.
145 Vgl. *Christoph Gellner*: „Wer macht dem Menschen das böse Blut?" Fort- und Weiterschreibungen von Kain und Abel in der Gegenwartsliteratur, in: Jahrbuch für Internationale Germanistik 37 (2006), Heft 2, S. 127–150.
146 Das gilt auch für den neuesten Adam-und-Eva Roman: *Gioconda Belli*: Unendlichkeit in ihrer Hand (München 2009).
147 *Ingo Schulze*: Adam und Evelyn. Roman (Berlin 2008), S. 224–231.
148 Vgl. *Georg Langenhorst*: Jesus ging nach Hollywood: Die Wiederentdeckung Jesu in Literatur und Film der Gegenwart (Düsseldorf 1998); *ders.*: „Niemand wie Er!" Jesus in der Literatur des 21. Jahrhunderts, in: Jesus von Nazareth. Annäherungen im 21. Jahrhundert, Herder Korrespondenz Spezial (Freiburg 2007), S. 49–53.
149 *Christian Lehnert*: Choräle dichten? – Ein Arbeitsjournal, in: *Petra Bahr* u. a. (Hrsg.): Protestantismus und Dichtung (Gütersloh 2008), S. 123–131, hier: S. 125.
150 *Christian Lehnert*: Ich werde sehen, schweigen und hören. Gedichte (Frankfurt 2004), S. 10.
151 *Christian Lehnert*: Auf Moränen. Gedichte (Frankfurt 2008), S. 107.
152 *Gerhard Kaiser*: Christliche Gedichte? Zur Lyrik Christian Lehnerts, in: Geist und Leben 81 (2008), S. 87–98, hier: S. 87.
153 *Christian Lehnert*: Auf Moränen, a.a.O., S. 114
154 Text und Noten: *Reinhard Mey*: ... und so geht's weiter (Bonn 2001), S. 162f.
155 *Reinhard Mey*: Was ich noch zu sagen hätte. Mit Bernd Schröder (Köln 2005), S. 102.
156 Vgl. *Günter Scholz*: Didaktik neutestamentlicher Wundergeschichten (Göttingen 1994).
157 In: *Pia Reinacher* (Hrsg.): „Als wäre er ein anderer gewesen". Zum Werk von Arnold Stadler (Frankfurt 2009), S. 230.

158 *Arnold Stadler*: Mein Hund, meine Sau, mein Leben. Roman [1]1994 (Frankfurt 1996), S. 63.
159 In: *Pia Reinacher*, a.a.O., S. 219.
160 Ebd., S. 182.

161 *Arnold Stadler*: Salvatore (Frankfurt 2008), S. 11.
162 Ebd., S. 69.
163 Ebd., S. 114–117.
164 *Reinhold Zwick*: Evangelienrezeption im Jesusfilm. Ein Beitrag zur intermedialen Wirkungsgeschichte des Neuen Testaments (Würzburg 1997), S. 317.
165 Vgl.: *Thomas Langkau*: Die neuesten Jesus-Filme als Herausforderung für Theologie und Religionspädagogik (Berlin 2007).
166 *Alexander Joist*: Auf der Suche nach dem Sinn des Todes. Todesdeutungen in der Lyrik der Gegenwart (Mainz 2004), S. 191.
167 *Hermann Weber*: Zeitdeutung in Durs Grünbeins „Das erste Jahr", in: Stimmen der Zeit 220 (2002), S. 847–856, hier: S. 855.
168 *Durs Grünbein*: Das erste Jahr. Berliner Aufzeichnungen (Frankfurt 2002), S. 294.
169 Ebd., S. 100.
170 *Durs Grünbein*: Paulus wechselt die Schiffe, in: Süddeutsche Zeitung 10./11.Januar 2009. Vom Autor leicht veränderte und autorisierte Fassung. Ein weiteres Paulus-Gedicht („Patara verweht") ist bislang unveröffentlicht.
171 Text, Deutung und Didaktik in: *Georg Langenhorst*: Gedichte zur Bibel, a.a.O., S. 247–249.

II. Christlicher Glaube und christliche Weltdeutung (Seiten 111–141)

172 *Andreas Maier*: Ich gönne mir das Wort Gott. Gespräch, in: Die ZEITLITERATUR, März 2005.
173 *Karl-Josef Kuschel* (Hrsg.): Der andere Jesus. Ein Lesebuch moderner literarischer Texte [1]1983 (München/Zürich 1987); *ders.*: Jesus im Spiegel der Weltliteratur. Eine Jahrhundertbilanz in Texten und Einführungen (Düsseldorf 1999).
174 *Georg Langenhorst*: Gedichte zur Gottesfrage. Texte – Interpretationen – Methoden. Ein Werkbuch für Schule und Gemeinde (München 2003).
175 *Ludwig Steinherr*: Von Stirn zu Gestirn. Gedichte (Norderstedt 2007), S. 51.
176 Ebd., S. 95.
177 *Ludwig Steinherr*: Die Hand im Feuer. Gedichte (Norderstedt 2005), S. 103.
178 *Hanns-Josef Ortheil*: Blauer Weg (München/Zürich 1996), S. 146.
179 *Hanns-Josef Ortheil*: Lo und Lu. Roman eines Vaters (München 2001), S. 173–184; folgende Auszüge hier.
180 *Sigrid Löffler*: Schwester auferstanden, in: Spiegel Spezial 5/1993, S. 10. Belege und Hintergründe in: *Georg Langenhorst* (Hrsg.): Patrick Roth – Erzähler zwischen Bibel und Hollywood (Münster 2005).
181 *Gerhard Kaiser*: Resurrection. Die Christus-Trilogie von Patrick Roth. Der Mörder wird der Erlöser sein (Tübingen/Basel 2008), S. 67. Vgl. auch: *Michaela Kopp-Marx* (Hrsg.): Der lebendige Mythos. Das Schreiben von Patrick Roth (Würzburg 2010).
182 *Patrick Roth*: Riverside. Christusnovelle (Frankfurt 1991), S. 28. Folgezitate im Text nach dieser Ausgabe.
183 *Paul Konrad Kurz*: Komm ins Offene. Essays zur zeitgenössischen Literatur (Frankfurt 1993), S. 128.
184 Vgl. *Georg Langenhorst*: Gedichte zur Bibel, a.a.O., S. 200–203.
185 *Richard Exner*: Ufer. Gedichte 1996–2003 (Stuttgart 2003), S. 67.
186 *Dorothee Sölle*: Das Eis der Seele spalten. Theologie und Literatur in sprachloser Zeit (Mainz 1996), S. 75.
187 Zit. etwa in: *Herbert Vorgrimler*: Theologische Gotteslehre (Düsseldorf 1985), S. 31f.
188 In: *Albrecht Grözinger/Andreas Mauz/Adrian Portmann* (Hrsg.): Religion und Gegenwartsliteratur. Spielarten einer Liaison (Würzburg 2009), S. 182f.

189 *Sibylle Lewitscharoff*: Consummatus. Roman (Stuttgart 2006), S.7. Textzitate fortan nach dieser Ausgabe.

III. Christliche Spiritualität (Seiten 142–171)

190 Fortan: *Gottfried Bitter*: Spiritualität als geistlicher Lebensstil, in: *Michael Langer/Winfried Verburg* (Hrsg.): Zum Leben führen. Handbuch religionspädagogischer Spiritualität (München 2007), S.15–44, hier: S.19.

191 *Die deutschen Bischöfe* (Hrsg.): Der Religionsunterricht vor neuen Herausforderungen (Bonn 2005), S.13.

192 *Hans Mendl*: Religion erleben. Ein Arbeitsbuch für den Religionsunterrricht. 20 Praxisfelder (München 2008), S.72.

193 Der Religionsunterricht vor neuen Herausforderungen, a.a.O., S.14.

194 Ebd., S.18. (Hervorhebung von GL)

195 Ebd., S.24.

196 Vgl. *Alois Weimer* (Hrsg.): Gebete der Dichter. Große Zeugnisse aus 12 Jahrhunderten (Düsseldorf 2006).

197 Vgl. etwa: *Hans-Rüdiger Schwab* (Hrsg.): Gott im Gedicht. Ein Streifzug durch die deutschsprachige Lyrik (Kevelaer 2007).

198 Vgl. *Helmut Zwanger* (Hrsg.): Gott im Gedicht. Eine Anthologie von 1945 bis heute (Tübingen 2007).

199 Vgl. *Paul Konrad Kurz:* (Hrsg.): Höre Gott! Psalmen des Jahrhunderts (Zürich/Düsseldorf 1997).

200 *SAID*: „Ich fordere mehr von Gott". Interview mit Claudia Mende, in: Publik-Forum 11/2008, S.70–72.

201 *Hans Maier*: Ein Nachwort, in: *SAID*: Psalmen (München 2007), S.106–112, hier: S.109.

202 *SAID*, ebd., S.60.

203 *SAID*: Nachwort, in: *Georg Maria Roers*: Bildrauschen. Gedichte (München 2008), S.100–106, hier: S.100.

204 *Karl-Josef Kuschel*: Im Spiegel der Dichter. Mensch, Gott und Jesus in der Literatur des 20. Jahrhunderts (Düsseldorf 1997), S.102.

205 *Kurt Marti*: Du. Eine Rühmung (Stuttgart 2007), S.7–12.

206 *Kurt Marti*: Die zerzählte Botschaft, Deutsches Allgemeines Sonntagsblatt 29.11.1987, in: *Karl-Josef Kuschel*: Das Weihnachten der Dichter. Große Texte von Thomas Mann bis Reiner Kunze (Düsseldorf 2004), S.220f.

207 Text in: *Peter Bichsel*: Über Gott und die Welt. Texte zur Religion, hrsg. von *Andreas Mauz* (Frankfurt 2009), S.96–98, hier: S.97.

208 *Andreas Mauz*: Peter Bichsels Texte zur Religion. Ein Nachwort, in: ebd. S.225–253, hier: S.247.

209 Zeitübergreifend gut: *Walter Jens* (Hrsg.): Es begibt sich aber zu der Zeit. Texte zur Weihnachtsgeschichte [1]1988 (Frankfurt 1993); *Günter Stolzenberger* (Hrsg.): Das große Weihnachtsbuch. Erzählungen und Gedichte aus fünf Jahrhunderten (Düsseldorf 2005).

210 Vgl. *Georg Langenhorst*: Weihnachten in der modernen Literatur, in: Stimmen der Zeit 223 (2005), S.833–842.

211 Beispiele dazu in *Karl-Josef Kuschel*: Das Weihnachten der Dichter, a.a.O.

212 Vgl. *Karl-Josef Kuschel* (Hrsg.): Der andere Jesus. Ein Lesebuch moderner literarischer Texte [1]1983 (München/Zürich 1987), S.253–298.

213 *Karl-Josef Kuschel*: Weihnachten bei Thomas Mann (Düsseldorf 2006), S.74.

214 Vgl. *Ulrike Wolitz* (Hrsg.): Es singt in mir. Festgabe für Silja Walter zum 90. Geburtstag (Fribourg 2009).

215 Zitate nach: *Silja Walter*: Die Fähre legt sich hin am Strand. Ein Lesebuch, hrsg. von Klara Obermüller (Zürich/Hamburg 1999), S.127–164, hier: S.140.

216 *Silja Walter*: Gesamtausgabe, Bd. 8: Lyrik (Freiburg/CH 2003), S.91.

217 *Silja Walter*: Ich habe meine Insel gefunden. Geheimnis im Alltag. Tagebuch (Freiburg/Ch 2006).

218 Vgl. dazu: *Karl-Josef Kuschel*: Im Spiegel der Dichter. Mensch, Gott und Jesus in der Literatur des 20. Jahrhunderts (Düsseldorf 1997), S. 333–442.

219 Empfehlenswert: *Christine Razum* (Hrsg.): Nach Golgatha – um der Hoffnung willen. Passions- und Ostertexte aus unserer Zeit (Lahr/Basel 1997).

220 *Volker Garske*: Poesie zu Passion und Auferstehung Jesu. Interpretationen und methodische Zugänge im Religionsunterricht der Sekundarstufen (Kevelaer 2005).

221 *Eva Zeller*: Sage und schreibe. Gedichte (Stuttgart 1971), S. 55.

222 Zitate in: *Eva Zeller*: Schwierigkeiten geistlicher Lyrik in unserer Zeit, in: *Wolfgang Böhme* (Hrsg.): Dichter in dürftiger Zeit. Reinhold Schneider und Rudolf Alexander Schröder (Karlsruhe 1978), S 59–64, hier: S. 64.

223 In: *Ilka Scheidgen*: Fünfuhrgespräche. Ilka Scheidgen zu Gast bei ... (Lahr 2008), S. 203–221, hier: S. 217.

224 *Hilde Domin*: Gesammelte Gedichte (Frankfurt 1987), S. 345.

225 So die Datierung in: *Bettina von Wangenheim* (Hrsg.): Zum Werk von Hilde Domin (Frankfurt 1998), S. 239.

226 Vgl. *Ilka Scheidgen*: Hilde Domin. Dichterin des Dennoch. Neuauflage (Lahr 2009); *Marion Tauschwitz*: Dass ich sein kann, wie ich bin. Hilde Domin. Eine Biografie (Heidelberg 2009).

227 *Stephanie Lehr-Rosenberg*: „Ich setzte den Fuß in die Luft, und sie trug." Umgang mit Fremde und Heimat in den Gedichten Hilde Domins (Würzburg 2003); *Franziska Loretan-Saladin*: Dass die Sprache stimmt. Eine homiletische Rezeption der dichtungstheoretischen Reflexionen von Hilde Domin (Fribourg 2008); *Vera-Sabine Winkler*: Leise Bekenntnisse. Die Bedeutung der Poesie für die Sprache der Liturgie am Beispiel von Hilde Domin (Ostfildern 2009).

228 In: *Hilde Domin*: Gesammelte autobiographische Schriften. Fast ein Lebenslauf (München 1992), S. 167–175, hier: S. 170.

229 *Birgit Lermen* in: *dies./Michael Braun*: Hilde Domin. „Hand in Hand mit der Sprache" (Bonn 1997), S. 134.

230 *Christoph Gellner*: Schriftsteller lesen die Bibel. Die Heilige Schrift in der Literatur des 20. Jahrhunderts (Darmstadt 2004), S. 77.

231 *Birgit Lermen* (1997), a.a.O., S. 135.

IV. Kirchliches Leben verstehen (Seiten 172–208)

232 Vgl. Religiöse und kirchliche Orientierung in den Sinus-Milieus 2005, hrsg. im Auftrag der Medien-Dienstleistung GmbH (München 2005).

233 *Hans-Georg Ziebertz/Boris Kalbheim/Ulrich Riegel*: Religiöse Signaturen heute. Ein religionspädagogischer Beitrag zur empirischen Jugendforschung (Gütersloh/Freiburg 2003), S. 395.

234 Vgl. *Anton Bucher*: Religionsunterricht zwischen Lernfach und Lebenshilfe. Eine empirische Untersuchung zum katholischen Religionsunterricht in der Bundesrepublik Deutschland (Stuttgart/Berlin/Köln 2000), S. 84. 87.

235 Vgl. dazu ausführlich: Georg Langenhorst: Aus Geschichte(n) lernen? Kritisch-konstruktive Anmerkungen zur Kirchengeschichtsdidaktik, in: Religionspädagogische Beiträge 59 (2007), S. 43–59.

236 *Peter Schanz*: Steh auf, nimm den Koffer und geh. Über Felicitas Hoppe, in: *Hubert Winkels* (Hrsg.): Ralf Rothmann trifft Wilhelm Raabe. Der Wilhelm Raabe-Literaturpreis – das Ereignis und die Folgen (Göttingen 2005), S. 139–148, hier: S. 145.

237 *Felicitas Hoppe*: Beichtkinder, in: *Florian Höllerer/Tim Schleider* (Hrsg.): Betrifft ... (Frankfurt 2004), S. 88–95, hier: S. 88.

238 *Felicitas Hoppe*: Brief an den Vatikan, in: *Thomas Wohlfahrt/Christiane Lange* (Hrsg.): Europaexpress. Ein literarisches Reisebuch (Frankfurt 2001), S. 18–20.

239 *Michael Köhler*: Die Schriftstellerin Felicitas Hoppe über das vermeintliche Ende der Religionen, dradio.de 09. 07. 2006.

240 *Felicitas Hoppe*: Man muss eben ein Sohn Gottes sein – Erinnerung an J. D. Salinger,

in: *Joachim Kalka* (Hrsg.): Schreiben/Glauben. Miszellen zu Literatur und Religion, Valerio 7/2008 (Göttingen 2008), S. 22f.

241 Ebd., S. 21.

242 *Stefan Neuhaus*: Felicitas Hoppe, in: Kritisches Lexikon zur deutschsprachigen Gegenwartsliteratur 10/07, S. 11.

243 Vgl. dazu die Beiträge in: *Stefan Neuhaus/Martin Hellström* (Hrsg.): Felicitas Hoppe im Kontext der deutschsprachigen Gegenwartsliteratur (Innsbruck 2008).

244 *Felicitas Hoppe*: Johanna. Roman (Frankfurt 2006), S. 11.

245 *Hayden White*: Auch Klio dichtet oder Die Fiktion des Faktischen. Studien zur Tropologie des historischen Diskurses (Stuttgart 1986), S. 145.

246 *Friedrich Christian Delius*: Bildnis der Mutter als junge Frau. Erzählung (Berlin 2006), S. 125.

247 *Friedrich Christian Delius*: Der Sonntag, an dem ich Weltmeister wurde. Erzählung [1]1994 (Reinbek 2004), S. 7.

248 *Friedrich Christian Delius*: Amerikahaus und der Tanz um die Frauen. Erzählung (Reinbek 1997), S. 38.

249 *Ulla Hahn*: Das verborgene Wort. Roman (Stuttgart/München 2001), S. 88.

250 *Ulla Hahn*: Aufbruch. Roman (München 2009), S. 111.

251 *Ralf Rothmann*: Der Windfisch. Erzählung [1]1988 (Frankfurt 1994), S. 19.

252 *Hubert Winkels*: Ralf Rothmann trifft Wilhelm Raabe. Der Wilhelm-Raabe-Literaturpreis und die Folgen (Göttingen 2005), S. 163.

253 Ebd., S. 8f.

254 *Ralf Rothmann*: Junges Licht. Roman (Frankfurt 2004).

255 *Deutsche Bischofskonferenz* (Hrsg.): Katholischer Erwachsenen-Katechismus. Das Glaubensbekenntnis der Kirche (Bonn 1985), S. 363.

256 *Elisabeth Hurth*: Mann Gottes. Das Priesterbild in Literatur und Medien (Mainz 2003), S. 7.

257 *Günther Rüther* (Hrsg.): Verleihung des Literaturpreises der Konrad-Adenauer-Stiftung e. V. an Petra Morsbach. Dokumentation (Sankt Augustin/Berlin 2007), S. 25.

258 *Petra Morsbach*: Glaube als Beruf. Dradio 28.07.2004.

259 *Petra Morsbach*: Gottesdiener. Roman (Frankfurt 2004), S. 15.

260 Vgl. *Hans Mendl*: Lernen an (außer-)gewöhnlichen Biographien. Religionspädagogische Anregungen für die Unterrichtspraxis (Donauwörth 2005).

V. Ethik und Lebensbewältigung (Seiten 209–235)

261 *Sekretariat der Deutschen Bischofskonferenz* (Hrsg.): Synodenbeschluss „Der Religionsunterricht in der Schule“ (Bonn 1974), S. 25.

262 *Marcus Düwell*: Ästhetische Erfahrung und Moral. Zur Bedeutung des Ästhetischen für die Handlungsspielräume des Menschen (Freiburg/München 1999), S. 12.

263 Vgl. *Josef Imbach*: Nachdenken über Schuld. Texte von zeitgenössischen Schriftstellern (Zürich 1989); *Urs Baumann/Karl-Josef Kuschel*: Wie kann denn ein Mensch schuldig werden? Literarische und systematische Perspektiven von Schuld (München/Zürich 1990).

264 Studien: *Bernhard Sill*: Ethos und Thanatos. Zur Kunst des guten Sterbens (Regensburg 1999); *Alexander Joist*: Auf der Suche nach dem Sinn des Todes. Todesdeutungen in der Lyrik der Gegenwart (Mainz 2004). Anthologien: *Friederike Waller* (Hrsg.): Alles ist nur Übergang. Lyrik und Prosa über Sterben und Tod (Tübingen [2]2006).

265 Vgl. *Tanja Gojny*: Biblische Spuren in der Lyrik Erich Frieds. Zum intertextuellen Wechselspiel von Bibel und Literatur (Mainz 2004).

266 Vgl. *Georg Langenhorst*: Gedichte zur Bibel, a.a.O., S. 134f; 168–171.

267 *Erich Fried*: Gesammelte Werke: Gedichte 1, hrsg. von *Volker Kaukoreit/Klaus Wagenbach* (Berlin 1993), S. 337.

268 Vgl. *Georg Langenhorst* (Hrsg.): Ewiges Leben – oder das Ende einer Illusion (Münster 2010).

269 Vgl. *Georg Langenhorst*: „Ein Haus aus Licht“. Literarische Annäherungen an das ewige Leben, in: Religionsunterricht an höheren Schulen 49 (2006), S. 296–303.

270 *Johannes Kühn*: Kyrie, in: Christ in der Gegenwart 36 (2004), S. 145.
271 *Johannes Kühn*: Ganz ungetröstet bin ich nicht. Gedichte, hrsg. von Irmgard und Benno Rech (München 2007), S. 122.
272 *Johannes Kühn*: Die Kirche, in: Christ in der Gegenwart 36 (2004), S. 294.
273 *Johannes Kühn*: Ganz ungetröstet bin ich nicht, a.a.O., S. 89.
274 *Alexander Joist*: Auf der Suche nach dem Sinn des Todes, a.a.O., S. 183. 178. Vgl. *ders.*, Erlösender Auferstehungston. Auferstehung und Ostern in den Gedichten von Johannes Kühn, in: Stimmen der Zeit 222 (2004), 269–278.
275 *Johannes Kühn*, Wie es sein muss, in: ndl 43(1995), 65.
276 Dieser Text wurde bereits aufgenommen in: *Georg Langenhorst*: Gedichte zur Gottesfrage, a.a.O., S. 215f. Er wird hier jedoch in anderem thematischen Rahmen und mit anderem methodischen Zugang behandelt.
277 *Michael Krüger*: Wettervorhersage. Gedichte (Salzburg/Wien 1998), S. 29.
278 *Michael Krüger*: Das falsche Haus. Novelle (Frankfurt 2002), S. 163.
279 *Michael Krüger*: Reden und Einwürfe. Gedichte (Frankfurt/Leipzig 2008).
280 *Michael Krüger*: Wettervorhersage, a.a.O., S. 58.
281 *Karl Ernst Nipkow*, Erwachsenwerden ohne Gott? Gotteserfahrung im Lebenslauf (Gütersloh 1987), S. 56.
282 Ebd., S. 49.
283 *Werner H. Ritter* u. a.: Leid und Gott. Aus der Perspektive von Kindern und Jugendlichen (Göttingen 2006), S. 160f.
284 Vgl. *Walter Gross/Karl-Josef Kuschel*: „Ich schaffe Finsternis und Unheil!“ Ist Gott verantwortlich für das Übel? (Mainz 1992); *Georg Langenhorst*: Hiobs Schrei in die Gegenwart. Ein literarisches Lesebuch zur Frage nach Gott im Leid (Mainz 1995).
285 Vgl. *Georg Langenhorst*: Vom „Phantomschmerz der amputierten Antennen“. Theodizee-Verweigerung bei Thomas Hürlimann, in: Pastoralblatt 3/2009, S. 87–93.
286 *Thomas Hürlimann*: Das Holztheater. Geschichten und Gedanken am Rand (Zürich 1997).
287 *Thomas Hürlimann*: Der Sprung in den Papierkorb. Geschichten, Gedanken und Notizen am Rand (Zürich 2008), S. 82.
288 *Thomas Hürlimann*: Vierzig Rosen. Roman (Zürich 2006), S. 200.
289 *Thomas Hürlimann*: Der große Kater. Roman [1]1998 (Frankfurt 2000), S. 28.
290 *Pascal Mercier*: Nachtzug nach Lissabon (München/Wien 2004), S. 172.

VI. Interkulturalität und Interreligiosität *(Seiten 236–276)*

291 Vgl. dazu: *Georg Langenhorst*: Trialogische Religionspädagogik. Konturen eines Programms, in: Religionsunterricht an höheren Schulen (51) 2008, S. 289–298.
292 *Michael Hofmann*: Interkulturelle Literaturwissenschaft. Eine Einführung (Paderborn 2006), S. 13.
293 Vorstufen in: *Georg Langenhorst*: Die Weltreligionen im Spiegel der Literatur? Didaktische Perspektiven interreligiösen Lernens, in: Religionsunterricht an höheren Schulen (43) 2000, S. 384–387.
294 *Amos Oz*: Friedenspreis des deutschen Buchhandels. Ansprachen aus Anlass der Verleihung (Frankfurt 1992), S. 62.
295 *Klaus von Stosch/Christine Niggemann*: „Eines Tages las ich ein Buch und mein ganzes Leben veränderte sich.“. Spuren muslimischen Offenbarungsdenkens in Orhan Pamuks „Das neue Leben“, in: *Reinhold Bernhardt/Klaus von Stosch* (Hrsg.): Komparative Theologie. Interreligiöse Vergleiche als Weg der Religionstheologie (Zürich 2009), S. 147–174, hier: S. 148.
296 *Michael Hofmann*: Interkulturelle Literaturwissenschaft, a.a.O., S. 5.
297 *Stephan Leimgruber*: Interreligiöses Lernen (München 2007), S. 109.
298 Vgl. etwa: *Georg Schwikart*: Julia und Ibrahim. Christen und Muslime lernen einander kennen (Düsseldorf 1993); *Hermann-Josef Frisch*: Felix reist zum Dach der Welt. Begegnung mit Hinduismus und Buddhismus (Düsseldorf 1998); *Monika Tworuschka*: Moham-

med. Die Geschichte des Propheten (Düsseldorf 2000). Derartige Werke haben eine große religionspädagogische Bedeutung, ihr ästhetischer Wert ist demgegenüber zweitrangig.

299 Vgl. etwa: *Katharina Ebinger* (Hrsg.): Mensch sucht Sinn. Fünf Erlebnisse mit den Weltreligionen (Stuttgart/Wien 2004); *Mirjam Pressler*: Nathan und seine Kinder. Roman (Weinheim/Basel 2009); *Christiane Thiel*: Mein Gott und ich. Ein Roman über die Weltreligionen (Würzburg 2009).

300 Vgl. z.B. das hoch umstrittene Bild/Textbuch: *Michael Schmidt-Salomon*: Wo bitte geht's zu Gott? fragte das kleine Ferkel. Ein Buch für alle, die sich nichts vormachen lassen (Aschaffenburg 2007).

301 Vgl. z.B. *Klaus Kordon*: Wie Spucke im Sand (Weinheim/Basel 1987). Ein Unterrichtsentwurf zu diesem Zugang zum Hinduismus findet sich in: *Mirjam Zimmermann* (Hrsg.): Religionsunterricht mit Jugendliteratur (Göttingen 2006), S. 94–106.

302 Vgl. die ausgezeichneten Hinweise: *Undine Gellner*: Theos Reise: Die Religionen der Welt für junge Leute. Ein Roman-Sachbuch im Religionsunterricht der Sekundarstufe II, in: Religionsunterricht an höheren Schulen (43) 2000, S. 388–391.

303 *Catherine Clément*: Theos Reise. Roman über die Religionen der Welt (München/Wien 1998), S. 460.

304 *Yann Martel*: Schiffbruch mit Tiger. Roman [1]2001 (Frankfurt 2003), S. 11.

305 *Christoph Gellner*: Zeitgenössische Literatur – Echolot für Religion? Erkundungen in der deutschsprachigen Gegenwartsliteratur, in: *Michael Durst/Hans J. Münk* (Hrsg.): Religion und Gesellschaft. Theologische Berichte 30 (Freiburg/CH 2007), S. 194–240, hier: S. 215.

306 Vgl. *Birgitt Kokemüller*: Jüdische Identität nach der Shoah als Thema in ausgewählten Kinder- und Jugendbüchern (Frankfurt u. a. 2003).

307 *Barbara Honigmann*: Damals, dann und danach (München/Wien 1999), S. 29.

308 *Barbara Honigmann*: Roman von einem Kinde. Sechs Erzählungen (Darmstadt/Neuwied 1986), S. 111.

309 *Barbara Honigmann*: Soharas Reise. Roman [1]1996 (Reinbek 1998), S. 75.

310 Vgl. vor allem: *Maria Regina Kaiser*: Wohin ich gehöre (München 1999); *Irma Krauß*: Gott zieht um. Erzählung (München 2003).

311 Vgl. auch den von der gleichen Autorin stammenden Jugendroman: *Monika Tworuschka*: Mohammed. Die Geschichte des Propheten (Düsseldorf 2000).

312 *Christoph Gellner*: Zeitgenössische Literatur, a.a.O., S. 222.

313 *Barbara Frischmuth*: Das Heimliche und das Unheimliche. Drei Reden (Berlin 1999), S. 39.

314 Vgl. *Christoph Gellner*: Wahrheiten außerhalb des Blickfeldes. Judentum und Islam in der Gegenwartsliteratur, in: HerderKorrespondenz 63 (2009), S. 38–42.

315 *Christoph Gellner*, Zeitgenössische Literatur, a.a.O., S. 225f.

316 *Barbara Frischmuth*: Die Schrift des Freundes. Roman [1]1998 (Berlin 2006), S. 302.

317 In: *Martin Gregor-Dellin* (Hrsg.): Die Botschaft hör' ich wohl. Schriftsteller zur Religion (Stuttgart 1986), S. 29.

318 Vgl. dazu: *Christoph Gellner*: Westöstlicher Brückenschlag. Literatur, Religion und Lebenskunst bei Adolf Muschg (Zürich 2010).

319 *Adolf Muschg*: Der Sommer des Hasen. Roman (Zürich 1965), S.127f.

320 *Adolf Muschg*: Baiyun oder die Freundschaftsgesellschaft. Roman (Frankfurt 1980), S. 61.

321 *Adolf Muschg*: Eikan, du bist spät. Roman (Frankfurt 2005), S. 189.

322 Vgl. *Helmut Schmitz* (Hrsg.): Von der nationalen zur internationalen Literatur. Transkulturelle deutschsprachige Literatur und Kultur im Zeitalter globaler Migration (Amsterdam 2009); *Jeffrey Morrison/James Hodkinson* (Hrsg.): Encounters with Islam in German Literatur and Culture (Rochester 2009).

Ausblick *(Seiten 277–278)*

323 Gegen *Hans Schmid*: Unterrichtsvorbereitung – eine Kunst. Ein Leifaden für den Religionsunterricht (München 2008).

Religionspädagogik bei HERDER

Albert Biesinger / Friedrich Schweitzer / Julia Münch
Glaubwürdig unterrichten
Biographie – Glaube – Unterricht
13,9 x 21,4 cm, 144 Seiten, Paperback
ISBN 978-3-451-29727-4
Als E-Book: ISBN 978-3-451-33185-5

Schülerinnen und Schüler fordern von den Religionslehrern, sich zu bekennen und Rechenschaft über ihren Glauben zu geben. Dieser Band belegt auf der Basis von Unterrichtsforschung interessante Situationen, in denen Biografie und Bekenntnis zusammenhängen, aber auch in Spannung geraten. Der Band zeigt, wie viel biografische Prägung im Unterricht vorkommen soll, welche Grenzen einzuhalten sind und wie solche Prägungen produktiv in den Unterricht eingebracht werden können.

Friedrich Schweitzer / Albert Biesinger / Jörg Conrad / Matthias Gronover
Dialogischer Religionsunterricht
Analyse und Praxis konfessionell-kooperativen Religionsunterrichts im Jugendalter
13,9 x 21,4 cm, 208 Seiten, Kartoniert
ISBN 978-3-451-29163-0
Als E-Book: ISBN 978-3-451-33181-7

In einem zunehmend gesellschaftlich, kulturell und religiös vielfältiger werdenden Europa ist eine konfessionelle Kooperation im Religionsunterricht unumgänglich. Die Autoren haben hierzu das wegweisende Modell entwickelt. In dem vorliegenden Band liegt nun eine Ausarbeitung für das Jugendalter vor. Unterrichtsmodelle zur konfessionellen Kooperation in der Sekundarstufe 1 werden vorgestellt. Eigens thematisiert wird dabei auch die Möglichkeit der Kooperation mit anderen Religionen.